谨以此书献给萧红百年

(1911~2011)

叶君／著

从异乡到异乡
萧红传

中国社会科学出版社

图书在版编目(CIP)数据

从异乡到异乡：萧红传／叶君著．—北京：中国社会科学出版社，2009.3
ISBN 978-7-5004-7474-6

Ⅰ．从…　Ⅱ．叶…　Ⅲ．萧红（1911～1942）—传记　Ⅳ．K825.6

中国版本图书馆 CIP 数据核字（2009）第 019017 号

策划编辑	郭沂纹
特约编辑	沂　涟
责任校对	刘　俊
封面设计	李颖明
技术编辑	张汉林

出版发行	中国社会科学出版社		
社　　址	北京鼓楼西大街甲 158 号	邮　编	100720
电　　话	010—84029450（邮购）		
网　　址	http://www.csspw.cn		
经　　销	新华书店		
印　　刷	北京新魏印刷厂	装　订	广增装订厂
版　　次	2009 年 3 月第 1 版	印　次	2009 年 3 月第 1 次印刷
开　　本	710×1000　1/16		
印　　张	26	插　页	2
字　　数	453 千字		
定　　价	45.00 元		

凡购买中国社会科学出版社图书，如有质量问题请与本社发行部联系调换
版权所有　侵权必究

目　录

第一章　呼兰河与后花园 …………………………… (1)
　　家族沿革 …………………………………………… (1)
　　身世之"谜" ………………………………………… (5)
　　童年记忆 …………………………………………… (10)
　　1919,童年的终结 ………………………………… (16)
　　上学了 ……………………………………………… (21)
　　升学风波 …………………………………………… (25)
　　解谜"王恩甲" ……………………………………… (30)

第二章　哈尔滨往事 ………………………………… (35)
　　中学时代 …………………………………………… (35)
　　订婚与祖父之死 …………………………………… (43)
　　出走北平 …………………………………………… (46)
　　重返北平 …………………………………………… (53)
　　从流浪街头到落难旅馆 …………………………… (61)
　　倾城之恋 …………………………………………… (68)
　　"我可怜的孩子" …………………………………… (87)
　　安家商市街 ………………………………………… (95)
　　锋芒初露 …………………………………………… (104)
　　哈尔滨也并不是家 ………………………………… (115)

第三章　暂避青岛 …………………………………… (125)
　　一座城与两本书 …………………………………… (125)
　　一封回信 …………………………………………… (131)

第四章　成名上海 …………………………………… (137)
　　有鲁迅的上海 ……………………………………… (137)
　　一桌新师友 ………………………………………… (148)
　　步入文坛 …………………………………………… (155)

《生死场》出版前后 ························· (162)
　　幸福时光 ····························· (173)
　　郁冈谁诉 ····························· (181)
第五章　蛰居东京 ··························· (193)
　　别人的城市 ···························· (193)
　　惊悉鲁迅之死 ··························· (205)
第六章　重返上海 ··························· (220)
　　惊喜的归航 ···························· (220)
　　难说心痛 ····························· (223)
　　北平之行 ····························· (238)
　　沪战经验 ····························· (251)
第七章　转移武汉 ··························· (265)
　　三人行 ······························ (265)
　　瓜前李下 ····························· (274)
第八章　辗转西北 ··························· (285)
　　伤别离 ······························ (285)
　　劳燕分飞 ····························· (299)
第九章　重返武汉 ··························· (316)
　　幸福的新娘 ···························· (316)
　　炮火中的遐想 ··························· (324)
第十章　避难重庆 ··························· (334)
　　孩子 ······························· (334)
　　教授夫人 ····························· (346)
第十一章　客逝香港 ·························· (358)
　　香江文事 ····························· (358)
　　巅峰之作 ····························· (369)
　　辗转病榻 ····························· (379)
　　倾城 ······························· (388)
　　伤逝 ······························· (398)
主要参考文献 ···························· (410)
后记 ································ (411)

第一章 呼兰河与后花园

家族沿革

　　20世纪初的呼兰，是位于松花江北岸的一座较为开化的小城。松花江支流呼兰河绕城而过，小城因此得名。呼兰遍地沃野、交通便利，距素有"东方小巴黎"之誉的北方名城哈尔滨约30公里。呼兰河给这座位于北方内陆的小城带来了灵气与诗意，更孕育了萧红这呼兰河的女儿，长篇小说《呼兰河传》是她奉献给中国现代文学的经典传世之作。乡土因人物、因文字而闻名。今天，对于中国现代文学稍有常识者来说，呼兰河已经和萧红紧紧连在一起。而且，在很大程度上，这条河亦几乎成了萧红热爱者们的一处精神故乡，一个心理情结，承载着人们太多关于萧红的想象。众所周知，萧红生前与其家族处于尖锐对立

今天的呼兰河（王连喜摄）

的两极，家族是她最不愿言说的话题，但这并不妨碍我们对张氏家族在黑土地上繁衍生息的历史稍作钩沉。

满清王朝视黑龙江流域为"龙兴之地"，为了保持固有风俗习惯、独占东北特产，维护满洲八旗的生计，自康熙七年（1668）开始对东北实行了将近200年的封禁政策。在此期间，关内特别是河北、山东等地的破产农民纷纷"闯关东"谋生路，在广袤的黑土地上淘金、伐木、垦荒，在求生之余冀望实现他们那创业兴家的光荣与梦想。据修撰于1935年8月的《东昌张氏宗谱书》记载，萧红祖籍山东东昌府莘县长兴社杨皮营村（今属山东省聊城市莘县），先祖张岱于清乾隆年间携妻章氏逃荒关东。当时，山东灾荒不断，土地兼并剧烈，大量土地被清王室征作封地，致使农民大量破产，衣食无着。为求生存，一些破产农民不顾满清王朝禁令，经不同口岸纷纷逃往东北，一副挑担往往便是逃荒者的全部家当。当年"担着担子逃荒"的张岱夫妇自然不会想到，日后经过几代人的努力，会在这片异乡土地上建立起一个庞大的家族，成为富甲一方的大地主。萧红是张氏家族在关东的第六代传人。

张岱夫妇逃荒关东后，起初在辽宁朝阳、凤凰城等地给旗户地主当雇工，后迁至吉林伯都纳青山堡镇东半截河子屯（今属榆树县，距城东90里），报领了一块明末遗民开垦过的撂荒地。拥有了自己的土地，他们从此定居下来，但张岱夫妇的创业梦想并没有就此停止。嘉庆年间，张岱支持长子张明福、次子张明贵北上创业到黑龙江阿城县开荒种地，阿城后来成为张氏家族的主要栖息地。同治六年，张岱和三子张明义也来到黑龙江宾县猴石占地开荒。肥沃的黑土很快让张家富裕起来，经父子两代人的艰苦创业，张家发展成为拥有土地数百垧的新兴汉族大地主。张岱孙辈同宗兄弟九人，他们在前两代人的基础上，更是拼力发展家业，先后在阿城、宾县、呼兰、双城、五常、巴彦、绥化、克山、兰西、明水等地广置房产、地产，并利用剩余粮食发展手工业和商业。从此，张氏家族亦农、亦工、亦商，一方面将粮食外销辽宁、吉林两省，另一方面开办油坊、酒厂，开设杂货铺、钱庄、当铺。不多久，便成为吉林、黑龙江两省最大的地主之一。其势之众，连地方官都不敢招惹。甚至有些村屯因张家杂货铺、油坊、酒厂的名号而得名。阿城"福昌号屯"的地名就因张家杂货铺商号"福昌恒"和烧锅"福昌明"而得名，足见其富甲一方之盛况。张氏家族传至第四代，即萧红祖父一代，家道开始中落。随着家业渐渐衰败，这个庞大的家族亦开始慢慢离析、瓦解。光绪初年，萧红祖父分得位于呼兰的40多

第一章 呼兰河与后花园

垧土地、30多间房屋和一座烧锅（酒厂），随即搬离阿城福昌号，在呼兰另立门户。

萧红祖父张维祯（1849—1929）性情温厚，甚至有些懦弱，幼读诗书十余年，辍学时适逢家业鼎盛之际，于是"辅助父兄经营农商事务"。但他心地善良，生性懒散，对经商务农没有什么兴趣，后来一直赋闲在家，娶妻生女后更是整天和老婆孩子在一起消磨时光，享受天伦之乐。读读诗书、写写大字是其闲暇之余唯一的爱好，对于经营家业全然不放在心上。张维祯中年分家到呼兰不久，父母双双过世，因不谙经营家业，屡被伙计们拐骗坑害，当铺、油坊、酒厂先后倒闭。最后，他就死守着几十垧土地和房屋，靠收租过日子。萧红祖母范氏（1845—1917）精明强干，办事果断，喜欢热闹，到呼兰后一切家务都由她打理。然而，在当时女人的活动空间毕竟有限，即便精明果敢，亦终难以挽回家业迅速衰败的颓势。张维祯和范氏生有三女一子，幼子不幸夭亡，膝下无子成了他们的最大心病。随着三个女儿相继出嫁，老两口益觉孤单寂寞，老来无着，便考虑在族中过继一个男孩作为继子，以备养老。他们最终选中堂弟张维岳（在张家大排行中，张维祯排行第四，张维岳排行第五）与病逝前妻的第三子张廷举。他就是萧红的生父。

张廷举（1888—1959）3岁丧母，12岁过继给四伯父张维祯为嗣，继父给他改字"选三"，意指在堂弟张维岳的儿子中，选中老三为继子之意。张廷举随继父来呼兰之前，在阿城县里上小学，到呼兰后继母范氏认为读书无用，枉费钱财，想让他辍学学习务农经商，早点理财管家，但他执意不肯。张维祯不忍违拗其意愿，就送至省城卜奎（即今齐齐哈尔市）继续深造。1906年，张廷举毕业于黑龙江省立高等小学堂，因考试成绩优异，奖励廪生，尔后进入黑龙江省立优级师范学堂，毕业时获奖励师范科举人，中书科中书衔，时年21岁。后到汤原县任农业学堂教员，兼任该县实业局劝业员。婚后，张廷举辞去汤原县公职回归故里，任呼兰县农工学堂教员兼改良私塾总教员。辛亥革命爆发，张廷举受时代感召，思想比较激进，成为呼兰县著名的革新人物，出任过小学校长、通俗出版社社长、义务教育委员会委员长、县教育局局长等职。后因萧红婚变出走北京，他受舆论压力辞去呼兰县教育局局长一职，到巴彦县任县教育局督学，兼清乡局助理员。"九一八"事变之初，张廷举在齐齐哈尔出任伪黑龙江省教育局秘书，后又回呼兰任伪呼兰县日满协和会副会长，"九三"抗战后再未工作，日本投降后又充当过呼兰县维持会副会长。土改运动中，张廷举因积极拥护人民政府和土改政策，支持儿女参军，被呼兰县人民政府确认为开明绅士，一度被选为松江省参议员，并于1946年4月以开明绅士的身份，参加了在宾县召开的东北人民代表大会。

萧红生母姜玉兰（1886—1919）是呼兰县北姜家窝堡地主姜文选的大女儿。姜文选年轻时聪敏好学，两度赴吉林参加科举考试不中。后无心猎取功名便在家里设馆授徒，当地人视之为博学之士，名望很高，呼兰、巴彦两县的学生大多就读其门下。在当地，姜家属殷实大户，拥有土地220多垧，姜文选本人曾被选为黑龙江省议员。《东昌张氏宗谱书》记载，姜玉兰"幼从父学，粗通文字，来归十二年，勤俭理家"。据姜玉兰三妹姜玉凤在20世纪80年代初回忆，姐姐除操持一般家务外还会打算盘。由此看来，萧红生母在当时农家姑娘中确实是一位佼佼者。姜家四姐妹中，父亲尤其看重大女儿姜玉兰，一心一意想开门好亲，直到二女儿姜玉环出嫁了，还未给大女儿选中满意的对象。

姜家选中张廷举做大女婿较有戏剧性。在呼兰县城做买卖的范老万与张廷举继母范氏认户为一家子，而范妻是西营子宋六的姐姐。1908年正月，宋六儿子娶媳妇，范氏来屯里喝喜酒相中了姜玉兰，求宋六、范老万做媒人到姜家提亲。不久，姜玉兰的父亲和姑夫中医傅八先生进城到张家相看，张廷举当时在省城卜奎，只看了相片两家便把亲事定了下来。按照风俗，张家派张廷举的亲二

萧红父亲张廷举（1888—1959）
（张抗提供）

萧红生母姜玉兰（1886—1919）
（张抗提供）

哥张廷选跟随媒人宋六到姜家过礼，送去裹脚布和装烟钱。张姜两家联姻，双方都极为满意。1909年8月，张廷举、姜玉兰择定吉日完婚。给众亲友留下深刻记忆的，除了婚宴的豪华与排场外，更有当日那场大雨。姜玉兰在张家生有一女三子，分别是荣华即萧红、富贵、连贵即张秀珂（1916—1956）、连富，其中富贵、连富先后夭折。

身世之"谜"

1911年6月2日（农历五月初六），萧红出生于呼兰城内龙王庙路南的张家大院。

20世纪80年代初，萧军之女萧耘女士在访谈萧红生前好友李洁吾时，听他谈到萧红给人的总体印象是"不轻易谈笑，不轻易谈自己，也不轻易暴露自己的内心"。这种性格很大程度上影响到别人对这位命运多舛的女作家的了解，甚至，最简单的身世信息亦变得扑朔迷离，比如生日。30年代，萧红因与家族关系彻底破裂，父亲与之脱离父女关系并将其开除族籍，因而，在《东昌张氏宗谱书》里对她不作记载，在姜玉兰条目下只载有"生三子"而不是"一女三子"。关于一个人生日最权威的认定，莫过于父母，但父母对此不予言说，因而到底生在哪天，就成为萧红的第一个未解之谜。而在其31年的生命历程中，像这样似乎本不应该成为问题的"问题"，往后还有很多。或许这就是萧红的特殊之处——她生前实在被人了解得太少。

关于萧红的生日有很多种说法，其中影响比较大的有两种：其一是1911年6月1日（农历五月初五即端午节，当地称"五月节"），其二是1911年6月2日（农历五月初六）。亦有人撰文说是1911年6月2日，但把这天认为是五月初五，这显然是错误的，从万年历可以推知1911年的端午节是6月1日。然而，在端午节和6月2日之间，更有一种深入人心的折中说法，那就是萧红实际生于端午节，但呼兰本地风俗认为端午节出生的孩子不吉利，因而就"往后串一天"，即五月初六，也就是6月2日。"端午节生孩子不吉利"之说，最早或许见于姜德明1978年8月在《新文学史料》第四辑上发表的《鲁迅与萧红》一文，文中强调："她（萧红）一生下来便受到家人的诅咒，因为按照旧时迷信的说法，端阳节生下的孩子是不吉祥的。因此，萧红连生日的自由都没有，她从小就被人们指定推迟三天出世，硬说生日是五月初八。"此说虽全然拿不出任何证据，但影响甚大，得到很多人的呼应。很显然，这也成了萧红自一出生便遭受不公平对待的有力证据之一。

也就是说，萧红的生日有一个公开的日子，亦即规避不吉利的日子，普遍认为是端午节的后一天；实际上她生于端午节，只是因为忌讳而成了不能公开的"秘密"。然而，呼兰本地学者王化钰撰文认为，在呼兰从未有端午节生孩子不吉利的说法。或许，在潜意识里，人们为萧红生于五月节而在不经意地寻找合理的说法。这更透露出萧红应该生于五月节的后一天。近年，关于"不吉利"又另有说法。曹革成在2005年出版的《我的婶婶萧红》一书中，援引萧红小姨梁静芝的回忆说："在当时呼兰的老人们中有传说，男莫占三、六、九；女莫占二、五、八，说是女孩五月初五出生，很不吉利，所以萧红家人就说她是五月初六出生的。"出生于五月节，或许在呼兰当地人看来，真的是一种比较特殊的诞生，亦似乎暗示萧红一出生就如此不平凡，因而，衍生出种种说法就不足为奇。现在，已成为一个政府机构的萧红故居，为了每年端午节名正言顺地在呼兰举办"端午诗会"，在各种宣传资料上将萧红生日硬性定在农历五月初五。事实上，萧红生日成了一个无从查考的谜。但是，仔细排比以上两种说法，铁峰等研究者所认定的五月初六，即1911年6月2日，笔者认为更为可信。据铁峰《萧红生平事迹考》记载，他曾经寻访到张廷举的老朋友于兴阁，于老先生谈及数月前曾听张廷举亲口说萧红是宣统三年五月初六生人。后来铁峰就此又找跟萧红关系最好的堂妹张秀珉核实，"她也恍惚记得是五月节的后一天，但不敢说准"。

自张岱夫妇逃荒关东百余年后，张氏家族后人散居黑龙江各地，为了祭祖和便于后人联系，从第四代开始确定了张氏族谱，即从萧红祖父起，张家后人按照一首诗的字序排辈分、起名字。那首规约张氏族人名字的诗是："维廷秀福荫，麟凤玉芝华。道成文宪立，德树万世佳。"按照这首诗的规定，萧红祖父范"维"字，起名张维祯；萧红父范"廷"字，起名张廷举，到萧红这一代范"秀"字，起名张秀环，而且这一代人名字的第三字都带有"王"字旁，如张秀珂、张秀琢、张秀珉，等等。除"张秀环"这个正式的大名外，祖父又给萧红起了乳名"荣华"，寓有荣华富贵之意，萧红夭亡大弟乳名"富贵"。

6岁那年，母亲带小荣华回娘家省亲，适逢妹妹姜玉环也在家，当她得知外甥女的大名是"张秀环"时，这位二姨说什么也不干，执意要姐姐给萧红改名。按照东北民间风俗，不同辈分的人，名字不能同字，碰到一起就是犯忌讳，"张

第一章　呼兰河与后花园

秀环"和"姜玉环"犯了"环"字之忌。姜玉兰于是让父亲给萧红改名"张乃莹"。这个名字虽然脱开了张氏族谱的规约，但毕竟是硕学的外祖父所赐，得到了张家人的认可。当然，也可能因为是女孩的缘故，名字的家族特征没有男孩那样重要。"张乃莹"这三个字放在"秀"字辈兄弟姐妹中，可明显看出原名遭改而又有所保留的痕迹：乃，是秀的下半部；环，可释为"带孔之玉"，《论语》中有"如玉之莹"之句。看来，"乃莹"二字在改动中分别保有原名一半的字形和全部的意义，足见饱学的外祖父在给张秀环重新命名时的精巧心智。

童稚的张秀环自然不会想到名字的修改，似乎已然宿命般暗示着在这个家族中她将会成为一个异类。在张氏家族第六代齐整的名字行列中，"张乃莹"显得那么特别。联想到张秀环后来的命运，这是否是一个天意的巧合？这个从此名叫张乃莹的小女孩，自然更想不到18年后她的家族连这部分保留了家族特征的"张乃莹"，也要从家族谱系中彻底剔除。从由家族给予名字，到名字的家族特征被部分修改，再到名字被家族刻意忘记，张秀环的命运似乎全息浓缩在这个关于名字的带有宿命意味的故事里。"张乃莹"这个名字伴随着她从小学到中学的求学历程，后来渐渐被"萧红"这个女孩的自我命名所代替，世人其后只知写《生死场》《呼兰河传》的"萧红"，鲜有人知其原名"张乃莹"，更遑论"张秀环"。

1978年8、9月间，萧军对自己所保存的一批萧红书简进行整理辑存，并对每封信加以注释。在注释过程中，这批萧红原信连带萧军的注释在《新文学史料》上陆续刊出。9月1日，萧军在给萧红的第13封信做注释时谈到萧红的弟弟张秀珂曾经疑心张廷举并不是他和姐姐的亲生父亲，而他们的生父是张家的一个地户。萧红母亲与雇主张廷举有了性关系后，伙同张廷举谋害了自己的丈夫，然后带着萧红和张秀珂来到张家，并改姓张。当时，人们慑于张家势力不敢追查这桩"害夫霸妻"的公案。张秀珂于20世纪40年代东北土改期间告诉萧军他的怀疑，事隔三十多年，萧军对这一问题"考证了又考证"，最后认定其所疑之事是"可能的"。接着，萧军又言之凿凿地提供了"可靠的第一手材料为根据"，那便是在30年代初，萧红曾经向他谈及其作为地主的父亲对地户的残忍、伪善，以至"所表现的近于兽类的、乱伦的行径"。萧红所提供的素材，被萧军写进了1933年在《国际协报》上连载的小说《涓涓》。然而，在这次旧事重提中，萧军十分确定地说："从她述说她父亲张选三对于她曾经表现出企图乱伦的丑恶行径，这可证明后来张秀珂疑心张选三不是他们的生父——也可能就是谋害他们亲父的仇人——是有根据的。"

萧军这段文字无疑传出关于萧红身世的巨大秘密。文章在《新文学史料》第3辑（1979年5月）发表后引起广泛关注。萧红父亲"霸妻害夫"、"奸女乱伦"的恶行、恶德自然是极其吸引眼球的话题。此说一出令海内外对萧红有所关注的人士大为震惊，特别是在萧红的家乡呼兰。萧军的说法马上得到了陈隄、蒋锡金、方未艾等人的响应和支持，纷纷撰文强化，并从不同侧面有所补充，使其更为完善可信。其间，萧红异母弟张秀琢在《海燕》1979年第5期上撰文《重读〈呼兰河传〉回忆姐姐萧红》指出："关于姐姐的身世，报刊上有的说她原来可能不姓张，他和弟弟是随着母亲一起到张家来的，这种说法与事实不符。还有的说，萧红的父亲对萧红的母亲系属逼婚，这就更荒谬可笑了。"但这种声音在当时显得十分微弱，少有人关注。

80年代初，萧红渐渐为学界关注，并形成一股热潮，关于其身世的"养女说"随之愈演愈烈。在这种情势下，新编《呼兰县志》的编撰者们为了把关于萧红的准确信息写进地方志进行了大面积走访，掌握了大量第一手资料。他们先后在呼兰、阿城、哈尔滨、大连、北京等地遍访萧红亲属，如萧红生母姜玉兰三妹姜玉凤（时年93岁）、萧红生母堂妹姜玉坤（时年84岁）、萧红继母梁亚兰的亲妹妹梁静芝（时年71岁）、萧红堂妹张秀珉（时年71岁）、萧红亲弟媳李性菊，等等。此外，还调查了当年在呼兰、阿城张家干活的长工以及一些当年的街坊邻居。姜玉凤、姜玉坤详细描述了当年张廷举和姜玉兰订婚、结婚的全过程；而当年在张家干活的长工们则表示从未听说过张家三掌柜的"霸妻害夫"之事。大量人证、物证无可辩驳地表明萧红是张廷举养女一说，纯属子虚乌有。

其实，从情理上推断，这一说法亦不攻自破。前文说过，姜家在当地是富裕殷实的大地主，不可能把女儿嫁给一个无田无地的佃户。更重要的是，1947年东北的土改运动可谓"暴风骤雨"，当时，"左"倾路线使斗争扩大化，在农村"扫堂子"，斗争对象扩大到中农，在城市触及到90%以上的中小工商业者。福昌号屯张家老七张廷勋仅仅因为不务正业在土改斗争中被群众打死。张廷举果有"霸妻害夫"的恶行和"奸女乱伦"的恶德，即便事发当时人们慑于其势不敢声张，毫无疑问他也无法躲过土改这一关。然而，80年代初据当年的土改工作队员回忆，1946年在呼兰进行的砍挖斗争中，因张廷举是呼兰教育界知名

第一章　呼兰河与后花园

人士，拥护共产党的主张，其本人没有罪恶，更无民愤，被定为地方开明绅士。

然而，萧军的说法并非空穴来风，张秀珂的确向他表达过对生父的疑心。张秀珂之子张抗在《东北现代文学史料》第5辑（1982年8月）上发表《萧红家庭情况及其出走前后》一文，对其父从疑心产生到自我消释的经过进行了详细描述，资料翔实、态度公允，令人十分信服。实际上，张秀珂疑心的产生在很大程度上源于一些家庭琐屑，他也认为父亲张廷举和萧红之间的矛盾发展到不能相容的地步，"不是什么血缘关系不同之故，而是萧红的思想与行为超越了封建统治阶级所能允许的极限范围"。

在众多有关萧红的传记和评传中，鲜有对这段身世之"谜"的叙述，或许在很多作者和研究者看来，这段公案情理荒谬，不值一提。但是，值得注意的是，这份身世之"谜"的出现却并非偶然，它其实基于人们一直以来关于萧红的整体性认知。在对萧红的认知上，一直存有一个莫大的误区，那就是将其悲剧性命运仅仅归结为社会、他人对她的压制和迫害，很少考虑其个人性格因素的作用。迄今为止，在很大程度上人们还只是简单地将萧红看作一个饱受不公，被侮辱、被损害，令人同情的弱女子。这其中固然有其合理的一面，但是如果仅仅局限于此，恰恰是对其丰富内心的莫大遮蔽，也是对她这样一个如此丰富的现代女性形象的简单化。人们往往在想象中赋予她一些苦难，或片面夸大苦难。而这种言过其实的苦难又几乎无一不是归结为阶级对立，萧红个人对于命运的抗争自然演化为阶级反抗。在一次次被叙述中，其本来面目渐渐模糊。萧红的诞生和弃世离我们如此之近，然而在某种意义上我们却对她一无所知，或者说知之甚少，未知太多，但我们又自认为已经了解很多。在本书后边的叙述中，还有一些"谜"在等着我们。

这份身世之"谜"的公案固然近乎荒谬，但它何以产生却是我们重新面对萧红应该深长思之的问题。基于特定时代的观念，在某些人的潜意识里，似乎本能地想让萧红彻底摆脱地主女儿的身份。或许，在他们看来，对家庭的反抗、出走还不足以彰显女作家的光辉形象，萧红应该是一个一无所有的雇农的女儿才更合乎逻辑。因为，在几十年的阶级斗争倡导中，出身或身份已然潜移默化地成了一些人的思维定式。面对他们的"善意"想象，我们还能说什么呢？但在萧红离我们越来越远的今天，我们想了解一个真实的萧红。虽然真实只是一种不可企及的理想，但对于一个传记作者来说，还是应该尽力穷究，以便无限接近。

萧红故居（王连喜摄于20世纪90年代）

童年记忆

　　张家大院坐落在呼兰城南关的龙王庙路南。这座典型满清风格的北方院落建造于光绪三十四年（1908），在张廷举、姜玉兰完婚时，工程尚未完全竣工。整座宅院占地七千多平方米，共有房舍三十余间，分东、西两部分。西院是张家的库房和佃户居住的地方，后来出租给一些做小生意的穷人。张家人自己居住的东院有五间正房，外加三间东厢房，正房后面是一个近两千平方米的后花园。五间正房为青砖青瓦土木结构，正中一间是厨房，前后门进出。前门是两扇对开格式的苏州门，但已明显呈现出北方风格；后门为对开的北方式木制门。萧红祖父母住在两间西屋，两间东屋则是她父母的居所，她就出生在东边第一间的炕头上。整座院落透露出晚清北方小康之家的气派，殷实、安宁而富足。

　　偌大院落在萧红出生之前，常年在家的只有年迈的祖父、祖母和母亲，因工作的缘故父亲常不在家。张廷举和姜玉兰婚后三年才有孩子，自然让他们对萧红的出世寄予了莫大期望，当发现生下的是女孩时，当时那份失望亦可想见。就张维祯这一张氏支脉来说，太久没有出现男孩了。因此，萧红的出世令老祖母尤为失望，但对于长期赋闲在家、懒散而寂寞的祖父来说，还是喜出望外。此前，他的落寞或许源于与继子不可能有太多的交流，以及因不会理财动辄挨

第一章 呼兰河与后花园

范氏"死脑瓜骨"的数落和埋怨,五月节后降生的长孙女即将改变他的生活。萧红的桀骜与倔强似乎在出生不久就有所表现,睡前母亲照例要用裹布缠住她的手脚使其安睡,她往往拼命挣扎不让人抓住胳膊。一次,前来串门的大婶看到这种情形,笑着说:"这小丫头真厉害,大了准是个'茬子'。"在亲友印象中,萧红的倔强几近天生。

祖父和后花园几乎是萧红童年记忆的全部。两岁时大弟富贵出生,这座庞大的宅院终于有了男孩,自然成了全家关注的重心,父母已不可能把更多注意力放在她身上,这也许是萧红更多的时候是和祖父在一起的客观原因。当然,祖父也实在太疼爱她,以致让初步拥有记忆的小女孩认为"在这世界上,有了祖父就够了,还怕什么呢",而正因为有了祖父也让她觉得即便家里有了小弟弟,也没什么影响,"不过那时他才一岁半岁的,所以不算他"。

萧红故居后花园(程乾波摄)

小女孩的童年记忆从后花园开始。祖父在后花园里干什么她也学着干什么,栽花、拔草、锄地。下种的时候即便把种子都踢飞了,祖父也不会说什么;除草时把苗除掉,把狗尾巴草留下,祖父不仅不恼,还耐心地讲解狗尾巴草和谷子的区别。祖父和后花园给了幼年萧红一个自由无虑的特定时空,她以自由而任性的眼光看待里边的一切。那些美好的童年经验后来被定格在《呼兰河传》里:

花开了，就象花睡醒了似的。鸟飞了，就象鸟上天了似的。虫子叫了，就象虫子在说话似的。一切都活了。都有无限的本领，要做什么，就做什么。要怎么样，就怎么样。都是自由的。倭瓜愿意爬上架就爬上架，愿意爬上房就爬上房。黄瓜愿意开一个谎花，就开一个谎花，愿意结一个黄瓜，就结一个黄瓜。若都不愿意，就是一个黄瓜也不结，一朵花也不开，也没有人问它。

每当祖母数落祖父"懒"或"死脑瓜骨"的时候，小女孩便拉着祖父的手，在祖母那"小死脑瓜骨"的温情数落中进入后花园。后花园地面的宽旷、天空的高远和颜色的鲜绿亮丽，给了这一老一小永远的好心情。因为萧红，老祖父的寂寞得到了最大的消释。就这样，萧红一天天度过童年，正如她在弃世前对呼兰河进行精神返回时所感慨的那样："就这样一天一天的，祖父、后园、我，这三样是一样也不可缺少的了。"

祖父毕竟老迈，他慈祥的面容、温和的性情在让萧红感受到爱与温暖还有自由无虑的同时，也让她在娇惯中一天天长大，顽皮而任性。5月，园里的玫瑰花茂盛开放，趁祖父在拔草，萧红在他的帽子上插上二三十朵玫瑰花，不知情的祖父戴着这样的"花冠"回到屋内，感慨今春雨水好，院子里的玫瑰树开花才那么香，随处都可以闻到。等他把帽子摘下来，才知道花香并非今春雨水好，而是玫瑰花就在头上。萧红的顽皮给祖父、祖母还有她自己带来了无边的快乐。邻居家掉进井里的小猪和鸭子被祖父要来用黄泥裹着烤熟了给她吃，有了如此美味的经验，她便故意把鸭子往井里赶，而且坚决要吃掉井里的鸭子。小女孩的任性几乎让祖父奈何不得。

3岁时，祖母给予的疼痛始终横亘在萧红的记忆里。祖母屋内白净的窗纸激发了她的破坏欲，只要一爬上炕便往里边跑去，然后用小手指把窗纸按着窗棂一格一格捅破，听着悦耳的嘭嘭声，便更得意于自己的破坏。不忍呵骂的祖母无法制止她这小小的"恶行"，有一次等她上炕后便拿根大针等在窗纸后边。当破坏的小手指碰到针尖之后，小女孩马上明白是"祖母用针刺我"。横亘于童年记忆里的疼痛，让萧红始终不喜欢祖母，觉得祖母不爱她，在小女孩看来，拿针刺她的祖母是恶毒的。许多研究者不加分析地据此也把祖母的虐待看作萧红

第一章　呼兰河与后花园

的童年苦难之一，恰恰忘掉了那只是一个一直受宠爱的小女孩的童年经验。据萧红亲属回忆，祖母其实同样非常爱她，只是因为祖父的近乎溺爱，而衬托出周围所有人似乎都对她"不太爱"。

哈尔滨的萧红研究者铁峰先生在《萧红的文学之路》一书中亦认为，祖母此举正好说明对萧红的娇惯和溺爱。新中国成立前的东北农村相当贫困，20世纪初叶，在像呼兰这样的小城里，除非官宦人家才有全部镶玻璃的窗子，就是那些富商人家也只是使用特制的窗纸裱糊窗户。那种用烂麻制作、又黑又厚的窗纸，富裕而讲究的人家一两年才换一次，普通人家十年八年也换不起，只是哪里破了哪里补上，像穷人的衣服一样破烂。萧红祖母裱窗的白纸当时比较贵重，涂上油之后既防雨又透亮，非上等人家不用。而拿针刺一下手指，也是东北老太太用来吓唬心爱的孩子让他不去捅窗纸的办法，在当时近乎一种民俗，就像吓唬夜哭的孩子谎称"狼来了"一样。张秀琢亦曾专就祖母针刺萧红这件事问过其父，张廷举笑着回答说："哪能真用针扎她，奶奶看她用手指头捅窗户纸，就在她的对面拿针比划着，她就记住了，多少天不理奶奶。"

萧红有记忆的童年还与祖母、母亲房间后边那两间阴暗的小储藏室分不开。漫长的冬天，后花园被冰雪封住，储藏室便成了小女孩神秘的乐土。进入里边"探险"是她不能进入后花园时最大的快乐代偿。阴暗的储藏室内堆放着数不清的记载家族兴衰的旧器物。当好奇的小女孩一件件翻出来拿给祖父、祖母看时，不禁勾起两位老人尘封已久的家族往事和对早已出嫁的女儿们的点滴记忆，在怀旧中引发无尽感慨。"这是你大姑在家里边玩的"，"这是你二姑在家时用的"，听着祖父、祖母对一件件旧物的指认，小女孩无意间触摸着一个家族的记忆和关于时光的质感。屋外大雪纷飞，旧物所承载的陈年往事，在萧红的感受中成了遥远的童话，从大姑的扇子、三姑的花鞋上寻找姑姑们闺阁生活的痕迹，触摸家族尘封的记忆。

6岁那年的上街"冒险"是萧红童年难以消抹的"事件"。

皮球脏了、旧了，小女孩便产生拥有新皮球的渴望。祖母已经答应她的央求，但祖母每次从街上回来都让她失望。获得新皮球的渴望，最终驱使从未一个人上街的小女孩偷偷上街做一次探险。她想找到母亲曾经带她买皮球的那家商店，但偷偷出了后角门再往北走不多远便模糊了此前十分清晰的记忆。街道在慌乱中都变成了一个模样，小女孩无助而兴奋地看着街上车来车往。多亏一位好心的车夫问明她的姓氏和父亲的名字，用马拉的斗子车将她送了回来。第一次坐马拉斗子车同样让小女孩感到无比新鲜，迷路的惊恐早已抛到九霄云外，像大人一样坐在车后的长木椅上有一种冒险的快乐。同时，她还想起在祖母房间里所听到的邻居刘三奶奶讲给祖母听的关于乡巴佬蹲洋车的笑话。刘三奶奶那天晚上说，乡巴佬在洋车上始终蹲着不肯坐下，是因为他觉得蹲着没有重量，马不会吃力，车夫就不会收他的钱。小女孩不禁也想试试蹲洋车的滋味，这乡巴佬式的愚蠢坐车方式满足了她的想象，她感到新鲜、刺激。

家里人发现孩子不见了都心急如焚，四处寻找。不久，见被人送了回来，祖父、祖母、母亲一拥而上。大人们紧张而恐慌的表情让蹲洋车的小姑娘真的有些害怕。她原本还要向祖母示范乡巴佬应该是像她那样蹲洋车的。然而，忙乱中，车子的突然停放使她不小心从车斗里摔了下来。孙女的丢失虽只是一场虚惊，祖父却很气恼于萧红小小年纪就敢往外乱跑，又见她从车斗里摔下来，于是将内心的焦灼、气恼与心疼都发泄在车夫身上，上前不由分说给了一记耳光，不仅没有感谢，连车费也没给，就将他赶走了。祖父的举动给了童年萧红莫大的刺激，一向性情温和的祖父同时给了她一个霸道而浅显的道理："有钱的孩子是不受什么气的。"萧红或许由此意识到人与人之间的差异与分野，对她来说，慈祥的祖父那虽然充满爱意的过激之举，却让她始终难以释怀，成了深刻的童年记忆。这一事件也让她日后将目光更多投向住在西院的那些"没钱人"，充满同情与关爱而不愿显示自己是个"有钱的孩子"。张秀琢回忆中的姐姐"从不歧视贫苦人，而且尽自己的力量去帮助他们，由此大家都说她不像有钱人家的姑娘"。作为作家的萧红日后之所以能够塑造出有二伯、冯歪嘴子、王大姑娘、小团圆媳妇等形象，或许亦与这童年时期的"创伤性记忆"不无关联。

萧红出生的炕头（王连喜摄）

后花园里的磨坊（程乾波摄）

第一章　呼兰河与后花园

萧红关于父母的童年记忆模糊而抽象。父亲是"冷淡"的，母亲则是"恶言恶色"。她对父母的感受显然更多参照于祖父对她的溺爱。实际上，萧红父亲是个虽新还旧的人物，一方面维持传统礼教，略具家长作风，"爷们"做派几乎是东北男人的先天质素，即便在今天亦不曾稍减；另一方面他毕竟是接受了新式教育，受到辛亥革命和五四新文化运动影响的知识分子，自然习染了革新思想。呼兰毕竟是个边远小城，经济和文化都相当落后，张廷举或许基于固有的男尊女卑思想对萧红表现出冷淡也极有可能。不可忽视的是，接连不断的家庭变故让这位父亲在很长时间可能没有好的心绪，作为不谙世事的小女孩自然无法体察。萧红4岁时大弟富贵不幸夭折，5岁时二弟连贵即张秀珂出生，6岁时祖母病故。张廷举自己就是因为伯父张维祯膝下无子而过继立嗣的，在这个家庭里，男孩的出世和夭折无疑是牵扯家族神经的大事，喜悦和伤痛自然非同一般。祖父对萧红的溺爱，也让张廷举因过继子身份而不敢过多干涉。在这种意义上，"冷淡"或许是作为父亲严厉之爱的表现。亦有呼兰本地学者认为，张廷举一心想把女儿培养成大家闺秀，看不惯她那任性撒野的样子故而冷淡。但在小女孩看来这是父亲对自己的"不爱"。

祖母病重，姑姑们带着家眷回来看望母亲，家里骤然热闹起来。这给萧红带来无边的兴奋，虽然那些天祖父无暇顾及她，但姑姑们带来的孩子却是她在后花园里的新玩伴。一天，她把覆盖酱缸的帽子吃力地顶在头上，这是一种极其新鲜的体验，顶着缸帽子就像随时带着一座不怕风雨的小房子，也随时有了一个小小的家。当她费劲地回到屋内寻找祖父，要告诉他这份新鲜创意的时候，父亲一脚踢翻了她，差点踢到灶口的火堆上。当她被旁人抱起，看见满屋的缟素，并发现祖母没有睡在炕上而睡在一张长板上时，这才明白她已经死了。祖母的死就这样和父亲的踢打烙印在萧红6岁的记忆里。父亲的体罚无比深刻，而祖母的死却十分淡漠。

一个任性的小女孩对母亲的管教自然看成"恶言恶色"，认为母亲也不爱她。母亲对萧红在祖父母溺爱下的成长充满隐忧。姜玉凤回忆，萧红母亲每年都要带她回娘家一两次，萧红稍大一点，母亲便常对娘家亲人说："荣华这孩子都让他们（指萧红祖父、祖母）给惯坏了，说话都学着咬舌了，可惯不得了。"四五岁的时候，母亲就十分注重她的文化教育，每次省亲都带着识字的字块。现存的一张萧红3岁时与母亲的合影中，小女孩穿戴整齐利落，衣服质地和母亲一样，十分讲究，完全符合当时的社会身份。相片中的萧红抿着小嘴显得自信而灵气，很难想象是那种从小不被父母关爱甚至遭虐待的孩子。

成年后，萧红在其他文章里亦常常谈到父母，如"父亲常常为着贪婪而失掉了人性"，"母亲并不十分爱我，但也总算是母亲"。许多传记作者和研究者据此认为萧红拥有一个极其不幸的童年，根源便是父母之爱的缺失，甚至受到父母和祖母的虐待。这显然是片面而武断的结论。在这些写于萧红与家庭彻底决裂之后的文字里，她对于家庭的仇恨和敌对心态显然左右了对于父母的情感判断，任性而偏执。而在写于40年代初，其弃世前不久的一些文章中，萧红对于父母的童年记忆，在情感态度上就有了明显变化。

萧红三岁时与母亲在一起（张抗提供）

理性而公允地说，萧红的童年是十分幸福的，而祖父母的溺爱不觉中让她养成了任性倔强的性格。这份任性对于她日后悲剧性命运的形成并最终过早客死异乡显然是不可忽视的因素。人们往往过于采信萧红已然和家庭决裂之后对于家人的谈论，不觉中夸大了她的童年苦难，并由此形成一种认知定式，显然非常荒谬。正如铁峰先生所认为的那样："说萧红自幼就没有父母之爱、家庭的温暖也是不符合实际的，据萧红的堂妹张秀珉、堂弟张秀琳等人说，萧红从小就得到家庭的喜爱和娇惯，长大后在他们兄弟姊妹排行中，也被长辈们高看一眼。直到她逃婚后，给家人造成了很大的损伤，家人才仇恨她，憎恶她。"

1919，童年的终结

祖母的死，似乎并没有对萧红的童年产生太大影响，在其文字里也很难见到关于这场亲人亡故的伤痛，小女孩的快乐童年一点没被惊扰。

祖父的屋子从此变得空寂。为了和祖父日夜在一起，萧红吵闹着要睡到祖父炕上。没有了范氏的数落，祖父那落寞、孤独的内心自然非6岁的孙女所能体

第一章 呼兰河与后花园

察。不过，幸好年迈的祖父和小孙女之间又有了新的可以共同参与的游戏，那便是学诗。

张维祯那幼读诗书十余年的中国传统诗歌教育此时派上了用场。他开始教萧红念《千家诗》，无需课本，只是他念一句，小孙女跟着念一句。让一个全然不识字的小女孩学诗，对于祖父来说，在给小孙女进行原始诗教的同时，亦是他排遣内心寂寞的手段。中国古诗那顿挫谐和、琅琅上口的音韵，对于聪明伶俐的小女孩来说，是一种轻易就能掌握、新鲜无比的语言游戏。她的兴致越发浓厚，早晚缠着祖父，甚至半夜醒来仍不忘念诗，常常念困倦了便在余兴中睡去。对此，祖父欣喜异常、乐此不疲。大声"喊诗"是小女孩故意引起全家人注意的一种手段。大人越是制止，她便越发得意，母亲吓唬要揍她，小女孩并不理会，只是祖父怕她喊坏了喉咙，常常警告说："房盖被你抬走了。"学念新诗时，如果开头一句不是很响亮、顺口，她便说"不学这个"，祖父便赶忙换一首，好在祖父肚子里的诗层出不穷。萧红能够背诵的诗多了，每有客人来，祖父便不无得意地在客人面前夸耀小孙女的聪明、灵秀，让她在客人面前背上一首，满足他那小小的虚荣。

这种不知其义为何的念诗方式并不能令祖父满足。小孙女也常常恶作剧地把诗句自行篡改以便更加顺口。"几度呼童扫不开"被故意念作"西沥忽通扫不开"。小女孩十分得意于自己的篡改，觉得念起来既好听又有趣味。萧红能够背诵一些诗后，祖父便开始给她讲诗。讲《回乡偶书》的时候，祖父给她打比方说："爷爷像你这么大的时候离家，回来的时候乡音没有改变但胡子都白了，谁还认识呢？小孩子见了就招呼说：你这个白胡子老头是从哪里来的？"这个离家与返乡的故事，经过祖父的讲解，令萧红童稚的心灵感到一丝恐惧，不断地问："我也要离家吗？等我胡子白了回来，爷爷你也不认识我了吗？"祖父笑着说："等你老了还有爷爷吗？"看见孩子还是一副不高兴的神情，祖父赶紧说："你不离家的，你哪能够离家……"随即用轻松喜悦的《春晓》打断敏感的小女孩关于"家"的联想与追问。

祖父给予萧红的初始诗教，是她接触文学的第一步，也许这第一步就已然宿命般地要让她日后成为一个独树一帜的作家，她在极其有限的创作时间里所留下的最动人的文字，就是关于离家与返乡的故事。只不过，其"离家"是悲剧性的逃离，而"返乡"是精神性的梦回。对她来说，家，离开了，就回不去了！因而，这起始诗教就是那首关于离家与返乡的古诗，之于萧红短促而流徙的一生来说，又何尝不是一个伤感的隐喻？

1919年1月初，萧红母亲生下三弟连富。

然而，张家大院再添男丁的喜悦并没有维持多久。8月26日，姜玉兰不幸染上虎列拉（鼠疫），三天后撇下8岁的萧红和3岁的张秀珂离开了人世。母亲的突然死亡是萧红无以言说的伤痛。即便在离家出走后与家庭处于极其敌对的情感状态下，关于母亲的记忆仍是令她无法自持的"感情的碎片"，想起母亲，眼睛里便充满了泪水。躺在病床上的母亲让萧红第一次真切感受到死亡的狰狞可怖。在那三天里，她看见医生骑马、坐车地来了，在院子里进进出出，但最终都无法挽回妈妈的生命。在母亲房间里，听见医生们会诊时议论病情说"血流则生，不流则亡"，望着妈妈腿上那不流血的针孔，她不断惶恐地问自己："母亲就要没有了吗？"妈妈弥留之际看见站在床边泪流满面的女儿，安慰说："不怕，妈死不了"，脸上却淌满了泪水。她垂下头，双手扯住衣襟，也禁不住自己的眼泪。

妈妈没有了，但妈妈给买的小洋刀还在口袋里，再次拿出来看，小女孩意识到"小洋刀丢了就从此没有了"。

张廷举强忍丧妻之痛料理完丧事，尔后，又把嗷嗷待哺的三子送到阿城四弟家。萧红的童年就在这生离死别中终结。家的结构因母亲弃世而全然改变，更重要的是随着母亲的逝世，也带走了这个家庭的所有欢乐。

短短四年里，张廷举经历了丧子、丧母、丧妻和不得已把儿子送人的打击，那份沮丧与伤痛非常人所能想象。面对家庭琐屑，他有时难以控制自己的情绪。他本身就是个不善掌家理财的"书呆子"，常年在外任职，丧妻后偌大的家业全靠他支撑、打理，而在公干之余，回家所面对的只有70岁的继父、8岁的女儿以及3岁的儿子。姜玉兰生前管家理财都是精明强干的好手，让丈夫在外任职丝毫没有后顾之忧，突然撒手归去，家里屋外张廷举顿失方寸，心力交瘁。在这种情形下，他对继父和萧红大不如往日，内心的苦闷无处宣泄，有时一些家庭琐屑往往使他勃然大怒。萧红明显感到，母亲逝世后"父亲也就变了样，偶然打碎了一只杯子，他就要骂到使人发抖的程度"；她更畏惧父亲那凶狠、冷漠、傲慢的眼光，每每他从身边经过，便感到身上有如针刺。

妻子死后，张廷举不得不与家里租住的房客打交道，收租金、管理家业。在对待房客的态度上与继父常常意见相左。他那不近人情的强硬与冷漠让继父

第一章　呼兰河与后花园

不满，在孩子的眼里，萧红觉得父亲因贪婪而失掉了人性。有一次，因为一家赶马车的房客交不起租金，父亲便把全套马车赶了出来，房客的家属们一边哭诉一边向祖父跪下求情，祖父于是把两匹马解下来还了回去。为着这两匹马，萧红听见父亲和祖父彻夜争吵。

母亲就这样带走了家里曾有的安宁、温暖与和谐。漫长而寒冷的冬天来了，围着暖炉，在大雪纷飞的黄昏听祖父读诗，看着祖父读诗时微红的嘴唇是萧红最感温暖的时刻。当因触怒父亲挨打后，她就独自站在祖父房间里看着窗外白棉一样飘飞的大雪。任性的孩子往往就这样从黄昏站到深夜，缓释她那无边的委屈。莫可奈何的祖父常常将他那满是皱纹的双手放在她的肩上，轻轻安慰说："快快长吧，长大就好了。"

毫无疑问，父亲因频遭家庭变故而生成的暴戾在母亲死后真正给了萧红一段创伤性的童年记忆，也加速了童年的终结。暴戾的父亲开始让她意识到"人是残酷的东西"，并渐渐以一种偏执的眼光看待她的家族和亲人。而且，这种创伤性的遭遇也渐渐将她磨砺得任性而刚毅。对萧红而言，这也是她人生苦难和悲剧的开始。

然而，1919年对于这个任性的小女孩来说，另有意义。

妻子弃世后，张廷举迫切需要一个主持家政的女人，1919年12月15日，在姜玉兰百日忌刚过便续娶了梁亚兰。梁亚兰（1898—1972），呼兰当地人，是梁家未出阁的长女。这门婚事是由原住梁家对面的小学校长田维国介绍的，其时，张廷举也在呼兰教育界任职。张廷举见梁亚兰性情温顺、待人和气，就多次托人向其父亲提媒。梁父打听到张廷举前妻有两个孩子，开始并不同意。但媒人不死心，三天两头提着瓶装酒来家继续提亲，酒多得连家里的酒坛子都装不下。后来，梁亚兰弟弟从中做父亲的工作，认为张廷举有文化，即

萧红继母梁亚兰（张抗提供）

便前妻有孩子也没有什么，梁父最终同意了这门亲事。梁亚兰亦是幼年丧母，很了解无母孩子的痛苦，与张廷举结婚前其父一再嘱咐说："要好好待先房的两个孩子。"当时，张家情形比较凄惨，几十年后梁亚兰仍清晰记得结婚那天的情景："我过门时，荣华的鞋面上还缝着白布，别人觉得不好才撕掉了，领到我跟前认母磕头，秀珂是别人把着给我磕的头，我还抱了连富算是当了妈。"

继母到底不是母亲。不久，萧红便感受到她和妈妈的区别，觉得继母对自己很"客气"，即便责骂也是委婉曲折的。她进而意识到与继母的隔膜——"客气是越客气了，但是冷淡了，疏远了，生人一样"。继母进门之后，萧红的顽皮、任性还是一任其旧，热衷于爬树上房掏鸟窝，与邻居的孩子一起跑出去玩耍。生母在的时候，碰到这种情形常常只是骂一顿就算了，而且挨骂时还有祖父的祖护和爱抚。现在全然不同，继母会把对萧红姐弟的不满告诉父亲，由父亲出面对他们加以严厉训斥。祖父越发年迈，面对这种情形亦渐渐无能为力，见到萧红挨骂便常常支使她"到院子去玩玩吧"，同时递给她一个金黄的桔子作为安慰。

梁亚兰嫁到张家后生有三子二女。有了自己的孩子后，她对萧红姐弟自然愈加疏远、忽视。张家的家境每况愈下，除了一个老厨工做饭、有二伯管杂役和菜园子之外，家里已经没有长工或短工，粮食多由阿城老家定期送来接济。不久，祖父染上抽大烟的习惯，对萧红姐弟亦无暇顾及。好在那时萧红已经出门上学，开始了相对独立的生活。弟弟张秀珂则更为真切地感受到家境的败落和没有母亲的凄苦。日后，他对自己上学后的生活有过描述："爷爷后来有了嗜好（抽大烟），我就搬到下屋里和老厨子睡在一起，我的被子凉冰冰滑腻腻的，黑得发亮，我和大厨子身上的虱子来回爬"；"我和姐姐的学费、纸笔费都是父亲年初离家时算好的，没有多少余头。有一次馋糖吃，只好抽空偷个小瓶子来换糖球，糖球中间还粘着草棍，放到嘴里含着慢慢品尝着甜味"。

萧红和继母的关系，许多学者均持"继母阴毒"说。这多半是以现代人的眼光对八十多年前的人物的一种苛求。作为一个无知无识的旧式妇女，当后母能够做到萧红所感受到的"客气"已非易事，甚至可以说难能可贵。公允地看，梁亚兰刚到张家对萧红姐弟还是比较体贴，后来，因萧红任性、个性强和有了自己的儿女，对萧红姐弟也就愈见冷淡，与萧红的关系也就变差了些，何况，她以姑娘之身嫁到张家也只有21岁。20世纪50年代中期，张秀珂回忆说："母亲死后，我们的生活虽然没有怎样挨饿受冻，但条件的确是恶化了，失去母爱，无人照顾，给我们身体和精神造成了很大损失"；"的确，每当萧红在吃饭时向父亲和继母吵着要念书而受到驳斥的时候，总是由祖父出来维护圆场，这才能把饭吃完"。中国人本来就有关于继母的固有认知。阴私、狠毒、虐待丈夫前妻的孩子，似乎是认知继母的心理定式，有人以这种认知模式去想象梁亚兰和萧红的关系也就不足为奇。更有甚者把梁亚兰的到来视为萧红人生苦难的开始，因为她不断挑拨萧红与父亲之间的关系。这种说法显然是不切实际的想象。前文说过，张廷举的变化是自姜玉兰逝世后就开始了，粗暴、冷漠、不近人情，而且其性情的变化并没有因梁亚兰的到来而有所好转。萧红也看出，即便在后母面前，父亲同样表现出家长式的专断，"喜欢她的时候，便同她说笑，他恼怒时便骂她，母亲也渐渐怕起父亲来"。

梁亚兰的妹妹梁静芝与萧红是同龄人，也是她青少年时代的挚友。萧红与梁静芝交往密切，寒暑假从哈尔滨回来两人吃睡都在一起，无话不谈。以此反观，萧红和继母的关系应该比较融洽，起码说不上恶劣。萧红也可能把父亲对自己的责骂都想当然地归结为继母的唆使。而据梁静芝回忆，姐姐自进张家到萧红出走，对萧红没有一次恶言厉色，更不用说打骂了。

有意思的是，呼兰本地学者还通过大量走访了解到萧红和继母梁亚兰之间相处融洽。比如，梁亚兰过门不久就支持萧红入小学读书，萧红到哈尔滨读书，有时临走家里钱不凑手，继母便偷偷到西院做小买卖的杨老三家言借，一次就借二三百元给她拿走。萧红想吊皮大衣，她也满口答应；萧红在家里看书写字，从来都不说她，也不支使她干什么。这些说法虽然不尽可信，但似乎也可了解到萧红与继母关系的另一面。

1919 年终于过去了。当年的萧红自然无法理解这个年份对于未来中国文化发展的重大意义，但这个 8 岁的小女孩切实感受到了无法言说的心灵苦难：母亲死了、弟弟送人了、后母来了，父亲全然变了，而祖父越来越老了。小女孩就是在这些无法阻遏的变故中彻底终结了她的童年。

上 学 了

1920 年之于萧红同样是具有重大意义的年份。这一年她开始进入新式学堂念书。

张廷举是个顺应时潮的维新人物，对待萧红上学的态度比较开明。当时，呼兰城有两所小学，并于1920年秋天首开女生部，开始招收女生。萧红是这一举措的首批受益者，进入离家仅百步之遥的呼兰县乙种农业学校女生班，读初小一年级。因学校设在龙王庙院内，俗称龙王庙小学，后改称第二十国民小学、南关小学，新中国成立后曾改名为第一初高级完全小学校、建设小学校等，现为纪念女作家萧红，经县政府决定改名为萧红小学校。当时，该校只设有初小。

1924年，初小毕业后，萧红考入北关初高两级小学校女生部，读高小一年级。该校位于城北二道街的祖师庙院内，后来曾称为道文小学、第二初高级完全小学校、胜利小学校等。受五四新文化运动的洗礼，人们意识到接受新式教育的重要。萧红新奇地看到来上高小的学生几乎什么人都有，有的当私塾先生已经四五年了，有的在粮栈里做了两年的管账。他们家信涉及的内容更是五花八门，有的问儿子的眼疾好了没有，也有的询问家里地租收取的情况和粮食买卖的行情。萧红就在这样一种时代背景下，开始慢慢接受新文化的洗礼，用惊奇的大眼睛打量着走出后花园所看到的崭新世界。

不久，张廷举升任第二初高两级小学校长，他不满意于该校师资不足、生源杂乱，1925年将萧红转入呼兰县第一女子初高两级小学校（即后来县立第一初高两级小学校的女生部，该校校址在今呼兰县第一中学院内），插班高小二年级。据当年与萧红同班的傅秀兰回忆，新转入的张乃莹并没有给她什么特殊印象——"她穿的是阴丹士林布的蓝上衣、黑布裙子、白袜子、黑布鞋，和大家的打扮是一模一样的。她的性格温和，恬静，而且平易近人，只是不太爱说话"。傅秀兰原以为作为大户人家的女儿，其衣着、做派应该是常常所见到的那种样子，没想到竟和她这样的小户人家的孩子没什么两样。

读书给了萧红一种全新的生活。在老师、家人和同学的眼里，张乃莹都是那种特别好学的好学生。家里的藏书几乎都看过，即使不懂也要翻翻，而且随着年龄、学识的增长，她的求知欲望愈加强烈，常常从同学、亲戚家或父亲的朋友手里借书来看。张秀琢回忆，姐姐夏天多半在后花园的凉棚中不知疲倦地看书，常常要人喊她吃饭，凉棚搭建在花丛中，姐姐喜欢顺手拿起一片花叶夹在书中"备忘"。

令同学们印象深刻的，张乃莹除了读书用功之外，还有她那出众的文字表达能力。这显然与其幼年诗教不无关系。1926年5月3日夜，呼兰突遭暴雨袭击，很多家庭房倒屋塌。傅秀兰讲述了她家附近的一个穷苦农民，抱着孩子逃命时不小心滑入屋旁的大水坑被淹死的真实事件，令萧红很有所感。6月初，县教育局视学董先生出了一道作文题就叫《大雨记》，萧红把傅秀兰所讲的内容写进文章，在生动描写雨势的同时，也传达出对那个不幸农民的深深同情。班主任果老师对该文赞赏不已。作为民国才女的萧红，在高小期间就已然显露端倪。

张廷举的亲大哥张廷蓂，每年都要从阿城来呼兰住上一段时间，代弟弟理财管家。他嗓音洪亮，脾气刚烈暴躁，与张廷举文质彬彬、冷漠而近乎迂执恰成两样。张抗先生在文章中怀疑，萧红在《呼兰河传》里所描写的"父亲打有二伯"的情节，很可能指的是这位大伯父。在散文《镀金的学说》一文里，萧红回忆说，大伯父是其童年"唯一崇拜的人物"，在她眼里，大伯父不仅讲话声音洪亮，严肃而有条理，而且似乎总是关乎正理，有令人不得不信服的力量。15岁那年，萧红参加邻居姐姐的婚宴回来，在后母面前颇为新娘遭到婆家的羞辱、刁难而不知反抗气不忿，且不无得意地说要换成是她会如何如何。没想到这话被大伯父听见，喊过去给她深刻地上了一课："你不说假若是你吗？是你又怎么样？你比别人更糟糕，下回少说这一类话！小孩子学着夸大话，浅薄透了！假如是你，你比别人更糟糕，你想你总要比别人高一倍吗？再不要夸口，夸口是最可耻，最没出息。"萧红在文中说自此就再也不敢夸口，她日后沉静、内秀的性格或许与大伯父深入而威严的家教分不开。联想萧红日后很大程度上因性格因素而酿成的人生悲剧，大伯父的这次教育，或许多少是对其性格中潜在导致人生悲剧的一些因素的洞见。事实上，后来每当面临一个个重大的人生选择关口，她总觉得自己可以闯过一切难关，很少考虑行为的后果。然而，往往在不顾后果的自信中，更大的灾难已然在等着她。进入高小，大伯父便给萧红讲授古文，讲解《吊古战场文》给了她最为深刻的记忆，由此，她深深感受到战争的残酷。大伯父的讲授除了把萧红感动得哭了之外，自己竟然也被感染得有些声咽。学古文过程中，大伯父对萧红的"心机灵快"很是得意，常常当着族中众多男孩子面夸奖她，为此招致他们的嫉妒。

入新式学堂读书是一种规约与陶冶，随着年龄的增长，童年在后花园里的顽皮与狂野自然消退。学生时代的萧红给每个人的印象几乎都是沉静而内秀，从不多谈自己和家族。但这种沉静与内秀，并非出于内心的胆怯，而是源自家庭变故的历练和知识的积累，在表面的温和、恬静之下，其实蕴藏着一颗任性而恣肆、倔强而刚强的灵魂。1925年5月30日，震惊中外的"五卅惨案"激起全国人民抗日反帝爱国的热潮。偏远小城呼兰受这股潮流影响，也积极起而响应。呼兰中学联合会发起游行、讲演、募捐等活动，以支援上海工人、学生们的斗争。萧红和她的同学积极参与了这一社会活动。当时，呼兰城区东南隅居住着最为有钱有势的"八大家"，诸如县长高乃济、南大营驻军冯司令、省议员大地主王百川等。这些高门大户令常人望而生畏，平素老百姓到这块地方都绕道而行。募捐活动发起后，同学们都不敢到这些人家去劝捐，萧红主动请缨领着傅秀兰一起到王百川家向其姨太太们宣讲道理进行劝捐，终于募来一元钱。7月末，为了加强宣传，同时也为了答谢捐款人，学生联合会在西岗公园举行联合义演，张乃莹在反对封建婚姻的话剧《傲霜枝》中扮演了一个小姑娘，虽然谈不上什么演技，倒是十分投入。

呼兰西岗公园

傅秀兰还回忆了在高小毕业时发生的一件小事。

1926年6月末，高小毕业考试后传出消息，傅秀兰考了第一，吴鸿章第二，但迟迟没有发榜，这种反常情形不免引起同学们的猜疑。毕业典礼前十分钟，成绩终于公布了，出人意料的是张乃莹得了第一，傅秀兰、吴鸿章名列第二、第三。原来，张廷举已调任县教育局局长，并且要前来参加当天的毕业典礼，所以第一小学校长田蕴英为讨好上司弄虚作假，将张乃莹列为第一名。为此，张乃莹并没有感到丝毫高兴，反而无比沮丧，毕业典礼过程中始终红涨着脸低头坐在那里。

对此，铁峰先生拿出确凿的材料证明，萧红高小毕业时，张廷举仍在第二初高两级小学任校长，是在1928年6月才接替王锡三任县教育局局长的（当时《盛京时报》"东三省新闻"里有过报道）。因而，他认为傅秀兰所说的这件事不成立。因为第一小学校长没有必要讨好第二小学校长把张乃莹的名次故意提高。傅秀兰的回忆确有许多讹误不实之处，但这样的事情似乎还是有可能发生。即便萧红父不是县教育局局长，第一小学校长请第二小学校长来做自己学校毕业典礼的嘉宾，而嘉宾的女儿又恰是接受典礼的毕业生之一。为此，让张乃莹以第一名的成绩毕业，自然是宾主都极有光彩的事，况且她的成绩本身就十分优异。这小小善解人意的虚荣之举，比较符合东北男人面子至上的行为逻辑。毫无疑问，这种情况对于自尊心极强的张乃莹来说，显然只是感到屈辱，以其个性，在这样的"抬举"中丝毫感受不到荣光，无比沮丧倒是十分符合其性格逻辑。傅秀兰还列举了一个不起眼的细节，说看到神气十足地坐在同学桌子旁的张廷举，吴鸿章不禁提醒她对比起张廷举和张乃莹在相貌上的差异来，得出的结论是，父女俩"长得多像啊，那圆脸，那稍大的鼻子"。这一细节似乎表明张廷举确实参加过萧红的高小毕业典礼。

1926年的夏天对于萧红来说无疑是个转折点。15岁的少女结束了小学生活，呼兰城外更为广阔的外部世界在向她招手。高小毕业，张乃莹和同学们各自面临着人生选择。傅秀兰、吴鸿章等家景不好的同学考取了省城齐齐哈尔的女子师范学校，因为师范教育是免费的；家景稍好的同学就在本县上中学，师资力量比较差，但费用相对低廉；而家景富裕的同学则大多去哈尔滨上中学。对一个女孩来说，去哈尔滨上学是最为时髦，令人企羡的选择。二三十年代的哈尔滨以其开放、时髦、浪漫令年轻人神往。张氏家族门楣光鲜，受到良好新式教育的子弟不乏其人，多在哈尔滨上中学，甚至去北京上大学。知识早已唤醒少女张乃莹对大城市的充分想象，企望能去向往多时的哈尔滨继续上中学。然而，当她向父亲、继母表达完诉求，不料遭到严厉的拒绝。一场升学风波等待着她。

升学风波

前文说过，张廷举事实上是一个虽新还旧的人物。他对张乃莹的预期，是通过严厉的家教将她培养成一个恬静文雅、知书达理的大家闺秀，而孩子自幼就表现出的任性、顽皮和倔强无疑令他并不满意。萧红在高小期间参加抗议游行、募捐"八大家"、参演新戏等行为，更让其内心不免充满隐忧，害怕女儿被男女平权的社会思潮带入歧途。"知女莫若父"，他对女儿的任性恣肆非常清楚。哈尔滨的开放，张廷举早有所耳闻，很多女学生干出自行谈恋爱、交男朋友的"荒唐事"，他害怕女儿也做出有辱张家门风、败坏自己脸面的"荒唐事"来。在他看来，张氏家族的门楣和自己的脸面比什么都重要。因此，当萧红提出到哈尔滨继续念中学的想法时，父亲和继母一致反对，与此前开明地支持她在呼兰上小学，完全是冰火两重天的逆转。父亲说如果愿意继续上学，可请个先生到家里教授。或许，在张廷举看来，对于大姑娘的教育应该再回到私塾状态，这样才能保证女儿不被社会风气带坏，不做"荒唐事"。父亲近乎迂执的坚持令萧红非常失望、反感，高小的同班同学不升学的只有两三个，她更加真切地感受到父亲那极其不通情理的一面，同时也感受到他的冷漠。就正如在散文《镀金的学说》里所表达的那样："父亲在我眼里变成一只没有一点热气的鱼类，或者别的不具着情感的动物。"

与父亲间的隔阂六年前母亲逝世后就已然埋下，尔后的求学时光平抑了父女间的不和谐，但童年创伤性记忆所留下的裂隙依然存在；现在当女儿的合理诉求得不到理解，并且父亲只以爱的名义进行一味压制，父女间的矛盾自然渐渐彰显。长辈意志不可违逆，但萧红觉得自己的合理诉求无端被拒亦不甘愿就此放弃。不计一切后果地做自己想做的事，可以说是萧红的基本性格。

秋天，开学了，昔日同学纷纷拥有全新的校园生活，郁郁寡欢的张乃莹一个人剩在大院里每日与长工有二伯、做饭的厨子、不断生育的后母以及依然疼爱她，但染有大烟瘾的祖父为伴，郁闷而焦虑。后花园早已没有吸引力，毕竟不是七八年前的那个小女孩了。父亲是那种说一不二迂执得几乎不可能回头的男人。萧红自觉说服父亲无望，便采取了一种十分消极的方式与之对抗。她在家里什么事情都不干，吃完饭便上床睡觉。15岁的大姑娘懒成这样，时间一长做继母的自然看不惯，何况，梁氏此时已生育了两个孩子，并怀着第三个孩子，家务繁重。更重要的是，女儿此举让父亲觉得是对长辈的忤逆。萧红挑衅式的抗争终于导致更大的冲突发生。一天，萧红与继母发生争吵，父亲冲过来大骂："你懒死啦！不要脸的。"乃莹的斗志亦被父亲长久以来的压制激发了出来，大声反问："什么叫不要脸呢？谁不要脸！"张廷举听后怒不可遏，一巴掌将她打翻在地。女儿从地上爬起来，以自己的不哭，继续挑战父亲的威权和尊严。

这次有些极端的父女冲突，的确让父亲的自尊心受到了莫大挫伤。张廷举意识到眼前的女儿不再是以前那个挨打后惊恐而委屈地抹着眼泪的小女孩了。他感到女儿的愤怒和抗争来自她那凛凛不屈、自尊无比的内心，在当时，15岁已是可以出嫁的年龄。父亲的挫败感也让女儿看得清清楚楚。她感到父亲从那一天后，总想恢复他那作为父亲的尊严，力图让自己对他有所畏惧。从此，父亲每天黄昏公干回来走近花园，便故意咳嗽一声或吐一口痰，以示他回来了。萧红难以压抑对父亲此举的轻蔑，在她看来，父亲的尊严并不在于"把肚子里所有的痰都全部吐出来"。已然长大的张乃莹似乎更体察到父亲尊严的脆弱。

父女之间的较量进入僵持阶段。一天天心情郁闷地躺在炕上，不久，萧红真的病倒了。同学们升学后纷纷来信描述她们火热、新鲜的中学生活：打网球、剪短发、谈恋爱，还有各种她闻所未闻的功课。萧红更加伤心失落，这些信件不仅加重了她的病情，也加重了她就此放弃升学的不甘。

已然衰老的祖父看到这种情形，既焦灼又心疼，拄着拐杖，仰着头，颤动着雪白的胡子不断央求儿子："叫荣华上学去吧！给她拿火车费，叫她收拾收拾起身吧！小心病坏！"但此时的儿子根本不把父亲放在眼里："有病在家里养病吧，上什么学，上学！"在升学这件事上，祖父的话对父亲已经丝毫不起作用。后来，发展到亲戚朋友只要为此劝上两句，张廷举便连话也不搭就走开。正如张家族人日后所回忆的那样，在某种意义上，张廷举和萧红是一样的倔强，都有一副牛脾气。后来，萧红流浪哈尔滨期间，他们父女的表现同样可以印证这一点。

转眼到了年底，来家做客的外祖母（梁亚兰的继母）见乃莹郁郁寡欢、茶食不思的样子，很是心疼，便央求外出半年新近回来的萧红大伯父向自己的女婿说项，想让他改变主意。然而，被寄予无限期望的大伯父在这件事上的态度竟然和父亲如出一辙，认为女孩要读书请个先生在家里念念就够了，他也听说哈尔滨的女学生们"太荒唐"。外祖母继续劝大伯父说："孩子在家里教养好，到学堂也没有什么坏处。"大伯父却说："女学生们靠不住，交男朋友啦！恋爱啦！我看不惯这些。"听到这些，乃莹陡然觉得一向令她崇拜的大伯父到处都非常讨厌，不愿意看他吃香肠的样子，讨厌他喝酒的杯子，还有上唇生出的小黑髭。从此，她觉得大伯父和父亲并没有什么区别，也"变成了严凉的石头"。大伯父的态度让萧红坚定地意识到，要想上学，任何人都帮不了她，只能靠自己去争取。

1926年萧红与继母的妹妹梁静芝（中）梁芳芝（左）在呼兰（王连喜提供）

萧红上高小时，班长田慎如是个漂亮、泼辣而聪明的姑娘，毕业后在齐齐哈尔上女子师范。呼兰教育局王局长对她早有垂涎，想逼娶为妾。在县城开木匠铺的田父胆小怕事，写信将女儿骗回讲明局长的意思。田慎如听后勃然大怒，跑到局长家痛斥其荒淫无耻专挑女学生作小。骂声惊动四邻，令局长颜面扫地，又气又恼，据说当时因喝了碗凉茶引发了肋膜炎，后开刀取出肋骨两根。王局长对田慎如怀恨在心，见自己无法得手，转而怂恿高县长娶之为妾。结果县长也挨了姑娘一顿痛骂。田慎如的刚烈让父亲害怕极了，对女儿哭一般地说："你把县长、局长都骂了，我这木匠铺还怎么开啊！"女儿毅然决然地说："我决不连累你，我出家去！"不久，刚烈的姑娘真的就到呼兰城里的天主教堂做了修女。那座建于1913年的天主教堂离张家大院不远，乃莹和同学听说此事后都非常震惊，还试图到教堂里看望，不想被长着蓝眼睛的洋修女以田慎如入教堂还不到一年为由拒绝。

1927年夏天，上中学的同学都放暑假了。张乃莹见自己消极抗争一年丝毫不见效果，联想到田慎如，不禁心生一计，故意在与自己有接触的女同学中放出风去：如果不能到哈尔滨继续读书，也到教堂当修女。此言一出，不久，整个呼兰城都风传张家大小姐要出家当"洋姑子"。传言首先急坏了祖父，他不再顾及什么，将张廷举夫妇痛骂一顿，并威胁说如果孙女果真当了"洋姑子"，就

第一章　呼兰河与后花园

呼兰天主教堂（程乾波摄）

死在他们面前。这招自然非常灵验，即便没有继父的压力，张廷举也承受不了舆论的大哗。他毕竟是呼兰十分有名望的乡绅，如果女儿真的当了"洋姑子"，毫无疑问，那将是爆炸性新闻，他所顾及的家族和个人的脸面将荡然无存，人们将会骂他伪新派、不孝子，逼女儿出家、老父自杀。而在与女儿的僵持中，他十分清楚她那份不达目的决不罢休的任性。最终，张廷举的心底防线彻底瓦解，一改初衷。此时，哈尔滨各中学又开始招收新生，如果错过招考机会，萧红又得在家耽搁一年。张廷举想到应该尽快送她到哈尔滨上学，以释心头大患。于是，在1927年秋天，张乃莹进入哈尔滨"东省特别区区立第一女子中学校"就读。对此，她后来坦率地说："当年，我升学了，那不是什么人帮助我，是我自己向家庭施行的'骗术'。"

至此，这场升学风波才告终结。萧红从此离开呼兰河和后花园进入哈尔滨，开始一个崭新的人生阶段。对于张廷举而言，也许在女儿和家族脸面之间，他早已宿命般地处于两难。女儿进入哈尔滨后,他此前所担心的事情都一一发生,那自然是后话。

解谜"王恩甲"

有些萧红研究者质疑张廷举刻意阻止女儿到哈尔滨上中学的真正原因,似乎仅仅基于父女俩观念上的差异不足以解释这一事件。呼兰张家虽然早呈衰败之势,但不让萧红上中学,还不至于出于经济实力的考量。然而,作为一个接受了新式学堂教育的维新人士,张廷举如此坚决地阻止女儿到哈尔滨上学,也有违情理。何况,萧红的高小同学升中学的占绝大多数,这其中是否还有其他因素的考量?

怎样更合理地解释这一问题呢?

长期以来,有一种貌似很合理的说法在流传,那就是张乃莹上中学前就已经订婚了。据铁峰先生考证,萧红是在1924年亦即初小毕业时,"由父亲做主,将她许配给省防军第一路帮统王廷兰的次子王恩甲为未婚妻"。绝大部分萧红传记(如影响较大的季红真:《萧红传》)和论著(如黄晓娟:《雪中芭蕉——萧红创作论》)都采信此说。也许因为铁峰是哈尔滨本地研究者的缘故,其《萧红传》《萧红评传》《萧红文学之路》诸作是外地萧红研究者必读之书,采信于他似乎非常可靠。然而,一大批呼兰本地学者通过严谨的调查得出的结论是,萧红于1928年订婚,未婚夫是汪恩甲。于是,在萧红的订婚问题上,有两种很容易令人混淆的说法,即"王恩甲说"和"汪恩甲说"。丁言昭在《萧红传》里将萧红未婚夫定为"汪殿甲",显然是毫无根据的错误。毋庸置疑的是,这位未婚夫对张乃莹此后的人生遭际起到了至关重要的作用。某种意义上,他的出现彻底改变了萧红的人生轨迹,是其后来悲剧人生的转折点。可以说,张乃莹此后的所有"故事"都是从他的出现开始。然而,这么关键的人物到底是"王恩甲"还是"汪恩甲",长期以来一直是个难以索解的谜案,令试图认知萧红的传记作者和论者最感沮丧、无奈。似乎一开始就陷于一个迷雾重重的故事,而直至结尾,迷雾仍不见散去。

持"王恩甲说"者认为,张乃莹高小毕业后,王家催促她与儿子早日完婚,这正中继母梁氏下怀,早点将丈夫前妻的女儿嫁出去,早点了却一桩心愿,以免再做过多无意义的投入。即便不马上完婚,因为乃莹已有婚约在身,再到哈尔滨上中学,担心在与别的男生接触的过程中,会产生感情,致使婚事节外生枝,对两家都不好交代。这更关涉到张、王两家的颜面。基于这两种考量,所以张廷举坚决不让女儿继续到哈尔滨念书。持这一说法者还认为,张廷举最后改变主意,是因为王家也听说了准儿媳要出家当"洋姑子"的传闻,便派张廷举的老朋友于兴阁(铁峰说此人也是张乃莹与王恩甲订婚的证婚人,与张家关系密切,乃莹以二姨父称之。他也是王恩甲之父王廷兰的军中好友,铁峰并且说在1960年秋还寻访过此人。)前来问讯,这给了张廷举来自王家的莫大压力,怕伤了自家颜面自是不说,更怕伤了王家的脸面,所以立即向女儿屈服,并迅速接洽好到哈尔滨上学的学校。

　　这一说法貌似合理,给了很多问题,特别是萧红上学这一问题十分完满的解释。但是,张家族人或亲戚都清晰记得张乃莹是在上初二那年(即1928年)的寒假与汪恩甲订婚的,从未听说过她上小学期间就已订婚。萧红堂妹张秀珉(即二伯父张廷选之女)和小姨梁静芝在呼兰上小学时都寄住张家,她们都从未听说乃莹初小毕业订婚之事,而且都认定是在1928年与哈尔滨顾乡屯的"汪恩甲"订婚。梁静芝晚年回忆,旧社会女子订婚是一件重大的事情,从"相门户"到"过小礼"、"过大礼"都有比较大的举动,老亲少友没有不知道的。那时她和乃莹关系亲密,同一铺炕睡觉,同一桌吃饭,乃莹什么时候订婚毫无疑问是无法瞒过她的,况且这样的家族喜事也没必要瞒着别人。萧红的亲弟弟张秀珂1955年认为,姐姐"如不愿意同家庭订的汪姓人结婚,那就'离婚'好了,何必要打官司告状呢?"而且,萧红中学时代好友(李洁吾、高原)、同学(如徐薇、刘俊民、沈玉贤)都回忆说她在中学读书期间和一个姓"汪"的男子订婚。她们有的亲眼见过汪恩甲本人,有的记得萧红当时向他们介绍其未婚夫时说,这是"汪先生"或"密司特汪"。这些都表明与萧红订婚的男子应该是汪恩甲。一个人的姓氏是非常重要的信息,况且北方话中"汪"和"王"的区别非常清楚,应该不存在将二者混淆的可能。

　　解开"王恩甲之谜"对于萧红一生的叙述至关重要,它也可以解开笼罩在她身上的那一系列令人困惑的谜案。原呼兰县志办公室主任、《呼兰县志》主编、呼兰河萧红研究会理事姜世忠先生为此做了大量调查取证工作,在"解谜王恩甲"上功不可没。

　　既然王恩甲的父亲是王廷兰,姜先生的调查就从王廷兰入手。他查阅编纂于民国十八年（1929）的《呼兰县志》，卷七载有："王廷兰，字子馨，呼兰籍，陆军少将衔骑兵上校、游击队帮统官、警备队统带官。"呼兰当地的老人们都说，在20年代，就王帮统在呼兰的身份、地位来看，比张廷举要高，可比起平民百姓来，两家还可说是门当户对。小时将女儿许配人家，也是当时呼兰本地的风俗。因此，传说将13岁的乃莹许配给王帮统的儿子为妻，似乎是有可能的事。但事实并不符合人们的推断和想象。民国时期，因剿匪和维持社会治安，王帮统在呼兰声名显赫、家喻户晓。"九一八"事变后，他跟随马占山将军抗日，"江桥抗战"失败转而随马占山退至海伦一带。1932年5月，联合国调查团专门委员海伊林等5人飞赴齐齐哈尔调查，马占山派王廷兰前往齐齐哈尔寻找机会面见调查团，揭露日本武装侵略东三省、制造伪满洲国的罪行。王廷兰到达齐齐哈尔，因叛徒出卖，被日伪特务捕获。他不惧威逼，虽受尽酷刑仍坚强不屈，结果被敌伪装在麻袋里，从高楼推下，壮烈殉国。

因为王廷兰在呼兰家喻户晓，在他自己和家人身上衍生出一些故事也就不足为怪。持"王恩甲说"者，都认为张廷举把女儿许配给王家次子是为了巴结县里军方人士，以壮家族声势，改变呼兰张家的衰败之势。这自然也是当时中国父亲包办儿女婚姻时一种惯常的考量，甚至是一种被普遍接受的逻辑。最早为萧红立传的骆宾基先生就以这种逻辑展开关于萧红婚姻的想象，他叙述萧红升学受阻时说：

> 实际上，她的父亲，这时候早已经在布置她的未来的命运了，那就是说给她订了婚。男方的家长过去是东省特区有名的一个"统领"，而日后是一个支持伪满的汉奸。萧红感觉到自己要沉落在"封建"的魔手里去了。

或许"王恩甲说"的根据最早便起源于此。只是，后来又有学者在为萧红的这位"准公公"正名，说他并不是汉奸而是一位烈士。王廷兰殉国的时间刚好与王恩甲将萧红一个人留在东兴顺旅馆从此人间蒸发的时间相一致。因而，这一正名亦为解开王恩甲何以"抛弃"萧红找到了一个比较合理的解释。那就是，由于父亲被日伪特务捕获，自己和家人受到威胁，不能再和萧红在一起而突然消失。

关键问题是，王廷兰是否有一个名叫"王恩甲"的儿子？姜世忠先生几年间通过走访王帮统的女儿、孙子、侄孙子、侄孙女等多人，

第一章　呼兰河与后花园

终于对烈士后人有了比较清晰、权威的了解。王廷兰只有一个儿子，名叫王凤桐，一个女儿，名叫王凤霞，并没有第二个儿子。因而，所谓将萧红许配给王廷兰次子一说自然不成立。那么，当年的张乃莹是否许配给了王凤桐？事实亦非如此。王凤桐生于1908年，在年龄上与萧红相当。他虽然比萧红只大3岁，但结婚较早，1924年16岁时便与住在呼兰北街、家里开皮铺的孟氏结婚，次年就有了儿子王玉春。1928年，王凤桐考入齐齐哈尔东北讲武堂黑龙江分校，1930年8月第9期毕业分配到张学良部队。1932年5月，其父王廷兰被日本人杀害后，日特多次来家搜查，王凤桐举家逃往关内，投奔张学良参加抗日，新中国成立后在北京汽车五厂工作，病逝于1986年。从王廷兰独子王凤桐的生平来看，他与萧红的婚姻没有任何关系。因而，"王恩甲之谜"应该就此解开，以防谬误进一步流传。

以上大量征引的材料，姜先生于1997年4月以《萧红生平考订》为题公开发表在《呼兰今古》上，可惜采信者不多。许多有关萧红的传记或论著一仍其旧地坚持"王恩甲说"，亦足见此说在对萧红的想象上是多么深入人心。但是，最合理的想象终究并不是事实。令人感慨的是，2007年8月19日，笔者在萧红故居向一位负责人询问萧红未婚夫到底是"王恩甲"还是"汪恩甲"时，她毫不犹豫地回答说："汪恩甲"，随即又补上一句："他的父亲是呼兰的汪帮统。"听后真是哭笑不得，呼兰历史上并不存在一位姓汪的帮统，对方显然把"汪恩甲说"和"王恩甲说"混为一谈。

然而，更有意思的是，在2005年出版的《我的婶婶萧红》一书中，作者为了更好地解释张廷举阻止女儿升学的原因，对萧红订婚王帮统儿子一说，又有了新的折中，如"据说当时呼兰县保卫团的帮统王廷兰已有意让萧红做他未来儿媳妇，张家也同意，但关系没有明确，因为那年她才上高小二年级，虚岁13岁"。也许，这种没有正式约定的婚姻后来不了了之，但当时于兴阁到张家施压的情节却可以合乎情理地利用。此说拿不出任何证据，也只是"据说"而已。由此可见，"王恩甲之谜"变异之后还可能继续传说下去，不断衍生新的说法。实际上它早该解谜了，但愿在萧红订婚问题上，"王恩甲说"就此打住。

还是回到张廷举阻止女儿升学的问题上来。既然经济不成问题，订婚之说亦是空穴来风，那么就只剩下观念问题了。人是既复杂又简单的动物，当人们试图为张廷举这个不乏维新之举的父亲阻止女儿升学寻找更合理的理由与动机时，其动机其实非常简单，那就是对新的社会风气和男女观念的排斥，还有他那看得比什么都重要的家族和个人脸面。他或许早就意识到放女儿去哈尔滨就是这个家族灾难的开始。由此可见，萧红和父亲之间不可调和的矛盾本源性地根源于父女间的观念差异，而他们的倔强或固执却不相上下。某种意义上，父女俩是同一种性格的人，性格决定命运，这似乎也本源性地决定了萧红与父亲的悲剧。

第二章　哈尔滨往事

中学时代

1927年秋，进入青春期的张乃莹告别呼兰河和后花园来到哈尔滨，开始她的中学生活。她也许注定属于这个具有异国情调的城市，就正如今天只要稍有中国现代文学常识的人一进入哈尔滨，就会自然想起八十多年前那个走进邮政街135号的少女。八十多年后走在这个城市里，人们还会不期然地碰触到萧红留下的痕迹：她就读过的中学、游行过的街道、落难过的旅馆、暂住过的街区、流浪过的街市、生产时住过的医院……某种意义上，萧红同那些风格各异的辉煌建筑一样，成了哈尔滨市的鲜明印记。

20世纪30年代哈尔滨市全景

1896 年，沙俄利用中国在甲午海战中的失败，诱迫清政府与其签订《中俄密约》和《中俄合办东省铁路公司合同章程》（简称《中东铁路合同》），攫取在中国东北修筑、经营中东铁路的特权。哈尔滨作为这条铁路干线的总枢纽"中东铁路管理局"所在地而成了沙俄的殖民地。随着中东铁路的开工建设，哈尔滨工商业发展迅猛，大量移民先后拥入。1903 年 7 月，中东铁路全线通车时，哈尔滨已经形成了近代城市的雏形。到了 20 世纪初叶，她已经从松花江畔一个默默无闻的小渔村，发展成为具有浓郁异域风情的国际性商埠，先后有 33 个国家的 16 万侨民聚集于此，16 个国家在此设立领事馆。与此同时，中国民族资本在哈尔滨也有较大发展。当时，西方政论家拉铁摩尔认为，哈尔滨作为现代化大城市的潜力"远在北京、南京之上，甚至可以和上海并驾齐驱"。

　　中东铁路开工后，中东铁路工程局就开始按照俄国首都莫斯科的模式，对哈尔滨进行城市规划设计。设计者在尊重城市本身原有特征的基础上，也进行了一些人为的区域分隔。南岗成为以中东铁路管理局为中心的行政办公区；道里成为店铺密集的商业区；隔江相望的太阳岛上，则建有许多俄人别墅。中国人聚居的道外（旧称傅家甸）因不在中东铁路局用地范围内，铁路工程局未对其进行规划建设，将之列为城市外的乡村，为区分"城乡"差别，将划分道里、南岗与道外的一条街道，命名为国境街（今承德街）。沙俄在城市规划中不仅把殖民色彩融进建筑设计，一些街道的命名更显殖民气息，如希尔克夫王爵街（今地段街）、霍尔瓦特大街（今中山路），还有保留至今的果戈理大街，等等。基于这种城市布局，当时流传着"南岗是天堂，道里是人间，道外是地狱"的俗谚。十月革命后，哈尔滨形成了沙俄残余盘踞和中国封建军阀割据共存的局面。

　　1920 年 3 月，控制中东铁路的白匪头子霍尔瓦特被赶下台，中国政府逐步收回了一些前俄国在中东铁路附属地内非法侵占的中国主权。9 月 23 日，北京政府以大总统命令停止了前沙俄驻华使领馆待遇，并将原中东铁路用地划作"特别"区域；10 月，收回了中东铁路界内的司法权和警察权。1921 年 2 月 5 日，设置东省特别区市政管理局，宣布接管哈尔滨及中东铁路沿线的市政权；1923 年 3 月 1 日，东省特别区行政长官公署在哈尔滨南岗民益街正式成立，朱庆澜出任首任行政长官。哈尔滨为东省特别区的第一区，下辖道里、南岗、香坊、顾乡屯等区域。东省特别区一直存在到 1932 年伪满洲国成立，其后，日伪

第二章 哈尔滨往事

当局将其改为北满特别区。1935年3月23日，苏联将中东铁路卖给日伪政权，北满特别区随即撤销。1926年8月，东省特别区设立教育局（次年改为教育厅），收回中东铁路沿线的教育权，并对哈尔滨的学校进行整顿，将广益中学、东华中学、普育中学和从德女子中学等私立学校收归东省特别区教育局管理，改称东省特别区第一、第二、第三中学和第一女子中学。

东省特别区区立第一女子中学校（简称"东特女一中"）位于南岗区邮政街135号，坐落在市中心一处环境幽雅的俄式民宅区中，前身是私立从德女子中学。从德女中校歌唱道："从德兮，松江滨，广厦宏开，气象新，学子莘莘，先生谆谆。莫道女儿身，亦是国家民，养成了勤朴敏捷高尚德，方为一个完全人。"从德，乃"三从四德"之谓，是中国古代社会规约女子行为的标准。单就校名就透露出浓郁的迂腐、老旧之气，但校歌却又彰显出新式办学理念，强调女子对国家和社会的参与，传达出培养女性"完全人"的理想。在当时，这自然是非常富有创见的人才观念。

张乃莹进校读书时，东特女一中已是远近闻名的名校。学校分为初中和高中两部分，学生来源丰富庞杂，显示出一种开放的气度。有的来自豪富之家，也有的家境很一般，有走读生，也有寄宿生，学校备有200张床位供寄宿生使用。校长孔焕书是一个年近30的独身女性，毕业于吉林省女子师范学校，治校非常严格，学生除节假日外不许外出，不能随便会客，外来电话须由工友转告。凡有来信，除未婚夫的外，都要拆封检阅，因而，学校对一些学生的未婚夫了如指掌。这些举措，对于受到新思想启蒙的女生来说，自然非常反感，觉得孔焕书治下的学校门禁森严，像个"密封的罐头"，并私下给校长起绰号"孔大牙"或"孔大包牙"。今天，很多萧红研究者仅凭萧红当年同学的一些讲述，形成对孔焕书全然否定的印象，认为她订下太多清规戒律钳制了学生的身心发展。这都是从今天的现实处境苛责前人的表现。在萧红自己的文章里，并没有表现出对孔校长明显的不满和厌恶。

学校的这些规定也并非孔焕书的独出心裁。当时欧美的新式教育和中国的旧式私塾教育处于交错状态，新的有所进入，旧的仍有所保留。给萧红以重大影响的绘画老师高仰山日后评价孔校长说："她非常趋奉当时的资产阶级家庭，管理学校很守旧、专制，对教学上似乎还有点改革。"实际上，东特女一中的巨大名声正得益于孔焕书当时比较先进的办学思想和许多富有力度的举措。她非常重视师资建设，聘请了一批富有学识、思想新锐的老师，如美术教师高仰山毕业于上海美专、体育教师黄淑芳毕业于上海两江女子体专、历史教师姜寿山毕业于北京大学。1926 年，高仰山毕业回到吉林一时找不到工作陷入困境，孔焕书只看过他中学时的画作便慧眼识珠聘他来校任教。接到聘讯，高仰山顿觉"吉从天降"。孔校长先进的办学理念，更表现在对女生体育教育的高度重视上。学校体育设施非常齐全，有很大的操场，冬天在操场上泼上水就成了天然的滑冰场，此外还有设在地下的风雨操场；学生的体育课内容丰富，田径、篮球、网球、舞蹈操、划船等都是常设科目。由于有像黄淑芳这样高素质的体育教师任教，东特女一中的体育当时在全国一直名列前茅。孙桂云、王渊、吴梅仙、郭淑贤、刘静贞等经常代表学校参加全国性运动会，拿了很多冠军，哈尔滨东特女一中的"五虎将"一时间闻名全国。其中，初中三班的孙桂云是驰名全国的百米健将，打破过全国女子短跑纪录。学校还十分重视学生的课外活动，成立了美术小组、体育小组等，培养学生各方面的兴趣。著名作家孔罗荪的夫人周玉屏 1928 年考入东特女一中高中部，她回忆说，当年母校学风严谨，教育有方，真正培养出了一批社会知名人士。

东特女一中分别对初中部和高中部的学生进行全校统一编班。萧红进校后分在初中四班，主干课程是英语，开始的时候班上有四十多名学生，但因为是女生，往往等不到毕业便先后嫁人了，毕业时仅有二十几人。张乃莹留给同学们的印象是中等身材，圆圆的大脸盘，浓密的黑发编成两个粗大的辫子，垂得她仰着脸，白皙的脸上有一双明亮的大眼睛，很沉静，平时不太爱说话。她和沈玉贤都被安排在教室的最后一排，不久，她们和坐在第一排的南方姑娘徐淑娟（后改名徐薇）成了形影不离的好朋友。徐薇晚年回忆："这大概跟我们三个人的性格脾气差不多有关。我们三人的脾气都有点儿古怪，都很倔强，都对学校束缚女生的行为很反感，都对社会上人欺侮人、人压迫人的现象感到愤愤不平，甚至牲畜受到虐待，也会引起我们的愤怒。"

在校期间，新式教育的熏冶渐渐苏醒这些正处青春期的少女们的女性意识，不再甘愿做传统的贤妻良母。她们勤奋好学、不谈恋爱，愿意和有头脑的男生交朋友，甚至有意识地呈现出一些男性化倾向，有意按照男性的意识和思想来塑造自己，外形上亦尽力"男化"，把头发剪得极短。萧红后来在离开哈尔滨到北平时还干脆留男式发型、穿西装拍照送给徐淑娟。日常生活中，她们也常常像男性那样逞强好胜。一次,三人到太阳岛玩需要乘船过江,虽然三人都不会划船,但个性倔强的姑娘们劝走船老大一定要自己划过去。结果返回的时候因为逆风逆水,小船老是在江中打转,但她们不肯呼救,拼命用力总算划了回来,各人手上都磨出了血泡,即便如此,大家仍觉痛快。

剪了短发的乃莹回到呼兰,街上的人都以奇异的目光打量她,发出种种议论。她对此毫不在意,还故意拉上几个女同学上街"示威",遇到家人劝阻,干脆就说:"我又不是做什么坏事情,不要你们管!"第二天又故意穿上白上衣、青短裙,从南街到北街,好像向那些喜欢议论的人发出挑战似的。在她看来,那些人不是要大发议论吗,那就索性再给他们提供点新内容,看他们怎么样。

姑娘们的逆反更表现在学习上。她们不满学校的纪律约束,更不满意那些思想守旧的教员。除了私底下给校长起绰号外,也常常在课堂上顶撞让她们不满意的老师。为了让学生出校门后成为贤妻良母,学校除开设文化课外,兼习女红。教刺绣的老师被同学们起绰号"老母鸡"。她在课堂上教训学生说,女人不同于男人,女人的责任就是嫁了丈夫应该赚得他的欢喜,有了孩子就得做娘,因而刺绣是发展女人天才的大道理。这种过时论调令女生们严重不满,有同学当面顶撞老师说:"唯有'奴心未死'的女人才会这样做。"对于那些授课时不顾学生自尊的教师,女生们更是毫不含糊地起而抗争。讲授公民课的于嘉杉老师总是照书宣读,同学们了无兴趣。一次,讲法律课的时候,坐在最前面的徐淑娟竟然睡着了,令这位秀才老师很是光火,揶揄道:"我讲公民课,你们不爱听,讲'妈妈好糊涂',你们就爱听了。"这句话一下子把同学们都激怒了,因为《妈妈好糊涂》这首民歌唱的是姑娘埋怨妈妈不给她找婆家。大家一致认为于老师此举是对她们的侮辱,决计报复。等他再来授课之前,同学们在黑板上写出抗议老师的标语,为了不让他看出是谁写的,大家每人各写一笔。结果,于老师见后气急败坏但又无可奈何。这件事几乎闹成学潮,后经学校训育主任出面调解才平息。

萧红自幼喜欢绘画,在中学阶段更是醉心于此。东特女一中能聘请到高仰山这样的青年才俊自然是学生的幸事。这位日后名满北满的著名画家给了萧红非常深刻的影响。萧红并不是沈玉贤、王丽颖她们那个学生美术小组的成员,但一次她在校园写生时被高老师偶然发现,便将她列为重点培养的对象之一。高仰山在上海美专受过严格而系统的绘画教育,教授学生非常认真系统。他讲授素描、色彩、透视等技法，引起同学们的强烈兴趣，每逢节假日还带上学生，背着画夹和准备好的食物在松花江两岸写生。高仰山从上海带来的浓郁的艺术气息强烈感染着萧红和她的同学们，在其培养下，萧红进一步发现了自己的绘画天分，强烈憧憬着日后能成为一名画家，直到临死前还念念不忘地把这个梦想讲给骆宾基听。这个美丽的画家梦就正如骆宾基在《萧红小传》里所描绘的那样："这是一条展现在她面前的美丽的道路，那道路是朦胧的，有烟雾似的……灰天、绿树之间，有一个人挟着调色板和画架子，在这条路上走着，那就是未来的自己，一个女画家呵！这幻想给了她温暖和生命。"萧红后来逗留北京、上海、东京期间还想重拾这个美丽的梦想，可惜都未能如愿。高老师还热爱文学兼管学校图书馆，在读书上也曾给萧红许多指导，萧红一生对这位好老师都念念不忘。

1930年夏天，张乃莹毕业前夕，高老师布置了一次静物绘画作业。他在教室里设计好几组静物，同学们纷纷选择自己喜爱的题材，寻找最佳角度，占据位置开始作画。乃莹对老师所摆放的静物都不感兴趣，跑到教室外边向老更夫借了一支黑杆短烟袋和一个黑布的烟袋荷包，并搬来一块灰褐色的石头，将烟袋、烟袋荷包放在石头边上，然后开始专心作画。有同学问这是什么意思，她回答说："劳动者干活累了，坐下来抽袋烟休息一会儿。"高仰山看了她的画作，起名"劳动者的恩物"。萧红很是满意，说老师和她想到一块儿去了。这幅画在初中生毕业绘画展览上十分引人注目。

给张乃莹深刻影响的还有国文老师王荫芬。王老师是鲁迅作品的爱好者，常常在课堂上讲授鲁迅杂文。当时，学生读的都是文言文，作文也是文言文，但王老师开风气之先把白话文带进课堂。在老师指引下，萧红大量阅读了鲁迅、茅盾、郁达夫、郭沫若等新文学名家，还有莎士比亚、歌德等外国文豪的作品。徐薇晚年回忆："那时我们最爱读的是鲁迅的《野草》，作品中的许多妙句和篇章，我们都能背诵。"萧红不仅爱看新文学作品，不时也写点散文、诗歌在校刊或黑板报上发表。1930年初夏，学校组织了吉林之游，对于这些大多没有出过哈尔滨的女生们来说，这是非常新鲜的经验。张乃莹默默观察同学们在游览中兴奋而愉快的争执，回来后在校刊上发表了《吉林之游》组诗，署名"悄吟"。关于这个署名，她解释说，"悄吟"就是"悄悄地吟咏嘛"。这是她日后最常用的笔名。

第二章 哈尔滨往事

20世纪20年代末，日本侵占中国东北的野心已然显露，一些政治事件不时惊扰着在象牙塔里的莘莘学子，这同样给萧红的中学时代留下了深刻印记。

1928年6月，日本军方制造了"皇姑屯事件"，又趁张学良立足未稳，提出在东北强修"五路"，即吉林至五常、长春至大赉、洮南至索伦延海、延吉至海林，并把吉林至敦化的铁路延长至会宁。这个计划充分暴露出日本侵略者侵吞中国的野心。因为，这五路一旦贯通，日本就可以在二十几个小时之内将军队运进东三省。日本人的无理要求激起东北人民的强烈反抗，各大中城市举行示威游行。11月9日，哈尔滨大中小学罢课，学生上街游行示威，这就是哈尔滨历史上的"一一·九"运动。

刚开始，孔焕书并不赞成东特女一中的学生参加游行，后来迫于情势才对学生说"你们跟着去吧！要守秩序"，并一再提醒学生要记住自己是"女学生"。萧红非常踊跃地参加了这次活动。游行过程给了她非常新鲜刺激的体验，也让她接触到其他学校的一些优秀男生。十年后，在散文《一条路底完成》中，她不无幽默地写道，在游行中"凡是我看到的东西，已经都变成了严肃的东西，无论马路上的石子，或是那已经落了叶子的街树。反正我是站在'打倒日本帝国主义'的喊声中了"。游行的人们找不到具体的打倒对象来发泄内心的愤怒，如果遇到一个穿和服的日本女子，便把"打倒日本帝国主义"的口号立即改为"就打倒你"，警察出来阻拦，口号又变成了"打倒警察"。萧红也感到这场斗争到后来比刚开始更有趣味，她说："在那时，'日本帝国主义'，我相信我绝对没有见过，但是警察我是见过的，于是我就嚷着'打倒警察，打倒警察'！"这场示威游行最终遭到滨江县警察的镇压，开枪打伤240多人。惨案发生后，学生包围了滨江道尹公署，哈尔滨各界纷纷支援学生的爱国行动。在群众的强大压力下，东北边防长官张学良不得不惩罚肇事者，并派代表来哈尔滨慰问受伤学生。

1929年，因边境争端，控制东北政权的奉系军阀与当时的苏联政府发生了一场小规模的战争，结果自然以中国的失败告终。当年夏天，张学良遵照蒋介石的指示，在东北各地掀起反苏反共浪潮，并以搜捕共产党为名检查苏联驻哈尔滨领事馆，限制苏联人员的活动。而且，以反对苏联侵略的名义欺骗青年学生，举行"佩花大会"，为在战争中阵亡的将士家属募捐筹款。因不了解苏联的国家性质，萧红和一些不明真相的同学参加了反苏募捐。她们自制一些小兰花，在繁华的街道上给行人佩戴，向他们募集一些钱款。活动刚开始的时候，她同样非常兴奋，根据1928年的经验，"感觉到又是光荣的任务降落到我的头上来"。但随即感到街上的行人对这件事似乎并不很热心，这还让她"对中国人起着不少的悲哀"。在这次活动中，萧红的积极性无限高涨，将同行伙伴远远丢在后边。她觉得仅仅"打倒苏联"的口号还十分不够，想要添上"帝国主义"，但学联发下来的口号却只有"打倒苏联"。这让单纯的姑娘很是不解：既然苏联不是帝国主义，为什么就应该打倒呢？关于苏联，她其实并没有什么了解，除了亲眼见到哈尔滨的苏联领事馆被检查外，还有继母每每与家里的老厨子在厨房里密谋换点纸卢布。"佩花大会"让萧红觉得自己无论多么卖力，还是感到"没有中心思想"。后来，辛克莱的小说《屠场》开启了她对苏联的理解，让她意识到"佩花大会"是"一九二九底愚昧"。不久，在活动中结识的那个"鼻子有点发歪的男同学"写信来赞叹她的勇敢和可钦佩，说这样的女子从前没有见过，还表达了要和她交朋友的愿望。收到这样的信，乃莹懊恼地感到原来那个男生和自己一样"混蛋"！

无论是为了正义上街游行呐喊，还是被欺骗上街募捐，这些政治事件的参与都是萧红丰富多彩的中学生活的一部分。1937年11月底和12月上旬，已经成名的萧红，在汉口对自己先后参加的这两次政治活动进行了回忆，笔调轻松幽默，语带调侃。也许，她所缅怀的是自己单纯的少女时代，并不关涉其他。然而，一些传记作者和研究者却刻意要从萧红1928年参加游行示威活动中，发掘出对其世界观、人生观产生深远影响的重大意义来，即由此发现她的"革命"、"进步"倾向，似乎为她日后成为一名"左翼女作家"找到了依据。这非常可笑，萧红对于自己的叙述真诚而率真，研究者们根本不去理会散文《一条路底完成》的语调和情绪，牵强地进行不切实际的过度阐释。1929年的"佩花大会"，因为立场的错误所以绝大多数萧红传记都故意不提及，倒是萧红自己十分率真地叙述了出来。长期以来，我们就是基于这样一种褊狭的视角和固有的先在逻辑认知萧红、想象萧红，赋予她不该有的思想与理念，从而让她离本真越来越远。当年的张乃莹就只是一个单纯、任性，对未知充满好奇的青春少女。

美好的中学时光一晃而过。1930年夏天，临近毕业，老师都非常关心同学们的去向，有的升入本校高中，有人去外地继续读书，有人回外县。当英语老师马梦熊问张乃莹下一步的去向时，她回答说："我要去北京读高中。"马老师听后马上警告说："我可告诉你，你的性格与别人不一样，你可要特别注意！"然而，去北京读高中，只是她一个人的想法，家人却要以一场预期已久的婚姻终结她的少女时代。

订婚与祖父之死

　　1928年6月，张廷举出任呼兰县教育局局长，一年后升任黑龙江省教育厅秘书。是年，萧红虚岁18，出落成一个亭亭玉立的大姑娘，已是谈婚论嫁的年龄。随着父亲的社会地位日渐升高，张乃莹自然吸引了不少人向张家提亲。出于多方面考量，作为家庭长女，乃莹的婚事也应该提上议事日程。上中学后家人发现她和男同学时有往来，父亲害怕有风言风语传出有损张家门风，真所谓"女大不中留"。

　　1928年底，也就是萧红读完初二上学期，回家过寒假的时候，家人给她订下了一桩亲事。男方是哈尔滨顾乡屯的汪恩甲，六叔张廷献（张廷举在阿城的异母弟）为保媒者。

　　说起这桩婚事，还颇有渊源。张廷献与汪恩甲之兄汪大澄是当年在阿城吉林省立第三师范学校读书时的同班同学，一起排演过剧目，彼此十分熟悉。毕业后，汪大澄在哈尔滨道外区基督教教会创立的三育小学任校长，不久，张廷献出任道外税务分所所长，两人同处一区过从甚密。张廷献一个人住在水晶街，萧红在哈尔滨念书期间常去六叔居所看望。1927年，汪恩甲亦步哥哥后尘，从吉林省立第三师范学校毕业后来到三育小学任教。汪大澄托张廷献给弟弟保个媒，他自然想到了在哈尔滨读书的侄女。汪大澄在张廷献处见过萧红，姑娘的沉静有礼让对方一眼相中。尔后，张廷献赶到呼兰与三哥商量此事，听取张廷举的意见。萧红父亲考虑到对方家境很不错，汪氏兄弟都受过良好的新式教育，且都从事教育工作与自己算是同行，其父是顾乡屯的一个小官吏，两家可谓门当户对，加之由弟弟保媒，便迅速同意了。这样，在1928年寒假期间，萧红由六叔保媒、父亲做主，许配给了汪恩甲，两家正式订下婚约，等萧红初中毕业再约定婚期。一段姻缘就此结下，可以说这一事件从此彻底改变了张乃莹此后的人生轨迹。

　　萧红对这门婚事并未表示任何异议。可能一来与她当时的交际面还比较狭窄有关，况且东特女一中又严格限制学生与男性交往；二来，实际上她也比较满意汪恩甲，除了对方受过良好的新式教育，拥有比较体面的职业外，据见过汪恩甲本人的萧红小姨梁静芝晚年回忆，小伙子"也算相貌堂堂"。

这桩婚姻虽然还是基于老旧的"媒妁之言，父母之命"，但终身大事的确定对于张乃莹来说，还是怀有一份兴奋与喜悦。这也让她此后在东特女一中的生活拥有了与别人不一样的内容。学校虽然对学生严加约束，不允许她们随便与男性来往，但是，如果经家长证明男方确系女生未婚夫则网开一面。订婚后，张乃莹与汪恩甲往来较为密切，除见面外，也经常通信，还给汪恩甲织过毛衣表达爱意。不久，汪父去世，萧红在继母带领下到顾乡屯参加了汪父的丧礼。这位没过门的儿媳居然为公公挂"重孝"而广获好评，汪家为此赏钱 200 元。平素，萧红借在哈尔滨读书之便常去汪家。当时，东特女一中不少学生有未婚夫，且大多在哈尔滨工业大学、法政大学念书，按当时的社会评价，这叫天造地设、门当户对的金玉良缘。可能出于想为自己挣得脸面，抑或源于萧红的鼓励，订婚后不久，汪恩甲也进入法政大学（夜校）念书。这样，他白天在三育小学上课，晚上在法政大学继续深造。

看着自己无比疼爱的大孙女已经订婚，祖父在欣慰之余愈发感到自己的老迈。每个老人都是以孩子的一天天长大来丈量自己是如何衰老的。祖父已然衰老不堪，时常淌着眼泪，岁月无情磨蚀了他那苍老的记忆。一些很重要的事情都记不起来了。萧红想再听听小时候经祖父之口而耳熟能详的故事，老人常常讲不到一半便难以接续。每每这时，萧红便无比伤感，意识到祖父永远离开自己的日子，或许为时不远。

订婚的那个寒假，祖父又大病了一次。病情稍有好转，神智却变得有些模糊。一天，他把孙女叫到身边，吩咐说："给你三姑写信，叫她来一趟，我不是四五年没看过她吗？"三姑母已经弃世五年了，萧红不知该如何答对祖父，只是强忍住要流出的眼泪。她似乎隐隐听见祖父别离这个世界的脚步声，那是她多么不愿面对的事情。等神志模糊的祖父睡着了，她就躺在老人旁边尽情地淌眼泪。泪眼模糊中，睡着的祖父抿着他那无比凹陷的嘴唇，好像已然离她而去。伤感无比的萧红像个任性孩子，不断想象着自己要面对的祖父之死。她想，若祖父逝世，就死掉了自己一生中最重要的一个人，对她而言，祖父的死把人间一切"爱"和"温暖"都带得空空虚虚，想到这里，心如被丝线扎住、铁丝绞住般难受。这个自幼被祖父宠坏的孩子，无论如何都难以接受这样的事实。

祖父的衰老让萧红在那个本该兴奋、愉快的假期，不时沉浸在对往事的感伤回忆中，想到小时候与祖父在后花园度过的欢乐时光，想到母亲死后父亲的

第二章 哈尔滨往事

暴戾和继母的冷淡，想到祖父后来对自己近乎无助的爱怜……寒假结束了，学校发来开学通知信，但她害怕这次离家或许就是与祖父的永别，似乎只要自己在家里多待一天，祖父就会舍不得死去而多活一天。她迟迟不愿上学，想和祖父尽量多待一些时间，直到开学后的第四天，才感伤而恋恋不舍地告别祖父回到学校。

1929年农历二月初五（即公历3月15日）是祖父80周岁的生日。张家大摆宴席，也是想借此冲冲晦气，希望辗转病榻的祖父能奇迹般好起来。张家的这次寿宴豪华、排场无比，基于张廷举在呼兰的地位，地方上的头面人物几乎悉数出席，如黑龙江省剿匪总司令、东北陆军十二旅中将旅长马占山和上校骑兵团团长王廷兰、呼兰县长廖飞鹏等都前来祝贺。马占山还赠送了一块"康疆逢吉"的牌匾，并由他提议，当场决定将张家大院所在的英顺胡同更名为"长寿胡同"。

萧红从学校回家给祖父祝寿，在院外叫门时就听见院里的小弟弟在嚷"姐姐回来了"。进到院内，她迫不及待地将目光投向祖父房间的窗户。祖父消瘦的面孔和花白的胡子果然早就映现在窗玻璃后，然而，等萧红满心欢喜地跑进祖父房间，却一点都高兴不起来，心头涌起阵阵酸楚。眼前的祖父脸色更加苍白惨淡。房里只剩下祖孙俩时，老人又禁不住淌眼泪。他转而似乎意识到什么似的，慌慌忙忙用袖口擦着眼睛，然后抖动嘴唇对孙女诉说自己那不可阻遏的衰朽，并断断续续讲述前些日子跌倒后死里逃生的经过。祖父的寿宴不能给萧红丝毫快慰，巨大的失落提前盘亘在心头。寿宴结束，她又得离开祖父返校了。临走那天，她似乎感到与祖父的死别就在眼前。同回来那天一样，老人那苍白消瘦的面庞、花白凌乱的胡子又早早映现在玻璃窗后目送孙女离去，正如迎接她的归来。萧红站在院心一回头便看见那熟悉而令人心酸的面庞，等她走到院门口，祖父的面庞仍在那里。

这一别竟成永诀。1929年6月7日，萧红在学校接到祖父病故的消息。祖父的死讯将"佩花大会"的兴奋消解得荡然无存。再回到熟悉的胡同，远远便看见挑得比房头还高的白色幡杆，吹鼓手们的喇叭在院门口引人悲恸地悲号着。马车停在喇叭声里，走进院内一切变得陌生而恐惧，大门前挂着白幡，贴着白对联，院心扎好了灵棚，人们面色凝重地进进出出。当她习惯性地去看祖父的窗户时，那曾经熟悉的脸庞、花白的胡子，并没有出现在玻璃窗后。祖父睡在堂屋的板床上，已是一具没有灵魂的尸体。萧红拿开蒙在祖父脸庞上的白纸，想看看他的面庞，那熟悉的胡子、眼睛、嘴唇都已不会动了。摸摸祖父的手，他的手也没了感觉。这时，她才意识到祖父——真的死了。

祖父装进棺材的那个早晨，后花园里的玫瑰正怒放满树。在吹鼓手的哀号里，萧红感到害怕，禁不住失声恸哭。彻底送走祖父后，她难以掩抑内心的悲恸，吃饭时用祖父常用的酒杯饮了几口酒，以此表达哀思，同时也麻醉内心无边的伤痛。饭后，萧红一个人来到后花园，园子虽已残破、凌乱，但那树玫瑰却是光鲜夺目。刺目的玫瑰花，自然让她想起十几年前那个给祖父戴花的上午，老人的自言自语犹在耳边："今年春天雨水大，咱们这棵玫瑰开得这么香，二里路也怕闻得到的。"园子里飞舞的蜜蜂、蝴蝶和十年前一样，绿草的清凉气味也和十年前一样。十年前的夏天母亲死去的时候，她还是一个懵懂无知的小女孩，不知生离死别为何物，仍然兴奋地在园子里扑蝴蝶，就因为觉得有了祖父就有了一切。十年后的今天，祖父一死似乎让她一无所有，内心的悲恸与苦痛难以言说。

十年间，那个懵懂无知的孩子早已变成能够关注自身命运的少女，她如此真切地体味着生离死别的苦痛。祖父出殡的那个下午，萧红卧倒在后花园的玫瑰树下，不断回想着十年来和父亲的关系，无比伤感。母亲死后，父亲的暴戾成了她伤痛的记忆，他那大男子主义的家长作风，亦越来越令她反感。过去的十年，她感到是与父亲打斗着生活的十年。祖父之死所引起的悲痛和无助，让萧红把在这十年里所懂得的一些"偏僻的人生"都回顾了一遍，陷于无边的自我伤悼。其内心的无边空落在于，祖父之死让她意识到再也没有同情她的人了，在她看来，祖父已经带走了人世间的所有良善，剩下的尽是凶残。

祖父之死无疑是萧红短促一生中的大事件。家，对于她陡然减少了吸引与牵念，渐渐淡化为一个模糊的概念，不再有祖父活着时的那种质感了。因为张维祯的死，呼兰张家从此也加快了进一步衰败的步伐，财政上常常入不敷出，不时变卖点田地以作支应。好在张廷举当年过继到呼兰，福昌号的兄弟间一直没有分家，现在家境败落了，他常常把妻儿送回阿城居住，理由是"我们是过继出去的，老爷子不在了，我们过穷了就得回来"；阿城张家逢年过节经常给呼兰送粮送肉。

出走北平

订婚不久，在与汪恩甲较为密切的交往中，他身上的一些纨绔习气以及不

第二章 哈尔滨往事

时表现出的庸俗，令萧红心生不满。当她慢慢从失去祖父的巨大伤痛中走出，新的打击接踵而至。一次偶然机会，她发现汪恩甲居然还有抽大烟的恶习，这让她无论如何都难以接受，对这个男人的厌恶日渐滋长。

另外，毋庸讳言，萧红对汪恩甲的情感波动，更源于对前两次政治事件的参与。在前两次学生运动中，勇敢、活跃、富有激情的张乃莹有机会接触到哈尔滨一些高校的优秀男生。他们有头脑、有学识、见解深刻、有组织能力，常常令她心生崇拜；而萧红的干练与激情也给一些男生留下深刻印象甚至心生爱慕。陆哲舜正是在"佩花大会"中走进萧红的情感世界，两人在其后不长时间的交往中互生好感。张廷举当年极力阻止萧红升中学继而急于给她订婚，都是为了力保呼兰张家的"清白门风"，但是，即便订了婚令他时常担心的事还是发生了。

陆哲舜，字宗虞，出生于哈尔滨太平区一个地主家庭，家境优裕。他和萧红迅速熟悉、亲近，除了在接触中互生好感外，还在于如果攀附起来，他们俩还存在一定的亲缘关系。陆母是福昌号屯的张家二姑，成年后嫁到哈尔滨太平桥陆家，但这位"张家二姑"与福昌号张家并非直系亲属，而是出了五服的一支。这样，陆哲舜和萧红便存在姑表兄妹的转折亲，他们对外也是这么宣称的，二人在哈尔滨的同学对此广为熟知。在现有文献中，关于萧红这位表兄的姓名众说纷纭，大多称之为"陆振舜"。但是，据从小在福昌号屯长大的萧红堂妹张秀珉回忆，陆家四兄弟分别以"尧、舜、禹、汤"命名，共范"哲"字，因而，他应该名叫"陆哲舜"。一些出自哈尔滨本地学者的考证材料都沿用此名，本书亦倾向于此。1929 年，陆哲舜毕业于哈尔滨道外区三育中学，后进入哈尔滨东省特别区区立法政大学（即原中俄法政大学）就读，在对萧红心生爱慕时早已家有妻室，但他丝毫不顾及这些，一心鼓励萧红与自己一道到北平读书。很显然，陆哲舜的出现更加影响到萧红对汪恩甲的感受以及对这门婚事的看法，渐渐萌生解除婚约的念头。到新文化运动策源地的北平读高中对于有想法的年轻女孩来说，自然是巨大而美丽的诱惑，何况还有陆表兄的极力怂恿。

1930 年上半年，萧红向父母表达了初中毕业后到北平继续读高中并与汪家解除婚约的想法。父母大为震惊，严厉斥责。本来，女儿在哈尔滨读书期间参加学生运动就已经让做父亲的大为不满，况且，张、汪两家约定萧红毕业后就立即完婚。有了第一次与父亲抗争的经验，萧红早已看出那凛凛不可冒犯的尊严背后的脆弱。她再次与父母尖锐对抗，大吵大闹。继母故意大开屋门让邻里看热闹，表示自己管教不了前房的孩子。吵闹没有什么结果，但萧红与家里的矛盾却迅速激化，她对父亲和继母不再是不满，而是充满强烈的憎恨。张廷举大骂女儿"不孝"、"叛逆"，继母还托人将此事告知萧红大舅（即萧红生母姜玉兰的弟弟）。大舅专程从乡下赶来呼兰"管教"外甥女，扬言"要打断这个小犟种的腿"。据张家族人回忆，萧红因不服"管教"从厨房拿了把菜刀与大舅对抗，大舅最终毫无脸面地气愤离去。如果说，第一次抗争萧红还得到了一些家族成员的同情的话，那么，这次却因其倔强与过激，令其在整个家族和亲戚中都十分孤立。萧红此举也让父亲和继母更加坚定了早点将她嫁出去的想法。张廷举甚至想让女儿提前退学回家完婚，转念想到临近毕业便作罢了。随着毕业的临近，张、汪两家都在为萧红的嫁娶做准备。

为了坚定萧红反抗包办婚姻并跟他一起到北平读书的决心，陆哲舜主动先从法政大学退学，于1930年4月到北平就读于中国大学，为萧红来北平做准备。临近初中毕业，萧红面临着追随陆哲舜到北平念书和遵循家族意愿与汪恩甲结婚这两种选择。她意识到前者将是以叛离家庭、与整个家族决裂为代价；后者则是牺牲自己的自由与幸福。此时还谈不上有多么热爱陆哲舜，她心里只是始终存有一个宏大的求学梦想，北平对于当时的"新青年"来说，当然是最神往的地方，这一动机在其后一系列事件中愈益显现。陷于两难选择的痛苦中，令萧红变得忧心忡忡、喜怒无常，夜里常常独自饮泣，甚至躲在宿舍里抽烟、喝酒，周围同学看在眼里，都说"张乃莹变了"。

帮助萧红最终作出属于自己的决定的因素，除了她那尽乎与生俱来的逆反、任性和抗争的性格外，还有另一种重要力量的支持，那便是来自娜拉的激励。以萧红的性格自然不愿就范于别人，哪怕是家人安排好的生活道路，然而，此时她已不是三年前那个只是一味要求"我要上学"的小女孩了。来哈尔滨后，萧红进入了她的"自我造型"（self-fashioning）阶段。在朋友眼中，她"富于理想、耽于幻想"，而"自我造型"的力量常常令年轻女孩混淆文学人物创造与个人自我性格塑造之间的差异，往往根据文学艺术中的想象性形象或人物模式来塑造自己。在这种意义上，文学艺术也就直接成了社会文化环境的一部分。20世纪20—30年代，易卜生笔下的娜拉毫无疑问成了当时中国一代新女性的塑型榜样，纷纷效仿其出走。毕业之际，当汪家正式提出结婚要求，萧红不得不作出选择时，要好的姐妹们都鼓励她做现实中的娜拉出走北平，跟随表哥逃婚。

在这群少不更事的姑娘眼中,这自然是最富有时代色彩的浪漫选择,刺激而新鲜。她们甚至不知天高地厚地认为"可以写稿子"解决在北平的生存。张乃莹最终选择了这纯然娜拉式的出走,也成了一个现实版的子君。徐薇晚年回忆:"这样,我提出的逃婚出走的方案终于被采纳了。毕业之后,我们就分手了,张乃莹到了北京,沈玉贤考进了哈尔滨女子师范学校,我回到了江南。"萧红的出走很有策略性,她不再采取那种生硬的对抗,而是假装改变态度,满心欢喜地同意与汪恩甲结婚,从家里骗出一大笔钱,尔后拉上同学刘俊民到中央大街一家服装店做了一件绿色皮衣,不久,伺机偷偷离开哈尔滨来到北平。

在北京大学读书的李洁吾是陆哲舜三育中学的同学。1930年暑假前夕,陆哲舜托他回哈尔滨后向萧红介绍在北平上学的情况。到哈尔滨后,李洁吾在好友徐长鸿家里见到了陆哲舜一再向他提起的表妹。三人一起看电影的时候,萧红向他打听了许多在北平上学的细节。暑假结束,李洁吾回到北平,发现萧红已在女师大附中上学了。到北平后,她与陆哲舜先住在西京畿道的一所公寓里,后来又搬到二龙坑西巷的一座小院里,距离二人就读的学校很近,上、下学都十分方便。除了了解他们的人知道二人是表兄妹关系外,为了交往方便,不引起别人的猜疑,他们对外宣称是甥舅关系。小独院只有八九间房,一道矮矮的花墙将院子分为里外两院,两人分住里院的两间北房,屋前有两棵枣树,还请了一个北平当地人耿妈照料饮食起居。安顿妥当,萧红便赶忙给沈玉贤写信,让她分享自己勇做娜拉的兴奋与喜悦:

> 我现在女师大附中读书,我俩住在二龙坑的一个四合院里,生活比较舒适。这院里有一棵大枣树,现在正是枣儿成熟的季节,枣儿又甜又脆,可惜不能与你同尝。秋天到了!潇洒的秋风,好自玩味!

除了生活舒适,每到周日小独院高朋满座。李洁吾、苗坤、石宝瑚、李荆山(李镜之)等一批在北平的哈尔滨三育中学校友,每每聊到听见打更人的梆子声才踏月星散。李洁吾晚年回忆,这些人虽然不是每周日都来聚会,但总能碰到三五人,而他则一直是个"全勤生",从未缺席。大家聊谈的内容无所不包,热闹非凡,萧红每次都坐在固定的位置上,关于身世似乎是她谈话的禁忌,周围人从她口中只得到只言片语的了解。

1931年在北平读书时的萧红
（张抗提供）

或许源于萧红、陆哲舜二人对他们间的关系，在认知上存在一定程度的错位，不久，他们之间便出现了不和谐。也许，自奔向北平的那一刻，萧红就意识到自己到底不是易卜生笔下的娜拉或鲁迅笔下的子君，自己所追随的是一个有妇之夫。更重要的是，她明白自己也还没有真正爱上对方，来北平的主要动机是读书，而不是与陆哲舜同居。但是，陆哲舜的所有努力，却基于对萧红一时狂热的爱慕。他也许认为萧红能够追随来北平，是对其爱慕的回应，两人随即出现子君与涓生式的同居，才合乎当时新女性与新青年的逻辑。萧红来北平不久，陆哲舜便写信回家要求与妻子离婚。在这个小独院内，两人虽然各处一室，但孤男寡女共同生活起居，其实俨然同居。这难免令本来就久有爱慕之心的陆哲舜对萧红存有非分之想。然而，令他没想到，他们之间似乎应该顺理成章的事情，却遭到萧红的严词拒绝。她当然不会忘记自己早已订有婚约，正告陆哲舜自己的出走并不是为了与其同居。不仅如此，萧红还给李洁吾写信愤怒控告陆哲舜对她的"无礼"。等李洁吾再次来访，刚一进屋就交给了他。此举令陆哲舜极其尴尬，李洁吾读完信后当场将他大骂一顿，令其羞愧得呜呜咽咽地哭起来。很显然，萧红之所以这样做，一来是向陆哲舜明示她对两性关系的严正态度；二来为了杜绝陆哲舜再生非分之想。在北平，萧红给人的观感是眉宇间时常流露出东北姑娘所特有的刚烈、豪侠气概，有一种凛然不可侵犯的庄严感。

李洁吾大骂陆哲舜后自觉态度粗暴，意识到自己并不了解他们的关系，就横加指责很不妥当，于是给他俩写信解释，随即恢复中断一周的友谊。但是，此后李洁吾对萧红更加关心并与之建立了深厚的友谊。在他看来，萧红能够向一个不相干的人诉说气愤，可见是多么痛苦、无助。此后，只要去西巷不论陆哲舜是否在家，他都要留下和她谈一会儿。随着交往的深入，萧红渐渐向李洁吾透露了一些此前严加锁闭的内心想法。有一次,两人各自谈到对家人的情感态度。李洁吾说到祖父的严厉,勾起萧红对自己祖父的怀念;而当他谈到自幼丧父,母亲含辛茹苦的不易,萧红却脸色阴沉、表情抑郁,沉默无语。李洁吾意识到自己的话牵动了她那不愿触动的内心,勾起了她的痛苦回忆,她明显并不热心谈论自己的母亲。关于萧红对待家庭亲情的态度,李洁吾晚年回忆:"祖父对她好,她永远不能忘记;母亲待她很淡漠,她不愿提及;父亲待她很坏,使她几乎不相信世界上会有好父亲!这三种鲜明的爱憎情感,当时给了我很深很深的印象。"

一次,李洁吾与萧、陆二人一起看完电影《泣佳期》,然后谈到对友情、爱情的看法。李洁吾认为爱情不如友情,其局限性太大,必须发生在两性之间,且要在青春期;友情则没有年龄、性别的限制,最牢固。萧红却马上说,友情不如伙伴可靠,伙伴有共同的前进方向,走同一条路,成伙结伴,互相帮助,可以永不分离。即便在今天,萧红的这些想法仍然比较前卫、新锐,在凸显其任性的同时,也彰显出她那作为新女性的一面。然而,萧红或许是那种观念新锐,内心到底还是比较传统的女性。她那短促、不断辗转异乡的一生,又何尝不是苦寻亲情、苦寻家园的一生?"双十节"那天,李洁吾前来告诉萧红当天本来要举行大学生游行示威,结果流产了。萧红恍然大悟,怪不得李洁吾前一天就叫自己和陆哲舜次日不要出门,隔了一会儿对他说:"洁吾,我看你干不了革命,哪有你这样瞻前顾后干革命的!"

萧红出走时所带的钱款毕竟有限,陆哲舜要以家里寄给的生活费维持两人在北平的生活,没多久便显出经济上的困窘。两人独享小独院的日子不久便结束了。为了节省开支,他们把里院退了出去,搬到外院居住。萧红住在一间南房,陆哲舜住在一间平台里,但这还不至于影响两人快乐的心情。霜降后,忽然一夜雨雪,李洁吾第二天一大早去看他们,萧红正在院里赏雪,陆哲舜则正在西平台顶上用竹竿敲打树梢上残存的枣子。将掉在地上的枣子收拾起来,萧红很兴奋地用小砂锅烧煮从墙头上轻拂下来的积雪,等雪在锅里融化再把红枣放进去。大家围在炉边看着变得滚胖胖的枣子在砂锅里挤来挤去,满屋发散着枣香。萧红边用火箸敲打着炉子边说:"这可是名副其实的雪泥红枣啊!"陆、李听罢都笑了起来,等着吃枣。如此苦中作乐,竟也有乐极生悲的时候。室内开始生炉子后,李洁吾就提醒陆、萧要注意防止煤气中毒,陆哲舜不以为然。不多久,大家在一起闭门围炉闲谈,萧红突然昏倒在地,李洁吾一看估计是煤气中毒了。大家慌忙喊来耿妈，并将萧红抬至院中，放在躺椅上用棉被盖好。耿妈又到邻家找来酸菜水，一阵忙碌，萧红才苏醒过来。有了这次死里逃生的经验，大家再谈到死亡，萧红说："我不愿意死，一想到一个人睡在坟墓里，没有朋友，没有亲人，多么寂寞啊！"

张乃莹自然想象不出她那娜拉式的出走留给家人的是什么。

萧红和她的出走，随即成了呼兰街头巷尾一时间最热门的谈资。张廷举苦心经营的"清白门风"顷刻荡然无存，女儿的行为无疑让他颜面扫地，就像当众被人抽耳光、吐唾沫。这位有名望的乡绅和呼兰教育界的头面人物，感到被别人尿到了脸上，呼兰张家人亦承载着巨大的舆论压力，几乎不敢出门。舆论大哗，甚至影响到福昌号屯整个张氏家族。尔后，因教子无方，张廷举黑龙江省教育厅秘书的职务被解除，平生最好脸面的他，被调任巴彦县督学兼清乡局助理员。在呼兰上学的张家子弟承受不了舆论压力，纷纷转校离开家乡。张秀珂随父亲转至巴彦县立中学，张廷举担心儿子一个人在外县会感到孤单，遂将二哥张廷选在东省特别区区立第二中学读书的儿子张秀琳也转至巴彦。

萧红的出走自然也是顾乡屯汪家最不能接受的事实。长兄如父，汪大澄同样自感脸面全无，一心想解除张、汪两家的婚约，只是迫于一时见不到萧红回来，不便操作而已。张家对怂恿女儿出走的陆哲舜自然不会放过，不断给其家人施加压力。陆家人最终探到儿子与萧红的住所。自此，陆、张两家不断写信催逼萧红回家与汪恩甲结婚。刚开始，两人对家里寄来的催逼、警告信置之不理。陆家人见对儿子警告无效，便渐渐断绝他的经济来源。这当然是最管用的狠招。

随即，两人在北平的日子一天天捉襟见肘。天气越来越冷，萧红的境况更是足堪忧虑。当初，偷偷从家里跑出来并没有带上御寒衣物。北平11月中旬的天气已经很凉了，家境好一点的同学早已换上适合季节的秋装，而她还穿着单衣，家里除了寄信催逼之外，丝毫不考虑其他。到校上课，同学们见她还穿着单衣，便不无揶揄地说"到底是关外人"，那么耐冷。同学们的眼光伤害了她的自尊，无法御寒常常令她生病卧床不起。到了12月，眼看要下雪了，实在无法可想，耿妈便用旧棉絮帮她将单衣改成一件小棉袄。眼看仅有这件小棉袄还是不够，李洁吾便找同乡同学借了20元钱交给萧红，她才得以到东安市场买了棉毛衫裤挡挡北平的风寒。

就这样，萧红在北平的学业勉强继续着。临近寒假，陆家发来最后通牒：如果两人寒假回东北就寄来路费，不然，从此什么都不寄。这无异于《伤逝》中的涓生收到一纸解聘书，本来，捉襟见肘的生活就已然令生活一向优裕的陆哲舜难以坚持。最终，他决定还是向家里妥协。这自然是萧红最不愿看到的结局，倔强如她，或许想到总还有别的办法可以支撑下去，但是，眼看着陆哲舜决心已定，自己亦无可奈何。在陆哲舜收拾行装的时候，任性的姑娘痛责他是"商人重利轻别离"，同时，也意识到自己被眼前这个懦弱的男人害得好苦。无限同情萧红的李洁吾明知她不愿返回东北，但也爱莫能助，大家不过都是穷学生而已，不妥协又该如何在北平生存？

汪恩甲得知萧红即将回东北，连忙赶到北平将她接回。这样，在出走北平几个月后，萧红又极不情愿地回到了哈尔滨——那个出走的娜拉到底还是回来了。

重返北平

汪恩甲和哥哥汪大澄对萧红的出走，持有不同的看法。痛惜家族脸面的汪大澄，自萧红出走后，便对弟弟与张家的婚约不抱任何希望，一心想解除而后快。父亲死后，维护家族声誉自然是这位长子的责任。但汪恩甲对萧红仍然抱有好感。在他看来，萧红虽然出走北平，但与陆哲舜毕竟并非同居。他自己到北平萧、陆住处亲眼所见的事实也是如此。所以，他对与萧红的婚事仍然有所期待，这或许源于他对萧红有比较真诚的爱恋。

回到哈尔滨，汪恩甲将萧红安顿在位于道外区十六道街的东兴顺旅馆。从出走的那一刻起，萧红便意识到与背后的家族渐行渐远，此刻，即便回到哈尔滨，呼兰近在咫尺，却是她最不愿面对的地方。如同一个"做了错事的孩子"，她实在没有回家的勇气，更重要的是，从那个家里已经得不到任何安慰，有的只是责难、呵斥与诅咒。家，之于她已经没有任何吸引力。年关将近的哈尔滨热闹而繁华，走在大街上，萧红内心却油然而生一种荒寒之感，看着走在前边的汪恩甲，她想到还是要把自己嫁出去。比起陆哲舜，在没有解除婚约之前，汪恩甲是她更为合法的依靠。经过这次出走与回归，萧红对男人之于女人的意义有了更为深刻的认识。她明白要实现心中那个北平求学梦，脱离对于自己已然失去意义的家庭，迫切需要一个能够给予足够支持的男人。汪恩甲自然不是理想的对象，但面对无边窘境，她已经没有更多选择。她甚至想到，以自己的力量还可以塑造这个虽然有些堕落、有点庸俗但实在仍然爱她的男人。在旅馆，他们对未来有所设计，萧红答应嫁给汪恩甲，但必须两人一起到北平继续读书。急于想同居的男人，假意认同了她的想法。带着美好的憧憬，萧红在旅馆里度过了一段平静的年关岁月。汪恩甲还给她添置了一些高档衣物。

1931年2月下旬，当萧红自以为已经说服汪恩甲，不久就可以一起到北平上学，从而实现求学之梦时，新的矛盾却又扫荡了她那即将梦想成真的喜悦。汪大澄听说弟弟将萧红从北平接回，并在旅馆同住，十分气愤，大骂汪恩甲懦弱无能，辱没家门，只是碍于脸面没有找上门将令他失望的弟弟拉回来。萧红或许没有意识到与汪恩甲的婚事，已经不是自己是否愿嫁而是汪氏家族是否愿娶的问题了。出走的恶谥足以消解一个女孩的身价，而被公众唾弃、被道德放逐。为了让弟弟回家，汪大澄截断汪恩甲的经济供给，等他回家取钱，趁机扣住。一直不见汪恩甲返回，萧红亲自赶到汪家，却被汪母和妹妹骂了出来。临了，汪大澄站在门口严厉告诫萧红一定要与其弟解除婚约。汪恩甲挣扎着要逃出家门和萧红一起返回市里，被家人硬拉了回去。

萧红一个人懊恼而沮丧地回到旅馆。刚刚经历的奇耻大辱令其气愤难当，同时也激发出昂扬的斗志，第二天便找来律师拟好一纸诉状，控告汪大澄代弟休妻。福昌号张家在哈尔滨同样颇有势力，社会关系较广。张氏家族虽然痛恨萧红此前的举动，但这次告状毕竟关涉家族荣誉，所以张廷举、梁亚兰还有其他族人都参加了其后不久的庭审。萧红还打电话给同学刘俊民的爱人，通知她也来参加以壮声威。开庭审判中，眼看汪大澄即将败诉，汪恩甲怕哥哥受法律处分，并为了保全哥哥的名声，最终当庭承认不是由于汪大澄的横加干涉而是出于己愿要解除婚约。于是，法庭当场取消了汪恩甲和萧红的婚约。这戏剧性的结局令在座的张氏族人无话可说，不愿多看萧红一眼，纷纷黯然离席。离开法庭后，虽然汪恩甲一再向萧红解释刚才的解除婚约是迫于情势并不算数，但她还是难遏盛怒，离开了这个男人。

庭审无疑更让整个张氏家族颜面尽失。张廷举和一帮亲属只好忍气吞声地返回。他觉得有萧红这样的女儿，做父亲的已是无可奈何，自然不去理会女儿的心情。突遭如此变故，萧红的沮丧与懊恼更是难以言说，由此，她初步意识到自己的任性与幼稚。她更没有回家的勇气与愿望，在沈玉贤家里住了几天，在同学的劝解、安慰下，心情稍好了一些。

第二章　哈尔滨往事

自萧红离开北平，李洁吾为她的命运忧心不已，不知她能否再来。他写信给陆哲舜打听萧红回家后的情况，好不容易得到回信说她已经回呼兰，但被家里软禁，还患了神经病。不久，他又得到陆的第二封信，说如果有五元钱路费，萧红就可以乘车逃出来。这令李洁吾非常振奋，马上想办法在北平兑换了五元"哈尔滨大洋"的票子，并将它小心贴在戴望舒《我的记忆》一书硬封皮的夹层里寄出，在信中暗示萧红"你在读这本书的时候，越往后就越要仔细地读，注意一些。"李洁吾想让萧红能够发现这张钞票，想办法从家里早点逃出来。但在1931年2月末，他突然收到陆哲舜拍来的一封电报，说萧红已经乘车返回北平。李洁吾计算好时间到车站迎接，却没有接到，赶到西巷萧、陆住处，耿妈告知："小姐回来了，放下东西便找你去了。"等他赶回北大宿舍，一直挂念的乃莹已经等在那里。这次回来，李洁吾见她焕然一新，外穿一件貂绒领、蓝绿华达呢面、猁子皮里的皮大衣，还给自己带了一小瓶白兰地和一盆马蹄莲花。

身心俱疲的萧红重返北平不久便病倒了，连续几天发着高烧。想到她一个人病倒在孤寂的小独院里，李洁吾非常放心不下，天天前去看望、尽心照顾，陪她聊谈缓解寂寞。大约过了一周，萧红的病情才渐渐好转，能起床吃点东西，与李洁吾谈话的时间也多了些。但是，当问到回哈尔滨后的情况，以及这次是如何从家里出来的时候，萧红总是避而不谈。回哈尔滨的经历显然是她最不堪回首的伤痛，她不想让人了解，即便是李洁吾。然而，她的沉默在显示其坚强、自尊的同时，也彰显其脆弱与无助。这就是萧红的基本性格，正如张抗先生所说："萧红的自尊心很强，同时却又很脆弱，因此她一生中的大部分是在寂寞孤独中度过的。"

很显然，官司失败之后，以萧红的个性，她最不愿面对的就是家人。对于四处寻找她的汪恩甲，她自然不想再见，不想给他表达歉意的机会，更无法原谅。不想回呼兰，但是长期待在同学家里显然不是长久之计。唯一可去的地方，仍是北平那已经租好的小独院。在那里，一个人可以静心疗治受伤的心灵，重获安宁。刘俊民晚年回忆，萧红这次回北平得到过陆哲舜的帮助，他早已替她买好了车票。临行前，萧红还到东特女一中高中班与其告别，并嘱咐如果汪恩甲来打听，不要透露任何消息。

新学期开学在即，李洁吾又收到陆哲舜的来信，托其照顾萧红，并希望能够帮她继续上学。但是，以李洁吾当时的经济状况，实在无力替萧红缴纳那笔十分可观的学费，去找萧红商量，她也同意等陆哲舜回北平再说。

一天傍晚，正当二人在室内闲谈，听见有人叩门，随即耿妈进来说："有个人找小姐。"萧红立即起身准备出门去看，来人却径直闯了进来，与她在门口打了个照面。萧红大吃一惊，正当错愕之间，那人进屋后便一屁股坐在椅子上一言不发。萧红回过神来站在他背后向李洁吾伸了伸舌头，做了个鬼脸。正当李洁吾心里猜疑来人是谁，只听萧红向他介绍说："这是汪先生。"李洁吾旋即向面前的"汪先生"点头致意，并说明自己是陆哲舜的朋友，听说乃莹回来，特来看望。对方没有理会，仍是一言不发。

此人正是汪恩甲。此时，他显然对萧红单独与别的男人在一起心存疑忌和不满。过了片刻，见李洁吾仍不起身告辞，便大显其纨绔习性，从口袋里掏出一摞银元，往桌子上一摞，然后用右手漫不经心地一摞一摞地摆弄它们。一枚枚银元从他手里跌落下来，冲击着桌面上的银元，发出清脆的丁当声。他反复着这幼稚的游戏，似乎在欣赏银元相互撞击的声音。那一刻，三人都僵持在屋内，萧红不知所措，表情木然，李洁吾坐在那里更备觉尴尬。室内的空气似乎不再流动。僵持片刻，李洁吾起身告辞，萧红也没有像往常那样出来送行。

晚上，因不放心萧红，李洁吾又去了西巷，见屋子里没有灯光，也听不见说话的声音，便没有叩门就回北大了。此后的几次拜访也都是如此情形。过了一段时间再来，敲门后耿妈告知"小姐他们出去了"，并告诉他前次来的那个男人就是"小姐的未婚夫"。从此，李洁吾便不再去西巷，只是给陆哲舜写信告知所见到的情况，催促他快点返回。

至今没有资料说明汪恩甲就是一个纨绔恶少。他毕竟接受过新式教育，而且从事教书育人的工作，可能优裕的家境令这个汪家小儿子染上了些纨绔习气。此次追到北平，他可能一方面为自己在法庭上撒谎而心怀愧怍，想对萧红有所弥补以缓释心中不安；另一方面，也许还是比较珍惜与萧红的姻缘，虽然家人强烈反对，但还是不想就此放弃。而且，以当时人们普遍的性道德他也不能放弃，因为他们已经同住过。

高原原是哈尔滨法政大学预科的学生。1929 年，萧红在徐淑娟家里与之结识，从此成了相投的朋友。1930 年，高原在来北平读书之前就知道萧红也即将到北平读书的消息，只是后来一直没有打听到她具体就读的学校。次年初春，原来哈尔滨的同学张逢汗来北平，在其带领下高原终于找到萧红住处。进屋后，

第二章　哈尔滨往事

萧红拿瓜子招待他们，高原见她衣着朴素、单薄，室内布置极其简陋，聊谈中得知她的生活十分贫苦，常常要拿几册书到旧书摊上卖，得些钱维持生计，每天从西单徒步去东四上学，连买电车票的钱都没有。高原注意到墙壁上挂着一张用铅笔描画的头戴鸭舌帽的男人头像。萧红连忙指着素描画介绍："这是密司特汪"，并解释这是她就着灯影描绘的，接着，很平静地告诉他们自己即将和"密司特汪"结婚。高原听后，有一种说不出的忧郁和压抑，感到乃莹在谈到自己的婚事时没有表露任何感情，好像在谈一件与自己不相干的事情。临别，萧红送出大门口，门洞里吹来一阵风掀起她单薄布衫的下摆，她连忙用双手捏住布衫两侧的"开气"，顾不得与高原他们握手道别，不住地看着他们点头，表情有些木然。高原偶然抬眼回望，只见一个男子的头部从玻璃窗里伸了出来，正在向他们这边看。他随即想到那便是萧红所说的"密司特汪"。

萧红和汪恩甲在北平待了将近一个月。见汪恩甲既然找来了，她还是像在哈尔滨一样，想说服他在北平念书。汪恩甲心里显然没有真正留下读书的打算，只想把萧红带回哈尔滨同住，慢慢说服家人让他们结婚，因而对她只是虚与委蛇，消磨时日。高原所见到的情形，表明他们已暂时达成共识，汪在支持她继续上学。但这种清贫的日子，对于汪恩甲而言，显然不可能是长久之计。他无心待在北平，陪萧红住在这里，只是作为缓兵之计的安抚。3月下旬的一天，二人最终闹翻。萧红一气之下跑到北大找李洁吾，说是生活上有了困难要他帮忙想办法。李洁吾将身上所有口袋里的钱都搜给了她，凑起来还不到一元。而问到生活情形和上学问题是否解决，萧红只说目前都还谈不到，拿了钱就急匆匆走了。几天后，李洁吾再到西巷，耿妈说："小姐他们已经回东北了。"高原也碰到类似情形，隔了三四天，想到萧红的清贫，再次来到西巷，原打算送点钱给她，不想亦被告知萧红和那位"密司特汪"已经回东北了。

萧红突然中断学业匆匆离开北平，令李洁吾、高原都非常不解，留下一段谜案。有学者推测，这是因为，在留北平还是回哈尔滨的问题上，她和汪恩甲产生了严重分歧，汪已经失去耐心，矛盾不可调和。而且，他还一直对萧红与李洁吾之间的关系心存疑忌，颇感暧昧，扬言如果萧红不回东北，就到北大控告李洁吾。萧红害怕连累朋友便只好回去。况且，没有汪恩甲的支持，书也实在无法念下去。由此，萧红非常鄙薄汪恩甲的为人，更意识到倚靠汪恩甲实现自己的求学梦全然没有可能。既然关系再次破裂，萧红不想用汪恩甲的钱买票回东北，于是，匆匆找李洁吾借钱买车票。最终的情形，萧红可能还是和汪恩甲一起回到了哈尔滨，不过，下车后便分道扬镳了。这次返回东北彻底终结了萧红的求学梦，她由此意识到自己的所有悲剧就在于是个女人。没有了梦想，哈尔滨和北平、陆哲舜和汪恩甲之于自己都没有意义；没有了梦想，也就不在乎流言。呼兰，便是她没有归宿的归宿。

3月末，萧红最终回到呼兰老家——已经没有地方可去，也没有男人可以追随，可以指望，可以倚靠。

回家后，张廷举怕女儿再次离家出走又闹出令家族难堪的事情来，自己又在外县，梁亚兰在家里不便管教，于是决定让萧红继母带着孩子们搬到福昌号屯居住。作为张氏家族的发祥地、大本营，阿城福昌号屯地处偏僻、交通不便；居住着张廷举的两个同胞哥哥、四个异母弟弟、一个异母妹妹和继母徐氏，外加众多堂兄弟，容易对萧红形成监视、管教。这是个极其庞大的家族，有地千余垧。张廷举这一支由萧红二伯父张廷选当家，五叔张廷禄是保长。家族里年轻的堂兄弟妹都在外地上学。张氏家族的宅院，四围都是十分宽厚的高墙，只有一个大门进出，日夜都有护院持枪把守，萧红在这里与外界全然隔绝，平素只有27岁的未婚姑姑和过门不久的七婶（即萧红七叔张廷勋的妻子）与萧红年龄相仿，偶尔和她说话。

住到福昌号屯，萧红虽然避开了呼兰县城关于自己出走逃婚和败诉被休的甚嚣尘上的议论，但是张氏家族同样将她视为辱没家族名声的异类。在众人监视下，她不能与外界有任何联系，事实上过着与外界隔绝的软禁生活。即便在家族内部，祖母徐氏（张廷举继母）也严厉禁止女儿、儿媳与萧红接触，时常监听她们的谈话，责骂她会带坏女儿，并强令萧红晚上与自己睡在同一炕上。萧红常常委屈地靠着墙根哭，祖母更是动气，揶揄说："你真给咱家出了名了，怕是祖上也找不出你这个丫头。"

在福昌号屯近七个月的软禁生活中，萧红还是了解到很多有关地主和佃户的生活，"九一八"事变后，还了解到农民对日本侵略者的自发反抗。这段生活为她日后的写作积累了重要素材，如《王阿嫂的死》《夜风》《看风筝》《生死场》等小说都取材于阿城福昌号屯，有些人物的原型就是她的伯父或叔父。

禁闭的日子对萧红而言无疑是一种折磨。她常常把自己关在屋内不出门，继续争取出去念书的可能。继母把她不出门、非要念书、在家里吵闹的情形告诉大伯父。脾气暴躁的大伯父动辄赶过来打她，没处躲避，萧红只好跑到七

第二章 哈尔滨往事

当年的福昌号屯现在只剩下一个名字（程乾波摄）

妯房里。东北的地方风俗大伯子不能进入兄弟媳妇的卧室。萧红一天到晚不敢出门，饭菜都由小婶送进来，百无聊赖，便帮小婶织一些大人孩子的手套、袜子打发时日。这样的日子实在无法过下去，逃离福昌号屯的愿望越来越强烈，宁愿在外流浪也不愿待在这样的家族里。萧红十分清楚地看出自己与家族的对立已然无法调和，如果不逃出去将会在这里窒息。

萧红到底是如何离开福昌号屯的，一直是萧红研究者们争论不休的话题之一。1960 年，作为当年与萧红在一起生活的当事人，姑姑和七婶在接受铁峰先生的访谈时回忆，"九一八"事变前后，东北农村经济危机十分严重，日用品价格飞涨，粮食大幅度贬值。萧红大伯父想将经济危机造成的损失转嫁到佃户身上，决定增加秋租，削减长工工钱，遭到佃户和长工的联合反抗。萧红同情农民，劝大伯父不要加租再次将其惹怒，不仅被暴打了一顿，大伯父还派人给张廷举发电报让他回来处置女儿。萧红跑到七婶屋里躲起来，感到没有退路可走，决计在父亲回来之前逃离。姑姑和七婶都非常同情她的遭遇，10 月 3 日夜里，她们将萧红藏在一户长工家的柴火堆里，次日清晨，再将她藏在往阿城送秋白菜的大车里离开福昌号到了阿城，然后在阿城乘火车逃往哈尔滨。然而，此说遭到一些呼兰本地学者的质疑。李重华、曹桂珍认为，这一说法脱离萧红的思想、生活实际，不足为信。因为，"萧红当时只是一个一心想求学的女学生，又长期在严父和继母的家庭中生活，从未参与过'家政'，更何况又是根本与她无关的'家政'"，所以说，她向大伯父建议不要加租"是根本不可能发生的事情"。这一分析很有道理，在强调阶级斗争的20世纪60年代，强调萧红的离家出走是对其地主家庭的反抗，显然是时代留下的烙印，也是对萧红出于政治意识形态的美化，就正如前文所叙述的莫须有的"身世之谜"。

2007年9月18日，笔者有幸从张廷选之子张秀琰老先生口中了解到萧红在福昌号的一些情形。张先生1931年出生于福昌号，在张氏家族"秀"字辈中排行第十一，萧红排行第二。萧红在福昌号的时候，他还在襁褓之中。张先生告诉笔者，他所了解的情况是：福昌号虽然由其父张廷选当家，大伯父张廷蓂不多参与家政，但长兄如父，其威信颇高。而一向脾气暴躁的张廷蓂此时患有轻度的神经病，面对萧红的种种"忤逆"之举，经常扬言要在家族内部将她弄死了事。为了逃避大伯父的毒打，萧红只好躲在"老婶"（七婶）房里不敢出门。在这种情况下，老婶和姑姑担心她真的遭遇不测，所以安排藏在往阿城送大白菜的车子里逃出。

总之，萧红由此彻底切断了与家族的联系，走上一条不归路，最终客死异乡。1936年12月12日，她在散文《永远的憧憬和追求》里写道："20岁那年，我就逃出了父亲的家庭，直到现在还是过着流浪的生活。"

萧红逃离福昌号屯之后，从巴彦赶回的张廷举对女儿彻底失望，盛怒之下宣布从此开除其族籍，在心理上，就当没有生养过这么个女儿。这位一心想要维护家族脸面和荣光的父亲对女儿的行为已是万般无奈，日后，父女俩在哈尔滨街头相遇，双双冷眼相对而过，形同陌路。两人站在各自的立场上难以达成对话，更不肯原谅对方。

张廷举害怕其他孩子有所仿效，在家里将流浪在哈尔滨街头的大女儿视为洪水猛兽，严令子女不许与之交往，对张秀珂的监管尤为严厉。萧红曾给张秀珂来过信，但信件被父亲拿到，他用手挡住信封下边的发信地址质问儿子："这是谁来的信？"张秀珂从字迹上看出是姐姐，但不敢如实回答，强装不知地回答："不知道。"张廷举继续严厉责问道："这是逆子写的，你给她写过信吗？"面对震怒不已的父亲，张秀珂吓得两手发抖，颤声回答："没有。"张廷举仍不忘警告儿子："那好，你如果同她来往，这个家也是不要你的。"

从流浪街头到落难旅馆

1931年10月,身穿蓝士林布大衫一无所有的萧红流浪在哈尔滨深秋的街头。

哈尔滨对于背离了家族的萧红而言已是一座"别人的城市"。其实,张氏家族在这座城里亲戚众多,在道里区水晶街还经营着粮米铺和皮铺生意。萧红再也不想和庞大的家族有任何瓜葛,即便每天这样衣食无着地流浪下去。最初,她住在中学同学家里,时间一长,即便人家不说什么,敏感自尊如她也感到尴尬。为了尽可能地少在同学家吃饭,她每天一大早就出门在街市游荡,等到同学晚上放学回来才回到同学家跟着吃顿晚饭。许多张家子弟在哈尔滨各大中学念书,他们对流浪街头的二姐比较关心。堂妹张秀琴晚年回忆:"我在哈尔滨读书时,曾去看过二姐,还给她带些钱,劝她回去。二姐说:'这个家我是不能回的,钱我也不能要。'"为了自食其力,萧红曾想到工厂当女工,甚至在街边当缝穷婆。在此期间,她还给北京的李洁吾写过信,托其邮寄日本人鹤见佑辅的《思想·山水·人物》等两册书给她,准备送给高仰山老师。李洁吾按照信中留下的地址,邮寄给了她的一位在哈尔滨二中就读的同学,却再也没有得到任何回音。

哈尔滨10月中旬开始供暖,萧红的境况随着一天天愈益寒冷的天气变得严酷起来,寒冷在阻止着她流浪的脚步。

初冬的早晨,流浪在清冷、寥落的中央大街,萧红偶然遇见在东省特别区第一中学校读书的堂弟张秀珺(萧红二伯父张廷选之长子)。见二姐衣衫破旧、面容憔悴,一副失魂落魄的样子,张秀珺心里非常难过,想与她就处理家族关系作一些沟通,便主动说:"我们去吃一杯咖啡,好不好,莹姐。"萧红接受了堂弟的友好邀请,两人在中央大街一家咖啡店坐下来。然而,即便对面坐着的是友好的堂弟,萧红仍然感到似乎是与所对立的家族坐在一起。两人都沉默着,侍者送上咖啡,他们各自搅动着杯子,发出丁当的响声,以缓释相对无言的尴尬。

"天冷了,你也太孤寂,还是回家吧,姐姐。"过了一会儿,张秀珺终于打破沉默。

萧红不假思索地摇摇头。家，已是她讳莫如深的仇恨与心痛，那是一个不可能返回的所在。她不愿意在这个话题上延续下去，便以询问张秀珺的学校情况，诸如篮球队近来是否还活跃之类，截住了他下边要说的话。

"我掷筐掷得更进步，可惜你总也没有到我们球场上来。你这样不畅快是不行的。"弟弟谈自己时，总不忘对二姐的关照，因为她的不开心已然写在脸上。而他所谈及的在校情形对于面前的二姐来说，是一个可望而不可即的梦想——那是一个她付出了太过惨重的代价，最终一无所获的梦，是她难以言说的心痛。萧红想到，在这个家族里，读书似乎是男孩子天经地义的事情，而作为自己的唯一诉求却无人理会。她沉浸在心痛中，听不进弟弟在说什么，正如日后她对此时心情的描述：

我仍搅着杯子，也许漂流久了心情，就和离了岸的海水一般，若非遇到大风是不会翻起的。我开始弄着手帕。弟弟再向我说什么我已不去听清他，仿佛自己是沉坠在深远的幻想的井里。

那只是一个关于求学的幻想，一个付出太多却一无所获的幻想。一杯咖啡不知不觉中喝完了。张秀珺叫来侍者续杯，萧红仍沉浸在自己的幻想里。一时似乎想起很多，又似乎什么也没有想。两年来，在这样一个不相称的年纪，却经历了太多变故，她感到无边的茫然，就正如眼下日复一日没有着落的流浪生活。面前的咖啡杯又满上了，壁间暖气片发出的小小嘶鸣再次将她拉回现实。弟弟一直在用他那深黑的眼睛注视着面前茫然的二姐。"天冷了，还是回家好，心情这样不畅快，长久了是无益的。"他仍不放弃劝说。

"为什么要说我的心情不好呢？"

不知为什么，弟弟的劝导再次莫名激起萧红对于整个家族的斗志，而当她反问弟弟之后，随即也感受到自身的脆弱。进到咖啡店里的外国人越来越多，从他们身上飘逸出的香气，让萧红感到那些人离自己更加辽远，甚至让她感到全人类都离自己十分辽远，觉得别人身上那份安闲而幸福的态度与自己一点联系也没有。她更意识到自己对弟弟的反问是那样任性，但总有一种力量在支撑着她那脆弱无比的自尊。

冷落的街道渐渐喧哗起来，张秀珺仍在坚持他的劝导："莹姐，天冷了，再也不能漂流下去，回家去吧！"他甚至指出姐姐自尊背后的狼狈："你的头发这

第二章 哈尔滨往事

样长了，怎么不到理发店去一次呢？"萧红被这句话激动，那几乎快要熄灭的热力和光明鼓荡着她对家族坚持说"不"。于是，他十分干脆地回答："那样的家我是不想回去的。"

张秀珂听后很无奈地说："莹姐，我真担心你这个女浪人！"

尔后，他们便各怀心思地出了咖啡店。临分手，张秀珂还是把那句一早晨重复了多次的话再说了一遍："莹姐，我看你还是回家的好！"萧红却更加坚定地回绝了弟弟的劝导："那样的家我是不能回去的，我不愿意接受和我站在两个极端的父亲的豢养……"同时，她也拒绝了弟弟的金钱资助。

然而，这来自家族的关爱在萧红内心亦并非全然了无痕迹。五年后，她在散文《初冬》里写道："弟弟留给我的是深黑色的眼睛，这在我散漫与孤独的流荡人的心板上，怎能不微温了一个时刻？"

流浪之初，萧红因为自尊与执拗拒绝了与家族和解的任何可能，宁可在哈尔滨街头做一个女浪人。家，在她逃离的那一刻就已经永远回不去了。她在了解自己的同时，也更了解父亲。张廷举自然知道女儿在哈尔滨街头形同乞丐，然而，不可理喻的固执遮蔽了父女间的亲情，而且他的冷漠同样不可理喻。

哈尔滨漫长而严酷的冬天如期而至。清晨的扫街者每天都会发现冻毙街头的乞丐或浪人。流浪街头的日子一天天变得更难打发，萧红常常在风雪之夜冒着被冻死的危险寻找住处。11月初的一天夜里，寒风无情地催逼着她在街上四处奔走，眼睛经受不住寒风的刺激，像哭一般地淌着眼泪。当她找到一处熟人家，用力敲打院门，寒冷让手套迅速粘结在门板上。她一边敲打一边呼喊："姨母！姨母……"然而，她的求助同样像被寒冷冻结住，得不到任何回应。"姨母"全家早已睡下，只有院子里的几声狗叫回应着她的求助。

落寞而沮丧地离开熟人家，茫然中，萧红向另一熟人家赶去。一路上，她感到脚底下有如针刺。在这寒冷的冬夜，她对街边楼房里的每一家住户都生出无边的羡慕，每个窗口映照出的温暖灯光也激起她难以遏抑的愤恨。想到那每一窗灯光背后一定有无尽的温暖与快乐，窗下一定摆着巨大而温柔的眠床。一如安徒生笔下那个卖火柴的小女孩，萧红对每一窗灯光都生出无限想象。她不敢停下匆忙行走的脚步，不敢放弃对住处的寻找。她清醒意识到不然自己就会像那个童话里的小女孩一样冻死在街头。在这样的冬夜，对眠床的向往，也让她自然想到呼兰老家的马房、狗舍。此刻，即便站在马房里也很安逸，狗舍里的茅草也可以使双脚变得温暖。眼睫毛渐渐被冻住，大风裹挟着地上的积雪扫打着她的双脚，当萧红经过下等妓馆的门前，顿时感到自己早已没有可怜别人的资本，甚至觉得平日里自己所可怜的那些下等妓女亦远比自己幸福。起码，今夜她们还有一个可以放下身子，不至于被冻毙的眠床。街边的洋车夫将她视为流荡的暗娼，肆意取笑她那挨冻的狼狈。

爬到熟人家的楼上，萧红感到力气在这个冬夜完全用尽，再多走半里也不可能，对于寒冷的忍受也到了所能承受的极限，急切需要一点热气温暖那已然麻木的双腿。然而，进到熟人家里才发现人家已是人去楼空。在空洞的房间里，面对搬家后的满地狼藉，萧红感到四周除了自己苍白的叹息，死一般的静寂。家的意义，在这个冬夜对于四处奔走寻找落脚之地的萧红来说，被放大到了极致。这是太过严酷的人生经验，她绝望地回到冬夜的街市，在街边一处卖浆汁的小摊上坐下来，将身上所有铜板搜集在一起，想喝一碗滚热的浆汁稍稍温暖几近冰点的身体和心灵——今晚的眠床在哪里，此刻已然变得次要。

幸运的是，萧红最终被来小摊买浆汁的一位年老色衰的暗娼收留，带回住处，让她不至于冻毙街头。醒来已是第二天早晨，街车的轰鸣震颤着整座简陋的屋子，摇晃着眠床，萧红感到自己就像睡在马路上，孤独而无所凭据。睁开眼睛，她发现睡在身边的都是些发出令人厌恶而隔膜的鼾声的陌生人，心胸顷刻涨满仇恨与憎恶，即便对那个深夜带她回家的妇人。她的颜面如同风干了的海藻打着波绉，一大早就在数落、责骂蹲在墙角的那个名叫小金铃子的小女孩，尔后，便开始向萧红述说昨晚她们之间的缘分。老妇人是浆汁摊的老主顾，平素都由小金铃子代买，昨晚因为小女孩不在家，所以只好亲自到小摊上喝浆汁。接着，她突然发现了什么似的，开始体罚那孩子，将很大的雪块砸在她身上。萧红准备离开，老妇人要她留下一件衣裳作为昨夜提供住处的报偿，而等她寻找自己的套鞋，才发现早已被小金铃子偷出去卖掉了。刚才，老妇人对她的体罚就是为这个。萧红从她对小金铃子的数落中了解到，小女孩是其豢养着预备做雏妓的材料，只是目前还没有开始接客，她不断念叨着老的、小的都"不中用"。萧红从身上褪下一件单衫交给老妇人去当掉，算是一晚住宿的代价。她急于离开这里，在这狭窄、阴暗的空间里与她们待在一起，感到"好像和老鼠住在一起"；套鞋没有了，只好穿上一双夏天的凉鞋去接触冰雪的街面，屋外虽是白天，在她看来却有如"暗夜"，但还得无所畏惧地走进去。

第二章　哈尔滨往事

冬夜流浪街头的经历，让萧红意识到自身处境的绝望。

"九一八"事变后，整个东北的局势迅速恶化。萧红流浪哈尔滨期间，黑龙江守军与日军之间爆发了著名的"江桥抗战"。11月中旬，"江桥抗战"失败不久，齐齐哈尔沦陷，日军大量集结兵力进逼哈尔滨，形势十分危急，各大中学都提前放假。除了寒冷，日趋紧张的时局无疑也增加了萧红的生存压力。她本能地意识到，在如此混乱的时局流浪下去将是自寻死路。而要活下去，只有两条路可以选择：回家或者再次投靠汪恩甲。此时，她对家族的仇恨与厌恶更甚于讨厌汪恩甲的庸俗。随即，在生路的抉择上，萧红选择了后者——那个多次破灭其梦想，令她鄙夷但或许仍然爱她的男人。当在哈尔滨街头流浪一个多月的萧红找到汪恩甲时，这个曾经令她无比屈辱的男人，或许还念着往日的情谊或依然心怀在法庭上违心作证的歉疚，还是背着家人慷慨接纳了她。11月中旬，两人再次住进位于哈尔滨道外区正阳十六道街的东兴顺旅馆，萧红从此结束了流浪街头的生活。东兴顺旅馆的老板十分了解萧红、汪恩甲的家庭背景，他们的住宿、饮食开销都是挂单消费，汪恩甲有时还向旅馆支钱满足他们的日常开销。当然，旅馆方面之所以如此优待，除了老板清楚两人殷实的家庭背景外，还与"九一八"事变后，哈尔滨客商锐减、住宿业极不景气有关。

东兴顺旅馆今日外景（程乾波摄）

在旅馆同居的"寓公"生活,让萧红暂时没有衣食之虞,更重要的是躲过了严酷的冬天。然而,这毕竟不是她想要的生活,看不到前途和出路,汪恩甲的庸俗和恶习依旧,萧红陷于无边的精神苦闷中。但在当时,对她而言,活着大于一切,精神的苦闷或许是一种奢侈,她想用麻醉排遣苦闷而彷徨无着的内心,据友人回忆,困居东兴顺期间,萧红亦偶尔吸食鸦片,以此截断对未来的展望。

1932年2月,哈尔滨最终被日军攻陷。"九一八"事变后,这个东北地区的临时安全岛亦不复存在。困居旅馆的萧红同样感受着因时局变化而带来的巨大心理压力。据梁静芝老人回忆,1932年春,萧红曾回过呼兰。那天上午刮着大风,天昏地暗,她衣着不整,头发蓬乱地闯进梁家院子。下午一个相貌堂堂的小伙子找到梁家,全家人都不认识,对方说来找张乃莹。进屋后,两人在里屋小声谈了很长时间,饭后便一起走了。梁家人后来才知道来人就是汪恩甲,并且了解到他们"已经结合"了。所谓"结合",显然是指萧红和汪恩甲当时已公开同居。

萧红这次回呼兰的真实意图,外人一概不知。她为何只到继母娘家而不回张家?还有,汪恩甲为什么找到梁家?这些至今都是无法索解之谜。近年,有学者揣测萧红此次回呼兰可能是想同家人商量与汪恩甲结婚的一些具体事宜。或许,她想请继母家里人作为自己和父亲之间的调解者。但是又为何没有下文?另有一种解释是,萧红和汪恩甲在旅馆的同居生活并不和谐,这次回呼兰可能又是她的一次负气离开,汪还是像以前那样找她回去。本书比较倾向此说。

萧红的悲剧或许在于,汪恩甲是她既想摆脱又不得不依靠的男人。事实上,她单独离开汪恩甲回呼兰之举亦并非偶然。据张秀珉回忆,1932年春天,萧红同样突然找到她当时就读的东省特别区区立第二女子中学校宿舍。来时,她和同学都还没有起床,面前的二姐衣衫破旧,蓬头垢面,狼狈不堪,样子很令人痛心。张秀珉连忙去找在同校就读的姐姐张秀琴商量。姐妹俩决定将她留下,且将各自的衣物、被褥拿出一部分供她穿用。然后,又征得训育主任和校长同意,让萧红在高中一年级插班。过了十多天,姐妹俩却发现萧红早已不辞而别,并从此再也没有见过面,直到抗战胜利后从回到东北的张秀珂口中才得知她们的二姐最终又回到了东兴顺旅馆。

萧红此次不辞而别另有隐衷。在东特女二中住下来不久,她发现自己怀孕了,因而不便久留,愁苦之际汪恩甲又找了过来,便只好再次随他回到东兴顺。

如果萧红回呼兰的日子是在她发现自己怀孕之后，那么，她回呼兰或许因为发现自己有孕在身，需要家庭出面让她和汪恩甲正式完婚，因而回家在亲戚中斡旋亦未可知。

萧红困居东兴顺旅馆的这段生活留下了太多未解之谜，而最大的谜案莫过于汪恩甲的人间蒸发。1932年5月，身怀六甲的萧红已是身形笨拙。困居旅馆半年多，他们已欠下食宿费400元，东兴顺老板开始向他们催逼债务。一天，汪恩甲出门后就再也没有回来，从此音讯杳无，人间蒸发。汪恩甲此次外出的原因，多年来在萧红研究者中有多种说法，多半倾向于为了筹钱还债，而其一去不返，绝大多数研究者认为是为了逃避债务，故意借口筹钱丢下怀孕的萧红弃之不顾。因而，多年来汪恩甲一直背负着"无耻"、"负心"的恶谥。更有人认为，汪恩甲之所以接纳萧红并与之在旅馆同居，本身就是对她逃婚、与表兄出走北平的刻意报复。如果真是如此，正如有论者所说的那样，那么，汪恩甲真的不仅是个具有刻毒的报复心，而且极有毅力将之转化为行动的人。或许，我们更愿意相信他只是个普通人。

需要澄清的是，这些关于汪恩甲的说法，只是后人的揣测而已，至今找不到任何证据。而持"王恩甲说"者，认为王恩甲是因其父王廷兰1932年5月惨遭日伪特务暗算，壮烈殉国，为了躲避特务们的迫害而故意躲了起来，就此消失。这一说法看似合乎情理，但本书前文已经澄清萧红未婚夫的"王恩甲之谜"，此说不过是人们一厢情愿的想象。

汪恩甲何以抛下大腹便便的萧红和其腹中骨肉不顾，一去不返，并再也无人知其下落，或许是萧红研究中最令人沮丧的谜案。关于这方面的材料至今仍是一片空白。不过，当时在日军占领下的哈尔滨局势混乱，和平市民失踪被杀的事件屡有发生。从这个角度看，汪恩甲的失踪似乎又并不是什么令人大惊小怪的事情。他是否故意抛弃萧红，在没有确凿证据的前提下，应该另当别论，不能过于武断。值得注意的是，萧红在一些自述文章中谈人说事真率、坦荡，可信度极高，但是，关于汪恩甲，在其著作、信件中却找不到只言片语，哪怕是影射的话亦不可见。爱憎分明如萧红，如果汪恩甲真是始乱终弃，她不可能在文字里没有丝毫的情绪表露。这从另一个侧面表明，她对汪恩甲的态度远非人们所想象的基于对方始乱终弃的怨恨那么简单。然而，汪恩甲到底是怎样一个人，只有萧红自己最清楚，但她对此一向讳莫如深，外人也就更不得而知。

"汪恩甲之谜"只有等到新材料的出现,庶几才有可能得以破解。

萧红在东兴顺旅馆眼巴巴等着汪恩甲回来。一个多月过去了,仍然音信杳无,太过久长的等待,让她渐渐断绝了男人会回来的欲念。腹中的孩子一天天长大,七八个月的身孕让肚子凸起得像个小盆倒扣在身上,身子一天天笨重,成了无边的累赘。旅馆老板早已丧失耐心,男人不见回来,便将她作为人质扣押起来,从客房转移到二楼甬道尽头一间霉气冲天的储藏室里,并派人监视起来以防跑掉。那一时期,在大都市开设旅馆或饭店的人,大多有着特殊的社会背景,绝大部分是地痞、恶棍,或者与官府、黑道全有勾结。东兴顺老板准备再等一段时间,如果汪恩甲仍不回来,就将萧红卖进哈尔滨道外的"圈儿楼"(妓馆)还债。失去人身自由,重孕在身的萧红再次陷入难以想象的可怕困境。

倾城之恋

汪恩甲走后,困居东兴顺的萧红,开始对他还有所期待,在其《自集诗稿》里有一首《可纪念的枫叶》,似在表达汪恩甲走后留给自己的寂寞、相思与懊恼:

> 红红的枫叶,
> 是谁送给我的!
> 都叫我不留意丢掉了。
> 若知这般别离滋味,
> 恨不早早地把它写上几句别离的诗。

而随着男人返回的希望越来越渺茫,百无聊赖中,她不禁感慨起多舛的身世,《自集诗稿》中的《偶然想起》一诗写道:

> 去年的五月,
> 正是我在北平吃青杏的时节,
> 今年的五月,
> 我生活的痛苦,
> 真是有如青杏般地滋味!

第二章　哈尔滨往事

在这首诗里，萧红由1931年春天和汪恩甲在北平求学未果，进而感怀眼下一个人困居旅馆的不堪。但在时间上似乎记忆有误，或许，只是由1932年5月汪恩甲的离开，进而简单联想到"去年的五月"。事实上，她和汪恩甲在1931年3月底就离开了北平。

自6月下旬开始，哈尔滨一直阴雨连绵。汪恩甲长期未归让旅馆方面也渐渐失去耐心，老板对萧红的催逼更加严厉，她在苦雨愁城中度日如年，内心无比焦虑，同时渐渐意识到自己所面临的可怕困境。进入7月份，萧红内心的焦虑犹如屋外的雨势，丝毫不见缓释反而愈趋浓重，渐渐生出虚无、绝望之感。漫长的雨季让她那近乎囚处的储藏室霉气刺鼻，她自己也说不清有多长时间没有走出过这几乎快要霉烂的空间。萧红意识到危险在一天天迫近，但她更意识到要离开这里所能倚靠的只有自己。即便在无边的困境面前也不肯束手待毙，这就是萧红的性格。事后看来，在某种意义上正是这种性格拯救了她自己。

哈尔滨有一家商办性质的私人报纸，名叫《国际协报》，每天出一张，共四版。文艺副刊占据第四版二分之一的版面，主编老斐在其上开设"老斐语"专栏，每天写上三五百字的杂感或散文，比较隐晦地针砭时弊，表达普通人的诉求，深得读者欢迎，在东三省有比较好的口碑和销路。老斐，本名裴馨园（1895—1957），是一个善良、内向，富有正义感、责任感的知识分子。在其主编的《国际协报》文艺副刊上集聚了三郎（萧军）、琳郎（方未艾）、黑人（舒群）、南蛮子（孟希）等一批富有朝气的年轻作者。这也是文艺副刊深受欢迎的原因之一。困居旅馆期间，萧红和汪恩甲也是《国际协报》文艺副刊的读者，亦有资料表明，萧红在1932年5、6月间曾向该刊投过诗稿，署名"悄吟"。虽然没有发表，但细腻的笔触、真挚的感情给编辑和裴馨园留下了比较深刻的印象。此时，近乎绝望的萧红能够想到的，就是向手边的《国际协报》投书求助。大约是在1932年7月9日，她向裴馨园发出了求救信。此前，她向北平的李洁吾发出过求助信，但一直没有回音，她意识到不能再这样空等下去了。

7月10日，裴馨园阅读完萧红的求救信，随即在周围的几位年轻作者中间传阅了一遍。大家了解到求助者就是那位署名"悄吟"的作者，都非常关心，而当读到诸如"难道现今世界还有卖人的吗？有！我就将被卖掉……"这样滚烫的字句时，大家震惊之余备感气愤。裴馨园与身边几位年轻作者商量，决定次日先到东兴顺一探究竟。当晚回家，他向夫人黄淑英谈起白天那位"有趣"的求助者，想起信中那些充满责问语气的话语不禁笑了起来，对夫人说："在中国人里，还没有碰见过敢于质问我的人呢！这个女的还真是个有胆子的人！"

萧红求助信的全貌现在不得而知，但从当时阅读者所记住的只言片语以及他们的情绪反应来看，我们自然可以推知，她当时对自身所处绝望之境的感受。即将被发卖的命运早已让她顾不得矜持，而对善良者的责问一方面源于她那焦灼不堪的内心，另一方面或许也是她渴望引起别人注意的策略。命途多舛的萧红无疑又是幸运的，她那没有任何预留空间的求助真的感动、激愤了一批善良的中国人，在信中她也强调"我们都是中国人"。

7月11日，裴馨园带领编辑孟希等三人找到东兴顺旅馆，向茶房问清萧红所在的房间，便上到二楼南头敲开房门。裴馨园看见那间阴暗的小屋内，除了床上的被褥、破旧的书报、纸张和一个旧柳条箱外，几乎没有什么东西，那个发出求助信的女子穿着一件褪了色的蓝大衫，赤脚跋着皮鞋，白皙的脸上一双惊恐失神的大眼睛正盯着他们，面对四个陌生青年男子的突然造访显得有些不安。裴馨园与她大约交谈了十多分钟，除了对其遭遇表示同情，还进行了一番安抚，说将会与旅馆交涉，决不至于让旅馆将她卖掉。

离开房间，裴馨园找到东兴顺老板，向他出示记者证，正告对方不得虐待二楼那位女子，照常供给伙食，一切费用由报社负担。这样的话，旅馆老板虽然很不愿意听，但做买卖的毕竟不敢轻易得罪当时所谓"吃报饭的"，唯恐遭到报纸抨击，生意难以做下去。交涉完毕，裴馨园带领三人扬长而去。出了旅馆，四人为刚才老斐的吹牛大话相视大笑。因为，他们中除了裴馨园稍微富裕一点外，其余三人均有时连饭都吃不上，萧红那笔巨额欠款，他们显然无力负担。

但是，萧红那窘迫、危难的境况还是给了裴馨园一行深深的触动，觉得有责任把这个无助的弱女子救出来。当晚，裴馨园在道外区的北京小饭店召集一帮朋友吃饭商量救助对策。席间，他向没有去旅馆的三郎等人述说求助女子的现状和约略的过去。众人听后纷纷想着办法，有人愿意抽出部分薪水替她还债，有人为她筹划将来的职业。然而，对于这群自身都非常困窘，寂寂无名的作者、编辑来说，实际上也只是说说而已。他们也只是一群富有同情心的弱者。众人纷纷表达同情与爱心的时候，唯独那位名叫三郎的年轻人对他们说："我什么也不能做，我一无所有，只有头上几个月未剪的头发是富余的，如果能换钱，我愿意连根拔下来。"众人都笑着说"三郎醉了"。而当裴馨园寄希望于三郎卖文

第二章 哈尔滨往事

章换钱时，他反问道："天啦！在哈尔滨写文章卖给鬼吗？何况我又不会写卖钱的文章！"

三郎的话似乎击中了大家的痛处，一下子浇灭了众人刚才还十分高涨的情绪。包括裴馨园在内，大家顿时心情黯淡，星散而去。

据孟希晚年回忆，当年他住在道里区西六道街路南靠近新城大街的一栋房子的二楼公寓里。楼下便是道里区税务局，局长姓张，其兄从呼兰来哈尔滨做客。这位乡绅每晚都和他在门前乘凉聊天，似乎很谈得来。从东兴顺旅馆回来当晚，颇以为参与了一件好事的孟希，饶有兴致地向那位乡绅聊起白天的经历。谁知对方竟没有听上几句便不辞而别，令他一时大感不解。第二天去问裴馨园，才知道那位税务局长就是悄吟的六叔，而那位乡绅就是她的亲生父亲。孟希后来仔细一打听果真如此。

今天看来，孟希所回忆的这段近乎"小说家言"的掌故似在真假之间，但还是有比较大的可信性。不容置疑的是，萧红在旅馆困居这么长时间，张家肯定十分清楚，东兴顺老板也正因为熟悉张、汪两家的背景才让他们赊住。特别是汪恩甲走后这两个月萧红的危难之境，作为生父的张廷举应该有所耳闻。然而，亲生女儿如此危难，终究不能打动他那毕竟血浓于水的亲情，甚或一点恻隐之心。家族脸面真的就让这位父亲恨不得女儿早日死掉，或者，在其心中这个女儿已然死掉。从这一角度来看，这位温文尔雅的乡绅委实是位极度冷漠的父亲，在对待女儿的态度上似乎难以见到一点人性的光芒。然而，这样的父亲在当时并非个例，太多在旧式婚姻中挣扎的女性的悲剧，往往就因为遭遇如此冷血的父亲。

裴馨园他们的造访让焦灼不堪的萧红终于看到了一线希望，即便是一根稻草，此时她也不敢轻易放弃只是死死抓住。7月12日中午，她给裴馨园打了几通电话，因为他本人不在，每次接电话的都是坐在主编座位上替他处理外来稿件的三郎。他知道电话那头就是昨晚大家所谈论的无助女人，但并没有与之答话的兴致。三郎的"冷漠"基于他对慈悲和同情持有一种独特的理念。在他看来，明知道自己没有半点力量能够帮助别人，又何必那样沽名地假慈悲？昨天裴馨园邀其一起前往旅馆探访，被他毫不犹豫地推却了。

此时的张乃莹自然不知道她生命中最重要的男人已然出场。如果没有这个名叫三郎的男人，她的人生就止于"张乃莹"这个名字，换言之，如果没有三郎，就没有后来那个名叫"萧红"的女人。

那么，"冷漠"的三郎究竟是何许人也？他就是后来的萧军。

萧军（1907—1988），原名刘鸿霖，又名刘蔚天，1907年7月3日出生于辽宁省义县沈家台镇下碾盘沟村，曾在东北讲武学堂学过军事，因打抱不平打了教官被开除，后在东北军中任下级军官。"九一八"事变后，愤于东北军不抵抗而离开部队，与好友方未艾一起到吉林舒兰，企图策划当地驻军抗日，事败，携家眷潜入哈尔滨。哈尔滨沦陷后，因无经济来源而陷于困境，不得已将妻子许氏和两个女儿遣回老家，自己准备伺机参加游击队抗日。其间，以"三郎"的笔名写点文章糊口，在向《国际协报》副刊投稿过程中，被裴馨园相中，请去帮助编辑儿童专刊和处理外来稿件。

裴馨园除主编《国际协报》副刊外，还兼任《哈尔滨公报》副刊《公田》和《五日画报》等报纸的编辑，每天事务繁忙。三郎的质朴、能干深得裴馨园的信任，不仅请他帮忙处理稿件、校对清样，最后，《国际协报》副刊就索性由其选稿、编辑并代跑印刷厂，联系一切难以处理的事务，自己只是签签名，看看报纸版面的安排，主要应对其他编务。后来，裴馨园干脆让三郎搬到他家居住。三郎的稿酬、编务费所得只能勉强填饱肚子，对萧红求助的冷淡，除了自感无任何力量帮助别人之外，还与他对社会现状有超出常人的认知有关。他此前曾在哈尔滨当过宪兵见习生，白天在街头、饭店纠察军事纪律，晚上到戏院、妓馆维持秩序，见过太多遭遇不幸的青年女子。或许，在他看来，萧红的遭遇不过是太过平常的女性落难罢了。

当天下午，忙于事务的裴馨园打电话派舒群和另一位外号"冯大胡子"的作者到旅馆看望。二人回来说求助女子的情绪有些狂躁，甚至有些"疯狂症"。在一时找不到救助办法的情形下，裴馨园想到首先应该让困境中的悄吟在情绪上安稳下来，考虑到是位知识女性，便决定让三郎送几本书给她，并写了一封亲笔信一并带上。

改变二萧人生轨迹的见面，就发生在1932年7月12日的黄昏。

茶房把三郎带到萧红房门前便走开了。敲开房门，在极其暗淡的光线里，他看见一个女人模糊的轮廓，半长的头发散乱披挂在肩头前后，苍白的脸上一双大眼睛流露出惊恐的神色。当她得知来人找的是张乃莹时，才将他让了进去。

第二章　哈尔滨往事

相互对视的片刻，萧红意识到可能是李洁吾托朋友来看自己，顿时惊愕而兴奋地叫出声来，随即打开室内的电灯。三郎拿出裴馨园的信，她双手捧信而读，并不停颤抖，脸色升沉不定地变幻，身子紧偎在门旁。三郎不知道眼前这个无助的女人是多么害怕他交了信便马上离开，要用身子挡住他的去路——她实在太孤寂、太无助。男人坐下来，在灯下仔细打量眼前这个之前同事们所描述的已经有些"疯狂症"的女人。萧红当时的样子，近半个世纪后，萧军依然清晰记得：

> 她整身只穿了一件原来是蓝色如今褪了色的单长衫，开气有一边已裂开到膝盖以上了，小腿和脚是光赤着的，拖了一双变了型的女鞋；使我惊讶的是，她的散发中间已经有了明显的白发，在灯光下闪闪发亮，再就是她那怀有身孕的体形，看来不久就可能到了临产期了。

裴馨园的信萧红双眼定定地看了几遍，当她了解到来人并非李洁吾所托的朋友，多少有些失望。但是，从信中得知来人就是三郎，又难以压抑兴奋。她拦住起身准备离开的陌生男人："你就是三郎先生，我刚刚读过你的文章可惜还没有读完。"说话间，拿起丢在床上的一张旧报纸指给他看，三郎看见上边的文章正是自己正在连载的《孤雏》。

"这里边有几句对我脾胃的话，我们谈一谈……好吗？"

对于眼前这个女人的诚恳请求，男人迟疑了一下，但终于还是坐了下来。两人斜对着坐在桌边，刚开始他们在相互凝视中竟然谁也找不到第一句应该说的话。三郎更清楚地看见女人苍白而憔悴的脸色和毫无血色的嘴唇，但那双智慧的大眼睛却在渐渐散发光彩。他感觉不出这女人的疯狂症在哪里，只感到她的眼光在灼热自己，同时，也渐渐感受到这个陌生女人有一种难以言说的美丽。

萧红开口打破相对无言的尴尬，作为房间的"主人"，她指点着桌上污旧的信封、破碎的旧报纸、未洗的碗碟和乌木筷子，还有地上的碎纸屑，非常歉疚地说实在凌乱得不成样子。随着她的指点，三郎发现凌乱堆放在床上的一张诗稿，半幅铅笔素描画，还有仿照魏碑《郑文公》字体勾下的几个"双钩"大字。当他得知这诗、画、字，都出自眼前这个陌生女人之手，难以压抑的兴奋和喜悦侵袭着他，此前一刻的陌生感顿然烟消云散，他感到世界、季节还有情感都在变幻。

> 那边清溪唱着，
> 这边树叶绿了，
> 姑娘啊！
> 春天到了。

1978年9月28日，已然古稀之年的萧军仍清楚记得近50年前与萧红见面时，这首令他改变所有观感、题为《春曲》的小诗。萧红前一刻所给予的"那一切形象和印象全不见了，全泯灭"，他感到她应该是世界上最美丽的女人，并暗自决定要不惜一切代价拯救她。

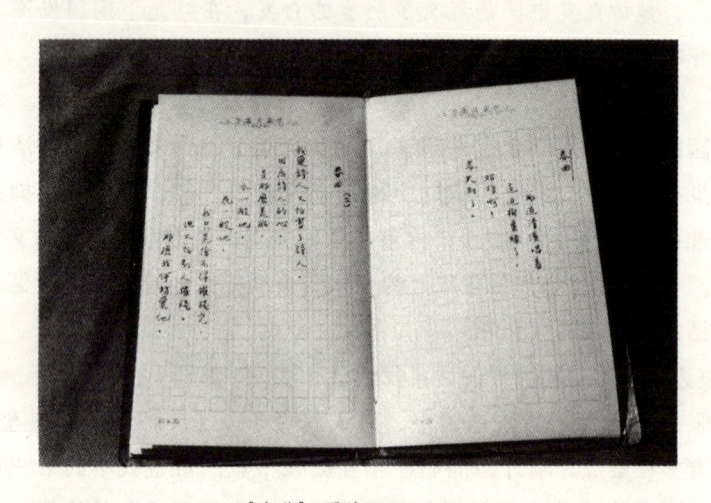

《春曲》手稿（张抗提供）

自此，那个"冷漠"的三郎变成了视拯救眼前这"美丽的灵魂"为"我的义务"的萧军。一个男人对一个相识片刻的苦难中的女人如此细腻而诗意的知解，让二萧这历史性的晤面无论历经怎样的岁月人事纷扰，至今仍是人们津津乐道的文坛佳话，那是一场别样的风花雪月。痛感无助的女人太需要倾诉，她向萧军毫无保留地诉说着自己的遭遇和苦难，似乎说出那一切，那一切便不复存在。听完她的诉说，萧军感到这苦难的女人像水晶般通透，而自己在她面前亦是如此。正如他在纪实小说《烛心》里所描述的那样："我们似乎全变成了一具水晶石的雕体。"

话题越过眼前的境况，他们还谈到各自的读书兴趣，谈到新近出现的作家，谈到童年、友人还有汪恩甲。萧红说那是个毫无诗意的男人。对于眼前的男人，她充满好奇，坦率地告知："当我读着您的文章时，我想这位作者绝不会和我的命运相像，一定西装革履地快乐地生活在什么地方！想不到竟也这般落拓！"萧军自我解嘲地看看自己，当晚，他穿着一件褪了色的蓝色粗布学生装，一条打着补丁的灰色裤子，赤脚蹬着一双开了绽口的破皮鞋，头发蓬乱，与"西装革履"实在相去太远，甚至觉得境遇比对方好不了多少。

当晚的谈话，还关涉对待爱情和生命的态度。

随着聊谈的深入，萧红询问萧军所抱持的爱的哲学。不想，面前这个粗豪的男人坦率地说："谈什么哲学，○学，爱便爱，不爱便丢开！"

这极其男性主义的观念和极其大男子主义的表达，多少让萧红有些不适，紧接着问道："如果丢不开呢？"

"丢不开……便任它丢不开！"

萧军当时自然没有想到，他的坦荡和率真，似乎带着粗野的诗意，然而，这基于男性霸权粗糙而简单的"爱的哲学"，却是这个诗意之夜最乏诗意的地方。某种意义上，萧红此后的人生悲剧便与这"爱的哲学"相关联。萧军是个有故事而没有秘密的男人。其后，在二萧相处的六年里，萧红不时被这种"爱的哲学"伤害、折磨。她觉得男人最后的回答"太中和了"，不过，两人随即纵声大笑起来。萧红或许以为这只是一个男人充满豪气的玩笑话而已。她紧接着又问："你为什么活着？"

向一个刚刚认识的陌生男人追问如此庄严的问题，多少有些惊心动魄，但出自此时的萧红之口并不矫情、突兀。苦难太过沉重的压迫，早已让她在无助中生出无边的虚无，可以想见，在今晚追问萧军之前，她一个人在百无聊赖中该是多少遍地追问过自己。这个问题，她再也不愿听到"中和"的回答，在萧军开口之前便事先声明："请不要用模棱两可的话来答复我。"

萧军以反问回答了她："那你为什么还要留恋这个世界？拿你现在，自杀的条件这般充足……"

萧红听后意识到处于现景中的自己实在有太多结束生命的理由，但她更清楚是内心那份不甘在支撑着自己要活下去——任性地活下去。因而，她回答道："我吗？因为这世界上，还有一点使我死不瞑目的东西存在，仅仅是这一点，它还系恋着我。"

萧军随即也表示，即便现景如此不堪，但任何人都剥夺不了自己坚强生存下去的权力，除非面对自身不可抗拒的暴力。从萧红对萧军的追问和回答中可以推知绝望中的女人太需要一种外在的参照，来驱赶其内心的虚无，来勃发她那自感日渐委顿的生命，害怕被生命中不能承受之重彻底压倒，她只有21岁，与其说在追问萧军，倒不如说是在追问自己。这个夜晚，萧红终于对自身生存的意义有了自我确认，作为一个女人，她身上所表现出的"生的坚强"一直保持着，直至生命的终结。正因如此，她才坚忍度过生命中一个又一个的巨大困厄，她那短促的一生才如此波澜壮阔，令无数后人感慨不已。

对于二萧而言，大而言之，对于中国现代文学而言，1932年7月12日夜的确是个值得纪念的时间。如此精彩的时间在人们冗长的一生中，有如一星爝火。5个月后，萧军将那一晚的精彩记述在小说《烛心》里。虽是小说，但他多次强调那是一篇"实录文字"，在给铁峰先生的信中便如是说。萧军老友陈隄在1992年3月11日撰写的《萧军在哈尔滨》一文中，同样认定萧军写于1932年12月25日的中篇小说《烛心》"是他与萧红结合经过的记录。小说中没有一点虚构。小说中的春星、馨君、畸娜是萧军、老斐、萧红的代名"。那一晚，他们谈了太多，三郎多次起身欲走，又多次坐下，并多次想拥抱面前这个令他生出无边爱意的女人。他自觉表现出"疯狂症"的不是眼前落难的女人而是他自己。在对男人的情感取向上，萧红明确表示不喜欢小白脸式的男人，认为那样的男人还不如"卖淫的女人"，言外之意旨在传达对面前这个虽然落拓，但豪霸之气冲天的男人的欣赏。

临走前，三郎问她每天吃点什么，女人将桌上两只合扣着的粗瓷碗揭开，只见那里边还剩有半碗殷红如血、坚硬如沙粒的高粱米饭。男人佯装在口袋里寻找东西，以掩饰内心的酸楚，他将口袋里仅有的预备搭车回道里的五毛钱放在桌上，压抑着酸楚勉强对她说："留着买点什么吃罢！"

出门前，两人的手握在一起，随之有了深长的拥吻——二萧的"狂恋"已然拉开序幕。

当夜，分手后的三郎面临步行十里长路的归程；困处中的张乃莹则又要苦熬一个孤寂的长夜。然而，一切已然改变，归程和长夜都不再漫长，爱意浓郁的甜美爱恋在悄然消解苦难。萧军的到来不仅彻底驱赶了踟蹰在萧红心头的死之诱惑，而且男人的赏识与爱意亦激发出她那早已死灭的激情。萧军走后她接

第二章 哈尔滨往事

着续写《春曲》，表达爱之序幕已然拉开的巨大喜悦，以及伴随着太过突然的幸福而来的淡淡惶恐：

> 我爱诗人又怕害了诗人，
> 因为诗人的心，
> 是那么美丽，
> 水一般地，
> 花一般地，
> 我只是舍不得摧残它，
> 但又怕别人摧残。
> 那么我何妨爱他。（其二）

> 只有爱的踟蹰美丽，
> 三郎，我并不是残忍，
> 只喜欢看你立起来又坐下，
> 坐下又立起，
> 这其间，
> 正有说不出的风月。（其四）

7月13日，当萧军再次来到旅馆房间，不可遏抑的爱之潮水迅速将两人彻底淹没。他在《烛心》里写道："我们不过是两夜十二个钟点，什么全有了。在他们那认为是爱之历程上不可缺的隆典——我们全有了。轻快而又敏捷，加倍的作过了，并且他们所不能作、不敢作、所不想作的，也全被我们作了……作了……"萧红沉醉在恋人的怀抱，低声吟唱："姑娘啊，春天来到了……"随着这歌声，三郎感到他们在"向着万丈的寒潭里沉没，渊然地沉落着……"在这愉快而疯狂的飞翔与沉落中，两人都暂时忘记了过去、现在和将来，及至精疲力竭，满足地睡去。

醒来时，他们发现前额、胸窝满是汗水，而四周的白壁和窗户上的铁栅栏在提醒他们仍是拥抱在地狱般的人间一角。萧红想挣脱男人的怀抱，低声说："三郎，我们错了！"

"我们不会做错的！"

说罢，萧军更有力地将幸福而又惶恐的女人揽在怀里。女人紧闭的双眼不断有泪水恣肆溢出，喃喃解释说："三郎，你不要误会我的意思，我是说我自己错了，不该爱了我所爱的人！"

暴戾而冷漠的父亲、软弱的陆哲舜、庸俗的汪恩甲，这些令萧红失望的男人，不觉中让她对家庭和婚姻本源性地充满挫败感，意识到被迫去爱所不爱的一切似乎早已是她的宿命。当真爱到来，内心反倒充满惶恐，况且，这一切又是如此迅猛，而此时的自己又是这样一种身份、这样一种处境——一个被男人抛弃却又怀着男人的骨肉，并即将临产的无助女人。当萧军得知自己就是女人昨晚诗中的那位"诗人"时，他不愿意接受这样高贵的赞誉。为了安慰她，他说："那你也将我视为你所不爱的男人吧，可以去尽性地'摧残'。"萧红本能地告诉眼前的男人，她这一生是不会拥有尽性的爱恋了，而她理想中的爱情，却是不尽性的爱恋还不如没有。

联想萧红的一生，令人感慨的是，幸福感的缺失，确乎是这个对于爱恋抱持完美主义态度的女人的宿命。即便在这个"狂恋"的性爱之夜，她那宿命般的对于爱恋的内省，本源性地终结了刹那间的幸福。萧军不知如何回答她，但是，事后这个男人清楚地知道，自己太过强烈的"爱火往往要烧枯了少女的情芽"，所以，他觉得自己也是个不敢爱我所爱的人。

很显然，两人内心所存有的"不敢爱我所爱"的心态，基于两种全然不同的情感态度和方式。萧红怕自己连累了这个名叫三郎的男人，怕他背负不起太过沉重的来自世俗的压力。严酷的处境早已让她不敢对任何爱恋有所奢望，即便这份爱已然涌动胸怀。而萧军的"不敢爱我所爱"，则是担心自己那过于热烈的爱恋会伤害所爱的人，况且，他又拥有如此开放的"爱的哲学"。萧红后半生人生悲剧的根源，在这个本该最为幸福不过的激情之夜，再次埋下——萧军真的是她所不该爱的又一个男人。

多么可怕的宿命！

然而，虽然惶恐但已然坠入爱河的萧红，自然意识不到宿命的大网再次向她铺撒开来。她充分享受着爱的激情与喜悦，写出一首首情感炽烈的诗。7月14日晚，萧军将白天在公园写的情诗念给她听，萧红则把昨晚再赋的《春曲》拿给他看：

你美好的处子诗人，

第二章 哈尔滨往事

　　来坐在我的身边，
　　你的腰任意我怎样拥抱，
　　你的唇任意我怎样的吻，
　　你不敢来在我的身边吗？
　　诗人啊！
　　迟早你是逃避不了女人！（其三）

　　或许，没有比这更富诗意的浪漫爱恋。热吻过后，萧红问是否闻到了大葱的气息，萧军这才问起她晚上吃了什么。女人告诉他只吃了些大葱和一杯冷茶聊以充饥。男人听后内心涌起些许愧疚，自责于没有能力让自己狂恋着的女人吃顿饱饭。浑身除了力气之外，没有一件能够典当的东西，要让女人吃上一顿饱饭只有去抢了。萧红听了这样的想法，觉得他是个孩子，安慰说："不要尽疯了，常饿一饿，这是我喜欢的——来给我笑一笑，我便比吃什么全饱了。"

　　萧红这以情人的笑靥疗饿的经验，源于她对萧军的真爱。但她又感到男人那赤裸的"爱的哲学"是这爱之喜悦的莫大威胁，害怕他在热吻自己的同时也会热吻别人，因而，直率地对他说："三郎，我不许你的唇再吮到凭谁的唇！"虽然只有短暂的接触，但两个坦荡的人都太清楚对方的过去。萧红所向往的是两人真爱一生，专一不渝的未来。

　　萧红问起萧军刚才念给自己听的那首诗是在哪里写的，他回答说早晨在公园里。萧红听后，黯然神伤几至落泪，说："我连到公园写诗的权利也没有了。"她多么想与情人一起自由无虑地徜徉在公园，像天下所有有情人那样，自由自在地谈情说爱。读罢萧红的诗，萧军则坦率告诉她，自己早已不是她眼中的处子诗人。他曾经爱过别人，且那慈悲的姑娘仍在心中占有重要地位，而且，似乎还对住处楼下的"一位很美好的姑娘"葆有朦胧而热烈的情愫："当她——楼下的姑娘——抛给我一个笑时，便什么威胁全忘了。"他似乎在有意告诉萧红，对她的爱恋其实并不纯粹。

　　萧红听后无比酸楚、落寞，意识到与这个男人的爱可能并没有将来。关于爱的态度，她与眼前这个男人存有如此巨大的错位。可怜的女人感到一种全新的无助，面带幽怨和无奈，不无讥诮地说："唔……你还是一位唯情至义男人，我并不愿听到这些与我无关的话，我恐怕再也写不出昨夜那样的诗来了，三郎，你好残忍！"萧军发现她的脸色变得十分难看，眼睛始终看着地面，不禁有些后悔说出的话，但又觉得自己不该欺骗她。在他心目中，她应该是一个能破除一切俗见的女人。他后悔自己的快意伤害了眼前自己爱着的女人，觉得自己有些愚蠢，怔怔之中不无懊悔。这时，他听见萧红以幽怨而太息般的语调对他说："我们只享受这今朝吧，三郎，抱紧我！"

萧军意识到在外人看来陷于"狂恋"中的他们，"是一对狂饮爱酒的醉泥鳅"，"是一双不会节用爱情财产的挥霍儿，不久就要穷困了"。当狂恋的热度渐渐消退，狂热的心灵渐渐冷静，他也在用一种富有理性的态度重新考量与萧红的关系。在《烛心》里记载着他在7月16日的心理活动：

……我们就是这样结束了吧！结束了吧！这也是我意想中的事，畸娜，你不要以为是例外……

……你爱我的诗，也只请你爱我的诗吧！我爱你的诗，也只爱你的诗吧！除开诗之外，再不要及到别的了……不要及到别的了！总之，在诗之领域里，我们是曾相爱过……

这样的"实录文字"似在表明，萧军在与萧红"狂恋"四天之后，便心生终结之意。萧红似乎难以成为他那"爱的哲学"的例外。

如果说陆哲舜和汪恩甲只是萧红为实现求学梦迫不得已寻到的倚靠，谈不上爱恋的话，那么，萧军则是她在困厄中真正爱上的男人，事实上，也是她真爱一生的男人。当萧军对发生在他们之间的"狂恋"似有终结之意的时候，她仍在那近乎囚居的发霉小屋里，痴情续写着一首首《春曲》，以表达炽热的初恋情愫，同时，在爱的痴念里度过漫长雨季里极其无助的一天天。

谁说不怕初恋的软力！
就是男性怎样粗暴，
这一刻儿，
也会娇羞羞地，
为什么我要爱人！
只怕为这一点娇羞吧！
但久恋他就不娇羞了。（其五）

第二章 哈尔滨往事

> 当他爱我的时候,
> 我没有一点力量,
> 连眼睛都张不开,
> 我问他这是为了什么?
> 他说:爱惯就好了,
> 啊!可珍贵的初恋之心。(其六)

正因为出于对萧军的真爱,他那"爱的哲学"和渐渐从"狂恋"中冷却下来的态度,让萧红在落难待人拯救的焦虑中又多了一重新的焦虑,那便是害怕所爱的人移情别恋,害怕萧军就此对她"不爱便丢开"。萧军来看望的次数越来越少,她又开始没有太多指望地看着窗外的雨势,度过漫长的一天天。7月30日,萧红在向往、猜疑中想起昨晚梦中见到萧军和他暗恋的女孩在一起的情形,有感而发写下长诗《幻觉》。诗中对"我"的情人爱上少女Marlie虽然表示理解并给以祝福,希望"把你的孤寂埋在她的青春里/我的青春!今后情愿老死!"但诗人又多么希望梦中的景象只是一种"幻觉"。然而,实际的情形是,那到底不是"幻觉"。曹革成在《我的婶婶萧红》一书中载有,据舒群晚年回忆,玛丽(Marlie)姓李,是位气质极佳的大家闺秀,经常举办文艺沙龙,很有名气,一批健康、正直的男士集聚在她周围,追求、暗恋者甚众。后来去了上海,最后定居美国,萧军大概是其中的暗恋者之一。

对于二萧的这场"狂恋",萧红研究者铁峰先生认为,后人在传说中有意滤除了肉欲色彩因而有所"净化",以致对他们日后的分手不能理解。他进而认为,这场"狂恋"在二人"是爱情也是需要"。这种观点有些刻薄,但也并非全无道理。本书无意指责萧军什么,且更倾向将这场爱恋视为他们出自真实内心的情感诉求。只是,萧军那太过个人主义的"爱的哲学"对于当时的萧红而言,似乎残忍、自私了些。然而,面对这样一个连伤害女人也伤害得如此坦荡的男人,作为当事人的萧红都不知道说什么好,更何况站在局外的旁人?

巨额欠款令萧军及其周围朋友都对困厄中的萧红爱莫能助,能做的只是不时的探望,以排解、安抚这可怜女人的孤寂与无助。其间,在萧军介绍下,萧红还认识了经常前来探望的方未艾。

方未艾（1906—），原名方靖远，又名方曦，辽宁省台安县人，是萧军一生亲如兄弟的至交。1932年4月，方未艾担任《东三省商报》副刊《原野》的编辑。报社位于道外区正阳十四道街，距东兴顺旅馆仅两道街之隔。据传，萧红曾将自己百无聊赖中所赋的旧诗《对镜有感》，拿给前来探望的方未艾看，并请其指教：

困居旅舍久，百感动心间。
两鬓生白发，难明长夜天。

在哈尔滨已小有文名的方未艾看罢，认为"心间"改为"心田"更为贴切，但萧红认为"心田"是收获之所，而"心间"则能传达出其内心一无所有的空落与无望。方未艾又觉得"长夜天"不好，应该改为"待晓天"，萧红却认为自己并无"长夜待晓"的心志。方未艾见她如此坚持己见，不禁笑着说"不愧大手笔，你的诗我改不了"，两人相视大笑。这种情形对萧红来说自然是难得的片刻欢愉。由于两人相隔较近，加之聊谈投机，传说此后，寂寞无聊中的萧红不时打电话约方未艾前来，但方鉴于萧红和萧军之间已经确立了恋爱关系，怕在朋友间引起误会，再三拒绝。痛苦而孤寂的萧红写下一首《致方曦》的五绝，遣旅馆茶房送给方未艾，诗中写道：

高楼举目望，咫尺天涯隔。
百唤无一应，谁知离恨多。

日后，有人凭据萧红和方未艾这两次旧诗交往，传说在与萧军相恋期间，她还同时属意其好友方未艾。因为，比起萧军，方未艾更英俊潇洒有气度，并进而认为萧红也是个在两性关系上抱持开放态度的女人。事实上，萧红和方未

第二章 哈尔滨往事

艾之间的交往，笔者认为可信度极低，很可能是后人的附会。即便存在类似的交往，联想萧红当时度日如年的危难之境，以上观点实在是方巾之士的阴毒揣测。处于监视之下，时刻担心被发卖且大腹便便的弱女子太需要别人的关心，也太需要一个倾诉对象，方未艾是离她最近的友人，盼望他前来自然是人之常情。后人太多时候以平常状态的心理揣测处于极度困厄中非常态的萧红，自然得出一些有悖于常理的臆度。

当萧军为拯救萧红四处奔走而一无所获、一筹莫展之际，1932 年的大洪水最终帮助了这个太过不幸的女人。至今，1932 年、大洪水、萧红，在某种意义上成了哈尔滨历久弥新的传说。

1932 年的哈尔滨注定要与大洪水连在一起写进各种各样的水文史和灾难史。自 6 月下旬开始，整个松花江流域阴雨连绵，更为罕见的是，作为北方内陆城市，哈尔滨在 7 月份连续降水 27 天，一昼夜最大降水量为 99.1 毫米，创下有水文记录以来的最高值。由于嫩江、第二松花江、拉林河三路洪水互相遭遇，哈尔滨江段 8 月 5 日的水位超过 118.55 米，江堤开始决口。这个美丽的城市已然呈现即将倾覆之象。更大的溃决发生在 8 月 7 日，江堤二十余处被毁，整个道外区顷刻一片汪洋，街上可以行船。次日，淹至道里，10 日道里区的一些街道亦可行船。8 月 12 日 8 时洪峰水位达到 119.72 米，道里、道外一片汪洋，房屋倒塌不计其数，水淹面积达 877.5 万平方米，"街道之上，乃呈现扁舟款行之奇观"。哈尔滨全市 38 万人中受灾者达 23.8 万之众，数日内两万多人丧生。在呼天抢地的悲惨呼告中，东方小巴黎成了一座不折不扣的倾覆之城。

江堤溃决，洪水随即淹进东兴顺旅馆一楼，人们纷纷转至楼上。听着屋外无边的喧嚣，萧红一个人神色黯然地站在窗前，望着外边的满街积水没有边际地荡漾着，水面上闪耀着一片片刺目的日光。一艘艘小船载着大人、孩子、包裹从窗前划过。萧红感到自己被这个已然倾覆的世界遗忘，她将胳膊横在窗沿上，张着嘴，眼神空洞而茫然地久久张望着。旅馆老板再次进来逼债，告诉她现在汪先生是不可能回来了，一定得有办法还掉欠款，不能再没有办法了。听着对方的最后通牒，萧红脸上全无表情地说"明天就有办法"，那声音好像是在说给自己听。老板面对这个除了高高隆起的肚子之外，一无所有的女人很无奈地离开了。萧红带着那仿佛不属于自己的巨大肚子，无助地把自己放倒在床，两眼望着天花板上映照着的不断闪动的粼粼波光，听着窗外行走在水面上的喧

1932年哈尔滨大水后的街景

嚣人声,包袱落水了,孩子掉进阴沟了……这些声音如此清晰,又那样辽远,她想到自己却是个连逃生的权利都没有的可怜女人。在这样的喧嚣里,她尽力想让自己什么都不想,但她又无法控制自己,非想下去不可。没有家、没有朋友,该走向哪里?新认识的三郎也是没有家的人。大水、欠款、逼债……纷乱的想法一如窗外无边无际的大水早已淹没了她。住进这里时天上飞着雪花,而现在已是漫天大水;刚进来的时候自己还是个少女,现今却即将要做母亲……萧红不愿往下想那个不辞而别的男人,用手抚摸着肚子,在这个散发着油汗气息的发霉小屋里,只有这腹中的孩子陪伴着她——说不出的无助与绝望。

街道上的积水仍在上涨,一段段江堤还在溃决,更大的洪峰即将到来。

8日黄昏,客人们慌乱而纷扰地拎着箱子、拉着孩子走了,昨天从一楼搬上来的客人也都走了。旅馆随即安静、空洞下来,一间间房门紧闭,整座楼只剩下一个杂役和一个生病的妇人以及陪伴的丈夫,还有就是被囚在二楼小屋里的欠债女人。楼道一片狼藉,有如大队溃兵刚刚经过。站在窗前的萧红感受着流动在空气里的稀薄水气,沉静的黄昏亦在空中流荡。借助暗淡天光,她看见一只小猪在大水中绝望地挣扎尖叫。它那越挣扎越绝望的眼神令萧红心里有一种说不出的况味,一乘打捞浮物的木排划过来,得救的小猪横卧其上,绝望的眼神转而变得安宁。然而,在她看来,小猪哪里知道它那希望的眼神和木排主人想吃猪肉的眼神绞结在一起。夜幕渐渐降临,四周高大的楼房成了一座座矗立的峭壁,昔日的街道则成了激流汹涌的山涧。夜晚变得狰狞可怖。萧红纷乱的思绪亦被这可怖的夜

第二章 哈尔滨往事

色驱赶得一干二净，小猪的命运似乎已激不起她的任何联想，她感到无边的阴冷。站立良久，双脚变得麻木，像是安装在自己身上的假肢。

一些资料忆及，当年只有19岁的共产党员舒群，可能就是在8月8日黄昏用组织上发给他的出差和生活费，买了两个馒头一包烟，然后将之捆在头上泅水来到东兴顺旅馆看望萧红。当时天色已晚，无法再回去，舒群就在旅馆蹲了一夜，陪着萧红度过可怖的长夜。次日，萧红希望舒群带自己走，但他考虑到全家也从道外流落到了南岗，父亲几乎沦为乞丐，全家一点着落也没有，的确没有力量安置她，就一个人离开了。

舒群走后，萧红又一个人剩在无边的孤寂里，但是有朋友来看望，到底给她增添了一些求生的勇气和信心。不久，街道上划行着许多搜救难民的船只。搜救者摇晃着手中的黄色旗子，以引起被困者的注意。萧红终于被搜救船从二楼窗户接走。船只穿行于昔日的大街小巷，萧红呼吸着广大空间里的新鲜气息，无比兴奋、喜悦。几个月来，她第一次接触到明媚的阳光，她惊奇地看到江堤已经沉落到了水底，沿路的小房子也睡在水底，小船从屋顶上划过，远近被困在屋顶上的人们，蹲在那里等着一艘艘快速往来的小汽船去营救。巨浪冲来，全船人惊慌失色大声尖叫，惶恐中，萧红用忧郁的眼神打量着四周全然陌生的人们，不自觉地用手指四张的双手护着肚子。巨浪带来的生死劫难已然过去，六七个月没有到过街面的女人，感到外边的世界是如此陌生——陌生的同船者、陌生的天空、陌生的太阳，风中弥漫着陌生的水味。过于久长地疏离人群，让刚刚回到人群中的萧红感到眼睛、耳朵都不怎么受自己支配，看不清楚什么也听不清楚什么，只觉得热闹，那是一种令人愉快的嘈杂声，她内心里洋溢着重返人世间的喜悦。

三郎为什么不来接我？走岔了路吗？

萧红不停地问自己，在缭乱中睁大眼睛

东兴顺旅馆左起第三个窗户，就是当年萧红被困的房间

搜寻着从对面驶来的每一只船,看那上面是否有她的三郎。她最终按照萧军此前留下的地址,找到位于道里区的裴家。坐下来后,萧红为裴馨园夫人黄淑英看见自己还穿着冬天的棉鞋而尴尬,女主人显然为她的狼狈、落拓而惊异,上下打量的眼光就像在看一个怪物,令她紧张、急躁,好像有一种重返人世间的无所适从。黄淑英告诉她,萧军出门接她去了,两人一定是走岔了。

当夜,萧军便把衣衫褴褛的萧红带进此前她所向往的公园。细碎的月影里,两人相互依偎着绕过一片片积水,穿过一个个蚊虫的方阵,然后在萧军写诗的那个亭子里坐下。倚靠在萧军肩头,女人想到明天终于也可以到这里自由写诗了。

萧红被难民船从东兴顺旅馆救出后与萧军在道里公园(张抗提供)

从7月12日见面到8月9日自由地依偎在一起,倾覆的哈尔滨见证了二萧间这场富有传奇色彩的爱恋。

那是一场名副其实的倾城之恋。

"我可怜的孩子"

萧红被安顿在裴家客厅。她那长久困居旅馆的孤独与惶恐从此彻底消释,享受着重获自由的喜悦与安宁。老裴一再嘱咐家人不要打搅她,让其安心静养,家人就很少到客厅,即便女主人黄淑英亦是如此。裴馨园每天忙于公务不在家,也许是彼此生疏的缘故,萧红与女主人很少讲话,白天以看书读报打发时间,傍晚等着萧军下班前来看望,然后两人一起到公园开始热烈而倾心的聊谈。不久,萧军也索性搬到裴家,二人共同享受着傍晚公园里的温馨时光,那份安宁与幸福,就正如萧红日后所描述的那样:"就像两个从前线退回来的兵士,一离开前线,前线的炮火也跟着离开了",现在,"只顾坐在大伞下听风声和树叶的叹息"。如果不是不忍让萧军过于劳累,她真不愿结束这美好的时光。如果能够,她愿意和心爱的人一直相依偎在公园的大伞下。每到夜深人静,两人才跨过公园前的水沟回到裴家。

时间稍长,不善与人沟通的萧红给裴家人孤傲不通世故的感觉,印象随之变坏,新的矛盾亦在潜滋暗长。萧红敏感自尊,太过真切地体味着这种寄人篱下的滋味,为了最大限度地减少打扰裴家的生活,往往一大早便到中央大街游荡,只是在吃饭、睡觉的时候才回来。每天傍晚,当萧军将她从街上接回的时候,看见身后拖着的两条长长身影,萧红自然感到他们就像是被主人收留下的两条野狗。松花江的大水还在上涨,不久,常去的公园也被淹没,公园左右的街巷亦被淹没。两颗相爱的心灵被这漫天大水追逐着,同时也被周遭冷漠而侮蔑的眼光追赶着,他们向往拥有属于自己的空间。这对于热恋中的二萧而言,不只是向往而是迫切的需要,"两颗不得散步的心,只得在他们两个相合的手掌中狂跳着",也在膨胀着"正和松花江一样,想寻个决堤的出口冲出去"。他们常常难以遏抑亲近的冲动。然而,住在别人家里这最平常的爱意表达也是一种奢侈,一对恋人即便同住一个屋檐下亦被刻意分离。每天早晨,他们只是趁裴家人还没起床,要么萧军来到萧红床前推醒她,或是萧红轻悄悄地来到萧军所蜷卧的藤椅前轻挠他的脚趾,从睡梦中醒来的男人像是"被惊醒的鸭子般的不知方向",揉擦着惺忪睡眼。看见他的样子,萧红便有无限的快乐,苏醒了那尚未泯灭的童心。萧军走后她又不得不一个人面对无比寂寥、漫长的白天。

1932年秋，萧红和萧军在道里公园（张抗提供）

预产期一天天临近，萧红每天都能感受到身体的变化，肚子越来越大，由一只倒扣在身上的小盆变成了大盆，由一个不活动的物件变成了一个活动的物件。腹中孩子的活动越来越频繁，身体的变化给她带来无边的焦虑，常常一觉醒来便再难入眠。大水过后蚊蝇肆虐，在腿上肆意叮咬，鼓起成片的小包，如同台阶上的苔藓，疼痒难忍。难以入睡的萧红来到萧军床前把自己遭蚊咬的腿给他看。男人心疼地用手抚摸着，眉头紧皱，转而又向她温和地笑着。浓浓爱意激起无边的爱欲，欲望在各自内心奔突，萧红似乎已然忘掉肚里的孩子，"只是示意一般的捏紧"男人的脚趾，内心狂跳不已，欲望的潮水几乎快要将他们淹没。适逢女主人带着女儿小荣从门前经过，孩子看见房里的情形好奇地大声嚷着让妈妈看。黄淑英以极其侮蔑的眼光看着这对沉浸在爱欲想象中的恋人，揶揄道："你们两个用手捏住脚，这是东洋式的握手礼还是西洋式的握手礼？" 4岁的小荣也学着妈妈的腔调说："这是东洋式的还是西洋式的呢？"自尊心受到刺伤的萧军极其愤怒地看着对方，想到自己和萧红寄人篱下的处境，只好将愤怒强压下。此后一连十多天，对女主人都是敬而远之，每天一大早便带着萧红在中央大街上闲逛，直到晚上才回来，愤激与伤痛难以平息。

随着预产期的临近，萧红与裴馨园及其家人的关系越来越紧张。一天晚上，黄淑英单独和她谈了一次。女主人强装笑容，尽力以一种委婉的语调，说起裴

第二章 哈尔滨往事

馨园看见她和萧军白天在中央大街闲逛的情形。因为衣衫过于褴褛，黄淑英提醒说："你们不要在街上走了，在家里可以随便，街上人太多，很不好看，怕人家讲究。因为街上我们的熟人很多，大家都知道你们是住在我家的，假如你们不是住在我们家，好看和不好看都不要紧。"这显然是裴馨园托夫人向二萧传达的意思，怕他们的穷困污损了自己一家的脸面。萧红听后不知如何应对，那种遭弃的感觉刚刚消失，却又面临遭驱逐、被侮蔑的境地。老裴显然在变相下着逐客令。

第二天一大早萧军又挽着女人在街上漫无目的地闲逛。萧红的两条腿几乎无法迈动，心情十分狂躁。黄淑英昨晚的话，又将两周前在旅馆所感受到的那种无望带了回来，似乎心头刚刚散去的烟雾重又聚敛在一起，令她窒息。她想把这重又聚敛的苦闷和焦虑说给萧军听，于是一边玩弄着男人身上的纽扣，一边低头无限哀怨地说道："我真不知道这是什么意思，我们衣衫褴褛，就连在街上走的资格也没有了！"向情绪极其低落的女人问明原委，刚强而无助的男人难以遏抑愤怒，但是无可奈何的愤怒随即又转为无边的焦烦，用拳头捶打着自己的脑袋，愤激地自我质问："富人穷人，穷人不许恋爱？"

两人沉默地走在"别人的大街"上，累了便在街边的木凳上坐一会儿，全然没有心思打量这"别人的城市"。焦烦渐渐褪去，初秋的风吹过，萧红感到凉意无边，不禁把头埋在萧军上衣的前襟里，这是她唯一的取暖办法。天黑了，他们从街上又回到被淹的公园旁一盏发着红光的路灯底下继续坐着。那盏在密集的树梢下的红灯，依旧如同往日。此前，两人每夜都来此孩子般嬉笑打闹一回，今夜却再也没有拍手嬉闹的兴致，只是那么相顾无言地坐着。女人用手按着不安分的肚子，心情如暗夜般沉重。凉意侵人，萧军挽扶着心爱的女人往裴家走，二人都感到那是一处非常无奈的居所。裴家人已然熄灯睡下，摸黑上楼时，萧红在黑暗中禁不住泪流满面。

萧红敏感到裴馨园在对待自己与萧军的态度上明显有些两样。而且，事后的情形表明前次黄淑英与她的谈话确实是裴馨园想说而不便于说的。一段时间后，两人仍没有搬走的意思令老裴很犯难，家人不停埋怨二萧干扰了他们的生活。为了防止矛盾升级破坏了与萧军的友谊，裴馨园将家小搬到另一处房子里。老裴全家搬走后，二萧与其岳母住在一起，被褥全部带走了，萧红只好在裴家的土炕上枕着包袱睡觉。8月下旬，哈尔滨晚上的温度已经比较低。吃饭都成严重问题的二萧自然没有能力添置被褥，萧红只好这样坚持下去。睡了两夜，也许是受凉的缘故,第三天早上萧红的肚子开始作痛而且越来越厉害。萧军不敢离开她,蹲在地板上,下巴枕在炕沿上无助地看着心爱的人受着巨大的痛苦,他只能以自己温暖的注视给她以安慰,让她知道在这个世界上她并不是孤独的一个人。被疼痛折磨着的萧红看着眼前的恋人,想到他们就像两个被拆了巢窠的雏鸽,"只有这两个鸽子才会互相了解,真的帮助,因为饥寒迫在他们身上是同样的分量"。肚子的疼痛越发厉害,萧红在炕上不停打滚,汗水与炕上的尘土混合在一起,像个泥人。

女人痛苦之状让萧军看不下去,这之于他无异于一种折磨。他担心这样下去,她会被痛死,但救她需要钱。身无分文的萧军连帽子也没戴就冲到楼下,来到大街上才发现下着阴冷的秋雨。摆在面前的首要任务是借钱,然后送萧红去医院。而此时能够想的办法就是找裴馨园。萧军赶到他的办公室,开口借一元钱送萧红去医院,不想得到的回答却是:"慢慢有办法,过几天,不忙。"裴馨园的推脱让萧军非常失望,心想"这是朋友说的话吗?"进而明白自己与老裴在经济上不平等,做不了真正的朋友。这让他感到无比落寞与悲哀,萧红也不知道怎样了。想到这里,萧军又飞快地往裴家跑,还未上楼便听见楼上传来萧红那撕心裂肺的嚎叫。当他来到床边,萧红已经痛得半昏过去,只是本能地拉着萧军的手,怕他将自己一个人剩下。跪在床边的萧军早已被雨水淋得浑身透湿。阵痛发作,萧红又开始在炕上打滚,发出撕裂人心的嚎叫。萧军再次将嚎叫着的女人撇在楼上,冲进大雨中去找熟识的朋友借钱。

饱受疼痛折磨的萧红已不成人样,脸色苍白得如同一张白纸,疼痛加剧,常常不知人事,等到稍轻一点,独自下炕想喝杯水,杯子刚拿到手里却又突发阵痛,杯子拿不住掉在地上摔碎了。裴馨园的岳母应声来到房内,对萧红的惨状一无所见,只是心疼那只杯子,不停唠叨:"也太不成样子了,我们这里倒不是开的旅馆,随便谁都住在这里。"肠子像是被绞断了一样,萧红满脸淌着汗水和泪水,难以忍受的疼痛令她无从顾及周围的一切,将肚子压在炕上像是要把孩子从里边挤出来,以减轻疼痛。

晚上,萧军带回一辆马车,将萧红放到车上,让车夫赶着往医院送。车子在黑暗中往前赶,车厢里萧军紧紧抱住忍受疼痛折磨的爱人。痛不欲生的萧红见到周围一切都厌烦,包括街上素不相识的行人和紧抱着自己的三郎。她不停撕扯着头发,在萧军怀里挣扎,恨不得一步跨进医院让医生迅速解除她的痛苦。

马车在积水的大街上缓慢前行，水深处马也不愿意往前走，一个劲地在水中打旋转。萧军见状无比惶恐，水太深，怕马车会陷入阴沟。他跳下车拉住马勒，在深水里一步步试探着往前走。萧红蜷缩在车厢一角，感到自己像"一个龃龉的包袱"或是"一个垃圾箱"；明亮的月光下萧军在水中拉着马勒前行的情景深刻烙印在脑海里。秋夜的月光将这一切渲染得格外悲壮、沉痛。

萧红最终被送到哈尔滨市立医院门口。大门紧闭，见萧军上前打门，萧红感到一份生存的安稳，一种绝望中可倚靠的力量，腹部的疼痛似乎减轻了许多。值班医生给她做了简单检查，一时没发现病因，且认为其预产期应在一个月之后，并告诉萧军女人生产需要15元住院费，好让他提前筹措。

或许是心理作用，一直痛感无助的萧红在医生面前找到了久违的依赖感，焦躁的心情亦趋于安宁。在医生为之检查并排除腹痛是临产之兆后，她感到腹部的疼痛不知觉中消失了，一时间竟也说不出具体的不适。医生给了她一些宽慰和心理暗示，然后让萧军带回去好好静养。萧军又用马车将萧红载回裴家，与刚才去的时候不同，回来路上，萧红居然有了看看两边街景的兴致，公园、马戏场都引发了她的无穷想象，还不时找萧军说笑话。一天下来，萧军又累又饿，但看见女人那像孩子般开心的笑容，所有的劳累和不愉快也都抛却了。回到裴家，他将借来的五角钱付给马车夫，然后搀扶萧红上楼，心里在盘算如何借到15元钱作为一个月后萧红生产的住院费。

直到萧红在里屋安稳睡下，精疲力竭的萧军才回到外房。可是，刚一躺下便又听见从里屋传来的痛苦呻吟声。萧军连忙赶过来，第一眼便看见萧红那惨白得如同一张白纸的脸，顿时明白她刚才在医院里疼痛的消失全然是心理作用，是因为听信了医生所说的预产期在一个月之后，萧红现在的样子让他意识到女人已经临产，得马上送进医院。在这样的深夜，筹措15元钱自然是不可能，白天向朋友借钱遭拒的耻辱仍横亘在心头。骤然间，一个强硬的念头涌入脑际。他不想向任何人借钱，也不打算借，这时候与别人讲道理会不起作用，而能够解决问题的方式唯有蛮横。不然，会眼睁睁看着心爱的女人死去。当晚，萧红被再次送进医院，没有住院费萧军强行让她住进三等产妇室，次日凌晨，顺利产下一个女婴，时间是1932年8月底。

萧红产后极其虚弱，沉迷地睡了两天，梦中不断出现马车在大水中打转不肯前进的情形，醒来后汗透衾枕。她太过疲乏，精神极其委顿，对一切都不愿关心，包括刚生下的孩子，还有每天来看望的萧军。与他说上几句无关紧要的话，待他一走又合眼睡去。到第三天，萧红夜间便再难安睡，奶子胀得坚硬生疼。她似乎从未意识到自己已经做了母亲，这种新鲜的疼痛似在提醒她。然而，她只是不停喊着奶子痛，却始终不去询问那已然出世的骨肉。

　　白天，当护士把新生儿所睡的小床分别推到产房里另外两个产妇的床前时，她们都昂着头，脸上浮现不可抑制的新奇而慈爱的笑容，急切等待着与孩子的第一次见面，充分享受第一次做妈妈的喜悦与骄傲。这种喜悦之于萧红却全然没有，她是在措手不及中做了母亲，而且这孩子一出世便没了父亲，是那段不堪回首的困居旅馆生涯的结果。萧红害怕再次回到那无边的无助与绝望中，护士试图将女儿的小床推至面前，她连忙本能摇动伸到被子外边的手，示意自己不想看见孩子。而就在向护士摆手示意，并低声喊出"不要……我不要"时，她浑身都在颤抖。她在生生掐断与孩子间的骨肉联系，她为此感到一种难以言说的疼痛。

　　夜里，病房映照着满墙明亮、清朗的月光。被奶水胀醒的萧红再也无法入睡，夜深人静，孩子的哭声从隔壁隐约传来。她觉得那一定是自己的女儿在哭，孩子出生已经五天了，她没有喂一口奶水。孩子躺在冰凉的板床上，涨水后蚊子多，此时是否在她身上、脸上爬行？她冷吗？饿吗？这可怜的孩子生下来便没有父亲和母亲，谁会去管她呢？清冷的秋夜，月光和婴啼焕发出萧红内心深处的母性光辉，禁不住颤抖着身子扶住床沿走到墙边，将耳朵紧贴在洒满月光的白壁上，想听清那渐渐微弱下去的哭声。迷幻中，她觉得自己已经越过厚厚的墙壁，来到女儿的小床前，面对月辉下清瘦的孩子像天底下所有的母亲那样，心底里对孩子发出来自妈妈的母性慰安——"小宝宝，不要哭了，妈妈不是来抱你吗？冻得这样冰呵，我可怜的孩子！"

　　隐约传来孩子的咳嗽声，突然间惊醒了萧红那母性焕发的梦幻。理智在清晰地告诉她现在做不了母亲，连养活自己都成问题，又怎么可能抚养好孩子，更何况在这大水过后瘟疫肆虐的哈尔滨。回到床上，她又进入那无边的梦幻里。如何缴费出院是她和萧军所面临的首要难题，她梦见萧军进入病室突然抱起自己穿过墙壁逃了出去，住院费不用交，孩子也不要了。她还梦到孩子后来给院长做了丫环，并最终被院长打死。萧红被这幸福而可怕的梦幻惊醒，一身冷汗地坐起来。她多么渴望立时摆脱一切困扰，一无负累地与萧军开始全新的生活。

第二章 哈尔滨往事

静夜里,女儿那悠长而稚嫩的哭声从隔壁清晰传来,妈妈在月夜里再难入睡,一面月影婆娑的白墙就这样将萧红母女隔成了两个世界。

萧红不给新生儿喂奶、不愿见孩子的反常举动引起个别想抱养孩子的有心人的注意。第二天,一个三十多岁的女人坐在床沿,絮烦而迂回地表达了抱养心愿,室内别的产妇亦凄然地听着。萧红受不了周围人同情的目光和让人难受的脸色,心里有如针刺,对那女人说:"请抱去吧,不要再说别的话了。"说罢,却再难控制自己的情绪将被子蒙在头上,一任眼泪肆意流淌。另两个产妇也凄然揉着发红的眼圈。打算抱养孩子的妇人明知萧红的心思,但还是坐在床沿上假意说:"谁的孩子,谁也舍不得,我不能做这母子两离的事。"说罢,扭扭身子假意离开。萧红感到像是被要挟,连忙掀开被子,眼泪和笑容同时凝在脸上,假装轻松地对妇人说:"我舍得,小孩子没有用处,你把她抱去吧。"这一刻,在隔壁熟睡的女婴自然不知道妈妈已将她送给了别人。

妇人来到孩子的小床前,看护妇边抹眼泪边向她述说这可怜孩子的遭遇:"生下六天了,连妈妈的面都没见过,整天整夜地哭,喂牛奶不喝,妈妈的奶因胀痛而挤掉也不给她吃。不知道这都是为什么?听说孩子的爸爸很有钱!这女人真怪,连有钱的丈夫都不愿嫁。"听着看护妇的话,妇人满怀同情地看着孩子冷清的小脸,过了一会儿,满怀欣喜地抱走了。

萧红有意规避与女儿见面,哪怕是最后一面。当妇人抱着孩子经过妇产室,她同样避而不见,只听见一阵嘈杂的声响。迫于无奈,她就这样放弃了第一次做母亲的权利。10年后,自感时日无多的萧红在医院里对守护在床边的骆宾基,还提起这早已送人的骨肉,喃喃说道:"但愿她在世界上很健康地活着。大约这时候,她有八九岁了,长得很高了。"死亡和生殖,在萧红身上,就这样纠结在一起,将孩子送人,是其内心深处讳莫如深的心痛。

再见到萧军,萧红轻淡地告诉他孩子已经送人了。男人被她那刚强、沉毅的眼光怔住,转而安慰说:"这回我们没有挂碍了,眼前的问题就是住院费。"萧军一边说一边紧握着她的手,内心对女人充满无限敬意,认为她真想得开,不愧是大时代的女人,同时也让他激发出面对困厄的巨大勇气和凌云豪情。

一周后,同室产妇都被家人接走了,萧红因为没有缴纳住院费而被院方滞留。医院庶务每天都向萧军追索住院费,萧军已然下定决心还是以蛮横的方式摆脱院方的纠缠。他只是在为拉萧红出院的车钱而奔忙,原本想把一件当宪兵时的制服当掉换钱，但拿出来一看早被床底的老鼠给咬破了。他只好为着五角钱的车费而另想他法，奔忙不已。

两年来衣食无着的流浪严重损害了萧红的身体，产后极其虚弱，出现头痛、脱发等症状。因没钱缴费而不能出院，医生没有好脸色，态度十分冷漠。萧红更受不了他们那侮蔑的眼光与神情，在医院里度日如年，不停地向萧军诉苦："我不能再在这里忍受下去了！不独这枕头和床……就是连一头苍蝇也要虐待我……"听到这些，萧军心里有说不出的酸楚，但目前的现状让他也无计可施，只好尽力劝慰"再忍耐几天！"萧军扶她在窗前的椅子上坐下，在日光的映照下，萧红的脸色苍白得怕人，萧军感到面前的女人整个就像是骨质雕成的模型，似乎看不见血肉，听不见呼吸。面对院方的追逼，萧军告诉萧红已经做好了最坏打算，那便是坐两个月的监牢去抵补。

当晚，萧红一个人剩在妇产室里，幽深的静夜让她难以成眠。中秋节快到了，窗外，大树摇动着细碎的月影洒满室内的墙壁和地面。她想到母亲死时自己还是个孩子，小时候睡在祖父身边也曾见过如此明朗的月夜和树影。祖父已死去多年，自己也离家三年了。在这孤独的长夜，萧红被无边的虚无淹没，不断想着生和死，近年的生活更是不堪回首，感伤的长夜在思前想后中渐渐退去，隐约听见隔院的鸡鸣。

通宵无眠的感伤加剧了萧红的病情，第二天浑身不适、头痛欲裂，医生却不再过问。萧军赶到医院，发着高烧的女人拉着他的手迷迷糊糊地说："亲爱的，这回我可能会死掉。"他起身急忙去找医生，女人却紧拽着他的手说："不要离开我！"找到办公室，两个医生却在悠闲地下着围棋，面对萧军的恳求无动于衷。萧军最终难以压抑愤怒，掀翻了棋盘，棋子撒得满屋都是。医生责骂他进屋不敲门没有礼貌，并说不给萧红治病是庶务的意思。萧军找来庶务，庶务说医院里没有针对萧红病情的药物，并说这是大夫的意思，建议他们换家医院。面对庶务、医生间的故意推诿，萧军怒不可遏，指着他们大声说道："如果今天你医不好我的人，她要是从此死去，我会杀了你，杀了你的全家，杀了你们的院长，你们院长的全家……我现在就等着你给医！"说罢，回到妇产室等着。不久，便有医生来给萧红打针吃药，一些症状渐渐消失，在萧军的注视下，女人哀怨而恬静地睡去。

院方眼见收取萧红的住院费没有什么希望，便巴望她早点出院，好给新来的病人腾出病床,于是明示萧军不收住院费,催促早点将女人接走。9月下旬,萧军将萧红接回裴家。别的产妇都有汽车或马车来将大人、孩子一起接出去,萧红出院时,既没有车子也没有孩子,只有她和萧军那一双刚强的身影,拖在长长的街道上。

安家商市街

二萧回到裴家相安无事地住了几天,裴家人的不满越发明显。他们容不得萧红这样遥遥无期地住下去,甚至埋怨裴妻"真是没事找事,让这样一个人住在家里,吃在家里"。裴家人和周围邻里多少认为萧红是那种不正经的问题女人。不久,萧军因黄淑英在自己面前说萧红的闲话而导致两人发生激烈争吵。矛盾激化,裴家再也住不下去了。夹在家人和朋友中间的裴馨园非常为难,暗中打发女儿送给萧军一封信,随信捎带了五元钱,劝其搬出另寻住处。

该搬往哪里?大水刚过,民房倒塌无数,住房非常紧张,低廉的小旅馆都挤满了无家可归的灾民,只有外侨经营的房租昂贵的旅馆还有房间。霸蛮的念头再次涌入萧军脑际,他意识到面对混乱时世和窘迫处境要生存下去,全然没有什么道理可讲。于是,第二天从裴家搬出后,他便让马车夫连人带行李径直拉到位于新城大街一家由白俄经营的欧罗巴旅馆,住进三楼一间阁楼小房。这间最便宜的客房原来的租金是30元包月,涨水后上涨一倍每月需要60元。顾不得多问,萧军心想住下来再说。他怕茶房看出他们俩的穷困潦倒,变卦不让住进去,进入旅馆后便顾不得萧红,迅速将行李搬到楼上房间。

虚弱不堪的萧红一个人扶着楼梯艰难地往上爬。楼梯是那样漫长,似乎通往天顶,实在太没气力了,两条腿颤抖不已,稍稍用力,手和双腿就一起颤抖,虚汗淋漓。好不容易进了房间,她全然无力地将自己放倒在床上,像一个无比委屈的孩子。然而,想到和萧军终于有了暂时属于自己的空间,脸上流淌着的已经分不清是汗水还是泪水。萧军禁不住问:"你哭了吗?"

稍有精神,萧红便开始打量这个属于他们俩的私密空间。这是一间洁净的阁楼小屋,白色的软枕、床单、桌布,到处纤尘不染,让人有"回家"的安宁,那是一种太过久违的感觉。刚刚安顿下来,俄国女茶房就进来询问是否租用旅馆提供的铺盖。听说铺盖的租金是每天五角,萧军连忙说不租。茶房于是动手把房间里洁白干净的软枕、床单和桌布都收走了。前一刻素洁、淡雅的小屋，此时像遭劫一般，立即显得无比破败。床上只有草褥，木桌露出破旧的本相。旅馆方面也发现了这对房客的潦倒，不久，经理便迫不及待地进来收房钱。萧军把两元钱交到白俄经理手里，对方说："60元一月，明天给"，他进而看出二萧不可能长住，便接着摇手瞪眼地说："你的明天搬走，你的明天搬走！"听白俄经理这样说，萧军大声强调："不走，不走。"对方却坚持说"不走不行"，萧军随即从床底拿出用纸裹着的长剑，指着白俄经理大声威胁道："快给我走开，不然，我就宰了你！"见此阵势，白俄经理慌忙跑了出去，下楼报警说有房客带着凶器，他以为那用纸裹住的物件是支长枪。

萧军以其武人本色驱逐了旅馆经理后并不多想，以这种方式哪怕能够给予萧红暂时的安宁，他也无比满足。关上房门二人拥吻在一起，今晚，他们要充分享受这全然属于他们自己的二人世界。何况，黑列巴加白盐的晚餐也已经准备好了。

然而，这二人世界的安宁并没有维持多久便被打破了。晚饭后，萧军正赤裸着胸膛洗脸，突然闯进四个佩枪带刀的黑衣警察，两人架住萧军，另两人在室内肆意搜查。萧红有些不知所措，带刀的警察讯问萧军："旅馆报告你带枪，藏在哪里？"随即，有人从床底搜出那支长剑。报警的白俄经理见状急得满脸通红，他错估了那被纸裹着的东西。警察最终将宝剑带走了，并警告萧军说："日本宪兵若是发现你有宝剑，那你非吃亏不可，他们会认为你是大刀会的，宝剑我们替你保存一夜，明天来取。"这场小风波总算有惊无险，晚上睡下后二萧感叹警察到底是中国人，比起日本宪兵好很多。

这小旅馆的阁楼之夜是二萧正式在一起生活的开始。

搬出裴家后，萧军仍帮助裴馨园编辑报纸，每月领取五元稿酬，对于二萧的旅馆生活来说，这无异于杯水车薪。非常急迫、严峻的困境压迫着他们。萧红的身体还是那么虚弱，萧军不得不为每天的房租和食物而奔忙，找不到合适的工作，就只好四处向朋友告借，出门就是一整天。男人走后，萧红只好躺在床上打发漫长而饥饿的白天，等着萧军找点钱回来买吃的，饥饿成了她在欧罗巴旅馆最为深刻的记忆。整个一层楼全无声息，醒来后透过阁楼的小窗看着外边漫天飞舞的雪花，萧红不禁回想起被困东兴顺旅馆的情形，百无聊赖中生出无边的虚无，时时自我追问生存的意义。天黑了，茶房敲门询问是否要订包夜饭，每份6角，包月15元。萧红毫不迟疑地拒绝了，并迅速将门关上，好像害怕对方会强迫自己似的。贫困让她极其自卑，只好以一道宽厚的房门将自身与外边那个富足的世界隔断，也怕隔壁房间饭菜的香气飘过来引动她那实在难以遏抑的食欲。然而，房门隔不断她那生成于饥饿之上关于食物的想象。她不断想象着茶房用一个个托盘送来肉饼、炸得焦黄的番薯，以及切成大片的有弹力的面包……

萧军终于回来了。满身泥水的男人进屋便问："饿了吧?"女人在说出"不饿"的一刹那，眼泪夺眶而出，饥饿让她变得无比委屈。萧军拿出筹回来的钱让她到马路旁去买馒头。尔后，两人就着漱口杯喝白开水、吃馒头聊以充饥。奔忙一天弄回的铜板就这样被迅速吃下去了，明天的食物又得等到男人明天傍晚回来才有着落。就着白开水吃完馒头，两人都不约而同地问对方"够不够"，而答案也是一致的："够了"。温暖的关爱、善意的自欺，是他们一天天度过困厄的精神支撑。

每天一大早萧军便出门了，饥饿随之驱走了萧红的所有睡意，何况清净的楼道里会定时传来服务生给客人送列巴、牛奶的脚步声。订了早餐的客房外便挂上了列巴圈和牛奶瓶。对萧红来说，这脚步声是巨大的诱惑。她好像嗅到了列巴的麦香，感知到了奶瓶的温热。饥饿让这两样东西成了巨大的诱惑，她感到这是列巴对自己的虐待，饥饿甚至在摧折她的意志和廉耻。一天大清早，萧红甚至三次涌动念头要瞒着还未睡醒的萧军，轻轻出门将挂在别的房间门头上的列巴圈和牛奶偷过来，以安慰辘辘饥肠——实在太饿了。

为了摆脱饥饿，萧红曾写信向高仰山求援。几天后，昔日的高老师带着15岁的女儿找到旅馆房间。老师随便问了问她的近况，萧红并没有如实相告，她自己也不知道为什么不愿告知他与萧军的同居关系。小女孩对他们间的谈话毫无兴趣，不停催促爸爸早点离开。萧红非常感慨"小姑娘哪里懂得人生"。没坐多久，昔日的老师便在女儿的催促下匆匆离开，临别留下一张钞票。小女孩给了萧红一些刺激，不无感伤地想到自己的青春已然逝去，虽然只有21岁，但青春是"过去了，过去了"。而自己在读书时又如何懂得饥饿？小女孩的到来，不觉搅动了萧红内心长久被困厄驱走了的青春梦幻，心潮随之久久难以平复。随即，她又马上告诫自己"追逐实际吧"，青春的梦幻只是一种自私的系念，而自己眼下"只有饥寒，没有青春"。

二萧在欧罗巴旅馆的困窘之境也有渐渐好转的时候。不久,萧军谋得上门做家庭教师的职业。当他第一次带回20元钱时,萧红无比讶异,第二天早晨两人便"奢侈"地大买列巴,告慰贪婪的肠胃。萧军同时应下几份家教,手头稍稍宽裕,还把从前当掉的两件衣服赎了出来,夹袍给了萧红,自己则穿上那件小毛衣。萧军的夹袍虽然宽大,但寒冷让萧红觉得穿上它很合适、也很满足。当晚,萧军还带她到附近一家低级小酒馆狠狠吃了一顿。出来后,萧红还孩子气十足地买了两颗糖一人一颗分而食之——穷困的人也尝尝甜蜜的滋味。萧军不忘打趣穿着男式夹袍的女人,"真像个大口袋"。

谈笑间,萧红注意到萧军小毛衣的袖口拖着散结的毛线,计划明天要买针给他织补上。然而,当她谈到袖口时,男人的脸色有些不自然。室内映照着皎洁的月光,躺在床上的萧军这才慢慢说出这件小毛衣所纠结的他与另一个女孩的故事。小毛衣是一段朦胧恋情的见证,往事如同月光浸漫了他的心灵,禁不住借着酒劲回想起女孩那很黑的小眉眼,很红的唇……怔怔痴迷中,他把身边的女人当成了想念的对象,禁不住紧紧捏住萧红的手。女人只好哀怨地想:"我又不是她",而身边的男人在喃喃自语中最终甜美睡去。

萧军登报做武术和国文家庭教师的广告起到了意想不到的好效果,不时有人来欧罗巴旅馆拜访,甚至为学费讨价还价。11月中旬,中东铁路哈尔滨铁路局一个汪姓庶务科长请萧军给儿子当家庭教师教授武术和国文,每月付酬20元。不久,萧军与汪家商量不收学费,由汪家给自己提供一个免费的住处即可。汪家随即把一间半地下室的空房间免费提供给二萧暂住。对他们来说,这是具有重大意义的事件,立即从欧罗巴旅馆搬至商市街25号(即现在的红霞街)安家。这对流浪儿在哈尔滨开始有了属于自己的"家"。

简陋的几件家具稍加布置,萧

二萧1933年夏摄于商市街25号

(王连喜提供)

军从街上买回水桶、菜刀、饭碗等日常用具，还买回木样和白米，家里该有的便基本齐备了。当晚，萧红便站在火炉旁当起家庭主妇。大户小姐的出身让她对此自然十分生疏，但洗衣做饭现在却是不得不掌握的本领。第一次下厨，油菜烧焦了，白米饭半生不熟，但二人吃起来仍十分香甜。萧红由此意识到自己正式做了妇人，这有了"家"的日子也是和萧军"婚期蜜月"的开始。摆在面前的困窘仍然无法回避。虽然暂时有了安身之所，但是，如何度过哈尔滨漫长的冬天却是巨大的挑战，寒冷、饥饿的威胁无时不在。萧红有十分严重的痛经症，但是只要萧军在身边，她便有了战胜饥寒和病痛的力量。

搬家当晚，房东带着小儿子也就是萧军即将传授武术的小徒弟前来进行礼节性拜访，表示对孩子先生的尊重。过了一会儿，汪家三小姐亦在弟弟的带领下前来看望萧红。原来，读中学时她与萧红同校，对"张乃莹"这个名字耳熟能详，而且差不多每天都能见到她本人；然而，萧红实在想不起面前这张青春姣好的面孔与自己有什么联系。面对眼前这位衣着光鲜、打扮入时的同龄人，萧红内心莫名生出浓烈的自卑和人生无常感。自己虽然只有22岁，比起对方怕是已经老了；她甚至觉得在这昏暗的烛光里，如果拿镜子照照，自己一定看起来像个三十多岁的女人。三小姐的俄文家教来了，在弟弟的催促下起身离开。刹那间，萧红从对方那细腰身、长身材、爽快而大方的少女风度中，似乎看到了自己那早已远逝的少女时代。中学毕业只有短短两年，其间经历的事情却实在太多、太不堪，将那原本还应该鲜明的少女记忆，挤兑到了连自己都备感陌生的边缘。而这片刻记忆的唤醒，让她内心泛起一种无人知会的感伤，深沉而无奈的叹惋。

做家庭主妇的琐屑更是萧红从此每天要面对的无奈经验。手上的皮肤一不小心便被烫伤一块，指甲动辄烧焦了，却还是无法生着炉火。炉子也常常"欺负"她，甚至赌气想干脆冻死、饿死算了。而等到被欺负的"愤怒"渐渐消散，内心只有满怀不知该向谁倾吐的心酸。萧红知道自己身上并未完全脱掉女孩子的娇气，但转念想到自己早已不是骄子，哭也没用，因而，此时的她竟连女孩惯常的眼泪也没有。她强迫自己渐渐适应这种围着炉台打转的日子。然而，每天能够生炉子开伙的日子还是一种莫大的幸福，更多时候却是在愁柴、愁米的焦虑中度过。这种经验在强化萧红对于自己的认知："这不是孩子时候了，是在过日子，开始过日子。"

困窘常常让二萧陷于捉襟见肘，没钱买米、买柴的境地。萧军每天除了家教的功课还要出外在朋友、熟人间四处告借，而借回来的钱"总是很少，三角，五角，借到一元，那是很稀有的事"。他们靠借贷换回黑列巴和白盐度过那饥寒交迫的一天天。饥寒中，萧红的手脚渐渐生出冻疮。为了度过那些实在告借无门的日子，萧红曾将新做的一件一次没穿的棉袍拿到当铺，换来一元钱买米、买菜还有可以迅速充饥的包子。在萧军实在找不到合适的告借对象时，为了不至于饿死、冻死，萧红也不得不出面想办法。她所能想到的大多是中学读书时的同学甚至老师，也曾有往日同学如刘俊民、沈玉贤前来看望过。

　　萧红曾带着萧军回母校向以前教国文的梁老师言借。回到母校，一切既熟悉又陌生。一样的楼窗，宿舍楼前的大树也还是原来的样子，还有她记忆中十分熟悉的短板墙以及窗外的马路也一仍其旧，而脚底下的每块石砖都记录着她在这里曾经度过的每一个日子，墙里墙外的每棵树都尚存有她那温馨的记忆。物是人非的校园，唤起萧红无法遏抑的怀旧情绪。三四年后，在上海已然成名的萧红忆及当时的情形禁不住感慨道："我忘不了这一切啊！管它是温馨的，是痛苦的，我忘不了这一切啊！我在那楼上，正是我有着青春的时候。"

　　在这个黄昏她已是这里陌生的过客，办公楼里一切仍旧，自己却再也不能随便进出。被传达室的校役挡住时，萧红内心有一丝被羞辱的感觉。从校役处得知自己要找的梁先生正在开教务会议，需要七点以后才散，眼下还不到五点。想到等下去亦是无望，萧红于是从这昔日熟悉的校园迅速退了出来，更难以承受那物是人非而自身现景如此不堪的感伤。比起饥寒，这些似乎更难受，出校门的时候，她的心绪沮丧到了极点，直到和萧军一起默默往回走了很远，才向他简单说了说告借无果的原委。萧军关切地询问肚子是否还疼，这么长的回家路途是否能够坚持得住，她也只好强忍饥寒和不适安慰男人。此刻让她更不舒服的是内心难以言说的巨大失落。

　　回到家里，萧红把仅剩的一点米煮成稀饭，没有油、没有盐、没有菜，两人只是用稀饭暖一暖肠胃，聊胜于无。睡前，萧军用个饼干盒子盛满热水让萧红暖暖疼痛的肚子，不想盒子漏水，他又用一只玻璃瓶灌上热水，瓶底遇热炸掉，水流一地。萧军自我解嘲地拿起没有瓶底的瓶子当号筒吹。不顺心好像聚在了一起，萧红只好带着无边的落寞和些许伤感躺在冰冷的床上。那一夜，她想起了很多。

为了应对饥寒,萧军不得不四处寻找更多家教机会。朋友们也在替他想办法,1932年11月13日,裴馨园以自己的名义在《哈尔滨公报》上登了一则广告:

兹有友人酡颜君愿担任家庭文学、武术教授。
投函及面洽地点:道里外国三道街(即商市街)廿五号院内四号房。

介绍人老裴

不久,萧军寻到一份新职业,每夜冒着严寒赶到五里路外一条偏僻的街上给两个人教国文。有了这份工作,意味着他和萧红每月又可以有15元的进账,可以换回些米油、木柈。萧军每晚从外边回来都是带着一身风雪,疲惫不堪。萧红一边给他烘烤被大雪浸湿的衣服,一边听他安排明天的家教时间。晚上回来,还要到对门房东家上武术课。第二天一早,又要赶到南岗做家教,回来吃点东西再给小徒弟上国文课。即便如此辛苦,每月微薄的家教收入仍不能解决两人的温饱。上午做完所有家教,萧军还要四处奔走向人告借安排生活,晚饭后又是教武术和国文。

哈尔滨的冬天无比严酷。在这样的"蜜月期",二萧被艰窘的生计挤压,两人间亦少有机会交流。萧红一个人剩在家里百无聊赖,饥寒让她什么也做不了,就只是等着萧军带点聊以果腹的食物回来,好给肠胃一些安慰。到了夜里,奔忙了一天的男人倒头便睡,推都推不醒,萧红非常想和他说说话。面对这种似乎没有尽头的单调日子,她感到非常孤独,觉得自己像个废人。家在她看来,"没有阳光,没有温暖,没有声、没有色",是"不生毛草的荒凉广场"。她极其向往有一份属于自己的工作,以缓解萧军的辛苦和自己的空虚。

天一亮,萧军便走了。萧红又开始了无尽的痴痴期盼,盼望男人带回希望,更盼望他早点回来与自己说上几句话。汪家三小姐雍容华贵地从窗前走过,见她如此痴傻地守在窗前便打趣说:"又在等你的三郎",还幽幽补上一句,"他出去,你天天等他,真是怪好的一对"。萧红并不在意她说什么,周围人或侮蔑、或同情、或怜悯的眼光早已不为她所关注,此时,最要紧的是肚子的饥叫在折磨自己。汪家厨房飘出的炸酱香气是巨大的引诱。她连忙回到里屋把二重门窗关得严严实实,然后大脑一片空白地良久默坐。

傍晚时分,萧红出门倒脏水时碰见汪家二小姐。姑娘兴致很高地想和她聊聊刚刚上映的一部由蝴蝶主演的新片。萧红自然无心听她说什么。萧军终于回来了，上唇挂满了白霜。汪家二小姐见状大声说道："和你度蜜月的人回来啦。"男人从口袋里掏出烧饼交给她，旋即又要出门。他了解到一家商行招请电影广告员，想去试试。萧红急切地追到门外，询问男人什么时候才能回来。好像等待了很久才捕获到的鸟儿，不小心又飞掉了。失望与落寞让烧饼也没了滋味。

过了几天，萧军应聘电影广告员一事还没有结果，又有一则电影院招请广告员的信息，被正在做饭的萧红在报上看见。那是一则极其令人心动的消息，想到自己学过绘画，应该胜任这份工作。萧军回家后，她便把这则信息和自己的想法说给他听，不想男人大泼冷水，认为那是故意耍人的求职陷阱。萧红并不死心，她太想做点事情，一来可以补贴家用，二来也想借以充实自己。每天枯坐独守实在太难受。第二天，昨天那则广告又改登了一次，且详细标明薪酬每月 40 元。对萧红来说，这是极致诱惑。中午，她再次向萧军说起这件事。这次，男人的态度比起昨天有所缓和，不那么坚决了。当她怂恿一起去试试时，萧军说："要去，吃了饭就去，我还有别的事。"

二萧应聘路上碰见萧军的一个朋友，聊谈中获悉对方也注意到了那则登在《国际协报》上的具有致命诱惑的广告。他们赶到商行却吃了闭门羹，第二天再去又被商行推诿到电影院。从商行出来，萧军便开始埋怨起来："不都是想当广告员吗？看你当吧！"为此，两人在街上大吵一架。一直争吵着回到家里，他们才发现不知道到底为着什么而吵起来的，似乎既不怪登广告的商行，也不怪电影院。

萧红不再提应聘广告员的事了，萧军仍忙着他的家教。第三天晚上回家后，萧军假装若无其事地说："南岗那个人的武术不教了。"萧红已经比较了解面前的男人，在他那佯装昂扬的情绪背后，其实有难以掩饰的失落，真实的情形应该是南岗那个人不愿意学了。这意味着捉襟见肘的家又少了一份收入，生计愈见不堪。其后两天，萧军仍在外奔走终日，但终是一无所获。当萧红对那份曾经刺激着她的广告员的职业丧失兴趣时，萧军却更加留心那则信息，并私下跑去电影院两次。他的求职经历仍然很不顺利，连吃两次闭门羹，让他觉得又被人耍了。回到家里，沮丧的男人禁不住向萧红大发议论，认为电影广告画的都是情火、艳史等无耻、肉麻的东西。他的愤怒让萧红觉得好像有人非捉拿他去画广告不可似的。沮丧、恼怒还有辛酸，让男人内心难以平复，一直骂骂咧咧地大发议论，骂完了别人和周围的社会后，又开始骂自己，声音越来越大。萧红连忙截住他："你要小声点啊，房东那屋常常有日本朋友来。"

过了两天，二萧在中央大街闲逛，碰见不久前认识的朋友：金剑啸。两个男人握手寒暄，萧红看见金剑啸的大皮鞋上撒着红绿的小斑点，便问他鞋上怎么有颜料。金告诉他们自己在附近一家电影院画广告，并且说事情比较多，有些做不过来，因而诚恳地邀请他们前去帮忙。听了这话，二萧都没说什么。金剑啸见状亦不多问，便说："五点钟我在电影院卖票的地方等你们，你们一进门就能看见我。"说完，急匆匆地走了。

二萧难以掩抑寻到新工作的兴奋和喜悦。晚饭吃得极其匆忙，每张烤饼都半生不熟，连拿到桌子上都来不及，围着火炉吃完了事。时间快到了，汤锅来不及盖上，两人便匆匆往电影院赶。萧军更是一言不发地大踏步往前走，萧红连口汤都来不及喝便边系帽子边在后边尽力追赶。出门后，她记起火炉没处理好，担心会发生火灾，中途赶回来仔细检查一遍厨房。萧军已经走到街口了，对气喘吁吁地赶上来的女人一个劲地数落："磨蹭，你看晚了吧！女人就会磨蹭，女人就能耽误事！"听着男人的数落，联想前两日的情形，萧红觉得非常可笑，再仔细看看萧军，觉得他身上似乎一切都充满了矛盾。不凑巧的是，匆忙赶到电影院的二萧却阴差阳错地并没有等到金剑啸。半小时后仍不见人影，两人只好悻悻而归。萧军将满腔怨怒发泄在女人身上："去他娘的吧！那是你愿意去。那是不成的"，他进而认识到"人，这自私的东西，多碰几个钉子也对"。说罢，出门送稿子去了，把女人一个人剩在家里。

不久，金剑啸找到家里。他和二萧碰巧错过，心里也在埋怨他们怎么会爽约。萧军不在，金剑啸便带萧红到电影院帮忙，约定每月40元的薪酬二人平分。萧红在广告牌前站到晚上十点才回家。萧军赶到电影院找了两次都不见人，非常生气，萧红回家后两人争吵了大半夜。萧军买回酒来喝着发泄，萧红把酒瓶抢了过来将剩下的半瓶酒一饮而尽。喝罢，两人都感到无比心酸，禁不住泪流满面。萧军醉后躺在地板上大声嚷："一看到职业，什么也不管就跑了，有职业，爱人也不要了！"他一方面怜惜萧红还未彻底痊愈的身体，另一方面也有说不出的苦焦难以发泄。吵架也说不出什么真正的原因。听着男人的酒话，萧红感到一丝莫名的自责，而酒精渐渐让她失去了理智，泪水满脸，却不知为何在哭。

第二天是星期天，两人酒醒后还是一同去画广告。萧红做金剑啸的副手，萧军做萧红的副手。到第三天，这份工作便没有了。电影院方面不满意萧红第一晚工作中的失误，要金剑啸另请别人。二萧那广告员的梦想就此破灭。

锋芒初露

金剑啸（1910—1936），满族，原名金承载，号培之，又名梦尘、健硕，剑啸、巴来是笔名。出生于沈阳一个普通刻字工人家庭，3岁时举家搬到哈尔滨。金剑啸在三育中学毕业后考入哈尔滨医科专门学校，1929年秋弃医从文，进入晨光报社，担任文艺副刊《江边》编辑，试图用文艺作品唤醒人们的灵魂，次年夏考入上海新华艺术大学（后改名新华艺专），插班图工系（即绘画工艺系）三年乙级学习绘画，是年冬加入"少共"组织（即中国共产主义青年团），走上革命道路，第二年春天，转入上海艺术大学艺术教育系图工科三年甲级，继续学习绘画，不久加入中国共产党。1931年8月，金剑啸受组织委派回到哈尔滨。从此，他将30年代上海革命文艺的新鲜气息带到东北文坛。回哈尔滨之初，他在一家由俄国人开办的公证人事务所做文牍员，边工作边秘密从事革命活动。

金剑啸（金伦提供）

1932年秋天，萧军在小饭馆里偶然与金剑啸相识，不久，通过萧军他也认识了萧红。金剑啸外表清秀、英俊，有着十分浓郁的艺术家气质，对文学、戏剧、美术、音乐均有较深的造诣，深得二萧好感，过从较为密切。11月下旬，为了救济水灾难民，金剑啸发起举办"维纳斯助赈画展"。此举得到冯咏秋、高仰山、白涛、王关石、商誉民等成名画家的支持，纷纷提供国画、素描、油画等作品展出、义卖，其中大部分是金剑啸多年自藏的画作，如《地下的火焰》《五一的日子》《松江雪景图》，等等。萧红送去两幅粉笔静物画，一幅画的是两条萝卜，另一幅画了一双半旧的傻鞋和两个"杠子头"（即山东硬面火烧）。当时二萧还住在欧罗巴旅馆，这些也是萧红所能找到的可以作画的静物。那双傻鞋是萧军练习武术时穿的，饱受饥饿折磨的萧红自然更无能力购买绘画的颜料和器具。因而，这两幅静物画一方面传达出萧红对普通百姓生活的关注，另一方面也是她当时艰窘生活的写照，更是与金剑啸友情的见证。萧军不擅绘画，但为此写了《一勺之水》的短文，刊于《五日画报》为此次画展所辟出的专页上，对之进行宣传介绍。

无论举办动机还是布置形式，此次画展在当时的哈尔滨都显得非常新颖，大开风气之先。这显然得益于金剑啸开阔的视野和新锐的艺术做派。只是，当时的哈尔滨饿殍遍地，普通百姓苦不堪言，根本无心留意画展，而有钱人势利吝啬，既不懂艺术更不愿关注他人死活，那些既懂艺术又有同情心的有识之士，又往往类似二萧自顾不暇，没有多余财力购买，加上组织者自身的一些欠缺，画展很快就结束了，义卖所得自然非常微薄。参与这次画展对于萧红的意义却非常巨大，从此，她一步一步走出狭小的生活圈子，从百无聊赖中慢慢摆脱出来，寻找属于自己的职业定位，也结识了一批志趣相投的朋友，日常交往渐渐活跃、丰富起来。不久，金剑啸辞去文牍员的职务，以画家身份创办了"天马广告社"，作为中共地下党与左翼文人联络的地点。社址位于道里中国15道街路北33号院内的一栋四层楼房的阁楼上。"天马广告社"对外承接绘画广告业务，这才有了萧红给金剑啸做"广告副手"的经历。

画展结束后，由金剑啸发起，参展画家们成立了"维纳斯画会"。画会经常在哈尔滨知名画家冯咏秋家里开办沙龙，1933年新年前后，二萧成了"牵牛坊"的常客，结识了更多朋友。冯咏秋豁达豪爽，广交朋友，居住在道里区水道街（今尚志大街）公园附近一幢俄式平房里，与其同住的还有黄之明、袁淑奇（后改名袁时洁）夫妇。屋外是一片阔大的花园，热爱艺术的房主在里边栽花种草，尤喜牵牛花，院墙篱笆之下遍种无数。每逢盛夏，满园怒放的牵牛花一片姹紫嫣红，将这幢俄式老屋掩映得非常漂亮，"牵牛坊"因此得名，后来叫得俗了，亦名"牵牛房"。因此生发，大家把热情好客、乐善好施的冯咏秋称作"傻牛"，黄之明亦得绰号"黄牛"，袁淑奇被金剑啸戏称为"母牛"，萧红私下称之"小蒙古"。冯咏秋被中共地下党组织视为"左倾名士"，对他十分信任；而袁淑奇的哥哥是老共产党员，黄之明虽时任香坊警察署署长，但热爱文学积极支持左翼文艺活动，同情共产党。因"牵牛坊主"的这种背景，这里实际成了进步文化人聚会的地方，也是中共地下党组织相对安全的秘密接头场所，经常前去的除二萧外，还有罗烽白朗夫妇、金剑啸、舒群、达秋、白涛、刘昨非、吴寄萍等共产党员和进步文化人士。"牵牛坊"这种民间沙龙式的文艺聚会，当时在哈尔滨颇有影响。1933年，报纸上曾专就此有过报道，在大幅"牵牛坊全景"的照片旁，附有说明文字："中立者为傻牛冯咏秋，该坊之成立系冯君纠合一般文士每日工余齐集牵牛坊研究文学之处，闻不日将有作品问世。"

　　萧红在一次剧团事务讨论会上正式结识冯咏秋。大家都感到哈尔滨文艺活动的沉寂，继画会成立之后，大概是由萧红提议组织一个剧团。演剧是潜藏于她心底的梦想，这或许源于读小学时那次难忘的演剧经历。第一次讨论剧团事务，萧红便注意到里边有一个脸色白皙，多少有些像政客的人，且当天下午的讨论便转移到他家里。住惯了商市街潮湿阴冷的半地下室，陡然进入如此温暖明亮的牵牛坊，彻底解除了寒冷的威胁，萧红反倒感到浑身燥热不适。第二天是个假日，二萧再去，大家便熟识而随意。然而，萧红难以消受"牵牛坊"里的温暖，已然冻伤的脚遇热在鞋子里作痒得厉害，只好强忍着。这次，二萧结识了更多朋友。第一次见到黄之明，相互寒暄中，萧军意外发现他们是东北陆军讲武学堂的同学，萧红也正式认识了被其称作"小蒙古"的黄夫人袁淑奇。

　　剧团因种种原因不到三天便搁浅了，好不容易为此有了热情的人们又都星散。然而，萧红的沮丧和烦恼却还是为着难以克服的饥饿。二萧第四次进出牵牛坊正是新年前夜，主人约他们明晚前来过年狂欢，新结识的朋友也都热情欢迎他们加入，有人说："'牵牛坊'又牵来两条牛！"夜里，大家在一起欢闹的时候，女仆拿着主人给的三角钱去买松子，食不果腹的萧红见后很是为那三角钱可惜，想到自己和萧军几天来连饭都吃不上。聚会结束前，袁淑奇递给萧红一个信封，并告诉她回家后再拆开。从牵牛坊出来，人们纷纷想象着明晚在这里过旧年，将会比起今晚更有趣味。二萧却一点兴致也没有，他们真不知该如何应对每一个滚滚而来的饥寒交迫的日子。肚子依然饥饿，回家不知可以吃点什么。剧团搁浅的烦恼也就不值一提了。茫然走在回家的路上，两人交流着刚才吃松子的感受。在人家当吃松子是吃着玩的时候，饥饿的二萧都视作充饥，萧军告诉她吃松子的感觉就像吃饭一样，而这也是萧红最想告诉他的经验。意外的惊喜出现在他们秉烛拆信那一刻。细心而善解人意的朋友为了让他们过上一个稍微轻松的新年，在信封里放了一张十元的钞票。它驱走了二萧心头的所有焦虑，让他们感到一份久违的温暖，同时也沉浸在难以言说的感动中。第二天晚上，"牵牛坊"大宴宾客，二萧不可多得地饱餐一顿。饭后大家尽情狂欢，直到后半夜才星散而去。出门后，萧红一想到家里有张10元的钞票在等着她便有说不出的喜悦和力量，冒着寒风的步伐格外坚实，仿佛有了那张钞票便不再惧

第二章 哈尔滨往事

怕所有滚滚而来的日子。巨大的喜悦和兴奋过后，连她自己也认为"被十元票子鼓励得肤浅得可笑"。

"牵牛坊"带给二萧的不仅仅是温暖与友情，还有无边的快乐。在萧红短促的一生中，"牵牛坊"是少有几个给她充分带来快乐的地方。在这里，她结识了许多新鲜而富有个性的人物，开阔了视野，慢慢从一己的痛苦与哀怨中走出，有了更多参与社会的机会，创造力亦在渐渐被激发、点燃。对萧红而言，承载了太多苦难的1932年终于过去，1933年，在苦难中的萧红，其命运在悄然发生改变，虽然新年前两个月的困窘依然如故。由于萧军实在不善于教授国文，家教机会越来越少。眼见又快要断炊，萧红拿着萧军写的条子向黄之明告借，然后买回足够五六天的米面和木柈。饥寒的压力

"牵牛坊"主人冯咏秋手绘萧红漫画像（冯羽提供）

暂时缓释。不久，萧红自己也开始做家教补贴家用，然而前来学习的女生发现自己比老师年龄还大，且老师似乎也教不了更多东西，尔后就不再来了。

命运的转机终于到来。

1932年9月，方未艾从《东三省商报》社转到《国际协报》社与陈稚虞一起接替裴馨园编辑副刊《国际公园》。年底，计划在新年出版一份"新年征文"的特刊。见萧红整天在家无事可做，萧军和"牵牛坊"其他朋友都鼓励她写篇文章试试。长时间疏于文字表达，萧红刚开始非常缺乏自信。后来，萧军告诉她有方未艾在，只要写出来，送去的文章不会落选。当然，这也可能是萧军的一种鼓励策略。在周围人的鼓励下，不久，萧红完成了短篇小说《王阿嫂的死》。方未艾读后十分欣赏，顺利入选征文，后来发表在《国际协报》新年增刊上，署名"悄吟"。萧军认为这是萧红"从事文学事业正式的开始"。

《王阿嫂的死》顺利发表后，萧红重获表达的自信，找到了体认自身价值的方式以及生存的意义，表达欲望因此点燃。紧接着，她将自己从怀孕被弃东兴顺旅馆到产后出院这段噩梦般的经历，于1933年4月18日写成长达万余字的纪实散文《弃儿》。长春的《大同报》是伪满洲国的官方报纸，副刊编辑陈华是萧军

的高小同学。萧军把《弃儿》投寄给陈华，5月6日至17日连载于《大同报》文艺副刊《大同俱乐部》。这篇长文发表后，萧红写作热情高涨，一发不可收拾。

值得一提的是，小说《王阿嫂的死》和散文《弃儿》究竟谁是萧红步入文坛的处女作，向来存在争议，至今悬而未决。萧红由"新年征文"首先发表《王阿嫂的死》是一说，坚持此说者是萧军。但是，该文随后收入《跋涉》集时，只在文末注明"5月21日"，发表时间、刊物均不详，其后收入《萧红全集》（哈尔滨出版社1998年10月第2版）仍无初始发表的信息。也许，正是文末的"5月21日"让包括铁峰在内的许多资深萧红研究者将具有确凿发表信息的《弃儿》作为萧红的处女作。需要说明的是，在这一问题上，本书认同萧军的说法。《王阿嫂的死》的文末日期极有可能是处笔误，其出处至今不可考，似乎本身就寓有更多可能，萧军此说似乎更合情理。6至8月间，萧红又在《哈尔滨公报》副刊《公田》和《大同俱乐部》上发表三篇小说。

与此同时，萧红几乎实现了自己的演剧梦想。

1933年7月，金剑啸和罗烽（1909—1991）等人组织了一个半公开的抗日演剧团体，取名"星星剧团"。金剑啸担任导演和舞美设计，罗烽负责一切日常事务性工作。主要演员除二萧外，还有白朗、舒群、刘毓竹、徐志等。剧团先后排演了美国进步作家辛克莱的《居住二楼的人》（又名《小偷》）、白薇的《姨娘》和张沫元的《一代不如一代》（又名《工程师之子》）。在《小偷》中，萧军扮演受律师诬陷被迫做了小偷的杰姆，白朗扮演律师太太，刘毓竹扮演律师。萧红在《姨娘》中扮演生病老妇，舒群扮演家庭主妇的丈夫；而在《一代不如一代》中担任主角的徐志还只是二中的学生。剧团排演地点起初在位于道里三道街的民众教育馆，后来迁至牵牛坊。排演戏剧给这群心怀进步志向的年轻人带来充实与快乐，在嬉笑打闹中留下一些日后颇堪回味的趣闻轶事。排练《小偷》时，每当扮演律师的萧军举起手枪，对准扮演律师太太的白朗，要她"举起手来"时，白朗便禁不住大笑起来，怎么都难以入戏。多年后，萧红还清晰记得当时的滑稽情形，认为是"最有趣的事"。经过3个月的排练，剧团准备在民众教育馆演出，没想到对方提出要他们在"九一五"伪满洲国承认纪念日上演，以此表示对伪满洲国成立纪念的祝贺，大伙一听非常气愤，坚决拒绝。后来，罗烽又联系巴拉斯影院，最终仍然遭拒。恰在此时，徐志突遭被捕，一周后假释出狱，旋又失踪。很显然，他们的行动已遭到敌伪警特的盯梢，风声

第二章 哈尔滨往事

日紧,环境日趋险恶,剧团被迫解散。萧红很是为那些已经排演熟练而没有上演的剧目惋惜。

为了加强针对敌伪的宣传渗透,1933年8月6日,通过萧军与陈华的特殊关系,金剑啸、罗烽、姜椿芳等中共地下党员商定,在《大同报》创办由中共直接控制的文艺周刊《夜哨》。萧军把周围作者的稿件收集好之后,每周寄往长春一次,由陈华选稿发表。《夜哨》直到当年12月24日终刊,共出21期。萧红勤奋写作发表文章最多,几乎每期都可见到"悄吟"或"玲玲"的名字,作品主要有小说《哑老人》《夜风》《清晨的马路上》《烦扰的一日》;散文《小黑狗》《渺茫中》;诗歌《八月天》等等。关于《夜哨》停刊的原因,一些萧红传记作者(如季红真、肖凤)都归结为刊载了比较敏感的题材而遭禁,并说陈华因此"不知去向"。这显然是人们基于已有经验对革命斗争的臆想。实际上,《夜哨》停刊完全因为稿件质量问题而非政治问题。陈华在《夜哨》最后一期发表《夜哨绝响》一文,明确表达了对文稿质量越来越差的不满,并最终决定终刊。《夜哨》上也并没有刊发过如肖凤所提及的,出自萧军之手关涉日本兵强奸妇女的文章。而且,《夜哨》终刊后,陈华并未解职,直到1934年上半年仍在《大同报》任副刊编辑,大概在7月间去沈阳另有他就。

萧红与(左起)山丁、罗烽、萧军1934年在哈尔滨(王连喜提供)

二萧发表文章的机会多了起来，他们不再刻意寻找家教机会而是努力专心写作，靠微薄的稿费维持生计，过着贫苦而快乐的卖文生活。有一次，在白俄很多的中国大街上，曾是萧红中学校友的杨范看见二萧在一起时的情形，多年后仍记忆犹新。萧军脖子上系了个黑蝴蝶结，手里拿着三角琴，边走边弹；萧红上穿花短褂，下着一条女中学生通常穿的黑裙子，脚上蹬了一双萧军的尖头皮鞋，看上去特别引人注目。二人边走边唱，就像一对流浪的艺人。二萧当时的快乐形象，亦给后来名满天下的抗日女英雄赵一曼留下深刻印象。赵一曼曾对方未艾说，第一次见到她们是在中央大街上，后来也常在大街上碰见，两人服饰都不十分讲究，悄吟还穿着一双男式的皮鞋，可是他们身体和精神都很健康，一边行走，一边谈笑，风姿飘洒，旁若无人。二萧的快乐与兴奋，自然可以想象。经过如此漫长、艰巨的磨难，他们终于看到了希望，更重要的是，找到了人生为之努力的方向。况且，写作是他们热爱而又能获得自信的工作。激情和亢奋充溢着他们当时的每一天。在那个富有梦想、个性飞扬的季节里，一个更宏大的计划在二萧心中酝酿成熟。1933年9月初，《国际协报》上刊载了一则出书广告：

  三郎、悄吟著之《跋涉》，计短篇小说十余篇，凡百余页。每页上，每字里，我们是可以看到人们"生的斗争"和"血的飞溅"给以我们怎样一条出路的线索。现在在印刷中，约九月底全书完成。

二萧也许注定要成为作家。这不仅表现在他们对写作有无比高涨的热情，还源于他们那高远、阔大的心志。今天的人们自然难以想象，当时虽然处境稍有改善但仍为每天生计发愁的二萧，居然会有自费出书的想法。好在他们周围有一帮热情支持的朋友。《跋涉》准确地说是二人的小说、散文、诗歌合集，收入萧红《王阿嫂的死》《广告副手》《小黑狗》《看风筝》《夜风》等五篇小说和一首小诗《春曲》，萧军收入其中的六篇作品大多介于小说和纪实散文之间，多叙述自己的亲身经历与情感体验，如前文提及的《烛心》《孤雏》等。萧红收入其中的，大致是她从1933年5月至9月间比较重要的作品。她特地将写给萧军的情诗《春曲》收入其中，亦可看出，或许想以这种方式表达对萧军的强烈感念，回想当初落难东兴顺旅馆时的绝望，自然不会想到还有今天。这部二人合集起初定名《青杏》，后改为《跋涉》，喻示这是他们在人生道路上艰难跋涉的印记,比起"青杏",透露出更为昂扬的精神面貌和人生态度。二人各自选好文章,萧红便在"永远不安定下来的洋烛的火光"下一篇一篇地完整抄写出来,虽有蚊叮虫咬,但内心富有成就感的喜悦却无法掩抑。《跋涉》能够顺利出版,主要得益于舒群和《五日画报》社社长王岐山。

舒群(1913—1989)原名李书堂,笔名黑人、舒群,生于黑龙江阿城一个贫苦工人家庭。初中毕业后考入哈尔滨东北商船专门学校,因家境贫寒只念了半年,便退学到哈尔滨航务局当俄文翻译,并开始从事写作。自1932年3月起,舒群开始为第三国际中国组工作,8月加入中国共产党,年底被派往洮南任第三国际所设交通站站长。直到1933年秋,他都是以《五日画报》分销处的名义作掩护从事情报传递工作。组织上提供的微薄经费,省吃俭用的舒群平素都舍不得用。他将好不容易积攒的40元钱交给贫苦的父亲度日。当时,这笔钱几乎可以满足全家一年的吃用。慷慨义气的舒群听说二萧出书苦于无钱,便从近乎乞讨的父母手里又狠心地将这40元要了回来,交给萧军作为出版资助。这笔钱解决了出版《跋涉》所需经费的大部分,另有一位名叫陈幼宾的朋友资助了10元,此外还有一些朋友凑份子资助了部分经费,剩下所需王岐山慷慨免除。萧军在《跋涉》初版的《书后》写道:"这个集子能印出,我只有默记黑人弟和幼宾兄的助力。"多年后,有人问起此事,舒群解释说:"萧军一直说我帮助了他,其实应该说是'党'帮助了他,我哪来那么多钱?"

《跋涉》以《五日画报》印刷社的名义出版。在当时,它是一部没有经过日本人审查的非法出版物,9月下旬就在《五日画报》印刷社秘密开印。金剑啸专为此书设计了封面,由于图案复杂制作起来太困难,成书的时候还是放弃了。临了,萧军找到一块木板在校对房用红色蘸水钢笔简单写了"跋涉"、"三郎、悄吟"、"1933"几个字当作封面。《跋涉》初版的样子就这样定了下来。开印第二天,萧红心情激动,在家里待不住便跑到印刷所,看见已经印好折叠整齐的册子,难以按捺内心的激动与欣喜,觉得那是一种太过久违的快乐,比起儿时母亲为自己做了一件新衣裳还要幸福、满足。机器正在印刷她那篇《夜风》,很大的铅字标题,让萧红心里洋溢着一种特殊的情感。

被大欢喜追逐着的二萧,俨然两个大孩子。萧军提议两人吃顿外国包子(大约是汉堡),说是为着书稿的开印而对萧红的敬祝;萧红连忙到吧台要了两小杯"伏特克",同样为着书稿开印对萧军表示祝贺。享受着成功喜悦,二萧一

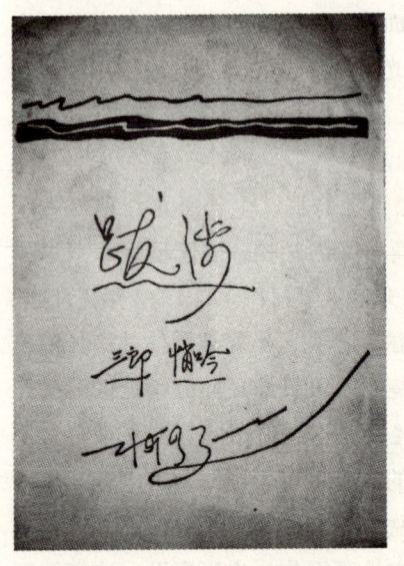

《跋涉》初版封面（章海宁摄）

时感到天宽地阔、心情舒畅。回家后两人决定到松花江游泳，以释兴奋。一时大意，萧军的衬衣被江水冲走，但意外收获一条死江鱼，丢了衬衫的小小遗憾随之被驱散。晚上吃鱼的时候，萧军对着面前的女人说："为着我们的新书，我请你吃鱼！"

第二天是中秋节，印刷厂工人放假休息，印好的册子来不及装订。二萧急于看到新书，跑到印刷厂亲自动手装订。傍晚时分，萧军叫来一辆斗车，两人把忙了一天才装订好的100册新书提到车上。坐车回家的二萧心情就像马脖子上颤动得很响亮的铃铛，车斗里的新书让这对不名一文的夫妻觉得他们是天底下最富有的人。简陋的家里随即摆满飘散油墨香的新书。不久，朋友们也都拿到了赠书，大家纷纷谈论着。

1933年10月，《跋涉》由哈尔滨《五日画报》印刷社正式出版，初版印了1000册，毛边纸32开，扉页上载有《涓涓》《八月的乡村》《慰灵祭》的出版预告，这是萧军1933年的写作出版计划。《跋涉》出版后随即委托商场代售，立刻引起满洲文坛的注意，二萧被誉为黑暗现实中两颗闪闪发亮的明星，奠定了他们在东北文坛的地位。直到1937年7月，东北沦陷区作家王秋萤在《明明》杂志第1卷第6期上发表《满洲新文学的踪迹》一文，谈及近年哈尔滨的文学创作，作者认为："在当时最杰出的作家当首推三郎夫妇，自从他们的小说集《跋涉》出版了以后，不但在北满，而且轰动了整个满洲的文坛，受到读者们潮水般的好评，这册书一直保持到现在，还为有心人称颂不绝的"；他进而认为"悄吟的小说，在某一点来说，似乎有比三郎高出之处"。无独有偶，司马桑敦在1981年撰写的《三郎、悄吟的〈跋涉〉岁月》（载《明报月刊》第183期）一文中也认为："平心而论，悄吟的文章，在析理的倾诉上不及三郎，但在小说的安排和用字抒情上，却高出于三郎；尽管她的创作思想，许多地方是受三郎那股向现实挑战的冲力的感染而来的。"

《跋涉》的出版让作为作家的萧红从此渐渐广为人知绝非偶然。里边收入萧

第二章 哈尔滨往事

红作品6篇，除小诗《春曲》出于特别的个人动机而放入外，其余5篇小说显然是经过了基于某种明确意图的挑选，都切入了当时社会十分宏大的主题。代表作《王阿嫂的死》直接取材于1931年她在阿城乡下生活的见闻，表现地主对佃农的残酷剥削、压榨以及尖锐的阶级对立。值得注意的是，萧红一出手便知道运用阶级眼光看待笔下人物，着力强调他们的阶级属性和阶级分野。"阶级"是这篇小说里经常出现的名词，在当时"红色三十年代"的背景下，它绝对是一个敏感的新名词。《夜风》同样取材于阿城的乡下生活，小说除描写了地主和佃农之间冷漠而残酷的剥削与被剥削的关系外，还隐约提到革命武装夜间对大地主的袭扰。更重要的是，小说结尾处写到受尽剥削的佃农们在革命的鼓动下，已处于奋起反抗的前夜，喻示革命斗争的风暴即将来临。或许出于此时还难以平抑对于家族的深切仇恨，抑或初涉写作经验不足还不能合理处理虚构与真实的关系，两篇小说中的张氏地主家族，很容易让读者联想到萧红的家族背景，甚至看作是她对家族的影射。作品开始流传后，阿城张氏家族承受着一定压力，长辈们更视萧红忤逆犯上、侮辱家族长辈。1935年修撰族谱时，更加坚定将其开除族籍。

论及中国30年代的左翼文学，收入《跋涉》中的《看风筝》常常令论者无法规避。在这篇小说里，萧红大胆塑造了一个早期革命者形象：刘成，虽嫌单薄、比较概念化，但在当时东北已经是惊世骇俗之举，何况出自一个女性写作者之手。并且，小说中也表达了萧红对革命者的初始认知，比如对待亲情和革命理念的态度："他（刘成）内心从没有念及他父亲一次过，不是没念及，因为他有无数的父亲，一切受难者的父亲他都当作他的父亲，他一想到这些父亲，只有走向一条路，一条根本的路。"萧红在《跋涉》中的这些作品是当时关内左翼文学思潮在遥远关外的自觉回应，因而，其初始创作便汇入了当时左翼文学的洪流，在特定的时代背景下，引起人们的关注亦非常自然。无可讳饰，这些初始创作，无论创作观念还是表达方式都比较稚拙，这也是当时左翼文学创作较为普遍的现象。然而，萧红就是以这些不很成熟，甚至某种程度上比较粗糙的创作赢得了主流文学的认可，并迅速占有一席之地。从这种意义上说，她又十分幸运。《广告副手》和《小黑狗》是萧红对自身当下生活的描写，但关注的层面却越出了个人一己的生活而力图上升到对一些社会问题的思考。

萧红对革命题材的把握和当下社会生活的观照也体现在1933年的其他作品中，如《腿上的绷带》《哑老人》等。然而，不可忽视的是，对往昔生活的重温,对幸福或苦难的触摸亦是刚开始写作的萧红最难以遏抑的表达冲动,除《弃儿》外,在散文《中秋节》里回忆起当年在北京过中秋的清冷情形。萧红对自身生活与情感的观照和表达极其率真,朴素、稚拙的文字往往因为这份率真无比动人。她的一些散文甚至小说至今都是我们今天了解其内心世界,还原其往昔情形,澄清关于她的种种扑朔迷离的说法最值得重视的原始材料。

由《跋涉》可以看出,初涉文坛的萧红便具有两套笔墨:一方面,以对革命和社会问题的关注汇入时代的宏大叙事;另一方面,将文学作为观照自我、倾诉内心,触摸苦难、安妥灵魂的方式。后者让萧红赢得了无数读者,至今发散着经久不衰的艺术魅力。

白朗、关大为、萧红(左起)1934年摄于哈尔滨(张抗提供)

白朗(1912—1994),原名刘东兰,辽宁沈阳人,后迁居齐齐哈尔,笔名刘莉、戈白,是萧红一生为数很少的同性挚友之一。1933年春,白朗考入《国际协报》先是做记者,尔后接替方未艾编辑副刊。《跋涉》出版后,《夜哨》虽然停刊,但萧红的创作势头并不稍减,继续在白朗编辑的《国际协报》副刊上发表大量作品。

1934年1月18日,地下党组织通过白朗在《国际协报》创办了《文艺》周刊,撰稿人基本还是《夜哨》原班人马。为了不引起官方注意,大家都改换了笔名。3月至5月间，萧红除在《文艺》第6至13期连载了小说《患难中》外；6月还在第20、21期连载了散文《镀金的学说》，署名"田娣"；更以笔名"悄吟"，在《国际协报》副刊《国际公园》上发了《夏夜》《出嫁》《离去》《蹲在洋车上》《麦场》等小说、散文，以及写于1932年的诗歌《幻觉》。这些作品除一二篇对现实有所关注外，更多是她对自己在呼兰、阿城生活的回忆。童年经历开始进入萧红的观照视野，如散文《蹲在洋车上》在过去和现实的对比中，透露出十分浓郁的怀旧情调。自然，这些文章中，尤其值得注意的是《麦场》。它几乎完整包含了萧红后来的成名作《生死场》第一章《麦场》和第二章《菜圃》的全部内容，表明此时她已经开始了长篇小说《生死场》的写作。由于二萧对《国际协报》贡献较大，白朗与报馆商量以特约记者的名义，每月给他们各发20块哈大洋。二人的生活条件有了空前改善，创作势头更加健旺。

然而，对于萧红而言，新的烦恼又悄然滋生。

哈尔滨也并不是家

前文说过，房东家三小姐，即萧红在散文集《商市街》里称为"汪林"的姑娘，是其东特女一中的校友，萧红比她高一年级，实则汪小姐比她还大一岁。汪小姐漂亮时髦、引领时尚，抽烟、喝酒，俄语流利，心直口快。家境优裕、做派洋气的汪小姐"少女风度"十足，相形之下萧红颇感自卑。在萧红的零星记述里，汪小姐好像也参与了剧团和牵牛坊沙龙的一些活动。随着交往的频繁，她与萧军越发亲近，可以随便说些玩笑话。见从外边回来的汪小姐将夹在腋下的信件迅速塞进衣袋，萧军便开玩笑说"大概又是情书吧"，对方不置可否地跑进屋里，香烟的余缕还飘散在门外。这些最平常不过的交往被敏感的萧红看在眼里，常常不自禁地感怀身世。想到萧军那露骨的"爱的哲学"，不免隐隐生出焦虑和无奈。

哈尔滨漫长的冬天悄然过去，春意盎然的中央大街充满浓郁的异国情调。年轻漂亮的姑娘们成排走着，肆意轻松谈笑，漂亮自信的汪小姐自然是人们注目的焦点，听到俄国人对其美貌的夸奖，便用流利的俄语与她们交谈说笑一阵，富有青春的朝气。萧红敏感到这一切"只限于年轻人"，自己仿佛早已抛离这个群体，已然苍老不堪。

夏天，萧军常常在傍晚时分带上萧红和汪小姐到松花江划船、游泳。回来后，萧红往往耐不住困乏早早睡了，而他们俩却继续留在院子里长聊。萧红不愿在男人面前说出内心婉曲的介意，每次只是一个人不无自伤地落寞睡去，等男人回屋她早已睡着了。直到有一天，萧军坦率告诉她有姑娘爱上了自己，并说那真是少女的心思。而当萧红问起对方是谁，他却回答说："那你还不知道？"萧红似乎明知道有这样的后果，却无力阻止，而且也不想阻止。她早就意识到这是她的宿命；似乎在和萧军见面的第一晚，获悉他那"爱的哲学"，便注定这样的故事会不可避免地发生。女人此时极其苦闷、受伤的内心只有她自己最清楚，不无幽怨地想："很穷的家庭教师，那样好看的有钱的女人竟向他要好了。"萧军接着说他已向汪小姐坦白他们是不能相爱的，一来已有了悄吟，再说两人之间相差得太远，并劝其冷静、理智。这样的结尾多少让萧红得到些许安慰。往后，他们还是经常在一起划船、游泳。只不过，一起参加活动的人多了些。二萧创造机会让一位刚刚失恋的编辑朋友与汪小姐有了充分接触，不久，他们坠入爱河。

然而，萧红的情感烦恼并不因汪小姐此次最终理智退出而终结。

秋天，商市街那间终于安上电灯的半地下室迎来一位陌生的客人。两天前，萧军学开汽车回来迫不及待地告诉萧红新认识了一个从上海来的中学生，并说这位南方姑娘过两天还要来家拜访。不用问，眼前这位头上扎着漂亮红绸带的陌生来访者就是萧军所说的上海姑娘陈涓。陈涓生于1917年，原名陈丽涓，浙江宁波人，笔名有陈涓、一狷等，新中国成立后主要从事电影翻译工作。当年，她来哈尔滨看望哥哥，到达之后才知道哥哥出差在外，就由堂兄照顾，住了下来。半个月后的一天，她和堂兄的一位朋友同逛同发隆百货商店，无意间发现正在代售的《跋涉》。新书封面上"三郎"这个名字引起她的好奇，原以为是个日本作家，同行的朋友告诉她是个中国人，而且他们还是朋友，书亦不用买，可以让三郎送。稍后，陈涓还读到萧军发表在报纸上的一些文章，对这个署名"三郎"的人更加佩服。不久，在朋友介绍下，终于与萧军本人相识。

当天下午，萧军正好溜冰去了。在女主人面前，陈涓落落大方地简述了与萧军认识的经过。对于这位漂亮的女客，萧红一开始便多少有些警惕，很少说话。桌上的报纸载有萧军新近发表的论战文章，陈涓饶有兴致地看起来，萧红则不禁仔细打量起萧军的这位年仅16岁的异性朋友，"她很漂亮，很素净，脸上不涂粉，头发没有卷起来，只是扎了一条红绸带，这更显得特别风味，又美

第二章　哈尔滨往事

又干净"。为了等到与萧军见上一面，萧红留客夜饭，姑娘亦不推辞。萧红后来在文章中写道："到晚上，这美人似的人就在我们家里吃晚饭。"晚饭前，来邀约萧军溜冰的汪小姐透过小孔窗看见室内的陈涓大为惊异，跑进来大声问："你怎么到这里来？""我怎么就不许到这里来？"陈涓很调皮地打趣对方，看得出，她们彼此已经非常熟悉。汪小姐走后，陈涓告诉萧红她们是在舞场里认识的。萧红听后，无形中与面前的女孩非常隔膜，意识到陈小姐也是经常出入舞场的人。萧红后来明确说："环境和我不同的人来和我做朋友，我感不到兴味。"萧军滑冰回来，汪小姐亦闻声跟进。见有女客，萧军兴致高涨嚷嚷着要唱京戏，汪小姐连忙回屋拿来胡琴、口琴给他伴奏，屋子里一下子热闹起来。敏感的萧红觉得热闹是他们的，自己却有无处不在的落寞。她看见汪小姐耸肩欢笑，随意倚靠在暖墙上的情态极具西洋少妇的风韵，同时也注意到陈女士皮肤很黑。汪小姐觉得萧军今晚唱旧戏助兴很可笑，因为他刚刚在报纸上与别人打笔仗，痛骂唱旧戏者是"奴心未死"。那么，今晚为取悦佳人，他自己亦是"奴心未死"一回了。

此后，陈涓与二萧的交往多起来，一天比一天熟悉，与萧军更为亲近，虽然常见面，但二人还不时通信。萧红甚至发现陈涓似乎还总避着她与萧军谈些什么，这让她很不舒服。比起陈涓，汪小姐更能体察萧红那婉曲的内心，不久，她警告陈涓不要再和萧军亲近了，会招致忌妒。涉世未深的单纯姑娘听后大吃一惊，这才意识到自己与萧军的交往已经出现问题，其后再去商市街自然比较注意萧红的情绪变化。1944年，陈涓在《萧红死后——致某作家》（当时署名"一狷"）一文中写道："渐渐地我也从她那掩饰的眼光中间觉察了些什么来。是的，她憎嫌我，她对我感到不耐烦……"发觉这些，姑娘心里很难过，亦觉得十分委屈，认为自己待人坦诚，别无他想，而别人却并不这样认为，从此也就不常去商市街了。萧红也意识到"大概是她怕见我"。陈涓确实不愿直面尴尬，恨不得立刻离开哈尔滨。

1934年元旦过后，临回上海的前两天，陈涓来商市街向二萧告别。黄昏时分，萧红正和舒群坐在窗前聊天，见陈涓来，只是淡淡接待了她。萧军不在家，姑娘说明来意后就走了。第二天早晨，陈涓再次前来，主要是想和萧军见上一面。萧红大约买菜去了，萧军与之随便交谈了几句，听见萧红回家打门的响声，慌忙将一封信塞给陈涓。虽然不知道里面写了些什么，但看见萧军那种神情，女孩便知道这封信不便让萧红看见，于是急忙塞进手袋里。就在这时萧红进到屋内，面对陈涓满脸涨得通红极不自然的表情佯装没有看见，姑娘搭讪着告别而去。回家后，陈涓好奇地拆开信封，里边除一张信纸外，还有一朵枯萎的玫瑰花。虽然萧军在信中"绝无有一字涉及这朵奇异的玫瑰花"，但陈涓后来也认为，那朵枯萎的玫瑰花所寓含的弦外之音"当然也能明白一二"。

萧军此举让陈涓内心无法释然，觉得对不起萧红。为了证明自己心底的坦荡，消除和萧红之间的误会，当天下午，又带着自己的"恋人"一同到商市街，企图证明她那"恋情是恋情，友情是友情"的理念，希望萧红见后能消除疑忌，同时也想杜绝萧军那不太理性的感情。然而，陈涓此举并没有收到预期效果，二萧当晚为之置酒饯行，但大家各自心存芥蒂，举酒饯别的气氛无法和谐。回家后，心情郁闷的陈涓在一帮为之饯行的友人间自斟自饮，萧军找了进来，不与任何人打招呼，亦不说话，只是默默望着她。姑娘借口上街买酒，萧军跟到街上，快到家门口，突然在她脸上亲吻了一口，然后迅速溜走了。姑娘有些不明就里，当晚大醉一场，第二天"就离去了这可怀念的松花江"。

关于这段情感纠葛，陈涓日后始终把自己叙述成处于懵懂、无辜的状态。然而，萧红以女人特有的敏感，看出南方女孩虽有"愁"，但其中更夹杂着情窦初开的"兴奋"，只不过因她之故，来不及把要诉说的惆怅尽情说出，就"终于带着'愁'回南方去了"。陈涓虽然回到了南方，但她与二萧具体说与萧军之间的故事并没有终结。并且，萧军在与萧红结合后与其他女性的故事似乎也远远没有结束，在某种意义上，这可能是萧红人生苦难的根源之一。萧军拯救了萧红之后，无意中也在以他独有的行为方式伤害着她。然而，在内心深处，萧红在感激萧军的同时，也无私奉献出了自己的挚爱。她太爱这个常常无意间伤害自己的男人，极力隐忍、包容。1934年5月，萧红将写于1932年7月30日的《幻觉》拿出来发表在《国际公园》上。这或许是她利用旧作对此时心态的曲折表达：

……
只怕你曾经讲给我听的词句，
再讲给她听，
她是听不懂的。
你的歌声还不休止！
我的眼泪流到嘴了！

第二章　哈尔滨往事

又听你慢慢地说一声：
将来一定与她有相识的机会。
我是坐在一块大石头上的，
我的人儿怎不变作石头般的。

日军侵占东三省后颁布了很多旨在镇压反抗的法令，建立大量暴力机构，赋予宪兵、警察无限特权，实行法西斯统治。1933 年，日伪当局加强了文化统制，实行高压政策。9 月 10 日，颁布《惩治叛徒法》，10 月 13 日又公布《出版法》，剥夺了人民言论、集会、结社和出版的自由，并出动大量宪兵、便衣密探，随意抓捕认为"可疑"的中国人，然后酷刑逼供。美丽的哈尔滨陷于无边的恐怖。在这种背景下，1933 年 10 月刚一出版就轰动沦陷初期东北文坛的《跋涉》给二萧带来的喜悦与兴奋并没有保持多久。因没有经过伪满洲当局的审查，它一面世便成了"非法"出版物，且有"反满抗日"的嫌疑。因而，上市没几天便被禁止发售，送到书店、商场的书亦被没收。不仅如此，因为这本书，针对二萧的谣言四起，多是传闻日本宪兵在秘密抓捕他们。这本短时带给二萧喜悦的书，随即给他们带来无边的恐怖，稍稍宁静、安稳的生活又被打破了。

不久，房东家接到一封黑信，说是家庭教师将会绑票汪家小儿子，也就是说萧军将会绑票他的小徒弟。恶毒的谣言明显是想挑拨房东与萧军间的关系，给二萧制造麻烦。好在房东还算理性，只是把萧军叫过去认真沟通了一番，明知道是谣言也就没有太在意。然而，黑信的影响还是非常明显，汪家小儿子一连三四天被姐姐们看管住不敢接近院门，甚至半个月连二萧住处的窗户都不敢靠近。黑信自然是不怀好意，可笑而荒唐，但萧红看见萧军当时的样子，亦禁不住自嘲地感到眼前的"家庭教师真有点像个强盗"，"领子不打领结，没有更多的，只是一件外套，冬天，秋天，春天都穿夹外套"，十足是个"不详细的人"。

各种谣言令萧红心绪不宁，切实感到恐怖的威胁。每天从剧团排演回来，看见门窗安好她才放下心来开门，"知道家中没有来过什么恶物"。恐怖气氛愈显浓郁，朋友们来家里商议剧团公演事宜，萧红全无心思。想到应该好好收拾箱子，怕里边藏着什么让她和萧军获罪的证据。等到朋友们一走，萧军从床底拖出箱子，两人便开始清理可能存在的获罪证据。每本书都仔细翻检一遍，怕里边有骂满洲国的字迹和纸片。收拾好之后，箱子空空荡荡，他们然后将认为不安全的纸片、书籍迅速烧掉。萧红形容当时心情的紧迫，就像日本宪兵就在门外要进来抓人似的。烧完"证据"后，萧红稍稍安定心神觉得轻松很多，当她陡然发现桌上的吸墨纸用铅笔写有"小日本子，走狗，他妈的满洲国"等敏感字样时，心里又骤然发紧，不敢再看第二遍便把整张吸墨纸丢进炉子里。萧军很可惜那么一大张吸墨纸就这样烧掉了，一边跺脚一边大声呵斥："烧花眼了？什么都烧，看用什么！"萧红看他那样子也很生气，心想，吸墨纸重要还是拿生命开玩笑重要，萧军明白她的意思，但继续责骂道："为着一个虱子，烧掉一件棉袄，就不能把字剪掉？"完全被恐怖压制住的萧红这才清醒过来，觉得自己确实很傻。

该烧掉的都烧掉了。二萧还要做出一副满洲国良民的样子。萧红故意把朋友们送给的"满洲国"建国纪念明信片、两本关于"满洲国"的书摆在桌上，此外还摆有《离骚》《李后主词》《石达开日记》以及萧军的家教课本。萧军陡然想起桌上的《世界各国革命史》里载有日本怎样压迫朝鲜的历史，便连忙抽了出来。萧红一听，马上也要将整本书烧掉，萧军一把按住她，小声呵斥道："疯了吗？你疯了吗？"

即便彻底清理了家里的敏感文字和书籍，萧红内心的恐惧并不能全然消失，躺下后在黑暗里难以入睡，眼睛睁得大大的，对四周的一切响动都格外注意，仿佛危机无处不在。萧军见状不断给她一些安慰，像对待被噩梦惊醒的孩子。过了一段时间，因《跋涉》而来的恐惧渐渐消散、淡忘，而剧团徐志的突然被捕又一下子令二萧陷于更大的恐怖中。随后，不断有朋友报信说剧团的一些人被密探盯梢，老柏有三天不敢回家，准备逃离哈尔滨。这些给了二萧很大的心理压力，他们找黄之明了解情况，结果一无所获。从"牵牛坊"回来，两人又开始收拾书箱，虽然明知道已没什么可收拾的了，但还是拗不过本能的驱遣。此时，再看见已成危险之物的《跋涉》，心里并不是欢喜而是一份巨大的累赘。他们把家里的所有样书都搬到榉子房，准备做饭时烧掉。这本给二萧带来大欢喜、大惶恐的书，直到1979年10月黑龙江文学艺术所根据萧军提供的母本，出版了五千册复制本，除改用简体字外，一切都按照原样，另在目录页的空白处，加印上萧军自题的几句话："此书于一九四六年我再返哈尔滨时，偶于故书市中购得。珠分钗折，人间地下，一帧宛在，伤何如之。萧军志，一九六六，三月二十七日于京都。"

日本关东军一面在东北农村对反抗力量进行军事"讨伐"，一面在城市连年不断地开展所谓"大检举",后又扩大到乡村。每次"大检举"都有成千上万的抗日爱国志士和无辜人民被逮捕、被杀害,规模较大的有哈尔滨1934年春的"大检举"。据萧红亲属回忆,因《跋涉》作者与呼兰张家的特殊关系,二萧离开哈尔滨后,不时有便衣密探来呼兰张家骚扰,这本书给他们也带来了恐怖。张廷举后来说,张氏家族之所以要在1935年8月决意修撰《东昌张氏宗谱书》,亦与不堪萧红走后所带来的恐怖之扰有关,在宗谱书里,故意将萧红的名字排除在家族之外,以示她和张家没有任何干系。此说似乎不无道理,但并不能掩饰张氏家族对萧红的憎恨。换言之,这或许只是不让萧红入宗谱书的原因之一。

徐志被捕后,二萧在大街上碰见金剑啸。萧红发现他脸上也带着紧张的神色,剧团的情形萧军早已告诉了他。恐怖让二萧也有逃离哈尔滨的想法,只是苦于一来没有路费,二来更不知道该往何处。不安定的生活又开始了,萧红不无感伤地想到"从前是闹饿,刚能弄得饭吃,又闹着恐怖"。更加凶险的消息不断传来,到处传闻被捕者多与剧团有关。这些不断刺激着萧红那本来就非常脆弱的神经,与萧军一起走在大街上,她没有一点安全感,甚至有些神经兮兮,见到比较陌生的男人在大街上找萧军谈话,便疑心是来抓捕的,实际上那是萧军的熟人。周围的朋友多在计划逃离哈尔滨。徐志被捕一周后虽然放了出来,但不久又失踪了,传说在监狱里受了些刑罚。剧团在恐怖中自动解散。

1933年的冬天伴随着无边的恐怖飘然而至。萧红坐在烧得暖暖的屋子里,听着壁炉里桦子着火的声音,自然想起去年此时饥寒交迫的情形。桦子房堆满了桦子,去年受冻的双脚今年全好了,因为温暖不再冻伤。然而,来之不易的暂时衣食无忧的生活,却被恐慌搅得生气全无。整个哈尔滨都笼罩在恐怖中。随着恐惧日甚一日,二萧离开哈尔滨的念头越发强烈。他们开始向朋友们打听什么时候海上的风浪最小,适合乘船。萧军告诉黄之明自己要走的想法,想听听他的建议。老同学亦极力支持他们离开哈尔滨,并且愿意支援他们一些路费。黄之明说自己每天都能听见秘密审讯犯人时极其恐怖的声音,如果周围的朋友某天弄进去一个他该是多么难受,所以一再鼓励二萧离开,越早越好。一天,金剑啸来商市街告诉二萧自己准备出走上海,二萧也谈了出走打算。金剑啸建议他们出走的时间最好在五六月间,那时海上的风浪小。二萧和金剑啸相约一起走,虽然当时金剑啸并不认为他们说的是真话,但还是告诉他们许多出走路上应该注意的情况,以及在上海生活的一些经验。

金剑啸走后，离开眼前熟悉的一切变得无比切近。怔怔中萧红生出无限留恋。当萧军在耳边询问："我们吃什么呢？吃面或是饭？"她不禁无限感慨地想到，现在食物居然可以选择着吃，去年此时，萧军只是一角钱、二角钱地往回借，或是抱着新棉袍进当铺，然后换回黑列巴和白盐。即便是萧军，一说到离开，也往往六神无主地把手插在裤袋里，不停地在原地打转，常常茫然地一转就是半小时。一天，萧军的一个大学生朋友突然慌张赶来提醒他，听说有人要放黑箭。萧军有些困惑，说自己不反满，不抗日，怕什么，但对方说现在一些密探几乎随意捕人，没有道理可讲。萧军想打听放黑箭的人到底是谁，对方又不愿意说。情形真假莫辨，二萧越发焦虑。此人刚走又来熟人催促他们躲躲，说外界都在传说剧团的事。

紧张的气氛让萧红看见任何人的脸都是慌张的。送走朋友，二人到公园散散心，然而心情都非常郁闷，兴致全无，又一路无话地走了回来。在家里，萧红书看不进去，俄语学不进去，准备晚饭的心思也没有。厨房里各种调料一应俱全，有炸好的肉酱，有米、有面、有烧不完的柈子，但这一切并不能令人满足。眼下，以肉酱拌面条还不如去年此时黑列巴加白盐吃着舒服。恐惧严重影响到他们的生活，那是一种比饥寒更不堪忍受的焦虑，无处不在。第二天傍晚回家时，二萧发现一个日本宪兵模样的人在商市街街口徘徊，便马上警觉可能是来抓自己的。萧红一下子变得无比紧张，逃跑的念头越发强烈，家不想要了，但能逃到哪里呢？她仔细看了看，那人没有什么武装，似乎又不像是来抓人的，但两人仍不敢贸然回家，连忙进到路南一家面包店假装买食物。注意到那貌似的"密探"最终慢慢走了，萧红这才在面包店里买了一堆暂不需要的面包和红肠走了出来。她发觉自己愚蠢得不行，那都是因过于紧张而闹出的一场大笑话。

紧张的处境不久有所缓和，但二萧还是决意离开。

1934年初，因失去党组织关系而面临危险的舒群匆匆离开哈尔滨去了青岛。不久，他给二萧来信邀请他们前往青岛，苦于没有去处的二萧，有了目的地后离开之意更加坚定，周围朋友亦都鼓励他们前往。两人定在阴历五月离开哈尔滨，距离开的日子还有五个月。一旦做出决定，他们便开始在灯下计划着向朋友们筹借路费。一想到即将离开这熟悉的一切，萧红心里既兴奋又伤感。离开，意味着可以摆脱这种疑神疑鬼、在恐惧中度日的生活，然而一看到他们空有两手建构起来的温暖的家，她心里对这份来之不易的安稳实在太难割舍。萧军看

第二章　哈尔滨往事

出她的心思，一边接过女人递来的茶杯，一边安慰道："流浪去吧！哈尔滨也并不是家，那么流浪去吧！"即便萧军说出这些亦有无言的伤感，拿起的茶杯又放下了。萧红听后满眼泪水，萧军见状连忙说："伤感什么，有我在身边，走到哪里你也不要怕！"有了倚靠的肩膀，萧红心里涌起一份巨大的幸福感，低头看见自己亲手置办的锅碗，不禁问萧军："这些锅怎么办呢？"萧军笑她像个孩子，锅碗又算得了什么。萧红也感到自己十分好笑，可是环顾室内的一切，什么都舍不得，什么都不忍丢下。

这期间，中共地下党员、北满军委北杨突然造访商市街，想动员萧军到磐石参加游击队打游击。萧军早有投笔从戎打击日寇的心思，但现在他不可能撇下萧红一个人不顾。临走，北杨亦催促他们尽早离开哈尔滨，一年后他牺牲在磐石。

天气暖和起来，萧红却大病一场。症状还是肚子疼痛厉害，后经治疗基本好转，只是身体十分虚弱。距二人计划离开哈尔滨的日子不到一个月。萧军想让她调养好身体以应对路上艰苦的奔波，耐心哄着她到乡下朋友家休养一段时间。开始，萧红说什么也不愿意一个人住在乡下，但男人的意思太过坚定，而自己全身一点力量也没有，虚弱不堪，确实需要调养。即便极不情愿，萧红还是由萧军护送着住到乡下朋友家中。

萧军走后，她一个人待在乡下度日如年。窗外的梨花开了，一树树洁白的花朵让她意识到端午节快到了，自己的生日快到了，离开哈尔滨的日子也快到了。萧红的身体在一天天恢复，能够下炕到院子里的果树下，看看刚长出的小果子。第八天，萧军前来看望，萧红见状就像来看望的是父亲和母亲，一如孩子般委屈，禁不住想起独自一人面对的"那样风雨的夜，那样忽寒忽热，独自幻想着的夜"。虽然明明知道生病是平常的事，可心里还是有莫名的委屈，好像被谁虐待了一般，好不容易才把眼泪强忍住。萧军再次前来看望，她执意要跟男人回家，但男人认为还没有调养好，需要再待几天。实在拗不过，萧红最终还是留下了。梨树上的果子渐渐大起来，她不无娇气地想到"穷人是没有家的，生了病被赶到朋友家去"。在乡下待了13天，萧红终于回到哈尔滨。

离开哈尔滨的日子越来越近，萧红每天带着无比感伤的心情，一件件拍卖亲手置办的日用器具。水壶、面板、水桶、饭锅、三只饭碗、油瓶等等都是她相伴很久的伙伴，舍不得离弃，每每以无比伤感的心情与门外的旧货商讨价还价。该卖的都卖了，那把刻有自己姓名的宝剑，萧军送给了小徒弟。那孩子听说老师要走，哭得很伤心。厨房里的东西卖得空空落落，已经不像厨房，行李都打包了，此前简陋、整洁的家一片狼藉。萧红对没有烧完的榨子、电炉，甚至破皮鞋都无比留恋。本来就心绪不佳，在跟旧货商谈价时常常令她十分不快，他们出的价格以及对这些物件的挑剔让她心生愤怒，他们自然无法理解这些平常旧货之于眼前这位家庭主妇的特殊意义——她曾经那样贫寒、匮乏。

最后几天，二萧忙着向朋友们告别。

1933年下半年，生活稍稍好转后，二萧都萌生了继续学习的念头，在黄之明的资助下，请了一个名叫佛民娜的俄罗斯姑娘做家教，学习俄语。萧红学习认真、专注，进步很快，萧军却因生计而经常四处奔波，加上语言接受能力较差，常常完不成作业。管教甚严的佛民娜，常在表扬萧红的同时批评他不长进，并戏言要拿电线杆打他。临行前两周，萧红告诉佛民娜他们即将离开哈尔滨，俄文也不再学下去了。家庭教师非常遗憾，显出依依惜别的神情。萧红知道她擅长十字绣，便找出一块准备给萧军做围巾的米色软绸，请她绣上点什么留作纪念。俄罗斯姑娘慷慨应允，过了几天，送来的软绸上绣了一行暗绿色的俄文字母，那是她给萧军起的一个略带戏谑意味的俄文名字：印度嘎。

1934年6月11日，二萧在商市街吃完最后一顿早餐就离开了。提起包袱，在萧军上前推开门说"走吧"的那一刻，萧红感到这一情形正像他们刚搬到这里，萧军上前推开这扇半地下室的门，对她说"进去吧"一样。难以言说从那扇门里走出的心情，迈不动打颤的双腿，一颗心在不停地往下沉坠，强忍着的眼泪，到底还是流了出来。萧红转而觉得此刻"应该流一流眼泪"。她不敢回头，径直走出院门，来到街上，曾经熟悉的街市都被丢在后边，心里不断默念着："别了，商市街。"出了熟悉的街市，二萧顺着中央大街往南走，为了摆脱别人盯梢，二人装作上街买东西，然后躲进天马广告社。当晚，在天马广告社二楼，金剑啸、罗烽、白朗等几位朋友为二萧饯行，饭后，他们在里边待了一晚。

第二天，也就是1934年6月12日（农历五月初一），萧红、萧军悄然离开哈尔滨。萧红当时自然不会想到，由此彻底终结了她的"哈尔滨往事"，走上了一条从异乡到异乡的不归路。

第三章　暂避青岛

一座城与两本书

离开哈尔滨，萧红、萧军取道大连前往青岛。在大连，为了等船住在友人家里。两天后，萧军以"刘毓竹"的化名买到去青岛的日本船票，友人王福临送他们登上"大连丸"后便匆匆离开了。两人还来不及习惯三等舱龌龊难闻的气味，几个身穿制服、斜挎手枪的伪满水上警察和衣着平常的便衣便凶神恶煞地围了上来。那些便衣的真实身份是日本海上特务侦缉队。对于这种检查，上船前，萧军就做好了心理准备，并不慌张。但是，见水警们开始搜查萧军全身，大病初愈的萧红脸色苍白，大眼睛里充满不安的神色，萧军脾气火暴，担心他会同对方发生冲突。搜查完身体，为首的一位矮胖警察又对萧军进行了近一个钟头的仔细盘问，近乎刻意刁难。萧红亦被带到另一边接受其他警察的讯问。

20世纪30年代青岛全景

萧军具有良好的军人素质，加之此前在哈尔滨也做过宪兵，即便面对刻意盘问，也能够沉着应对，并没有露出什么破绽。在这一过程中，他亦不断告诫自己要沉住气，不要表现出不满，但盘问者还是明显感到其眼神里蕴含的愤怒和血性在顶撞自己。即便萧军的回答无懈可击，胖警察还是不甘心地边上下仔细打量，边说："我看你不像正经好人，就冲你的眼睛也不像好人，好人没有这样的眼睛。"胖警察准备带他到岸上进一步讯问，萧军霎时有些绝望，怕自己过不了刑讯逼供的考验。好在他随即沉着下来，平静而勇敢，貌似很轻松地走在警察们前面。快要出舱门，胖警察又止住了，将他带到另一边。这时，针对萧红的讯问已经结束，她趴着船舷板上的圆窗，似乎在看海景。看着女人病后那瘦弱单薄的双肩，萧军心里不禁涌上一阵酸楚，刚才自己被盘问时，她那惶恐的眼神同样令他非常心疼。他在内心里不断告诫自己千万沉住气，不要让心爱的女人担惊受怕。胖警察突然改变主意要他打开行李箱让他们彻底搜查。这一过程中，连一张空白的信纸他们也要对着阳光看了又看，萧军故作轻松地在一旁吃苹果。轮船快要起航，一无所获的水警们才悻悻而去，胖警察频频回头看萧军，自言自语道："我总看他不像好人。"

警察们终于走了，听见轮船起锚的声音，萧红骤然感到无比轻松，心胸一如圆窗外的大海，美丽而广袤，看看萧军，男人似在沉思中，片刻无语的对视后，萧军将她揽在怀里，两人默默分享着又一次战胜劫难的大喜悦。他们一起远眺窗外的大海，想象即将开始的新生活。

夜里，二萧来到甲板上观赏海景。萧红内心对那不可知的未来充满兴奋和淡淡的惶恐。三年来，经历的事情实在太多，望着黑沉沉的海面，她一时想起很多，心情变得无比复杂，难以名状，随着轮船的行进，她意识到离故乡的黑土地渐行渐远。沉默良久，萧军告诉她大约明天中午就可以到达青岛。说起白天有惊无险的检查，男人仍然心气难平，愤愤说道："如果再来刁难，我会把他们都丢进海里。"萧红听后神色立时变得极其惶恐，连忙制止道："你胡说什么？"萧军知道自己又让女人不安了，不免有些自责。

海浪激越起来，海风亦不再温暖，在甲板上徘徊良久的二萧回舱睡下——那是个没有梦的夜晚。第二天，当他们看见前方海面上显露出苍翠的山影时，两颗沉寂的心灵霎时变得无比兴奋——祖国近在咫尺。

1934年6月15日（旧历端午节前一天），"大连丸"驶进青岛港的那一刻，

第三章　暂避青岛

百感交集的萧红禁不住满眼泪水地走进这座美丽而陌生的城市。

舒群带着新婚妻子倪青华在码头迎接，并安排他们在倪家公馆住下来。年初来青岛，舒群很快就接上了组织关系，不久，通过熟人认识了倪青华一家。倪青华和大哥倪鲁平都是革命者。作为青岛市政府劳动科科长的倪鲁平，党内身份是青岛市委组织部部长兼地下党机关刊物《磊报》主编。5月，舒群和倪青华基于共同的信仰结为伉俪，这更有利于他们掩护身份开展工作。

20世纪30年代的青岛是个比较特殊的城市，政权掌握在北洋军阀手里，海军司令沈鸿烈兼任市长。此人颇有新政，提倡宪制，将全市划分为几个区，分设区公所进行管理。德国和日本在青岛相互争夺势力范围，国民党只能半公开活动。正因为这样一种特殊环境，一些来自东北的流亡青年和革命者往往以青岛作为暂避地或辗转前往大后方的跳板。青岛的特殊环境也为中共的地下活动提供了方便。1933年秋，中共地下党员孙乐文伙同老同学宁推之等人开办了"荒岛书店"，作为大银行家之子的宁推之被推举为经理。荒岛书店不久成为党的外围组织，孙乐文利用宁推之的上层社会关系作掩护，依托书店开展了许多工作。1934年初，中共青岛市委遭敌人破坏，但荒岛书店并未暴露。不久，中共山东省委指派高嵩担任青岛市委书记，重建市委组织。新市委指示孙乐文以荒岛书店的名义承租当时颇有影响的《青岛晨报》，并以之作为党的又一外围组织。

端午节后，二萧搬进观象一路一号一座二层小楼的底层。他们来青岛前，倪家就出面租好了房子。这座石砌小楼位于观象山山梁上，背山面海、地势高迥，左右两边都可以看见大海。一边是青岛有名的"大港"；一边则是"湛山湾"、"炮台山"、海滨浴场等名胜。小楼正处于江苏路和浙江路的交汇处，北面的一带山冈上竖着很多旗杆，常有不同式样、颜色的旗子升起降落，那是指挥航船出入的信号旗，那山也就是"信号山"。总之，从小楼的每个角度来看，都海景如画。

不久，舒群夫妇亦搬来比邻而居。美丽的风景、宜人的气候，加上舒群夫妇诚笃的友谊，让二萧的海滨生活十分惬意。他们来青岛时适逢孙乐文重组《青岛晨报》的人马，经舒群介绍，萧军化名刘均在报社谋得副刊编辑一职。有传记提及萧红来青岛后开始主编《新女性周刊》，似乎缺乏有力证据。二萧有了安稳的住处，相对稳定的收入，比起哈尔滨，生活有非常明显的改观。他们边工作边写作，舒适、简单然而贫无所苦的生活让他们精神饱满、充满活力。有时，萧红、倪青华一起下厨做饭等萧军、舒群回来共进晚餐，两家人在一起

二萧青岛故居全貌

热络而融洽。暂时安定无虑的生活让萧红的身体一天天强健起来。

左起：萧红、萧军、倪青华、舒群，1934年摄于青岛四方公园（张抗提供）

作家张梅林亦在当年夏天受朋友之邀从烟台来青岛帮助编辑《青岛晨报》，在报社认识了萧军的同时也认识了萧红，因都是酷爱文学且埋头写作的年轻人，不久便十分投契，三人间以三郎、悄吟、阿张相称呼。

第三章 暂避青岛

　　三人平常都是一起到市场买菜，回来后让萧红做俄式大菜汤。经过商市街家庭生活的磨砺，萧红的厨艺大进，俨然一名合格的家庭主妇，擅长用有柄的平底小锅烙油饼。那是令张梅林记忆深刻的美味，萧红弃世后，他在《忆萧红》一文中对此有专门记述。文中还回忆起那个夏天，萧军常常"戴了一顶边沿很窄的毡帽，前边下垂，后边翘起，短裤、草鞋、一件黄色的俄式衬衫，加束了一条皮腰带，样子颇像洋车夫。而悄吟用一块天蓝色的绸子撕下粗糙的带子束在头发上，布旗袍，西式裤子，后跟磨去一半的破皮鞋，粗野得可以"。晚年张梅林仍清晰记得45年前的萧红，长得瘦瘦高高，有些苍白的脸上一双大眼睛神韵十足，性格活泼，待人真率、坦白。

　　工作之余，三人徜徉在大学山、栈桥、海滨公园、中山公园、水族馆等风景名胜，悠闲而快乐。萧红充分享受着这难得的全然没有焦虑的海滨时光。午后，他们常常把自己"抛在汇泉海水浴场的蓝色大海里，大惊小怪地四处游泅着"。不善游泳的萧红在海水淹没胸部的浅滩里，一只手捏着鼻子，紧闭双眼沉到水底努力爬蹬一阵，然后抬起头，来不及睁开眼就边大声呛嗽着，边大声问身旁的阿张："我是不是已经泅得很远了？"她那滑稽而自信的样子梅林觉得实在有些可笑，便如实告诉她其实一点也没有移动，并建议"要像三郎那样，球一样滚动在水面上"。看了看正在

1934年夏萧红在青岛樱花公园（王连喜提供）

拼力游向水架的萧军，萧红却不以为然地批评道："他那种样子也不行，毫无游泳法则，只任蛮劲，拖泥带水地瞎冲一阵而已，我还是有我自己的游法。"说罢，又捏着鼻子沉到水底。这些趣事都成了萧红在青岛的愉快记忆，迷人的海

滨夏天一扫其抑郁,充满了朝气与活力。

梅林读到萧红在《青岛晨报》副刊上发表的小说《进城》,尔后又阅读了她在《跋涉》集中的作品,对她的创作有了更深入的了解。他觉得萧红的文字清丽纤细,下笔大胆,特别是《进城》如同一首抑郁的牧歌。他把自己的阅读感受直率地讲给萧红听,不想,她睁着清澈润泽的大眼睛,一脸真诚地问:"阿张,是这样吗?是不是女性气味很浓?"在左翼文学占主流的红色30年代,萧红或许担心自己作品中的"女性气味"浓郁而有小资之嫌。而梅林在作出肯定回答后接着说:"但是这有什么要紧?女性有她独特的视觉与感受,除开思想而外,应该和男性不同的,并且应该尽可能发展女性底特点的,在她的作品里。"在当时,这真可谓新锐之见,萧红亦感如遇知音。

安稳舒适的生活,激发出二萧强烈的创作冲动。他们都试图写作更大篇幅的作品。萧红在哈尔滨期间发表的《麦场》只是一个长篇构架的开头,现在她要接着写下去,试图完成原有的构思。萧军接着写在哈尔滨就已动笔的《八月的乡村》。两人十分珍惜时间,生活严谨而自律,每天按时工作、按时休息,始终保持着良好的写作状态,生怕虚掷了美好光阴。写作过程中,二人相互激励,相互支持,诚如萧军日后回忆:"每于夜阑人静,时相研讨,间有所争,亦时有所励也。"难得有如此安宁无虑的心态,加之几乎没有工作的外在压力,萧红的写作进展顺利,9月9日,《麦场》全书便宣告脱稿。

萧红用薄棉纸将书稿复写两份,心里充满收获的喜悦,为自己第一次写出如此大篇幅的作品而感到无比骄傲。梅林前来造访,她朗诵其中的部分章节给他听。梅林把书稿借来通读,仍然从中感受到萧红笔触的清丽、纤细和大胆,富有牧歌情调。萧红很想听听别人对这部新作的看法,当梅林交还原稿时,急切问道:"怎么样,阿张?"梅林在充分肯定的同时,亦指出"全部结构缺少有机联系"。对此,萧红十分认同,并说自己一时也难以找到比较理想的解决办法,只好就这样了。《八月的乡村》仍在写作中,听见萧红、梅林关于新作的议论,萧军表现出极不服气的气概,从书架上抽出装订好的原稿册子,轻拍几下,很是自豪地翻动页面,骄傲得像个孩子,对他们说道:"瞧我的呢!"《八月的乡村》最终在10月22日脱稿,这部14万字的长篇小说据陈漱渝先生《白云源自一身轻》一文考证,是萧军根据抗日烈士傅天飞1933年春夏之交向其提供的磐

第三章　暂避青岛

石游击队抗战的真实材料，并结合自身的军旅生活虚构加工而成。

青岛成了中国现代文学史上两部名著的诞生地，见证了二萧的成名足迹。更重要的是，这座美丽的城市给了萧红一段快乐、充实的海滨时光，那份安宁、无虑几乎是萧红成年后仅有的短暂体验。

一封回信

二萧在青岛期间是如何与鲁迅建立书信联系的，至今存有多种说法。

作家肖凤在《悲情女作家萧红》一书中提到，据舒群

萧军完成《八月的乡村》后，摄影志庆（张抗提供）

1979年9月回忆，1934年夏天萧红还在集中精力写作《麦场》的时候，他和萧军曾结伴去过上海一趟，目的是想结识上海文艺界的一些名人，本想拜访作为前辈的鲁迅和同辈的黄源。但是，到了上海因情况复杂，没找到可靠关系，又没有足够的旅费，不能长时间逗留，所以既没有见到鲁迅也没有找到黄源，两人白跑一趟，大失所望地回到青岛。之后，舒群又单独去过上海一次，仍是失望而归。对于此说，有些补充版本还说萧军找到了内山书店，向店员打听鲁迅住址，对方说不知道，后来才知道先生的住址原来是保密的，没有可靠的关系作介绍，内山书店只是一个卖书的场所。另有一说是，舒群、萧军两次结伴到上海找鲁迅，第二次他们直撞内山书店，结果仍是一无所获。

对于二萧在和鲁迅先生建立书信联系之前，萧军到上海拜访鲁迅先生未果的说法，本书认为要么出于人们的臆度，要么记忆有误，似乎并不可靠。如果确有其事，最值得质疑的地方在于，1978年10月21日，萧军对鲁迅先生写给

他们的第一封回信进行注释时，十分详尽地回忆起与鲁迅先生书信往还的始末，但是只字未提他当年到上海拜访先生未果这件事。按照事理逻辑和叙述常理如果确有其事，毫无疑问应该有所提及。在此篇"注释"里，萧军倒是很令人信服地说到他们给鲁迅先生写信的缘起在于那时萧红的书稿已经写完，《八月的乡村》虽然还在写作中，但他们已经在考虑两部书稿的出路，而当时又不能确切知道自己的小说"所取的题材，要表现的主题积极性与当前革命文学运动的主流是否合拍"，因为"知道鲁迅先生是当时领导上海革命文学运动的主帅，所以就写信给他请求指导"。

二萧给鲁迅先生写信的想法之所以最终付诸行动，亦有两种说法。《萧红传》作者丁言昭曾在1979年12月31日和1980年1月8日两次访问张梅林。据张回忆，二萧曾同他谈论过给鲁迅写信的想法。因自己当年在烟台当葡萄园管理员时，经常阅读"左"倾杂志，对上海文艺界的情况比较熟悉，从中得知鲁迅先生经常去内山书店买书、坐聊，就告诉二萧给鲁迅先生的信只要寄到内山书店就可以转到他手上。张梅林那时自然并不认识鲁迅，只是读了他的文章后觉得青年们都向着先生，以之作为精神导师，只要去信一定会得到先生的指导。另一种更被普遍接受的说法是，孙乐文到上海办理进书业务，曾在内山书店偶遇鲁迅先生，并有过简短的交流。回青岛后他向二萧描述当时见面的情形，更激发了他们给鲁迅先生写信的冲动，而当二萧说出向鲁迅先生写信求教的想法后，得到了孙乐文的极力鼓励，并建议萧军把通讯地址落在荒岛书店。即便出了什么问题，书店方面亦可推说不知，是顾客没有经过同意随便留下的。孙乐文向萧军反复强调，不要使用真实姓名和地址以免惹出麻烦。此说出自萧军之口，亦见于萧军夫人王德芬编撰的《萧军年表》，且鲁迅先生的回信确实邮至荒岛书店，似乎更可信。

1934年10月初，二萧以萧军的名义给鲁迅先生写了一封信。信中萧军首先谈到几年前他在诗人徐玉诺的介绍下阅读《野草》的感受，然后说出了自己写作中的一点困惑：不知现在的时代究竟需要什么样的作品。最后，向鲁迅先生提出能否对萧红已完成的书稿提出些批评。值得一提的是，这封信的落款第一次使用了"萧军"这个名字。细心梳理一下会发现，萧军在哈尔滨期间主要使用"三郎"这个笔名，青岛时期化名"刘均"，到上海后，鲁迅先生给二萧的信多称其为"刘军"。他正式使用"萧军"这个名字是在署名"田军"出版了《八月的乡村》之后，即便后来到了武汉，在主要场合还是使用"田军"。

第三章 暂避青岛

之所以取名"萧军",他本人日后在《鲁迅给萧军萧红信简注释录》一书中解释说:"'萧'字的来源,是我很喜爱京剧《打渔杀家》中的萧恩;'军'是为了纪念我是个军人出身的一点意思,并无其他'奥秘'在其中。"关于"萧"字,另有一种不无附会之意的说法,说是萧军籍贯辽宁,古代辽人多姓萧,因而,用此姓含有怀念被敌人占领的故土之意。当然,亦有人认为"萧军"这个名字第一次出现时带有极大的随意性,如曹革成在《我的婶婶萧红》一书中便持此说,似乎亦不无道理。

信件寄出后,二萧对鲁迅先生是否能收到并没有抱太大希望。社会环境如此复杂,他们对鲁迅先生是否会给一个陌生的无名作者回信也没有寄予多大期望,况且,先生是驰名中外的大文豪。还有,二萧想到即便鲁迅先生复信也要过相当长时间。因此,正如萧军日后所说的那样,信件寄出后他们"只是作为一种'希望',一种'遥远的希望'在希望着,在等待着……"鲁迅先生于10月9日收到对于二萧人生来说这具有历史性转折的信。查当天鲁迅日记,载有"得萧军信,即复"。鲁迅先生的回信不久便邮到荒岛书店。二萧、孙乐文以及其他朋友分享了收信后那"难于克制的激动和快乐"。萧军后来回忆:"我把这信和朋友们一起读了又读;和萧红一起读了又读,当我一个人留下来的时候,只要抽出时间,不论日间或深夜,不论在海滨或山头……我也总是把它读了又读。这是我力量的源泉,生命的希望,它就和一纸'护身符录'似的永远带在我身边!"这封意义重大的回信原文如下:

萧军先生:

给我的信是收到的。徐玉诺的名字我很熟,但好象没有见过他,因为他是做诗的,我却不留心诗,所以未必会见面。现在久不见他的作品,不知道那里去了?

来信的两个问题的答复——

一、不必问现在要什么,只要问自己能做什么。现在需要的是斗争的文学,如果作者是一个斗争者,那么,无论他写什么,写出来的东西一定是斗争的。就是写咖啡馆跳舞场罢,少爷们和革命者的作品,也决不会一样。

二、我可以看一看的,但恐怕没工夫和本领来批评。稿可寄"上海、北四川路底、内山书店转、周豫才收",最好是挂号,以免遗失。

我的那一本《野草》,技术并不算坏,但心情太颓唐了,因为那是我碰了许多钉子之后写出来的。我希望你脱离这种颓唐心情的影响。

　　专此布复,即颂

　　时绥

迅 上

十月九夜

　　萧军、萧红日后之所以能够成名上海滩,显然与鲁迅先生的奖掖与提携分不开,这封回信是鲁迅先生与二萧友谊的开始。三十多年以后,萧军在《鲁迅给萧军萧红信简注释录》一书中深情忆及当年得到先生回信时的心情:"读者可能体会得到,也可能体会不到,我们在那样的时代,那样的处境,那样的思想和心情的状况中而得到了先生的复信,如果形象一点说,就如久久生活于凄风苦雨、阴云漠漠的季节中,忽然从腾腾滚滚的阴云缝隙中间,闪射出一缕金色的阳光,这是希望,这是生命的源泉!又如航行在茫茫无际夜海上的一叶孤舟,既看不到正确的航向,也没有可以安全停泊的地方……鲁迅先生这封信犹如从什么远远的方向照射过来的一线灯塔上的灯光,它使我们辨清了应该前进的航向,也增添了我们继续奋勇向前划行的新的力量!"

　　鲁迅先生表示愿意看他们的书稿,二萧自然喜出望外,连忙将《麦场》的抄稿和一本从哈尔滨带出的《跋涉》打包寄出。为了让先生对他们有更加具体的了解,二萧还将一张合影夹在书里。那是他们在离开哈尔滨前夕照下的,萧军穿一件俄国"高加索"式绣花的亚麻布衬衫,腰间束一条暗绿色带有穗头的带子,是哈尔滨男青年的流行装束;萧红身穿一件半截袖子、蓝白色斜条纹绒布的短旗袍,梳两条短辫子,扎两朵淡紫色的蝴蝶结,也是哈尔滨青年妇女的一般装束。这张照片曾被哈尔滨一家名为《凤凰》的文学杂志作为封面。

1934年离开哈尔滨前夕的萧红与萧军

（王连喜提供）

第三章　暂避青岛

鲁迅不久便顺利收到了二萧寄出的书稿，查 1934 年 10 月 28 日鲁迅日记，载有："午后得萧军信并稿"。

　　书稿刚刚寄出，青岛时局骤然有变。国民党的政治压力其实早在两个月前就已经开始加强。中秋节那天，舒群夫妇到岳母家过节，就在当晚，舒群连同倪鲁平、倪青华及其弟弟一起被捕。同时，中共青岛市委书记高嵩亦不幸被捕。事后得知，由于一国民党特务潜入中共组织内部充当内奸，中共青岛地下党组织再次遭到毁灭性破坏。

　　中秋当晚，舒群曾邀萧军一同到岳母家过节，幸亏萧军临时有事未能成行，不然，可能"一网打尽"。虽然逃过一劫，但由于《青岛晨报》、荒岛书店都是中共的外围组织，萧军的处境也变得危险起来。不久，孙乐文告诉他《青岛晨报》随时可能停刊，让他和萧红作好离开的准备。孙乐文的身份已然暴露，随时有被捕的危险不便活动，准备离开青岛。他让萧军出面与"报主"、"印刷厂"接洽办理报馆结束的业务。尔后，萧军一面代表报社办理解除合同的各项事务，一面悄悄把自己的一些东西分批转移别处，因居所大门边就有一处警察派出所，自然不能让他们看出自己有转移的迹象。

　　《八月的乡村》脱稿后来不及誊清，形势日趋严峻，白色恐怖日甚一日。据梅林晚年回忆，不久，报社又发生了一件令大家颇感恐怖的事。一个外勤记者在报道一艘轮船的消息时，被人投诉说扩大了事实，警方就要来抓人，于是就离开报社出走了。接着，报社刘经理也离开了，报纸因之彻底停顿。面对无人负责的报馆，二萧和张梅林决定离开青岛前往上海。

　　报纸停刊，同人星散。二萧和张梅林的经济来源立时成了问题，大家都穷得丁当响，就着大菜汤吃烙饼的好日子不再有了。离开青岛前，萧红和梅林将报馆里的两三副木板床带木凳用一架独轮车拉到街上拍卖。梅林说："木床之类，我们还是不要吧？"不想，萧红睁大眼睛反问道："怎么不要？这至少可以卖它十块八块钱，就是门窗能拆下也好卖的，管它呢！"说罢，蹬着她那磨去一半后跟的破皮鞋，大摇大摆地跟在独轮车后面。

　　孙乐文在离开的头天晚上，把萧军约到栈桥尽头东边那座大亭子的阴影里，简短对他说："我明天就要转移了，也许离开青岛，书店里、家里全不能住下去了，你们也尽快离开，这是给你们的路费。"说罢，交给萧军 40 元钱。深秋的夜风在黑沉沉的海面上激起巨大的波浪，两人都有些抗不住海上深秋的风寒，说话的声音变得不太连贯，而四周恐怖的氛围更让人不寒而栗。萧军感到青岛再也不能逗留，必须马上离开，回家后所做的第一件事就是给鲁迅先生写信，告知自己和萧红马上前来上海，千万不要再来信了。

　　1934年11月1日，二萧和张梅林乘坐一条可能名为"共同丸"的日本轮船前往上海。三人所在的四等舱是船的最底层，塞满了咸鱼包、粉条等杂货，但大家丝毫不以为意，席地而坐有说有笑。

第四章　成名上海

有鲁迅的上海

　　1934年11月2日，二萧和张梅林抵达上海。上岸后，三人在一家廉价小客栈住了下来，稍作安顿便分头去找朋友或租房子。当晚，二萧就住在客栈里，梅林找到住在法租界环龙路的少时同学杨君，决定搬到他的亭子间共住。

　　第二天上午，二萧在拉都路北端发现一爿名叫"永生泰"的小杂货铺门前贴有招租广告，说是后边二楼有个大亭子间要出租。萧军进去看了一下，比较满意。那是一间单独存在不和前楼发生联系的南北向亭子间，面积较大，有单独的侧门直接进出；美中不足的是，房间南面没有采光窗口，只在东面有两扇窗户。二人决定住下来，先交了9元租金，并坚持要二房东开具收据，以防赖账。在东北和青岛的时候，他们常听说上海人如何"小气"、"刁狡"，不好打交道。安顿好行李，二人向房东借来一张木床、一张桌子和一把椅子。孙乐文给的40元路费，除去买船票、付租金所剩不足10元，两人用余钱购回一袋面粉、一个小炭炉，还有木炭、砂锅、碗筷、油盐之类家居必需品。萧军和萧红就这样在茫茫大上海的亭子间安下一个小小的家。这里是23岁的萧红在这个全然陌生的大都市追逐光荣与梦想的起始之所，她的人生由此掀开新的一页。

　　在这个"冒险家的乐园"，即便囊中羞涩迫切等待远在哈尔滨的朋友接济的二萧却并不感到畏惧、茫然。有了鲁迅先生的那封回信，他们觉得还是与这个陌生的城市有所关联，甚至感到一份亲切——这是"有鲁迅的上海"。安家后最要紧的一件事便是给先生写信，他是这对年轻人在这个城市唯一的"熟人"。他们渴望与心目中的精神导师见面，获得支持、力量和方向。萧军晚年回忆，当时只要能和先生见上一面，"即便离开上海，也就心满意足了"。

　　回到客栈，张梅林发现二萧已经搬走，桌上留有一张用钢笔画就的地图，一看便知出自进过陆军讲武学堂的萧军之手，上边十分详细地标明了方向、路标以及弄堂如何拐弯等等，很是专业。拿着地图，张梅林一路上还是问了好几个人才找到二萧的住处：拉都路283号。地方近似城郊的贫民区，二萧的房子临窗有菜园和篷寮，空气清新，探头窗外一望，进入眼帘的是一派绿色的菜园。严冬季节还能看到如此鲜亮的绿色，对于长期生活在北方的人来说自然有些新奇。张梅林禁不住赞叹道："你们这里倒不错啊，有美丽的花园呢！"正在打扫的萧红听后，右手拿着抹布，左手撑腰，装出一本正经的脸孔，以一种近乎庄严的声调反问道："是不是有点诗意？"萧红此举让梅林陡然感到有些陌生，看看她那明显伪装的神情，以及那双平素清澈天真而此时"傲视"一切的大眼睛，再看看一旁忍俊不禁的萧军，刹那间三人爆发出极其释放的大笑。

萧军认为眼前没有一些自然景色很难写作，听了如此高论，梅林揶揄道："那么，你就对窗外的花园做诗吧！"

"首先应该由发现菜园诗意的人写一首诗。"萧军幽幽地把揶揄的矛头指向萧红。

"你别以为我不会写诗！"萧红冲到萧军面前"咆哮"道："过几天我就写两首给你看！"

萧军喜欢看她较真的样子，常常恶作剧般地引动她那天真的气恼，伴随不可自抑的气恼，往往还有那大眼睛里动辄泛溢的眼泪。眼下，"咆哮"过后，萧红的大眼睛里已是泪光点点。萧军则侧着脑袋强忍着不让自己发笑，继续揶揄道："嘿，你好凶啊，是早晨吃了几块油饼的缘故吗？"女人破涕为笑，噙在大眼睛里的泪水顺势滚得满脸都是。

二萧乐观而富有生气的生活感染了梅林。环顾室内，发现地板是由未经细刨的粗木板拼缀起来的，十分粗糙；桌椅、木床都是向房东借的，西墙正中又挂起了那张离开哈尔滨前，金剑啸匆忙中为萧军创作的油画肖像，另有一张与画像尺寸差不多的西洋美人月下抱琴的画片钉在两窗中间的木柱上。在青岛时梅林就知道这两样是萧军至爱的装饰物，他更看见一袋面粉夸张地蹲在房间一角，十分打眼，几捆木炭堆在另一边，萧红爱用的木柄平底锅亦庄严坐在新买回的泥炉子上。简陋的家具、粗糙的地板被萧红擦拭得一尘不染，小亭子间洋溢着浓郁的居家生活气息。梅林没想到他们安家的速度如此之快，禁不住感叹道："怎么一个上午就把这些物件置办齐全了？"萧军说："它们一天也不能少，办齐了放心，那袋面粉和木炭至少可以支持半个多月。"二萧在上海的日子，就

第四章　成名上海

这样以食物和柴火开始度量了，仿佛又回到了安家商市街的时光。不同的是，进入上海滩的他们拥有无边的闯劲，对这个城市也寄托着无限希望。有了这样的精神支撑，萧红一扫往日的哀怨、伤感，乐观而阳光。

二萧的居住条件还有那温馨洋溢、贫苦而富有生气的精神面貌令梅林十分羡慕，不禁抱怨起与朋友同住之所那让人难以忍受的局促、潮湿与阴冷。二萧听后真诚邀他搬来同住，但梅林想到，三人在一起会整天开"座谈会"，相互影响。萧军认为只要制定好规则，军队一样工作起来，就会很有效率。梅林最终还是推辞了二萧的好意。萧红不满意张梅林的再三推辞，心直口快地批评他"有布尔乔亚的臭习气"。

中午，看见萧红从口袋里往外掏面粉，准备做她最拿手的葱油饼，梅林忽然对那袋面粉生出珍惜之情。就像孩子珍惜那颗含在嘴里的糖果，害怕过快化掉一样。他希望那只面粉口袋能长时间地饱满，于是提议为庆祝三人从青岛迁来上海到馆子里好好喝一杯。萧红回过头来，皱着鼻子大声揶揄道："你算了吧！"梅林听出她其实是在责备自己这完全不必要的排场。萧军同样郑重告诫"这是浪费"，并处处彰显其军官本色，俨然训诫手下士兵一般说道："首先我们要把自己的战壕扎稳，这是上海！"梅林诚恳接受二萧的建议，三人买了一斤牛肉回来熬青菜汤送烙饼作为午餐。萧红高超的烙饼技术，让两个男人大快朵颐、唇齿留香。

饭后，三人一起逛逛这人间天堂的大上海。囊中羞涩，娱乐场所自然没有兴趣走进去，只限于在马路上看看风景和人流。在永安公司楼下，三人倒是瞎逛了一通，满眼都是五彩缤纷地陈列着的"环球百货"。二萧更真切地感受到来自这座城市的压力，它的繁华与前卫、富有与喧嚣，好像与自己没有什么关系，不知道是自己走进了这座城市，还是这座城市向他们隆隆开了过来。幽默自然是情绪的调节，萧军指着橱窗里一排排昂贵的巴黎香水，眨着眼睛，故意打趣萧红："你买它三瓶五瓶吧。"

"我一辈子也不会用那有臭味的水。"萧红连忙一本正经地强调。

11月4日，二萧收到鲁迅回信，告知3日的信当天就收到了，而且先前从青岛寄出的书籍、信件和书稿亦都收到并没有遗失。先生婉拒了他们提出的立即见面的想法，说"待到有必要时再说罢"，"因为布置约会的种种事，颇为麻烦"。

如此迅速地收到先生的回信，二萧十分兴奋，霎时减少了对这座城市的陌生感。然而，也因不能立即见面而有些许失望，没想到与先生即便同处一城，见一面居然这么困难。这封回信，鲁迅的语气比较平淡，情绪和态度都明显有所保留，不免令二萧在失望之余另有揣度。当晚，由萧军执笔，两人又写信询问先生的身体情况。此前，他们在东三省的报纸上了解到鲁迅患有脑膜炎。他们在信中再次提出想与先生见面。

5 日收到信后，鲁迅当晚作了回复，说所谓患脑膜炎只不过是上海的所谓"文学家"造出的谣言，并提醒他们"上海有一批'文学家'，阴险得很，非小心不可"。对于见面要求，鲁迅还是婉言拒绝："你们如在上海日子多，我想我们是有看见的机会的。"二萧初到上海，对周围的境况一无所知，对鲁迅的处境更不了解。其时，先生时刻处于国民党特务的监视之下，行动非常不便，对于要求见面的生人非常谨慎。这也是汲取多次教训后获得的经验，因为常常遇到出卖朋友蜕化变质的青年。鲁迅故意延宕与他们见面的时间，实则是想从侧面对他们有更多了解，并曾托胡风打听两人的具体情况。萧军后来自己也听说，鲁迅先生在决定与他们见面之前，曾使人从侧面对他们进行了一番了解，主要想了解是否有什么政治背景或党派关系。

鲁迅的再次拒绝多少给了二萧一些打击。他们收到信后，意识到近期与先生见面似不太可能，失望之余转而想到既然没有当面求教的机会，那就通过书信了解一些急于想知道的"情况"。于是，在 11 月 7 日给先生的信中，萧红、萧军分别连珠炮般地问了一系列问题。鲁迅前两封回信名义上写给萧军一人，实际上是写给他们两人的，提示萧红的地方只是在信结尾分别附有"令夫人均此致候"和"吟女士均此不另"等字样。萧红嫌"夫人"、"女士"的称呼有"布尔乔亚"气，于是在 7 日信中，专就此表示抗议，认为先生不该对她这么称呼；而萧军认为既然先生比自己年长，为何还要称自己为"先生"？萧红的"抗议"和萧军的"质疑"自然近于"天真"，萧军晚年也认为当年那么做"也有点'捣乱'的意图在内"。

面对二萧近于孩子式的天真，鲁迅表现出慈父般的耐心与关爱。在 7 日信中萧红可能也流露出对鲁迅在给他们回信时，只是把她带在信尾顺便问及的不满。鲁迅马上意识到这一点。12 日给二萧回信时，首先称呼就有了改变，由以前的"刘先生"改为"刘、悄两位先生"。这样，写给二人共同的书信在称呼上便得以明确体现，萧红不再附着于男人之后顺便提及。而且，此后只要写给两人的信,鲁迅不仅将他们的称呼这样前后列出,更多时候,将两人的名字上下并排以示平等。这一不起眼的细节,亦可看出先生为尊重萧红,用心之细腻。针对萧军、萧红的质疑、抗议,在回答各种问题之前,鲁迅专就"称呼问题"作了详尽的解释,语带幽默,认为如果一定要对比自己年长者称"先生",那必须时时考察别人的年龄,自然"非常不便";"对于女性的称呼更没有适当的,悄女士在提出抗议,但叫我怎么写呢?悄婶子,悄姊姊,悄妹妹,悄侄女……都并不好,所以我想,还是夫人太太,或女士先生罢"。字里行间的鲁迅凸显一个平易幽默的长者形象。表达"抗议"后,萧红心里多少有些不安,不想接到回信一看,先生的态度竟如此亲切,心中顾虑全消。读着这样的文字,似乎很难将它与以犀利、激烈的言辞与人打笔仗的鲁迅联系在一起。

或许,萧红那稚气未脱的天真与坦率,让鲁迅感受到一种久违的率真,意识到这对流亡关内的东北青年并非自己平素所遇到的那种江浙才子,戒备之心随之松弛。年轻人近于幼稚的真率让他感到轻松愉快,在一种十分自然的亲近中,亦不忘给他们一些提醒,语气和用心宛如慈父:"稚气的话,说说并不要紧,稚气能找到真朋友,但也能上人家的当,受害。上海实在不是好地方,固然不必把人们都看成虎狼,但也切不可一下子就推心置腹。"来信中,萧军问到在他所接触的人中,究竟青年人好一些还是老年人好一些,以及青年人的稚气和不安定是否算是"毛病"。鲁迅由此自然谈到对青年人的看法,认为青年有好的,也有坏的,现在稚气和不安定的青年倒并不多,所遇见的十之八九少年老成,城府也深,大抵不和他们往来。很显然,这封回信的内容前后存有参照,其实,也是鲁迅在以自己的方式表达了对二萧的认同与亲近。或许,正是萧红身上那份全然没有雕饰的天真与稚气,让鲁迅很大程度上撤掉了对他们的防范与试探,萧红在来信中还问他当了18年教授是否有先生的架子?怕不怕人?是否尽讲规矩?另外,还不忘称赞了他的字。对此,先生都一一作答,在他看来,提问者只是一个任性而稚气未脱、需要呵护的孩子。

鲁迅还以一种夸张的方式显示信尾称呼的变化,一反以前的问候方式,写上"此复,即请,俪安"几个字,处处彰显男女平等。更有意思的是,一向满脸严肃的先生,亦童心焕发不忘对萧红幽上一默,在"俪安"右下角,写上一行小字:"这两个字抗议不抗议",并以一小斜箭头将这行字指向"俪安"。相对于信尾,鲁迅在信头称呼上的变化,却是悄然而用心。

在张梅林眼里，一如在青岛，二萧在上海亭子间里的工作同样很有秩序，每天都严格规定了写作和休息时间，几乎像战士一样刻板、刻苦，上海的奇异与繁华之于他们全然没有诱惑。梅林苦恼于自己始终处于浮躁中，常常被朋友拉到街上闲逛，往往在疲倦、厌恶之余来到二萧处大诉其苦。然而，他也了解到二萧的刻苦，暂时并没有换来什么，投寄出去的文稿都石沉大海。萧红沮丧于连封退稿信也收不到。眼见墙角的面粉口袋日见干瘪，梅林对他们说："听说上海的文坛就是这样的，那袋面粉再低下去，你们该怎么办呢？"萧军假装不以为然，开玩笑说如果没吃的了，就到一流的大菜馆里，靠拳头吃白饭。萧红听后，大眼睛不停闪动，润湿而激动，仿佛在想象一件即将到来的事情。梅林意识到她说不定又当真了，便对萧军说："你这是电影里的场面，不必表演。"萧军背着手踱了几步，仍用他素来顽强的声调坚决地说："前途永远是乐观的！"

《八月的乡村》在青岛只是完成初稿，来不及修改二萧就匆匆迁来上海。趁一时找不到具体的事情可做，萧红催促萧军将它修改、整理出来。然而，初来上海，立足未稳，加之生计压迫，萧军自感心气浮躁，修改时对自己写出的东西很不满意，越看心情越坏，"很憎恨自己写作本领的低能，有时竟至改不下去了"，甚至想一把火烧掉。在萧红的鼓励、督促下，他最终将《八月的乡村》修改整理了出来。尔后，萧红用日本制造的美浓纸将整部书稿抄录一遍。第一次在南方过冬，萧红很不习惯，屋内屋外一样寒冷，她只好披着大衣，流着清鼻涕，不时搓搓冻僵的手指，硬是一字一字地将十多万字的书稿抄写了一遍。

那袋面粉到底没有支持半个月就告罄了，两人不名一文。那种日制的美浓纸只在北四川路底的内山杂志公司有售，最后一次买纸，萧红当掉一件旧毛衣换得七角钱。这点钱如果买纸就不能坐车，如果坐车就没法买纸。好在萧军能吃苦，硬是走去走回把纸买了回来，由于皮鞋不跟脚，到家后双脚红肿，后跟鲜血淋漓，萧红见状很是心疼。

往后的生活全然没有着落。两人十分焦虑，写信向哈尔滨"牵牛坊"的老朋友黄之明求助，但一时远水难解近渴。在这人地两生的上海，只有素未谋面的鲁迅先生是唯一的"熟人"。思忖再三实在无法可想，只好在11月13日"觍颜"去信暂借20元应对生计。毫无疑问，这自然是需要积聚巨大勇气才能作出的决定。萧军晚年仍对此心怀愧怍，回忆道："要知道向鲁迅先生开口'告帮'，这对于我们是多么大的痛苦和'难堪'啊！但是当时、当地……又有什么办法呢？"而且，为了不至于坐吃山空，萧军在信中还请先生帮忙找点临时工干干以

第四章　成名上海

维持生活。另再，也想通过内山书店早点将抄好的《八月的乡村》交到先生手里。在 17 日的回信中，鲁迅首先解释前两信没有"即复"是由于自己已生病十来天，精神较差，一天能做的事情很有限。对于萧军帮忙找工作的请求，先生表示爱莫能助，因为自己的交际面很狭窄，但对于告借的 20 元，倒是"可以预备着的，不成问题"。鲁迅还就萧军问及姚蓬子的变化而谈到一些年轻左翼作家的转向，由于对这些"文学家"本质的深刻认识，他对此已是见怪不怪。

在这封回信开头，鲁迅第一次向二萧谈及自己的病和身体状况，说现在比起前些天好多了，全面检查过身体后，得出的结论是"要死的样子一点也没有"，因请他们放心，且不无幽默地说："我还没有到自己死掉的时候。"匆忙展读中，二萧看到"我要死"等字眼，顿时惊慌不已，待看到后边的"一点也没有"，两人又孩子般大笑起来。知道先生还健康，萧红兴奋地拍着小瘦手，大眼睛里早已噙满泪水。每次给鲁迅写信，除了萧军问些关于"左翼作家"、"左翼文学"以及文学创作等"庄严"的问题外，萧红不断有她那孩子般的好奇。13 日信中，她问到鲁迅先生现在都和谁生活在一起，还有，自己当初在北京读书时，就听说先生喜欢壁虎，于是特地问是否真的如此。鲁迅回信告诉她上海家中有女人和孩子，并说如果没有见过《两地书》当送给他们一本。还说母亲现住北京，"大蝎虎也在北京，不过喜欢蝎虎的只有我，现在恐怕早给他们赶走了"。面对萧红孩子般的提问，鲁迅的回复似乎也不自觉焕发出一份难得的轻松与喜悦，凸显于字里行间的形象，像一个温柔敦厚的长者注视着仰脸提问的孩子，那样无须设防。

与鲁迅间频繁的书信往还是二萧战胜困厄的精神支撑。萧军晚年深情忆及当时收读鲁迅先生的回信是他和萧红"每天生活中唯一的希望和盼望"，"就如空气和太阳那样的重要和必需"，只要先生回信稍迟便十分焦虑。这自然并非夸大之辞，两个年轻人一直生活在东北，一旦到上海便犹如身处异国，语言不通，风俗两异，亲朋全无，时刻面对的是一个极其陌生而严峻的世界，就像孤悬于茫茫夜海之上。基于对二人细腻而深刻的知解，鲁迅事实上一直在以自己的方式给他们以帮助，对两人的来信，除生病外，几乎见信即复。先生的每封回信都带给二萧新的希望和新的兴奋，读信是他们寂寞困苦中最快乐的时光。除在家中一次次诵读之外，外出时亦郑重藏在衣袋里，不时用手摩挲着，生怕这给他们带来巨大精神慰藉的文字会失落或被别人抢走。因为有鲁迅，上海在二萧眼中具有全然不同的意义。他们在大贫困中享受着大富足，在大寂寞中感到大慰藉。先生那些回信不断给予他们战胜一切困厄的力量。

每天午饭或晚饭后，二萧都要沿着拉都路向南散步。如果上午收到先生的信，吃过午饭二人便花六枚小铜板买两小包花生米，每人一包装在口袋里，边吃、边走、边漫谈。花生米总是萧军先吃完，萧红见他已吃完了，便故意一粒一粒慢慢往嘴里送，孩子般地馋萧军。当然，有时也表示友好，以一种"怜悯"的表情，把一粒花生米高举在手里送到萧军面前。男人往往因为自尊不肯接受，有时实在"盛情难却"，还是接受了萧红这友好的馈赠。等到路上行人车辆渐渐稀少便由装着书信的那个人拿出来再次悄声读一遍，另一位则静静听着，重温一遍有如与先生晤对的喜悦。这是他们最大的物质与精神享受。先生的信自然不止读一遍，有时一人读毕，另一位还要再读一遍。此刻的二萧俨然两个大孩子，时而大笑，时而叹息，情绪稍稍引动，萧红的大眼睛里便泪水泛溢。

19日给鲁迅的信中，二萧又罗列了一堆问题。先生几乎被这两个"孩子""逼"得只有招架之功，不得喘息，许多问题用笔无法说清楚。次日回信说："许多事情，一言难尽，我想我们还是在月底谈一谈好，那时我的病该可以好了，说话总能比写信讲得清楚些。"先生又怕这样的回复会让他们以后不敢给自己写信，于是又心思细腻地强调说："但自然，这之间如有功夫，我还要用笔答复的。"

霞飞路上来来往往的俄国人较多，整条街道很有哈尔滨中央大街的风情，不禁引动萧军的思乡之情，加之此前学过几句半吊子俄语，于是一有机会就喜欢在霞飞路上与随便遇到的俄国人讲几句俄国话。在信中，他特地把这告诉了先生，不想引起鲁迅的极大担心，回信严厉警告说："现在我要赶紧通知你的是，霞飞路的那些俄国男女，几乎全是白俄，你万不可以跟他们说俄国话，否则怕他们会疑心你是留学生，招出麻烦来。他们之中，以告密为生的人们很不少。"

终于可以与先生见面了。读信后，二萧的兴奋和喜悦难以言说，如同两个盼望过年的孩子。他们开始掰着指头计算到月底的天数，对即将到来的见面充满无限想象，猜测可能的见面地点，想象先生的真实相貌、穿衣服的样式以及见面时可能会有的情形。两人的兴奋辐射着冷清的亭子，小小的空间立时便有了新的气氛，仿佛提前进入了明媚的春天。想象不一致时，萧红还认真地与萧军发生争执，各执己见，互不相让。大惊喜已然将他们变成两个快乐无比的孩子。鲁迅急切的警告在让萧军有些后怕的同时，亦惭愧因自己的浅薄无知让先生操心。萧红还从回信中了解到先生有一个"足五岁""淘气得可怕"的男孩。

第四章 成名上海

不久，二萧便收到鲁迅的见面邀请信：

刘吟先生：

本月三十日（星期五）午后两点钟，你们两位可以到书店里来一趟吗？小说如已抄好，也就带来，我当在那里等候。

那书店，坐第一路电车可到。就是坐到终点（靶子场）下车，往回走，三四十步就到了。

此布，即请

俪安

迅 上
十一月二十七日

日夜盼望的日子终于到来了。先生所指的书店自然是"内山书店"，坐落在北四川路底一条横街的北侧，面向南正对着北四川路大街。萧军此前去过两次，并不生疏。两人按照约定的时间来到内山书店，鲁迅先生已经先到，坐在柜台里面另一套间里的桌子前面，边检点摊在桌上的信件和书刊，边与人用日语交谈着，内山老板陪在一旁。见二萧进来，鲁迅起身径直走到萧军跟前问道："您是刘先生吗？"萧军点点头然后低声答应。鲁迅说了句"我们就走罢"，便走进书店内室，把桌上拣好的信件、书刊迅速包进一幅紫色底子带有白色花朵的日式包袱皮里，挟在腋下并不和谁打招呼径直走了出来。当时在书店看书买书的人不多，加上鲁迅手里有二萧的照片，另再，初来上海，他们的穿着打扮与上海人很不一样，因而先生能一眼认出来。

二萧保持着一定距离默默跟在先生后面。先生走路利落而迅速，当天没戴帽子，也没围围巾，只穿了一件黑色的短长袍，下穿窄裤管藏青色的西服裤子，脚上一双黑色的橡胶底网球鞋。凝视着走在前面的先生那瘦弱，然而挺直的黑色背影，萧红脑海里不断浮现刚才所见到的他那大病初愈的容貌：森森直立的黑发、两条浓密而平直的眉毛，一双眼睑微微浮肿的大眼睛，突出的双颧、深陷的两颊，一片苍青而近于枯黄灰败的脸色，没有修剃的胡须，还有被香烟熏黑，因极度消瘦而显得特大的鼻孔。萧红、萧军难以把眼前如此苍老、病弱的老人与心目中写出无数雄文的鲁迅联系在一起，没想到他竟然如此瘦弱。如果不被暗示自己就是鲁迅，萧军甚至疑心眼前的老人是一个落拓的鸦片吸食者。现实与想象的落差，让二萧同时有难以克制的悲哀。

鲁迅带着二萧跨过一条东西横贯的大马路，然后经路南人行道又向西走了一段，来到一家咖啡馆前，非常熟悉地推门进去，二萧也跟了进去。一个胖胖的秃顶外国人很熟识地过来招呼鲁迅先生，他拣定靠近门边的一处座位让二萧坐下。座位十分僻静，因靠近门侧，进门处又有一个小套间，如果一直走进去，一般不会注意到这里，而座椅的靠背又特别高耸，邻座之间也看不见对方，俨然一间小屋子。加之进店时间刚好午、晚之间，咖啡馆不大的厅堂里客人很少，更难见到中国人。这里自然是比较理想的倾谈之所。鲁迅后来告诉二萧这座咖啡馆主要是以后边的"舞场"为生，白天没有什么人来，更不用说中国人，所以他常常选这里与别人接头、倾谈。坐定后，侍者送上先生要的一壶茶和一些点心之后就离开了。萧红急于见到夫人和孩子，不等鲁迅开口就劈头问道："怎么，许先生不来吗？""他们就来的。"鲁迅的浙式普通话，萧红似乎听懂但又不太明白，大张着她那两只受了惊吓似的大眼睛定定地望着他。正在这时，海婴抢在前面，嘴里咕噜着二萧听不懂的上海话走了进来。待许广平走近，鲁迅简单而平静地为他们做着介绍："这是刘先生、张先生，这是密斯许。"许广平伸手和二萧恳切地握起来。萧红面带微笑地与许先生握手，大眼睛里不觉噙满泪水。此前，她听到谣传说鲁迅夫人是个交际花，还在信中向鲁迅报告这件事，因而，见面后许广平笑着问萧红"看我像个交际花吗？"萧红不好意思地笑起来。第一次见面，除了苍白的脸色，萧红那些花白的头发给许广平留下了比较深刻的印象，后来，她在《忆萧红》一文中写道："何必多问，不相称的过早的白发衬着年轻的面庞，不用说就想到其中一定还有许多曲折的生的旅程。"

萧军先谈了他们从哈尔滨出走的情况，在青岛的情形，以及来上海的原因，还概括说了说东北、哈尔滨被日本占领后的景况。鲁迅概略讲了讲国民党在上海对左翼团体和左翼作家的压迫、逮捕和杀戮，还有左翼内部的宗派斗争。萧军听后愤怒得不能自制，认为左翼作家们不能像驯服的绵羊随便由他们抓捕、杀戮，竟天真地向鲁迅建议："我们每人准备一支手枪，一把尖刀罢！"先生很惊讶地问："这做什么？"萧军又发挥了一通他那"拼命哲学"。鲁迅先生听后默默一笑，吸了口烟，然后说道："你不知道，上海的作家们，只能拿笔写，他们不会用枪。"

第四章　成名上海

临别，鲁迅将一个信封放在桌上，用手指着对二萧说："这是你们所需要的。"二萧明白这是他们向先生告借的 20 元钱。萧军见后感到内心有些酸痛，尽管他们后来用哈尔滨朋友寄来的钱还补了，但是，直到晚年萧军仍对此耿耿于怀，40 多年后他还谈到，这次告借"留在我心上的感念的创痛，直到今天它们还在隐隐作痛着！……所谓'涸辙活命一滴水，胜似西江波'是也"。当时，二萧连坐车回家的零钱也没有。萧军坦率地向鲁迅说出了自己的困窘，先生从衣袋里掏出大大小小的银角子、铜板放在桌上。萧军拿好零钱，然后将《八月的乡村》的抄稿交给许广平。出门前，许广平拉住萧红的手依依不舍地说："见一次真是不容易啊！下一次不知什么时候能再见！"鲁迅怕萧红一时难以理解许广平的意思，解释说："他们已经通缉我四年了。"二萧听后十分震惊、心痛，同时也理解了先生与自己见面的慎重。了解到这一层，他们感到这次相见也就更加珍贵和不易。走出咖啡馆，临上车许广平还和萧红四手相握，恋恋地说着话。电车开动，鲁迅还直直地站在那里目送，许广平频频招扬手里的手帕，海婴亦挥着小手。在白色恐怖的上海，鲁迅与朋友间的每一次日常分别都犹如永诀。萧红望着窗外先生一家三口与自己和萧军惜别的样子，内心弥漫着说不出的感伤。她更为可哀地想到，瘦成这样的先生却仍在受着当局一步也不放松的迫害。一路上，她不断回想起先生所给予自己的印象，大冬天还穿着胶皮底鞋子，连条围巾也没有，棉袍子的布黑得也不正确，而且那样单薄，不合身。她十分后悔给先生看的两部抄稿因为节约纸张字都写得太小，且是复写，看起来一定非常吃力。

1934 年 11 月 30 日，这个上海冬季常有的一个没有太阳的阴暗日子对于二萧来说具有非同寻常的意义。萧军晚年多次清晰地回想起它，1978 年他回忆说与先生第一次见面"距现在已经是四十多个年头过去了，但这印象对我是真切而清楚的啊！一如是昨天……那时鲁迅先生的年龄是五十四岁，我是二十七岁，许广平先生是三十六岁，萧红是二十三岁"。

见面回来，鲁迅先生的瘦弱与苍老令二萧心情沉重，久难缓释。萧军一想到自己一个年轻力壮的小伙子居然用先生的钱便感到羞耻，看了先生的样子之后，内心更感到无比刺痛。为着这份愧怍和悲哀，他们在 12 月 2 日、4 日连写两信表达不安。6 日，鲁迅回信进行了一番宽慰。关于身体，他说："我知道我们见面之后，是会使你们悲哀的，我想，你们单看我的文章，不会料到我已这么衰老。但这是自然的法则,无可如何。"他还说到自己的身体此前并不坏,只是现在总觉得精力不及先前,但最终还是将身体的变化轻松推给了自然法则:"一个人过了五十岁,总不免如此。"对于二萧因告借而生成的心理负担,先生在信中不无幽默地宽慰道:"来信上说到用我这里拿去的钱时,觉得刺痛,这是不必要的。我固然不收一个俄国的卢布,日本的金圆,但因出版界上的资格的关系,稿费总比青年作家来得容易,里面并没有青年作家的稿费那样的汗水的——用用毫不要紧。而且这些小事,万不可放在心上,否则,人就容易神经衰弱,陷入忧郁了。"同时,还劝二萧亦不要愤怒于当局对他的迫害,认为"这是不足为奇的,他们还能做什么别的?"信中,鲁迅还回答了二萧所提出的一些问题,包括萧红问及孩子的名字叫什么,以及她在阅读《两地书》时不明白"阿菩"是谁,先生是否像传闻所说的那样嗜酒等等。

12月10日,鲁迅在回复二萧8日信时,深入谈到上海文坛的景况以及左联的历史与现状。现景虽然都并不如意,但素来讲求韧性战斗的鲁迅还是比较乐观。为了让二萧有书可看,他还随信寄去自己所翻译的《桃色的云》《小约翰》《竖琴》《一天的工作》各一本。

一桌新师友

导致二萧境况的实质性改变,源自随后鲁迅夫妇为之精心设计的一个饭局。12月18日,他们很意外地收到了鲁迅、许广平的邀请信:

刘
　先生:
吟

　　本月十九日(星期三)下午六时,我们请你们俩到梁园豫菜馆吃饭,另外还有几个朋友,都可以随便谈天的。梁园地址,是广西路三三二号。广西路是二马路与三马路之间的一条横街,若从二马路弯进去,比较的近。

　　　　专此布达,并请

　　俪安

　　　　　　　　　　　　　　　　　　　　豫
　　　　　　　　　　　　　　　　　　　　　　同具
　　　　　　　　　　　　　　　　　　　　广

　　　　　　　　　　　　　　　　　　　十二月十七日

第四章 成名上海

很显然，11月底的见面，二萧给鲁迅夫妇留下了良好印象，显然不是先生素来讨厌的矫揉造作的"江浙才子"，或那种寄生于小报的上海"文学家"。为了给予切实的帮助，好让二人早点进入上海文坛，不至于因人地两生的寂寞而沉沦，鲁迅夫妇借给胡风初生子做满月的名义请客吃饭，其目的是想把二萧介绍给周围的朋友，扩大其交际，以便将他们引进上海的进步文化圈和出版界。鲁迅对这个饭局非常重视，查1934年12月18日鲁迅日记载有："往梁园豫菜馆定菜"。可见，为了引荐二萧，他还特地提前一天到菜馆定菜。而且，邀请信是以他和夫人许广平的名义共同发出，表示鲁迅全家对二萧的欢迎。而对许广平的尊重，同样不动声色地体现在信尾的具名方式上。

18日，收到这封非同寻常的短简，二萧都不敢相信这是真的。他们意识到，这是先生全家对他们两个寂寂无名的年轻人的接纳。二萧难以言说内心的激动，以及那惯于漂泊的苦难心灵一旦被一种伟大的温爱收容后的喜悦与幸福。那处处显示鲁迅细腻用心和温和关爱的寥寥数语在他们手里来回传递。尔后，两人又一起捧在胸前共读，激动的心情让捧信的双手不停颤抖。萧红脸上早已淌满泪水，激动和喜悦、幸福和感动再次将他们变成两个大孩子。萧军晚年深情回忆起当时的情形说："我们这两颗漂泊的、已经近于僵硬了的灵魂，此刻竟被这意外而来的伟大的温情，浸润得近乎难以自制地柔软下来了，几乎竟成了婴儿一般的灵魂！"

从巨大喜悦的晕眩中沉静下来之后，萧红看着萧军身上的衣服若有所思；萧军则马上找出一张上海市的市区地图，确定好鲁迅先生在信中提及的一条条街道，用手指估量出图上距离，然后根据比例算出实际的大致路长，接着找到所有可能的乘车线路。他像个军人根据地图对方向、地形以及地上建筑物作了一番想象和研究，直到一切心中有数才松了口气。专注中，他感到萧红似乎在向他说着什么，至于内容却一句也没有听进去。等他抬头看着女人，并想和她说点什么，才发现萧红一直在用那双湿漉漉的大眼睛看着自己，不等他开口告诉其军人般研究之后的结果，便揶揄地问："你要出兵打仗吗？和你说话竟装作没听见，一个劲儿在那张破地图上看来看去，又用手指量来量去，简直像个要出兵打仗的将军！"萧军对刚才被冷落一旁的女人解释说，总得把方向、地点确定下来，心里有谱省得到时候临时瞎摸乱撞，尔后，忽又想起什么似的对她说："你要和我说什么？"

"我想和你说……"自言自语的萧红走到男人跟前,伸手扯扯他的罩衫袖管,若有所思地接着说:"你脱了外套,就穿这件灰不灰、蓝不蓝的破罩衫去赴鲁迅先生的宴会吗?"

萧军说:"那穿什么?我又没有第二件……"

"要新做一件!"女人的语气已不由分说。

萧军自然想到在目前的经济条件下,为赴宴而做新衣服显然是不现实的奢侈,便以"没必要"断然拒绝了她的主意,同时晓之以理:"上次会见鲁迅先生,不也就是穿这件罩衫吗?"听萧红回答说"这回有客人",萧军继续争辩道:"先生信上说不都是几个可以随便谈天的朋友么?他认为是可以随便谈天的朋友,我想不会有什么高人贵客,左不过是些左翼作家们,我以为他们不会笑话我的罩衫吧。"

"你这个人!……真没办法!"

女人似乎有些生气,转而,大眼睛闪亮、兴奋起来,一把抓过床上的大衣随便披在肩上,一扭身子冲了出去。紧接着楼梯间便传来一阵急促的下楼脚步声,听节奏似在小跑。男人被莫名其妙地剩在屋内,刚才来不及问她为什么生气,也没问她出去干什么。然而,以自己对萧红的了解,此时,断然不能阻止她,更不能在后边追赶。根据以往的经验,出现类似情况,她不会回答什么,亦不可能听从任何劝阻;如果她在前边跑,自己在后面追,她会跑得更快,最好的应对就是随她去。往往过了一段时间,她会什么事也没发生过一样,又孩子般边跳边叫地回来。

大约两小时后,又听见萧红那熟悉的上楼脚步声,依然是脚不点地的急促,进门后,萧军假装没听见,继续看自己的书。忽然,他感到一卷软绵绵的东西敲打在头上,同时,听见女人那笑眯眯的责备:"你没听见我回来了吗?"萧军这才慢慢扭过头,歪动一下嘴角假装说:"没听到……我什么也没听见!"

"坏东西!——看,我给你买了一件衣料!"

萧红边说边用双手拎着一幅黑白纵横的方格绒布料站在男人面前。萧军意识到刚才敲打自己的原来是这块布料。继而,他陡然担心女人会因此将家里的所有余钱花掉,心情沉重地问:"买它干什么?"

"我一定要给你做一件礼服,好去赴鲁迅先生的宴会。"萧红抖了抖布料又仔细地看了又看,然后问待在一旁满腹狐疑的萧军:"好不好?你喜欢吗?"萧军嘴里说着"好,喜欢",心里其实是怕她再生气,既然已成事实,最好还是让步。接着,萧红让猜布料花了多少钱,萧军没有心思,害怕明天乘车的钱又没有了。最后,萧红只好告诉面前这个有些"无趣"的男人,这块布料是从一家"大拍卖"的铺子碰巧买到的布头,只花了七角五分钱。对于这差不多白捡的便宜,她急于想知道是否够给男人做一件罩衫,急切地命令萧军:"站起来,让我比量比量,看够不够?"了解到布料的花费,萧军心里总算轻松下来,心想任性的女人并非全然不顾日子,家里剩下的余钱仍可维持一段时间的生活,起码不用担心明天的电车费。前次会面的经验对他来说实在太过尴尬——再也不想向鲁迅先生借钱搭电车回家了。

参照萧军身上的罩衫比量了一下,又从皮箱里找出他在哈尔滨时夏天常穿的那件"高加索"式立领绣花大衬衫铺在床上,萧红然后用新买回的布料仔细比量一番,竟拍手跳脚地高声叫嚷道:"足够啦!足够啦!"萧军不明白她缘何如此激动,更无法想象短时间内这块布料如何变成她所谓的"礼服",便一本正经地对激动不已的女人说:"你知道,明天下午六点钟以前,我们必须到达那家豫菜馆!你难道让我像个印度人似的披着这块布头儿当礼服吗?"

"傻家伙!我怎么能让你当'印度人'!你等着瞧,明天下午五点钟以前,必定让你穿上一件新礼服去赴鲁迅先生的宴会,显显我的'神针'手艺!"萧红的语气充满不容置疑的自信。

原本就没有阳光的亭子间早就昏暗下来。在一盏昏黄的电灯下,萧红铺开布料开始剪裁,一直忙到深夜。第二天一大早天还没亮便起床开始飞针走线。虽然早就知道萧红擅女红,但在几小时内一针一针缝制起一件样式复杂的衬衫,萧军委实没有信心。女人几乎不吃不喝不停不休地缝着,美丽而纤细的手指不停地上下飞动,一言不发,全当萧军不存在。果然,19日下午5点之前,一件全新的"礼服"终于诞生,样式全然仿照那件高加索式立领、套头、掩襟大衬衫,只是袖口略加改良地束缩起来,而花边实在来不及绣上。

萧军顺从地穿上新礼服,在感叹女人神针技艺的同时,没想到"礼服"穿起来竟如此合身、舒适。

"过来!试试看。"

"扎起小皮带!围上这块绸围巾!"

"走开,远一些,让我看一看!……"

萧军完全听从萧红的指令,在亭子间走来走去,像个列兵。萧红接着命令立正站住，他马上按照《步兵操典》里的规定站在她面前。萧红从正面、侧面、后面打量穿上"礼服"的萧军，眼光挑剔得有如专业设计师，尔后，又让他回到原来位置，从远处注视、观望一番。

一切都是那么完美，萧红收获着大疲劳之后的成就与喜悦，当四目相对，两人无法克制那份欣喜和感动，萧红雀跃到男人身边，萧军顺势将其揽入怀中，两人紧紧拥抱在一起，几乎融为一体。

二萧赶到豫菜馆，许广平正在客房门口张望，像是在等待他们。屋内除鲁迅夫妇、海婴外，萧红看见还有几个全然不认识的客人都早已经到了。见萧红到来，许广平犹如见到多年不见的故友，表现出女人间特有的热情和关切，一臂将她拦抱过去，海婴亦掺在中间，她们耳语着来到另一间客房，似乎在说些女人间的私密话题，十多分钟后才回来。这时，侍者询问鲁迅是否可以布菜，许广平看了一眼腕上的手表，向鲁迅征询意见："现在快七点了，怎样？还等他们吗？"鲁迅爽利作出决定："不必了，大概他们没有收到信，我们吃吧。"

鲁迅、许广平所指的"他们"是指胡风、梅志夫妇。据胡风1981年回忆，他们那次赴宴不成是因为鲁迅的请柬寄到了梅志家，被小姨子耽误了，第二天才送到他们手里。鲁迅当晚的目的就是介绍他和另外几位朋友与二萧见面。胡风夫妇事后了解到让鲁迅先生他们久等，很是过意不去："我现在想起还感到对不起当时鲁迅先生的一片精心安排，他是要我带着妻子和初生的婴儿一同赴宴的。"

当晚，除鲁迅一家三口和二萧外，还有茅盾、叶紫、聂绀弩及夫人周颖，一共9人。萧红迅速打量了一下四位陌生的客人。待侍者布好菜后，许广平出门看了一下，回来在鲁迅耳边轻声说了个"没"字后，鲁迅这才以主人身份向二萧介绍今晚他们所不认识的客人，尔后，将他们介绍给对方。不过，介绍生人时，先生多用暗语，对他们的真实身份多有隐晦，介绍茅盾时说："这是我们一道开店的老板"，但并不说他的姓名。萧军感到客人之间彼此似乎都很熟识，只有他和萧红是外来的"闯入者"。对这些客人，他有些茫然无知，又不便询问，更无从猜测，对于鲁迅介绍为"叶先生"的西装青年，以为可能是《小小十年》的作者叶永蓁。

这是一家以吃烤鸭为主要特色的豫菜馆。二萧来上海后难得消受如此美食，可谓大快朵颐。席间，萧军更感到他们相互间的谈话也多用"隐语"、"术语"，

第四章 成名上海

听起来有些莫名其妙。看见那位姓聂的先生不停地给夫人挟这样那样的菜,而那位周女士亦并不客气,萧军觉得很有趣,于是学着他的样子也给萧红挟取她不容易挟到,或伸长手臂去挟又觉不好意思的菜肴。萧红很不自在,暗暗在桌子底下用手制止。出于礼貌或"不甘寂寞",二萧也讲了一些东北的风俗习惯和发生的事情,大家都专注地听着。萧军提出想买几本俄文书,茅盾十分诚恳地为之作了一番指点,让他在心里暗暗佩服——"这位老板的文化知识还很丰富咧!"

茅 盾

第一次见面时,萧红并不知道海婴的名字,后来在给鲁迅的信中专门问及。这次,她特地为海婴准备了"见面礼"。席间,拿出一看便知不知经过多少年代用手滚弄过,呈醉红色的两只核桃,光滑滑的在桌上闪动。"这是我祖父流传下来的",萧红对海婴说:"还有这对小棒槌,也是我带在身边的玩艺,是捣衣用的小模型,通通送给你。"那对枣木镟成的小棒槌是当年离开大连时,朋友王福临赠送的。

晚宴将近9点才散,叶紫主动走过来与萧军互相交换了地址。二萧相互挽着胳膊脚步轻快地走在大街小巷,觉得自己是这世界上最幸福的人。一路上,萧红告诉萧军四位生客的真实姓名和具体背景,并说明席间留出的空位子是为胡风、梅志夫妇预备的。这些都是饭前饭后许广平悄悄告诉她的。饭前许广平之所以到外边看看,是怕他们被国民党特务盯梢。这次晚宴,除萧军身上那件哥萨克式的方格衬衫夸示着"天真无邪的喜悦",给了许广平较为深刻的印象外,更加深了她对萧红的了解。1945年,在《忆萧红》一文中,许广平详细描述了在这次宴会上所见到和所了解到的萧红:

> 中等身材,白皙,相当健康的体格,具有满洲姑娘特殊的稍稍扁平的后脑,爱笑,无邪的天真,是她的特色。但她自己不承认,她说我太率真,她没有我的坦白。也许是吧,她的身世,经过,从不大谈起的,只简略的知道是从家庭奋斗出来,这更坚强了我们的友谊。何必多问,不相称的过早的白

发衬着年轻的面庞，不用说就想到其中一定还有许多曲折的生的旅程。

我们用接待自己兄弟一样的感情招待了他们，公开了住处，任他们随时可以到来。

后来，二萧更了解到鲁迅先生这次请客的良苦用心，名义上给胡风初生子做满月，实际上为了引荐他们。考虑到二萧从东北来到上海，人地生疏，会有孤独寂寞之感，鲁迅先生特给他们介绍几位左翼作家朋友，使之与他们有所往来，以便在各方面获得一些帮助。萧军还了解到，先生因担心他生性鲁莽，不明白上海的政治、社会环境之险恶，怕他直冲蛮闯惹出祸事，特指派叶紫作为他和萧红的"向导"和"监护人"。宴会后二萧与叶紫渐渐熟悉起来，成了很要好的朋友。叶紫甚至有时开玩笑称萧军"阿木林"（上海话"傻瓜"）。聂绀弩更与二萧保持着终生友谊，萧红后来辗转西北时与之接触较多；而茅盾对于《呼兰河传》的流传，起到了至关重要的作用，这些都是后话。因为鲁迅的引荐以及叶紫、胡风等人的帮助，二萧从此不再感到寂寞、孤单，不久顺利进入上海文坛。

为了纪念这次宴会和那件萧红巧手缝制的"礼服"，二萧在1935年春特意到法租界万氏照相馆照了一张相片。照片中，萧军自然穿着那件有特殊意义的"礼服"，脖子上围着那条留有佛民娜刺绣的米色软绸围巾；萧红则穿着一件暗蓝色的开领"画服"，平时并不吸烟的她，见道具盒里有一只烟斗，便好奇地咬在嘴里。这便是那张日后广为流传，见证了二萧的爱情也见证了他们的苦乐的经典合影。

宴会第二天，鲁迅在给二萧信中首先代表海婴谢谢萧红所送的小棒槌，但也因此引出他的冷幽默，说儿子之于自己已"确是一个小棒喝团员"，去年还问爸爸是否可以吃掉，而他的回答是："吃也可以吃，不过还是不吃罢"；海婴今年不再问，"大约决定不吃了"。在这封信里，鲁迅除了回答萧军关于田汉的一些情况外，还告知萧红此前寄给他的《麦场》生活书店愿意出版，已送至国民

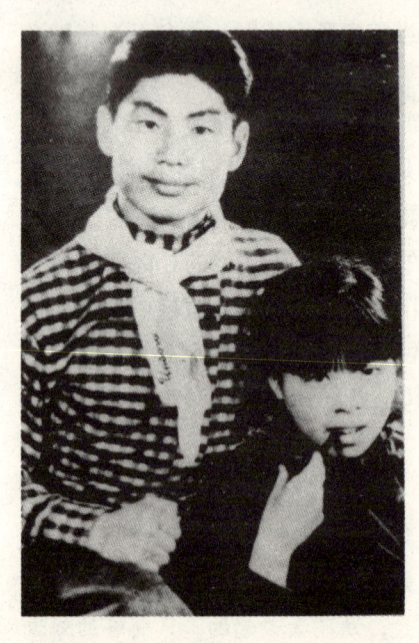

萧军、萧红合影（张抗提供）

党书报检查委员会检查，如获通过即可发排。这自然是令人非常振奋的好消息，他们当天便回复先生表达兴奋之情。20日的信因没得到先生的及时回复，二萧又在24日去信询问他是否又生病了，并告知即将搬家。鲁迅26日收信后对前后两信一并作了回复，告知没有及时回信只是因为忙碌，并没有生病。

叶紫（1911—1939），原名余鹤林，湖南益阳人，左翼作家。与萧军认识后，曾带他到几个文学杂志编辑部走走，目的是让他见见世面，认识一些圈内人物。大致走了一遭之后，他半开玩笑地对萧军说人家都感觉到他身上有一股大兵劲儿，匪气十足。别人的如是感观和评价多少令萧军有些不愉快，也引起一些自卑，自我反省一番后，又觉得别人的印象并非全是偏见，想到自己一个出身行伍的东北佬，"野里野气，憨头憨脑"，的确令上海人看不入眼。虽然明白这些，但又不知该如何进行自我改造才能拥有"斯文"，让上海文坛接纳，于是写信向鲁迅请教。先生回信直接表达了对所谓江南才子的讨厌，认为他们"扭扭捏捏，没有人气，不象人样"。这或许是对萧军身上匪气或野气的变相认同，但是，亦不忘作出一如慈父般的提醒："此后所遇到的人们多起来，彼此都难以明白真相，说话不如小心些，最好是多听人说，自己少说话，要说，就多说些闲谈。"后来，当黄源也说他"野气太重"时，萧军很有些"悲哀"，再次写信给先生想了解他对此的看法。在1935年3月14日的回信中，鲁迅明确说："由我看来，大约北人爽直，而失之粗，南人文雅，而失之伪。粗自然比伪好"；而对萧军所谓的"野气"，他认为"不要故意改"，但要注意的是，对人也不要处处坦白赤膊上阵，需要区分对象。在这封信里，鲁迅还谈到国民党书报检查的严苛，文章动辄被删得不成样子，并举例说自己的一篇短文曾被删掉四分之三，只剩下一个脑袋，不值钱了。转而，他又怕这会给萧红带去小说稿遭删的压力，便安慰说："吟太太的小说，我想不至于此"，但接着又给她打打预防针："如果删掉几段，那么就任它删掉几段，第一步是只要印出来"。在信尾，还与二萧约定"今年不再写信了，等着搬后的新地址"。

步入文坛

1934年12月底，二萧从拉都路283号搬至拉都路411弄22号二楼。当年，拉都路已是上海市区法租界西南角的边陲，房屋稀少，楼宇间夹着荒地、菜园甚至坟墩，十分荒凉。411弄又称福显坊，里边共有20多幢坐北朝南的石库门弄堂房子，二萧租住的 22 号位于北边最后一排，但既没有石库门也没有天井。相比于此前的亭子间，这里因是前楼正房居住条件自然好多了，从南面的窗户向外眺望，正面和马路两侧全是广阔的菜地。在隆冬季节还能看到满眼油绿、嫩青，二萧感到无比新鲜，而在东北家乡此时只是白茫茫、灰苍苍一片。二房东是一对夫妇，丈夫是小学教员，他们把前楼出租，自己住亭子间，为的是每月多一些进项，除夕夜他们还请二萧一同吃年夜饭。

二萧安顿好后，于 1935 年 1 月 2 日给鲁迅先生去信告知新家地址，并表达了在这样的季节看到青绿色大草地、大菜园的兴奋。一如往常，信中除了萧军的一些"庄严"的问题之外，萧红按捺不住好奇又提了些"捣乱"的问题。旧历新年将近，她问先生是否想念住在北平的妈妈？是否想到北平看看？更不忘就鲁迅 26 日的回信调侃一番。在她看来，鲁迅对萧军诸如"自己少说话，要说，就多说些闲谈"的告诫，不过是"老耗子"在教"小耗子"各种避"猫"的法门。萧军虽然觉得这玩笑很可恶，但亦拿她没有办法。今天看来，在鲁迅面前，萧红似在享受一份难以想象的放肆，她身上那份与生俱来的任性此时似乎全然不受羁绊，这也是先生之于她的重要意义所在。萧红日后亦坦言，先生让她重新感受到了祖父的存在。

1 月 4 日，鲁迅回信说"有大草地可看，在上海要算新年幸福"，并说自己到上海后两三年才习惯"被装进鸽子笼一样"的局促。他幽默地回答萧红，因为新年头三天一直忙着翻译寝食难安，哪里还记得妈妈，更不用说跑去北平看望。对于萧红的调侃，他回信时自然不会放过。关于这一点，鲁迅回复的语气似在和萧军说话，其实是说给萧红听的："吟太太究竟是太太，观察没有咱们爷们的精确仔细。少说话或多说闲谈，怎么会是耗子躲猫的方法呢？我就没有见过猫整天的咪咪的叫的，除了春天的或一时期之外。猫比老鼠还要沉默。春天又作别论，因为它们另有目的。平日，它总是静静的听着声音，伺机搏击，这是猛兽的方法。自然，它决不和耗子讲闲话的，但耗子也不和猫讲闲话。"在貌似调侃中，鲁迅其实时时不忘告诫他们上海政治环境的恶劣，怕他们初来乍到不明就里而遭遇危险，此前柔石等左联五作家遇害是先生心头永远无法消抹的心痛。正是基于此，当获悉萧军有考察上海的想法，鲁迅很是支持，但想到他的样子不像上海人，就仍不忘叮嘱："不过工人区域里却不宜去，那里狗多，有点情形不同的人走过，恐怕它就会注意。"

第四章　成名上海

书稿《麦场》送去检查一时没有结果，到上海这么长时间，萧红也没有具体的写作计划，比较闲适。比起萧军，她对环境的适应能力要差得多，一到晚上九十点钟便哈欠连连，困得不行，一打哈欠两只大眼睛里便溢满泪水。一双湿漉漉、毛茸茸的大眼睛加上她那长胖后近乎圆形的面庞，在萧军看来俨然一只趴在冰面上的小海豹，便给了她一个诨名：小海豹。萧军身体健硕精力充沛，视过早睡觉是"浪费"，夜里要抓紧时间写一阵，是个名副其实的"夜猫子"。两人不一样的生活习惯对萧红的睡眠颇有影响，加之生活困难无力添置家具，长期挤在一张小床上亦让她不能很好休息。搬家后，萧红的睡眠较差，常常失眠，为了睡个安稳觉，提出与萧军分床而睡。当二人为到哪里弄到一张床而犯愁时，叶紫告诉他们木刻家黄新波处保管有此前同住的朋友搬走后遗留下的小铁床。二萧找到黄新波位于吕班路的住所，萧军自称"刘三郎"向他说明意图，并说是鲁迅先生介绍他们前来商借的。黄新波见二萧是鲁迅介绍前来的，便慷慨应允，借出两张小铁床，并到外边叫了两辆黄包车送他们回去。

借回的两张小铁床合并在一起便成了一张大床，两人不再逼仄地挤在一张单人床上，亦可分床而睡。萧红执意分床，自告奋勇地睡到新借来的小床上。萧军只好满足其要求，把自己的床安置在房间东北角，萧红的则在西南角。自同居以来，二人第一次分床，临睡前彼此互道了"晚安"。夜里，正当萧军朦朦胧胧将要入睡之际，忽然被一阵啜泣惊醒。他急忙开灯奔到萧红床边，伸手抚其前额焦急问她哪里不舒服，生怕她又犯了什么急症。萧红并不回答，把脸侧转了过去，两股泪水从那双圆睁睁的大眼睛里滚落到枕头上。探知她并不发热，萧军松了口气，又扯过她的一只手想把把脉。萧红将手抽了回去，萧军无法看清她的神情，正茫然不知所措，听见女人说："去睡你的吧，我什么病也没有！"

"那你为什么要哭？"

萧红听罢禁不住憨笑起来，接着说："我睡不着！不习惯！觉得我们离得太遥远！"说罢，眼泪又浮满大眼睛。

明白是一场虚惊，萧军可气又可笑，用指骨节在萧红前额啄了一下说："拉倒吧！别逗'英雄'了，还是回来睡吧！"

20 世纪 30 年代，在上海，像二萧这样的无名作者如果没人介绍，想在大型杂志上发表作品，几乎没有可能。这也是他们来上海后，在亭子间四处投稿没有任何回应的原因所在。除了写作，他们别无所长，到上海后一直靠朋友接济生活。这自然不是长久之计，他们向往有一天能够靠写作养活自己，但关键的一步是要走进上海文坛，得到认同和被接纳。萧军自然想到请鲁迅介绍文章到杂志发表，但写好后却没有勇气向先生开口，羞涩于文章写得不好，怕让他为难。直到有一天，聂绀弩夫妇来访，眼见二人艰窘之状，便问为什么不写点稿子换钱？当萧军说出即便写出文章也无处发表的苦衷时，聂绀弩说："你可以找鲁迅先生啊！他总有办法。"见萧军还有些扭捏，他便接着说："你总得生活下去呀！老头子介绍去的文章如果不是太差，他们总是要登的。太差的文章老头子也不肯介绍。"不久，叶紫也表达了同样的意见。聂绀弩、叶紫的鼓励给了二萧巨大勇气，既然别无所长，为了生活就得发表文章，总不能永远靠朋友接济过日子。于是，1月中旬萧军把刚刚写好的两篇小说《职业》和《搭客》寄给鲁迅，希望介绍发表，以应对生计。收到信稿，鲁迅于21日回信鼓励说两篇稿子"写得很好"，计划将一篇"介绍到《文学》去"，另一篇"就拿到良友公司去试试"。二萧收信后喜出望外，一来没想到先生几乎是有求必应，二来觉得从此有了奋斗目标，每天的生活一下子充实起来。受文章渐有出路的鼓舞，萧军一口气另写了《樱花》《军中》等短篇，写好后便投寄给鲁迅，由其代为介绍。

当时，左翼作家唯一能够发表文章且能比较可靠地拿到较为丰厚的稿酬的大型杂志只有《文学》月刊，一般来说每千字三元。对一般作者而言，十分可观。《文学》月刊名义上由郑振铎、傅东华编辑，实际上由黄源负责，鲁迅、茅盾及其他一些著名左翼作家是其幕后支持者。无名作者都希望作品能在大杂志上刊出，一举成名，再到其他杂志卖稿也就畅通无阻。当然，这"一登龙门"的机会不是人人都有，因为每种杂志都有自己相对固定的作者群，类似同人刊物。基于30年代上海滩极其复杂的政治、社会背景，左翼刊物往往对作者的政治背景有比较可靠的了解后才敢刊载其文章。这一点在《文学》月刊上表现得尤其明显。基于此，文学杂志对陌生作者往往采取"介绍制"，介绍者自然是已经成名的文坛名家。这一制度对于编者来说，一来不用担心作者的政治背景，介绍者会对此负责；二来不担心来稿的质量，介绍者自然也要对文章的质量负责。更大的好处在于，刊物因此可以拉到名家的稿子。按照惯例，介绍者在介绍无名作者的文稿时，往往要陪上一篇自己的文章作为"人情"。萧军后来怀疑鲁迅在为自己和萧红介绍文章时，很可能也"陪"过稿子。

萧红见鲁迅回信说萧军的小说大致有了出路，而自己来上海后什么都没有

第四章　成名上海

写出,《麦场》也没有动静,便着急起来,但一时又似乎很难沉静。于是,不甘示弱的她又孩子气大发,24日给鲁迅先生去信希望他用鞭子抽打一下,以便能振作写出文章来,而近期因为懒散、了无用心,身体都胖得像个蝈蝈了。见信后,先生觉得萧红实在是个孩子,29日回信说"吟太太的小说送检查处,亦尚无回信",并认为可能与稿子用复写纸写的,看起来比较费力有关。对于"抽打"的请求,他自然要幽上一默,回信说:"我不想用鞭子去打吟太太,文章是打不出来的,从前的塾师,学生背不出书就打手心,但愈打愈背不出,我以为还是不要催促好。如果胖得像蝈蝈了,那就会有蝈蝈样的文章。"

萧军的勤奋对萧红是一种激励。一向争强好胜的她不甘人后,希望鲁迅"抽打"是她对自己的鞭策,给鲁迅的信发出后,便沉静下来取材青岛时期所见到的隔壁邻居小贩的生活,于1月26日写成小说《小六》。2月3日,她不再与萧军共同署名给鲁迅写信,而是自己单独给先生去信附上《小六》,希望他介绍发表。而且,萧红这次单独去信亦另有原因。叶紫家境贫寒,嘴馋了,又没钱吃点好的,就前来与二萧商量要先生再请一次客,打打牙祭。萧军并不赞成,但萧红却自告奋勇地把写信要鲁迅请客的任务承揽下来,在信中说如果先生怕费钱,吃得差一点也可以。这样的要求自然是关系非同寻常者才会提出。在先生面前,萧红全然是个任性而率真的孩子,相信自己无论说什么,都会得到祖父般的迁就,先生绝不会介意,更不用说生气。

2月8日,鲁迅将《小六》寄给由著名语言学家陈望道主编的小品文半月刊《太白》。鲁迅日记当天载有,上午"寄陈望道信并悄吟稿一篇"。次日,他给二萧回信说两人的小说稿都看过了,且给以热情鼓励:"都做得好的——不是客气话——充满着热情,和只玩些技巧的所谓'作家'的作品大两样",并告知萧红小说稿已经寄给《太白》,而萧军的两篇稿子要等等再说,因为此前寄出的还没有回音。对于萧红提出的请客主张,鲁迅略表异议,认为暂时尚无把握,因为,与其想法不同,他认为"要请就要吃得好,否则,不如不请"。

《职业》1935年3月1日发表在《文学》第4卷第3号上;3月5日,《小六》发表于《太白》第1卷第12期。这是二萧到上海后第一次发表作品,也是他们走进上海文坛的第一步。此后,在鲁迅帮助下,他们有更多作品相继发表,生活条件亦因稿费收入有了很大改观。《职业》换来的38元稿酬令二萧无比惊喜、快乐,解决了他们一个月的生计,此前,单篇文章从未有如此丰厚的收入。6月1日,萧红在《文学》第4卷第6号上发表散文《饿》,8月5日在《太白》

第2卷第10期上发表小说《三个无聊的人》。萧军另有系列作品经鲁迅介绍，先后在几家大型杂志上刊出。由此，二萧渐为上海文坛接纳。

虽然每天很忙，但萧红提出的请客打牙祭的小小要求，鲁迅却始终放在心上，3月1日在给二萧信中说已经让叶紫约定一个日期大家在一起谈谈。5日，鲁迅日记载有："晚约阿芷、萧军、悄吟往桥香夜饭，适河清来访，至内山书店又值聚仁来送《芒种》，遂皆同去，并广平携海婴。"阿芷，即叶紫；河清，即黄源；聚仁，即曹聚仁。那是一家吃广帮菜的饭馆，菜肴比较精致。要鲁迅请客，萧军虽然事先并不赞成，但在饭桌上却自认为萧红、叶紫二人合起来也没有他吃得多。萧红则是叫得最凶而吃得最少的了。就在这次饭局上，萧军代叶紫、萧红向鲁迅提议创建奴隶社，准备自费出版"奴隶丛书"。鲁迅听后十分支持三人的想法，对"奴隶社"的名称亦比较认同，认为奴隶比奴才强，因为奴隶会反抗。鲁迅后来也有比较详细的阐释："这奴隶，是受压迫者，用来做丛书名，是表示了奴隶的反抗。所以，统治者和'正人君子'们，一看到这类字样就深恶痛绝，非禁止不可的。"

《丰收》因题材敏感辗转黎明等多家书店，老板们都鉴于当时的政治形势不愿出版。叶紫也知道，即便有书店愿意出版亦无法通过国民党当局的审查，于是联系与黎明书店有来往的民光印刷所一位姓王的先生，决定自费排印。因为有较为熟识的关系，印刷费和白报纸只需交部分订金，余额可以赊账。要让这种"非法"出版的"私书"有个合法出版的样子，就得有出版者、发行者及地址。于是，叶紫虚设了个名叫"容光书局"的发行者，把地址含糊定为"上海四马路"；出版者就是萧军提议的"奴隶社"。当时，由鲁迅作序作为"奴隶丛书"之一的《丰收》正在印刷中。萧军想到自己的《八月的乡村》因题材关涉抗日，也不可能通过国民党的书报检查，更不可能有正式出版的机会，便想仿效叶紫非法排印私书。在鲁迅帮助下多篇文章的发表，让萧军看到了以勤奋写稿换钱的希望，印书的费用不成问题，因此也开始张罗"出版"《八月的乡村》。

萧红仍在等着官老爷们审查《麦场》的结果，一时还考虑不到是否也自费出版这上面来，况且鲁迅还在为之争取正式出版的机会。这期间，萧红回忆起在哈尔滨安家商市街的一段往昔生活，开始创作系列散文。该散文系列于1935年5月15日最终完成，几乎以一种纪实的方式再现了当时那段生活，其中一些篇什经鲁迅介绍在上海几家杂志上零星发表，并于次年8月结集由文化生活出

第四章 成名上海

版社初版。饭局后较长时间不见萧红寄稿件来,鲁迅心里有些挂记,在3月25日给萧军的信尾附上"吟太太怎么样,仍然要困早觉么?"他哪里知道,此时的"吟太太"正悄没声地埋首"宏大"而相对完整的写作计划。

3月下旬,鲁迅开始审校《八月的乡村》,并于28日为之写了一篇序言。《八月的乡村》出版在即,封面却还没有着落。3月底,叶紫带萧军到江湾一个学生宿舍找青年木刻家黄新波为《八月的乡村》设计一幅木刻画封面。临别,萧军草率地向黄新波及另外几个在座的青年人宣布了自己的住址,并邀请他们来家聊谈。私底下一时来不及制止的叶紫,偷偷猛踢了萧军一脚。出来后,萧军才从叶紫口里了解到那些青年并不是全部、永远可靠,万不能随便公开自己的住址,但既然已经说出去了,为安全起见,得马上换一个地址。

"搬家吧,阿木林!"叶紫最后说。

回家路上,叶紫又给萧军做了更详细的解释,并列举了一些曾有过的惨痛教训。萧军听后意识到自己确实做了一回"阿木林",为了安全,回家后便和萧红商量搬家。4月2日,二萧搬至拉都路351号,即现在的襄阳南路351号。当天,他们便给鲁迅去信告知新地址。收信后,先生对新地址的准确性有些不放心怕弄错,刚好手上有一些重要的文稿要给他们,害怕文稿寄失,于是当天又回了封短信对新搬的地址进行确认。二萧这次给的地址没有具体的"里",只有一个门牌号,鲁迅怀疑"莫非屋子是临街的?"其实,二萧的新居所不在什么"里",也并非临街,而是一处小弄堂里的第二幢房子。据丁言昭考证,1949年以前,上海的门牌不一定都以里、弄来标示,有时将弄堂里的房子也编上像临街房子一样的号码。351号是一幢坐北朝南中西式的假三层楼房,二萧住在三楼。

大约4月中旬的一天,萧红在拉都路一家油条小店买好油条后,发现包油条的纸竟是鲁迅翻译班台莱夫童话《表》的手稿。先生手稿的遭遇令二萧吃惊之余感到有些气愤和悲哀,连忙写信告知。13日,鲁迅回信说,许广平了解到手稿的如此遭遇"似乎有点悲哀",而他自己却因手稿还能够包油条而感到满足:"可见还有一些用处";并说自己在家里亦常常用手稿擦桌子,因为用的是中国纸比起洋纸来更能吸水。萧红后来在鲁迅家发现他确实用自己的手稿擦桌子或在饭桌上分给客人擦手,甚至放在卫生间当手纸。只是许广平非常心疼那些手稿,常常及时保存起来,但稍有疏忽,便作了其他用途。从鲁迅对待自己手稿的态度上,萧军感到先生"似乎不愿意存什么'手迹'之类给人们,这是和一些到处'题字'企图不朽的'大人'、'先生'们有所不同"。在同一封信里，鲁迅亦告诫二萧："一个作者，'自卑固然不好，'自负'也不好的，容易停滞。我想，顶好是不要自馁，总是干；但也不可自满，仍旧总是用功。要不然，输出多而输入少，后来要空虚的。"他是在教导二萧如何成为一个优秀的作家。鲁迅手稿之所以流落到大饼油条店，是因为当时《文学》《译文》《太白》编辑部就设在该店隔壁的教和里。多年后，黄源说："这原稿是我丢失的。我当时不懂得鲁迅的原稿之可贵，清样校完后，就把有的原稿散失了。一张原稿落在拉都路一家油条铺里用来包油条，和我同住在拉都路的萧红去买油条，发现包油条的是鲁迅先生的原稿。"

自从和鲁迅一家见面后，萧红常在信中邀请鲁迅和许广平来家里做客。许广平在1934年阴历年底就想登门看望他们，不想，年关事杂到底未能成行。1935年3月，鲁迅夫妇原本计划前来拉都路看望，却又因海婴被开水烫伤了脚而再次搁浅。在17日给二萧的信中，先生说等海婴的烫伤好了能走路"我们再来看您罢"。鲁迅夫妇到底惦记着对二萧一直被延宕的看望，5月2日，他们携海婴突然造访拉都路351号。两人都在埋首工作，见鲁迅全家从天而降，有说不出的喜悦和兴奋，萧红更感到伟人光临，蓬荜增辉，平素在书信里调皮任性，一旦如此亲切地与先生晤面却因惊喜不知说什么好。在二萧住处，四人大约坐聊了一个小时，鲁迅边抽烟边爽朗地谈笑，尔后，邀请二萧一起共进午餐。两家人在法租界一家西餐馆随便吃了点东西。送先生一家上了电车后，二萧才兴奋地步行回家。刚才吃了些什么、先生说了些什么，萧红全然不记得，只记得鲁迅先生那吸烟的姿势和爽朗的笑声。

继《丰收》作为"奴隶丛书"之一出版发售之后，经过一番努力，1935年5月《八月的乡村》开始排印。萧军利用先后挣得的零星稿酬交了30元印刷费的订金，不足部分等到小说出版后以销售所得补齐。《八月的乡村》一书标明的出版日期是8月，事实上早在7月上旬就作为"奴隶丛书"之二上市了，作者署名"田军"。小说刚一出版就引起十分强烈的反响，鲁迅先后数次写信向萧军索要样书分寄给许多外国朋友和身边友人，希望能译成其他语言，以便更广泛地宣传中国人民，特别是东北人民的反抗斗争，同时也让更多人了解这位年轻的新晋作家。

《生死场》出版前后

1935年6月，二萧又搬到萨坡赛路190号唐豪家。唐豪是萧军的朋友，当

第四章　成名上海

时的职业是律师，经营有"唐豪律师事务所"，二萧住在唐家二楼的后楼。在法租界，这房子属于中等以上的英国式建筑，后门临街，正间宽大，居住条件比起以前显然更好一些。安家不久，萧红创作了小说《三个无聊的人》。

7月15日，罗烽、白朗夫妇从哈尔滨辗转来到上海，举目无亲，只好投靠二萧暂住。二萧离开哈尔滨一周后罗烽便遭逮捕，后经白朗和罗烽的一些同事多方营救，10个月后才取保释放。罗烽夫妇搬来后，两家人挤在一间屋子里，适值盛夏，日子十分艰苦。他们很想通过萧军的引见与鲁迅见面。萧军为此去信询问，先生27日回信说："你的朋友南来了，非常之好，不过我们等几天再见罢，因为现在天气热，而且我也真的忙一点。现在真不像在做人，好像是机器。"这一方面是实情，另一方面很可能有鲁迅自己的考虑，是一种婉拒亦未可知。罗烽夫妇的这一愿望直到鲁迅逝世都没有实现。舒群自1935年春天获释后，亦于7月辗转来到上海，借住塞克处，后塞克的剧社垮台他本人也失了业，舒群只好另找亭子间租住。舒群找到萧军也是想由他把自己引见给鲁迅，希望先生看到自己的小说《没有祖国的孩子》。

胡风（1902—1985），湖北蕲春人，原名张光人，笔名有谷非等，1933年加入"左联"后一直与鲁迅保持着亦师亦友的交往，是鲁迅晚年最得力的助手和知心朋友。因错过与二萧的第一次见面，直到《八月的乡村》付印，胡风才得以与他们相见。他曾明确表示想与二萧见面谈谈，4月上旬萧军在给鲁迅的信中就此征询其看法，先生13日回信非常支持，并打消他们的一切顾虑："前信说张君要和您谈谈，我想是很好的，他是研究文学批评的人，我和他很熟识。"胡风后来说，"当时叫悄吟的后来的萧红"在第一次见面时给他留下了尤为深刻的印象。1981年除夕夜，胡风回忆起与萧红第一次见面的情景说："我觉得她很

胡风和梅志

坦率真诚，还未脱女学生气，头上扎两条小辫，穿着很朴素，脚上还穿的球鞋呢，没有那时上海滩上的姑娘们的那种装腔作势之态。因此虽是初次见面，我

对他们就不讲客套，可以说是一见如故了。"7月下旬，二萧请胡风、梅志夫妇来家里吃晚饭，还邀请了几位在上海的东北朋友。梅志此前虽然经常听胡风谈论、夸赞二萧和他们的作品，但这次还是第一次见到他们，来到二萧家发现客人已经来了很多，且都是北方人。

当晚，大家围在一张长桌子旁包饺子，萧红忙碌地擀皮儿。这种场面和阵式，作为南方人的梅志从未见过，在大家的怂恿下也试着包起来，她只会做肉菜馅的馄饨，对北方饺子一窍不通，费了很大的劲儿也不能包出一个来。萧红见状便过来替她解围，让在一旁歇着。梅志不服气，坚持要包下去，结果后来的几个包成了四不像的怪物，最后还是自己都不好意思地放手作罢。她后来才知道包饺子是北方人从小练就的本领。喝酒的时候，梅志亦比较活跃，在胡风看来，她有些忘乎所以，如抢着要和二萧干杯，并说当晚准备的酒会醉人，自己要喝香槟。坐在旁边的白朗提醒说香槟也会醉人的，她才没有坚持。

回顾当晚的情形，梅志后来觉得自己在酒桌上的兴奋，是因为二萧和胡风间的友好往来，以及胡风对他们的夸赞令其感到十分亲近，觉得早已是神交已久的朋友，而鉴于二萧是北国英豪，自己便也冒充起好汉来。更主要的是，她与萧红年龄相仿，就像同学一般毫无顾忌。然而，梅志的"豪放"让胡风非常着急，吃到一定时候便借口梅志要回家给孩子喂奶，两人提前离席。回家后，胡风批评道："你呀，真是太幼稚了，说这么些话，你可知道人家是小说家呀，会笑话你的。"梅志听后十分懊丧，想到二萧和他们的朋友一定会把自己看作无知的傻女人。近半个世纪之后，梅志仍清晰记得萧红留给她的第一印象："我第一次见萧红完全把她当作一个普通的但很能干的家庭主妇。瘦高的身材，长长的白皙的脸，扎两条粗粗的小辫，一对有点外突的大眼睛，说话时声音平和，很有韵味，很有感情，处处地方都表现出她是一个好主妇。"

不久，一天上午，胡风又带梅志来到萨坡赛路190号看望二萧。进门见萧红正吃力擦着地板，胡风便问："怎么你一个人？三郎呢？"萧红边给他们让座边回答："人家一早到法国公园看书用功去了，等回来，你看吧，一定怪我不看书。"说到这里顿了顿，似乎想忍住，但到底还是说了出来："你看这地板，烟头，脏脚印，不擦行吗？脏死了，我看不惯。"梅志这才发现房间很大，地板和窗框都是棕色的，屋内显得比较阴沉，眼前的萧红全然没有那晚的精神和兴致，脸上呈现出一种不太健康的苍白，看起来十分倦怠。萧红在梅志面前埋怨受不了上海的寒冷，这让梅志很好奇，不理解来自冰天雪地的她居然怕上海的冷。

萧红便给她讲南北方房屋结构的差异。随后，胡风向萧红谈起对其小说的看法，聊得十分投机。不久，萧军回来了，肋下夹着几本书，精力充沛容光焕发。然而，在梅志眼中他"不像是用脑的作家，倒像体育学校或是美专的学生"。萧军和胡风夫妇热情打过招呼后，就兴致高昂、语调自信地谈到自己所看的书，说话间果然在夸耀自己的同时谴责起萧红来："你就是不用功，不肯多读点书，你看我，一早晨大半本。"边说边用手拍着书。即便当着胡风夫妇的面，萧红也有些按捺不住，冷冷说道："你一早到公园用功，我可得擦地板，还好意思说呢！"萧军自知有些理亏，哈哈一阵大笑，萧红忍不住也被逗乐了。两人颇有生气的生活让胡风、梅志很受感染，联想起进门时萧红的话，不禁大笑起来。

萧红与萧军、胡风等人在上海（王连喜提供）

罗烽、白朗在胡风夫妇此次来访前就已经搬走了。四人同住了一段时间，萧军嫌大家挤在一起妨碍写作，萧红于是悄悄告诉白朗这样长住下去，三郎不高兴。于是，9月中旬，罗烽、白朗搬到美华里的亭子间。不久衣食无着的舒群找过去与他们同住了一段时间。三人过着穷困得靠典当度日的时光。好在10月份白朗找到了一份打字员的工作，11月份罗烽通过周扬接上党组织关系并加入左联，生活从此有了着落。不多久，他们在上海文坛亦开始崭露头角。《没有祖国的孩子》最终转到周扬手里，1936年5月发表在《文学》上，舒群一举成名，成为继二萧之后又一位闻名上海滩的东北作家，并于年底恢复了党组织关系。可能因为让萧军引见与鲁迅见面的愿望迟迟未能实现，以及其他一些原因，萧军后来说罗烽到上海后与自己"因有些见解的分歧,一度陷于'断交'的境地",直到1937年5月30日两人才和解。

这一时期,二萧还开始学习世界语。10月27日午后,鲁迅夫妇前来看看他们新搬的家,原以为午后一两点钟二萧应该在家里,不想他们参加世界语50周年纪念大会去了,扑了个空。得知鲁迅、许广平来过,害他们白跑一趟,二萧回来后非常懊丧,连忙去信表达歉意。好在鲁迅总能给他们带来惊喜,这次未能恭候先生的懊丧不久便被更大的兴奋一扫而光。11月5日,他们收到鲁迅邀请到家中吃晚饭的短柬:

刘　兄
悄吟太太:
　　我想在礼拜三(十一月六日)下午五点钟,在书店等候,你们俩先去逛公园之后,然后到店里来,同到我的寓里吃夜饭。
　　　　专此,即祝
　　俪祉
　　　　　　　　　　　　　　　　　　　　　豫　上
　　　　　　　　　　　　　　　　　　　　　十一月四日

二萧如约赴了鲁迅的家宴,这是他们第一次到先生家中做客。鲁迅一家住在北四川路底施高塔路大陆新村9号,是一幢二楼一底的一般性上海弄堂房子。第一层是客厅、饭所兼厨房,第二层是先生的工作室兼卧室,第三层是藏书室。当晚的客人只有二萧,饭后他们和鲁迅、许广平一起围坐在长桌旁喝茶聊天。萧红和萧军分别谈了很多关于伪满洲国的情况,鲁迅兴致颇高地听着,聊谈从9点延续到10点再到11点。萧红时时想退出好让先生早点休息,她观察到先生比较虚弱,而且听许广平说过,他伤风了一个多月刚刚好转。但先生今晚没有丝毫的倦息,听讲的兴致高涨,客厅里摆着一张可以躺卧的藤椅,萧红几次劝他躺在藤椅上边听边休息,但他仍坚持围坐在桌旁,或许这样更有饭余坐聊的氛围,中间,还上楼加了一件皮袍子。见先生难得有如此高涨的兴致,二萧怕扫了他的兴。从鲁迅对与人闲谈坐聊的渴望中,萧红感受到其内心那难以名状的大孤独。11点过后,开始下雨了,雨点淅淅沥沥地打在窗玻璃上,偶一回头萧红便能看见窗玻璃上往下淌着的小小水流。如此深沉的雨夜，萧红不免有些着急，几次欲起身告辞，不想鲁迅和许广平一再挽留说："再坐一会儿，12点钟以前终归有车子可搭的。"这样，将近12点二萧才起身告辞。临别，鲁迅、许广平一定要送到弄堂的铁门外。先生家隔壁有一家日本人开设的吃茶店，弄堂门口镶在电灯外边的一大块毛玻璃上，写着一个大大的"茶"字——那是一块灯箱招牌。鲁迅指着那个"茶"字对二萧说下次来记住这个"茶"字，就是这个"茶"的隔壁，又伸手指了指门牌的"九"字，进一步强调说："下次来记住'茶'的旁边'九'号。"先生的神态似在叮嘱两个可能迷路的孩子，这一幕成了萧红终生难以销蚀的记忆。

此后，二萧与鲁迅全家更为亲近。海婴更是欢迎大姐姐一般的萧红到来。中日又即将开战的谣言四起，鲁迅先生周围的人家"逃得一塌糊涂"，幼稚园的孩子也只剩下三个，快要关门了，喜欢朋友的海婴十分寂寞，因而希望二萧常去，更喜欢他们留下来一起吃饭。鲁迅也邀请他们常来，在11月16日给二萧的信中说："有空随便来玩，不过速成的小菜，会比那一天的粗拙一点。"从此以后，虽然从法租界到鲁迅家要坐个把小时的电车，但二萧却是先生家的常客，过从甚密。有时碰到胡风亦在寓中，先生便把他们留下来一起吃晚饭。一次，胡风和二萧从鲁迅家里出来已是深夜，电车早停，只好步行回法租界。虽然有十多里的路程，但大家边走边谈笑，毫无倦意。萧红忽然童心大发，提出要和胡风在马路上赛跑，萧军在后边鼓掌助兴。事后，萧红还把这件事说给先生听，鲁迅连忙给胡风去信，严厉警告他再不要带二萧在马路上赛跑了。他想到这深夜街头的乖张行为会引起巡捕的注意，万一被他们拦住讯问身份，很可能惹出祸患，孩子气会带来大危险。

《麦场》自1934年12月生活书店表示愿意出版，送呈国民党中央宣传部书报检查委员会半年之后，终未获得出版许可。鲁迅后来在为之作序时说："人常常会事后才聪明，回想起来，这正是当然的事：对于生的坚强和死的挣扎，恐怕也确是大背'训政'之道的。"书稿退回，鲁迅又介绍到《文学》杂志社希望连载。《八月的乡村》付印后，胡风在与二萧第一次见面时，《麦场》还在等待着《文学》社的消息。不久，书稿还是被退了回来，鲁迅在1935年8月24日给萧军的信中说退回的理由是他们认为"稍弱"。鲁迅转而交给胡风，让他拿到《妇女生活》试试，看能否发表，如果不行就只好搁起来。萧红再次陷于渺茫的等待，此时距《麦场》完成已有一年时间。书稿出版和发表没有着落，陷于焦虑中的萧红一时也不知做点什么好，心气有些浮躁。安家商市街的系列散文写好了，但找鲁迅介绍发表的兴致似乎一时还没有。《八月的乡村》反响很不错，虽是非法出版物，但在鲁迅、胡风等的帮助下，销售得很好。萧军勤奋写作，在鲁迅介绍下，新作不断问世，他个人与鲁迅间的书信往还十分频繁。9月，文化生活书店通过鲁迅邀请萧军出版短篇小说选集《羊》，其创作成果不可谓不丰。萧红一时间没有什么动静，这让忙于翻译《死灵魂》的鲁迅非常关切，担心她因书稿出版受阻而气馁，便在9月19日致萧军信中问道："久未得悄吟太太消息，她久不写什么了吧？"显然，先生表面上在问萧军，实质是对萧红的鞭策，怕她懒于写作荒废了时日。

萧红没想到书稿获准正式出版竟如此之难。比起《八月的乡村》，《麦场》的完成时间本来早得多，不想面世反落其后。书稿最终还是被《妇女生活》退了回来。至此，鲁迅把能够动用的关系都试探过了，终是无能为力。萧红自然不甘心让书稿搁起来，于是仿效叶紫、萧军以"奴隶社"的名义自费出版，好在此时她和萧军有了一定的稿费、书费收入，交付印刷定金不成问题。

鲁迅听萧红谈了将《麦场》作为"奴隶丛书"之三自费印行的想法后，十分赞同，并让她送给胡风看看。整部小说还没有一个合适的书名，"麦场"只是第一章的标题。胡风在和二萧一起讨论时，萧红希望他提出个书名。胡风琢磨了一番，最后从书中小标题里提炼出"生死场"作为书名。萧红比较满意这个书名，觉得传达出了自己的意思，还请胡风为之作序。对此，胡风有所婉辞，要她仍请鲁迅写序。但胡风在与鲁迅闲谈时，鲁迅也叫他来一篇，说自己一个人已经写了两篇序言，再写怕不好，且也实在没什么好说的，胡风自然拗不过先生便答应了下来。然而，萧红转念一想，同是作为"奴隶丛书"，《丰收》《八月的乡村》都由鲁迅作序，自己的《生死场》也应该如此，于是，在10月19日晨连忙给先生去信，除告知书稿定名为"生死场"外，更主要的是向先生索序，说先生既然已经写了两篇，临到《生死场》自然不能另眼相待，一再强调："我也要！"

终于有了悄吟太太的消息。可能是此前很长一段时间一直单独与萧军通信的缘故，鲁迅次日恢复了给二人的回信，且故意表达得格外正式，抬头并列称呼完"刘军兄、悄吟太太"后，特地加上"尊前"二字。在鲁迅先生此前的回信中，极少出现"尊前"二字，萧军认为这次可能是因为"有太太在内，所以特别客气"。当然，其中或许也有鲁迅那不动声色的幽默亦未可知。他在信中

第四章　成名上海

说:"《生死场》的名目很好,那篇稿子,我并没有看完,因为复写纸写的,看起来不容易。但如要我做序,只要排印的末校寄给我看就好,我也许还可以顺便改正几个错字。"鲁迅终究做到一视同仁,答应继《丰收》《八月的乡村》之后为《生死场》再写一篇序言,萧红见信后非常满足。

鲁迅拿到经萧红仔细校对过的《生死场》清样,又精校了一遍,将其中的错落之处和不恰当的格式用红笔一一改正。全部看完后,于11月14日深夜为之写了一篇序言,第二天,寄给了萧红。当天,鲁迅还把经自己审校过的《生死场》交给来访的胡风,虽然有自己的序言,但先生还是希望他就这部书写点文字以便于读者理解。胡风应承下来,于22日凌晨写了一篇"读后记"。

鲁迅15日的信和序言,萧红当天便收到,并于次日给先生回了封信。萧红对《生死场》书稿经过自己多次校对,先生居然还能校出这么多错字感到十分吃惊;而对于他所评价的"叙事写景,胜于描写人物",她理解为是鲁迅先生对自己的夸奖,特地表示感谢。此前,萧军拿到鲁迅为《八月的乡村》作序的手稿,以其中先生的亲笔签名制版印在书上,这次鲁迅邮寄过来的序言是许广平的抄稿并非鲁迅手迹,萧红一心仿效萧军将先生手迹制版印在书上,因不见其亲笔签名便在信中特地索要"笔迹"。

鲁迅当日回信说校出几个错字没有什么吃惊的,因为自己曾在杂志社做过校对,经验比较丰富,能校是当然的,并说看得快了些,里边也许还有错字。对萧红理解为夸奖的那句话,他并不以为,明说那"也并不是好话,也可以解作描写人物并不怎么好。因为做序文,也要顾及销路,所以只得说得弯曲一点"。虽然觉得萧红索要亲笔签名制版有些孩子气,但还是愉快地满足了她的这个小小要求:"不过悄吟太太既然热心于此,就写了附上,写得太大,制版时可以缩小的。"面对萧红孩子般的调皮、任性,先生不无幽默地感叹道:"这位太太,到上海后,好像体格高了一点,两条辫子也长了一点了,然而孩子气不改,真是无可奈何。"

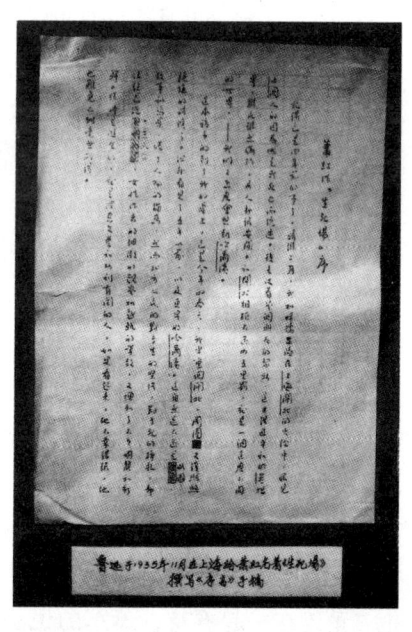

鲁迅《生死场》序手稿(王连喜提供)

《生死场》初版封面（章海宁摄）

1935年12月，《生死场》终于作为"奴隶丛书"之三自费印行，书的样式为32开，正文210页，前有鲁迅先生《序言》三页，后有胡风《读后记》六页，最后还有奴隶社的《小启》一页，内中说道："至于还想要知道一些关于在满洲的农民们，怎样生，怎样死，以及怎样在欺骗和重重压榨下挣扎过活，静态和动态的故事，就请你读一读这《生死场》吧。"

《生死场》的作者署名"萧红"。这是萧红第一次使用"萧红"这个笔名，此前更常见的笔名是"悄吟"。鲁迅在书信、日记中对她最常见的称呼是"悄吟"、"悄太太"或"悄吟太太"。当年的悄吟何以在出版《生死场》时，给自己另起笔名"萧红"？对此，人们往往基于"萧军"这个名字，联想到二者连在一起便谐音为"小小红军"，认为这是他们对国民党当局围剿江西红军的抗议和以自己的方式对红军的支持。此说亦非空穴来风，萧军1980年解释说"田军"中的"军"和"萧红"中的"红"，让他们俩在字面上正正堂堂做了"红军"，并认为当时这种天真的想法和举动如今想起来是很幼稚可笑的，之所以这么做，是因为"那时国民党正在江西一带'剿共'，因此就偏叫个'红军'给他们瞧瞧"。

然而，这似乎是一种有意附会的说法，其意图无非唯恐萧红不够革命、进步、"左"倾。实际情形是，《八月的乡村》《生死场》都是非法出版物，而二萧都以原来常用的笔名如"悄吟"、"三郎"等发表过一些文章，为了避免引起国民党文艺官员们的注意，他们此时故意使用一个全然陌生的名字。萧军在近50年后的解释貌似合理，但也并不全然可信。很长时间以来，人们往往习惯于把二萧连在一起看待，萧军的说法似乎就具有绝对的权威性。然而，值得注意的是，萧红、萧军毕竟是两个性情很不一致，且自主性都很强的人。萧红表现

第四章　成名上海

得尤为鲜明,事实上,她那过于强大的自主性,在某种意义上也是其人生悲剧的根源之一。显见的事实是,当年的悄吟何以使用"萧红"这一笔名,萧军并非当事人。

当年的刘均第一次给鲁迅先生写信时,使用了"萧军"这个名字,后来他表达了对这个名字的偏爱。或许当年的悄吟知道这个拯救了自己的男人对"萧军"这个名字的偏爱,当出版《生死场》需要一个陌生的作者署名时,她根据"萧军"衍生出"萧红",这样让人们永远把二者联系在一起,她沿用了男人喜爱的"萧",而"红"大约是女性的表示。"萧红"的署名,或许就只是当年的悄吟太太想以自己的方式表达对萧军的感激,同时也是二人生活在一起的纪念。这个命名,或许是一个历经磨难的女人在成名上海滩前夕最为复杂、婉曲的内心的流露,而并非关涉其他。事实上,从此,萧红、萧军这两个名字就真的连在了一起,更多场合并称为"二萧"。这也是当年悄吟太太那没能明确表达的婉曲意图的成功实现。赋予二萧名字所谓"红军"的影射其实经不住仔细推敲。当时,他们在明知自己的书是遭当局禁止的非法出版物的情况下,应该全然没必要以那种有意十分招摇的方式,表达其政治取向而以卵击石,给新书带来更不可测的命运。况且,"萧红"这个名字伴随《生死场》出现,已是《八月的乡村》面世近半年后,是否用"红"字全然取决于萧红,并非萧军。因而,萧军事后的解释或许是一种"过度阐释"也未可知。但已然的事实是,当时上海国民党当局似乎也没有就此作"红军"的联想。不然,"奴隶丛书"的命运应该全然是另一种样子。

然而,不管怎么说,《生死场》奠定了萧红在中国现代文学史上的地位,同时,让人们渐渐忘记了那个名叫"悄吟"的女人,只知道文坛崛起了一个名叫"萧红"的女作家。这是个重大的文学事件。这个名字从此广为人知,流传至今,成了呼兰、哈尔滨以及黑龙江的文化印记——那是她再也不曾回过的故乡。而这个女性化的名字至今仍令人自然关联到另一个男性化的名字:"萧军"——那是她曾经挚爱过的男人。而且,"萧红"这个名字至今还是中国现代文学研究者们常常禁不住触摸的心理情结,召唤出迁延不尽的阐释,这个名字居留在他们的精神故乡。

萧红自己设计了《生死场》的初版封面,线条简单,色彩强烈。后来人们对此也有一些附会性理解,认为上半部画的是东北三省的版图,拦腰一条斜线象征把东北从祖国版图上劈开。1979年4月10日,萧军在致丁言昭信中道出了当时的真实情形："我记得，在她设计、制作这封面时，我在场，因为封面纸用的是紫红色，想要用这纸本色，把封面做成半黑、半红的样子。算作代表'生'与'死'。当她用墨笔把双钩的书名钩出以后，正企图把二分之一封面完全涂成黑色时，我觉得这太呆板了，就建议她只把书名周围涂黑就可以了，不必全涂，就像'未完成'的样子就可以了。她听从了我的主张，就随便涂成这个样子，它既不代表东北的土地，也非是城门楼子……如果说它'像'什么，那只是偶合而已。"

《生死场》自初版至今再版不下二十余次，在纪念世界反法西斯胜利60周年之际，人民文学出版社在2005年5月，还再版了这本自费印行于70年前的书。

正如许广平所说的那样，《八月的乡村》和《生死场》"作为东北人民向征服者抗议的里程碑的作品"，其面世"无疑地给上海文坛一个不小的新奇与惊动"。随着两本书的流传，人们纷纷谈论着这对文坛伉俪，两人同时成名上海滩被传为佳话。1936年6月25日，周扬在发表于《光明》第1卷第2号上的《现阶段的文学》一文中评价道："由《八月的乡村》和《生死场》，我们第一次在艺术作品中看出了东北民众抗战英雄的光景、人民的力量、'理智的战术'……它们很快获得了广大读者的拥护，正说明了目前中国大众所需要的是什么样的作品。"

值得一提的是，1935年夏天，上海聚集了一批东北籍作家，除前文提到的舒群、罗烽、白朗外，还有剧作家、导演塞克，翻译家金人，小说家李辉英、黑丁等。1936年他们不断推出佳作，罗烽、白朗分别发表了《呼兰河畔》《伊瓦鲁河畔》等作品，9月，舒群出版了小说集《没有祖国的孩子》。同月，上海书店推出《东北作家近集》，内收罗烽、宇飞、穆木天、舒群、白朗、塞克、李辉英、黑丁等八人的八部作品，多反映东北沦陷后人民的生活和反抗。"九一八"事变后陆续流亡关内的东北籍作家第一次以群体的方式亮相上海滩文坛。1936年初，另一位东北作家端木蕻良也来到了上海，随后创作了长篇小说《大地的海》，并在郑振铎、鲁迅等的帮助下在《文学》《作家》等刊物上发表了《鷺鷥湖的忧郁》《爷爷为什么不吃高粱粥》等作品。这批东北作家再加上萧红、萧军在上海文坛的影响，让人们切实感受到一个由东北作家组成的群体在文坛迅速崛起。这一文学事件便是中国现代文学史上著名的"东北作家群"的崛起。

第四章　成名上海

舒群、罗烽、萧军（左起）1936年在上海

毫无疑问，二萧是这个群体的领军人物，《生死场》和《八月的乡村》是这个群体最具代表性的作品。

幸福时光

《生死场》的出版让萧红完美终结了她的1935年。诚如许广平所言，这部小说是"萧红女士和上海人初次见面的礼物"，而上海对她的回馈同样极其丰硕。可以说，在萧红短促的一生中，成年之后她只是在此时的上海充分享受着立地成名的喜悦，还有辗转流浪多年所换得的一份安宁和无忧。虽是非法出版物，但《生死场》非常畅销。因为《生死场》的效应，其安家商市街系列散文，随后在上海的一些文学杂志上陆续刊出。从此，作品再也不愁发表，一些刊物还想办法拉拢二萧捧场。1936年，萧红在上海滩成了知名女作家。

二萧虽然齐名，但人们似乎都对萧红抱有更高的期许和赞赏。这并非偶然。比起萧军，萧红在创作上表现出更多的灵气和不羁的个性。萧军的创作虽然规整，但往往有失之直白、呆板的平庸。许广平认为在"手法的生动"上，"《生死场》似乎比《八月的乡村》更觉得成熟些"，她回忆鲁迅每每和朋友谈起二萧亦多推荐萧红，认为在写作前途上，萧红更有希望。据相关资料显示，1936年5月间，斯诺访问鲁迅，让他回答夫人海伦·福斯特提出的有关中国现代文学的一些问题。问到当时最优秀的左翼作家，鲁迅所列举的作家中就有田军，并且认为："田军的妻子萧红，是当今中国最有前途的女作家，很可能成为丁玲的后继者，而且她接替丁玲的时间，要比丁玲接替冰心的时间早得多。"继《生死场》之后，萧红发表的散文、小说无论在表达还是立意上都更加圆熟，很快克服了《生死场》所表现出的生涩。更重要的是，基于自身对文学创作的认识，萧红渐渐形成属于自己的创作个性，不时闪露天才的灵光，炫耀着人们的眼目。安家商市街系列散文一出便引起广泛关注，都觉得萧红是个很有天分的女作家。文坛上的女作家本来就稀少，萧红的出现就更加夺人眼目。为此，胡风常常在萧军面前夸奖萧红，禁不住当面说萧红的写作才能在他之上，并坦率指出两人间的差异，认为萧军可能写得比萧红深刻，但没有萧红动人，其根源在于萧军是靠刻苦达到一定的艺术高度，萧红则凭着个人感受和天分在创作。对于这样的评价，胡风说"一向非常骄傲专横的萧军"也完全承认，每有友人谈到自己创作上不及萧红，他便常常不好意思地笑笑说："我也是重视她的创作才能的，但她可少不了我的帮助。"萧红听后，多半很委屈地在一旁撇撇嘴。

1935年底，萧红、萧军、聂绀弩都有以鲁迅为旗帜创办文学刊物的想法。鲁迅与胡风商量，觉得这样分头各办各的，分散了力量难以取得比较好的效果，还是以胡风为中心事实上也就是以鲁迅为中心合力办一个为好。一经商量，大家都十分认同先生的想法。杂志的名称最终确定为胡风所提议的"海燕"，虽然，他觉得鲁迅先生提议的意在唤醒沉睡者的"闹钟"更为合适，但先生还是支持了他的意见，亲笔题写了"海燕"。《海燕》的文稿由胡风集结，编好之后交给聂绀弩付排，校对等一些杂事亦由其负责。编排时大家一起商量，但最后由胡风做主。1936年1月，《海燕》第1期出版，当天售罄2000册。大家没想到新诞生的《海燕》如此受欢迎，颇为欢欣鼓舞。19日，鲁迅、许广平携海婴邀请二萧、聂绀弩夫妇、胡风夫妇、叶紫等共11人在梁园饭店吃晚饭，庆贺《海燕》的创刊和畅销。当晚，大家兴致都格外高涨，尽情欢快畅饮，吃了三个多小时才星散而去。这是二萧应鲁迅之邀在梁园第二次吃晚饭，相比前次，萧红今晚的心情已全然不同，当时，内心惴惴不安地渴望进入上海文坛的她所面对的全是陌生的面孔，现在她已是这个文人圈子里的佼佼者。欢愉之余，萧红内心对先生的那份感激自然亦非外人所能体会，短短几个月，她和萧军在上海的处境就有了戏剧性的变化，这一切无疑都得力于鲁迅先生的帮助和提携。《海燕》第2期同样出版、销售得十分顺利，但随即引起国民党书报检查部门的注意，第3期虽然已编好却被勒令不能出版。萧红在《海燕》上发表了《访问》

第四章 成名上海　　　　　　　　　　　　　　　　175

《过夜》等作品，都是对哈尔滨往昔生活的纪实性回忆。

　　1936年春天，二萧应《作家》杂志编辑孟十还之邀同游杭州。他们流连于西湖、断桥、葛岭等名胜，充分享受着这份来之不易的闲适和喜悦，还有知名作家的荣光。离开杭州时，萧红特地给鲁迅买了一罐白菊花茶，聊表对先生那亲人般的感念，也童心焕发，在工艺店给自己买了一根精致的小竹棍。

　　自从有了受邀到鲁迅寓中做客，并深夜倾谈的经历后，鲁迅家的大门便彻底为萧红、萧军敞开。虽然从他

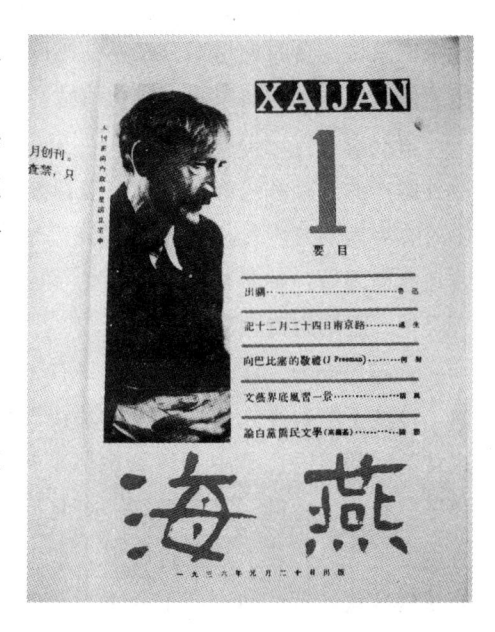

《海燕》封面（章海宁摄）

们租住的法租界到鲁迅家路途比较遥远，但二萧还是常常坐个把小时电车来先生家坐聊。鲁迅在此后的日记里，频繁记载着萧红或萧军的来访。有一晚，二萧和另一位朋友又在鲁迅家坐聊。先生兴致很高，萧红觉察好像他们所讲的内容引起了先生的无尽想象，安宁地举着象牙烟嘴边听边陷于沉思，安然而悠闲，这是平时很难见到的神情。桌上的小闹钟指示着时间在向午夜推进，过了11点45分便没有了回去的电车。许广平不愿扫先生难得如此高涨的兴致，更不想破坏他这份深夜听友人闲谈的悠闲，便劝慰二萧："反正已12点，电车也没有，那么再坐一会儿吧。"直到凌晨1点，萧红他们才离开，天空下着蒙蒙细雨，鲁迅嘱咐许广平把他们送到弄堂大门外，付钱让他们坐小汽车回法租界。与相投者聊天，是鲁迅写作、翻译之余一种比较愉快的休憩，以此慰藉先生那伟人心胸的寂寞与孤独。

　　鲁迅比较偏爱北方饭食。细心的萧红不时带些黑面包以及俄国香肠之类给先生品尝。有一次，从菜馆带来一只烧鸭的骨头，进门后便忙着帮许广平配黄芽菜烧汤，尔后大家在一起谈谈吃吃，十分有趣。在许广平的记忆中，萧红最拿手的美食是包饺子和做吃烧鸭时配用的两层薄薄的饽饽。她认为萧红包饺子有特别的技巧，又快又好，煮起来绝不会漏馅。萧红逝世4年后，许广平回想起

她来家里做美食时的情形，禁不住感叹道："如果有一个安定的，相当合式的家庭，使萧红先生主持家政，我相信她会弄得很体贴的。"

萧红也一直记得第一次到先生家包饺子的情形。事先约好之后，她自带了些外国产的酸菜和绞好的牛肉馅来到鲁迅寓中。先生正和一些朋友在楼上聊天，不时有爽朗的笑声传出。她便和许广平在客厅的方桌边包起来，海婴在一旁调皮地拿面团做各种各样的器物。为了避免他做得更起劲，许广平示意萧红不要理会他，更竭力避免对他的赞许。

一起包饺子，让萧红和许广平有了倾心长谈的机会，她们彼此有了大致了解。萧红了解到许先生离家，以及在天津和北平女师大读书时的情形；许广平也从萧红的话语片断中了解到她那平时讳莫如深的身世，如家里有父亲，母亲死了，有一位后母，家境很好，在北平女师大附中读过书，还有曾经遭受的种种困厄等等。如若不是在这种家人般的协作和浓郁的家庭氛围中，大家平时绝难谈到这些。萧红和许广平互不设防的聊谈极为投契，以致影响了包饺子的速度，过了很久发现包成的饺子还是很少。饺子煮好了，萧红盛好送到楼上，一上楼梯，便更加清晰地听见鲁迅先生那明朗的笑声。那晚，先生和朋友们都吃得很好，萧红感到十分满足。在先生家里，她似乎找到了那种久违的家之安宁，内心被多年严酷的生活所封冻死寂的亲情，在与鲁迅先生一家的交往中渐渐苏醒，那是一种极其幸福的感觉。

萧红还观察到鲁迅比较喜欢吃煎炸和较硬的食物，便提议做自己拿手的韭菜合子、烙荷叶饼。每次只要她的提议一出，先生必然赞成，即便有时做得并不成功，但在饭桌上先生还是举着筷子问许广平："我再吃几个吗？"此时，平素极其担心鲁迅脾胃不好的许先生，亦往往不忍异议。萧红做的葱油饼是鲁迅先生念念不忘的家常美食，在生命晚期饱受疾病折磨但仍然拼命忙于工作的先生，在1936年4月3日的日记里，仍不忘记下："晚烈文来。萧军、悄吟来，制葱油饼为夜餐。"可见，当晚的葱油饼给他的印象之深。

随着日渐频繁的接触，萧红和许广平之间的了解更加深入，聊谈的话题甚至涉及彼此间有关身体疾患的隐私，常常在一起交流治疗妇科或是其他疾病的经验。

萧红了解到许先生和自己一样有头痛的毛病。许广平告诉她每每头痛时，通常按量服几次阿司匹林就会好，但副作用是对肠胃的刺激比较大，引起不适。萧红以自己的经验告诉许广平一种名叫Socoloff的药，法国普世药房有售也并不太贵。许广平其后买回试用果然效果不错。自此，每逢头痛她便想到萧红给予的指导。萧红有严重的痛经宿疾，每个月发作起来好几天不能起床，像是大病一场，每次服用"中将汤"亦不见好。许广平听说后，告诉她自己当年瞒着极其不相信中医的鲁迅先生偷偷服用乌鸡白凤丸治好妇科病的经过，并将之推荐给萧红。试用一些时候，萧红告诉她果然效果不错，每月不再有痛肚子的困扰，而且，该痛的那几天比平常不痛的日子还觉得舒服。她为根除多年困扰不已的宿疾而快活无比。许广平回忆说，"八一三"后撤回内地的萧红在给她的信中还似埋怨似称谢地说，乌鸡白凤丸不仅让她的身体变好起来，而且有了身孕。战乱中怀孕是难以想象的负担，许广平担心乌鸡白凤丸害了她。

1936年，鲁迅的身体状况越来越差，为了便于和鲁迅一家来往以免先生经常给他们写信，并力图给先生全家一些切实的帮助，二萧决定将家搬到先生家附近。3月，二萧搬至北四川路底"永乐坊"住下来。

同住北四川路底，二萧步行几分钟就可到鲁迅家。从此萧红更是每晚饭后必到大陆新村来，刮风下雨亦不间断，像一个从此找到了家的孩子。一天下午，萧红来到书房看望先生，他正忙着校对瞿秋白的《海上述林》，听见萧红进来从圆转椅上转过身子，微微起身点头笑道："好久不见，好久不见。"萧红顿时有些摸不着头脑，因为上午她还来过，而且觉得即便先生不记得她上午来过，但这几天她也是天天都来的呀。见萧红一时怔怔地站在那里，满脸天真的疑惑，鲁迅转过身坐在躺椅上自个儿笑了起来。萧红这才意识到先生是在和自己开玩笑。

和鲁迅全家在一起除了做好吃的、聊天外，周末，先生有时还邀请来访的二萧一起看电影。这自然是非常时髦而愉快的消遣。

3月28日下午，二萧来到鲁迅寓中坐聊，夜里许广平留二人一起吃晚饭。饭后，周建人夫妇携女儿来访，又适逢李小峰夫人送来李小峰给鲁迅的信，并付给先生版税200元。有了大额进项，先生心情颇为愉快，听说丽都影戏院放映《绝岛沉珠记》下集，便邀请萧红、萧军、周建人全家，携许广平、海婴一起前往丽都看电影。出门后，鲁迅在施高塔路的汽车房里叫上一辆小汽车让萧红、许广平、海婴、周建人夫人和她的女儿们上车先走，自己和周建人还有萧军在后面边走边聊。看完电影出来，他又叫一辆小汽车让周建人全家坐上先离开，自己带着海婴、二萧和许广平在苏州河大桥等电车。等车的当儿，先生坐在桥边的石围上，悠然吸着香烟，海婴在桥边不安分地来回乱跑，先生招呼他和自己并排坐下。萧红觉得坐在那里沉静吸烟的鲁迅就像一个安静的乡下老人，越来越瘦弱、衰老。4月11日晚，鲁迅、许广平携海婴又带着二萧、黄源还有周建人一家，前往光陆戏院看电影《铁血将军》。还是一如上次，鲁迅先将女眷送到影院，回来时则叫车把周建人一家先送走。

4月13日晚饭后，鲁迅夫妇又邀请留在寓中吃饭的二萧一起前往上海大戏院看电影《夏伯阳》。前两次看电影都由许广平买票，二萧有些过意不去，这次在去电影院的路上，萧军嘱咐萧红在前头走，以便有机会回请一次。许广平马上发现了萧红想抢着买票的意图，疾步跟了上来。萧军见状不妙，便直接对先生说："这次由我们买票吧，老作家请十次客，青年作家也应该请一次客了。"不想，鲁迅马上回驳说："等老作家把十次客请完了，青年作家再来请吧。"萧军一时语塞找不到辩驳的理由，结果还是被许广平抢了先。先生应变的机敏令萧军终生难忘。另有一次，看电影时，故事片前加映的新闻片是苏联人民在红场举行"五一节"纪念的情形。鲁迅坐在楼上第一排，不无感伤地对周围人说："这个我怕看不到了，你们将来可以看到"。萧红听后，有说不出的悲怆，双眼不觉溢满泪水，谁曾想，几个月后先生便逝世了。

1936年3月23日午后，二萧来到鲁迅寓中，适逢史沫特莱和她的朋友前来拜访，并赠花一束。在鲁迅介绍下，萧红和史沫特莱得以相识，两人一见如故，建立持久而深厚的友谊。当天，萧红眼中的史沫特莱"穿一件小皮上衣，有点胖，其实不是胖，只是很大的一个人，笑声很响亮，笑得过分的时候是会流着眼泪的"。这一点萧红觉得她们之间很相像。先生家生客很少，4月的一天，萧红发现来了一个打扮成商人模样有些神秘的客人。住了一些天，客人走后鲁迅告诉她，那是参加完二万五千里长征回来的冯雪峰先生。鲁迅进而问道："你看他到底是商人吗？"得到萧红肯定的回答后，先生若有所思地在房间里踱了几步，然后对她说："他是贩卖私货的商人，不过贩卖的是精神上的私货。"萧红听后很受启发，明白先生所要说的是什么。

5月下旬，鲁迅大病一场，此后在须藤医生的治疗下时好时坏。月底的一天，萧红穿着一件袖子宽大、款式新奇的大红上衣来到书房，先生感觉身体好了一些，正坐在躺椅上抽烟。萧红孩子般想让他注意到自己的新衣服，不想，先生却似乎视而不见。见萧红进来，一边将烟嘴里的烟卷用手装得紧一些，一

第四章 成名上海

边对她说:"这天气闷热起来,快到梅雨天了。"期待着先生对她今天的衣着发表一点看法,但鲁迅转而又开始说别的了,萧红不免有些失望,许广平走来走去忙着家务,也没空对她这身鲜亮的衣裳做鉴赏。

萧红到底没有隐忍住她那小小的表现欲,主动问道:"周先生,我的衣裳漂亮吗?"先生上下打量了一下,然后说:"不大漂亮。"过了一会儿,他抽着烟卷悠然陈述着理由:"你的裙子配的颜色不对,并不是红上衣不好看,各种颜色都是好看的,红上衣要配红裙子,不然就是黑裙子,咖啡色就不行了;这两种颜色放在一起很浑浊。"说到这里,抬眼看着萧红继续说道:"你这裙子是咖啡色的,还带格子,颜色浑浊得很,所以把红色衣裳也弄得不漂亮了。"接着,先生又给她讲了些高矮胖瘦者着装的忌讳,萧红顿时有所领悟,受益匪浅。或许是疾病稍愈的缘故,鲁迅的精神较好,见萧红来也有了说话的兴致,接着又略略批评了她曾经穿过的一双短筒靴子,认为那种式样的靴子是军人穿的,于她并不合适。萧红听后调皮地问道:"周先生,那靴子我穿了很久,您都不告诉我,怎么现在才想起来?我现在已经不穿了。"鲁迅回答说:"你不穿我才说的,你穿的时候,我一说你该不穿了。"

下午,萧红将赴一个宴会,要许广平找一点布条或绸带束一束头发。许广平拿出各种颜色的布条,然后两人一起挑选,她们最终决定选用米色的。但为了在对比中获取最佳效果,许广平亦把桃红色的布条放在萧红头发上,开心地说:"好看吧!多漂亮!"其目的也想吸引先生的注意,萧红很得意,规矩而顽皮地等着他看看她们这小小的"捣乱"。不想,鲁迅看过后眼皮往下一放,一脸严肃地对许广平说:"不要那样装饰她……"一时间,许广平很有些发窘,萧红也立马安静了下来。她常听许广平讲,鲁迅在女师大教书时从不发脾气,但常常好用这种眼光看人。此刻,她真切感受到先生那不怒而威的眼光里有"一个旷代的全智者的催逼",那是一种霎时便威严得令人难以忘怀的眼光。

为了消释许广平的窘迫,萧红调皮地询问先生怎么如此了解女人穿衣服,她似乎一时难以将这些女性着装经验与鲁迅联系在一起。鲁迅回答说:"看过书的,关于美学的。"萧红接着又孩子气地连续发问:"什么时候看的?""是买的书吗?""看了有趣味吗?""大概在日本的时候","不一定买","随便看看……"待鲁迅一一作答之后,萧红更加好奇地问道:"周先生看这书做什么?"这下子倒真令鲁迅有些犯难,不知道该如何应对这个打破砂锅的孩子。"周先生什么书都看的。"许广平在一旁替他解围。鲁迅吸了一口烟,脸上带着一丝解嘲的笑容，想到悄吟太太永远是长不大的孩子，心思坦白纯净得像一张白纸，坦白得令他有小小的尴尬，但更有一种基于纯粹的感动与快乐。他是发自内心喜欢这个似乎长不大的孩子。

进入梅雨季节，一直在下雨。萧红耐不住这糟糕的天气，心情一如梅雨天般郁闷。一天上午天刚放晴，心情随之开朗起来。她想和鲁迅先生一起分享这郁闷暂时散去的心情，便一口气跑到先生家里。鲁迅对上楼后仍气喘未定的萧红说："来啦！"萧红回答说："来啦！"一时难以平复的气喘让她连茶也喝不下，鲁迅以为她有什么紧急的事情，便问："有什么事吗？""天晴啦，太阳出来啦。"萧红望着窗外难得一见的阳光兴奋地对鲁迅、许广平说道。二人听罢，也受这种孩子气的感染都笑了起来。萧红感到他们在分享自己的快乐，因为他们的笑是"一种对于冲破忧郁心境的崭然的会心的笑"。萧红的到来让海婴无比快乐，过来拉她的衣裳或头发，要她和自己一道到院子里玩耍。萧红问鲁迅海婴为什么不拉别人偏偏是自己，先生分析说："他看你梳着辫子，和他差不多，别人在他眼里都是大人，就看你小。"许广平指着萧红，笑着问儿子："你为什么喜欢她呢？不喜欢别人？""她有小辫子。"海婴说罢，又伸过小手来抓萧红的头发。

自1935年底，鲁迅的身体就大不如从前，看起来十分疲倦，而要做的事情仍是那么多，如果不是病倒，经常通宵达旦地工作。写作、翻译、校稿，长期不得休息，一天天拖垮了他的身体。医生每次看完病，便要劝他多休息，但他实在放不下手上的一切，稍有精神又接着工作。见鲁迅先生如此辛劳，萧红很想为之分担点什么，多次询问有什么事情可以让其代劳。鲁迅怕给萧红添麻烦总说没有，最后实在拗不过，就拿出署名肖参的译作《高尔基短篇小说集》让她和萧军帮忙圈点，以备付排。拿到

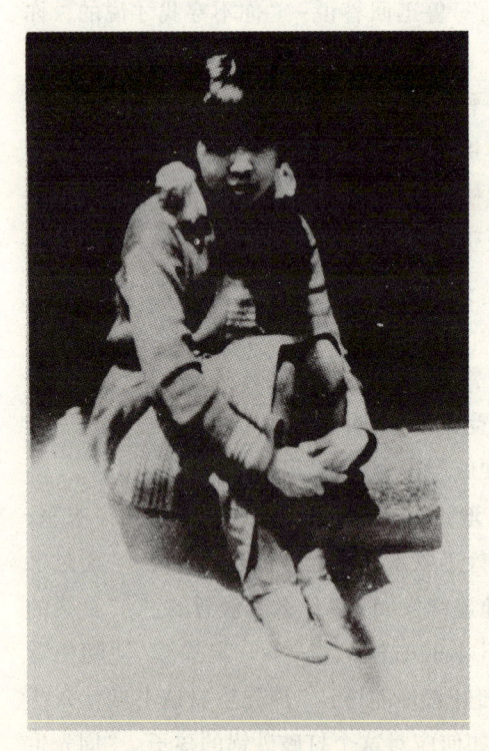

1936年萧红在鲁迅家门前（王连喜提供）

书稿，萧红说："这有何难？"一把从萧军手上抢了过去，只用一天时间就"圈点"完毕交了回来。鲁迅看了看没有说什么，直到逝世后，许广平才告诉萧红那部书稿先生后来又重新圈点过，并说这些青年人没有事情要事情做，给了事情又不认真去做。萧红听后非常懊悔，认识到自己的浮躁，但她一点都回想不起当时先生有任何气恼的表示，这更让她有说不出的感动。

鲁迅处处给予的温和关爱、写作上的成功，还有家庭生活的安宁，让萧红在 1936 年上半年拥有几个月的幸福时光。她像一个充分享受着阳光雨露、有些任性的孩子。

郁闷谁诉

或许是一种宿命，萧红所能享受的幸福时光总是那么短暂。她在享受这份来之不易的幸福与安宁的同时，危机和焦虑已然如影随形。萧军所说的"不管天，不管地，不担心明天的生活；蔑视一切，傲视一切"的那种"流浪汉"性格为二萧所共有；但萧军也自感与萧红存有明显的性格差异。如果拿音乐做比方，他认为萧红"如用一具小提琴拉奏出来的犹如肖邦的一些抒情的哀伤的，使人感到无可奈何的，无法抗拒的，细得如一根发丝那样的小夜曲"；而他自己"则只能用钢琴，或管弦乐器表演一些 Sonata（奏鸣曲）或 Sinfonia（交响曲）"。基于性别和性格的差异，萧军对自己与萧红的认识，显然不无道理。

总体上说，萧红敏感、纤细，心思细腻，容易感伤，幼时受到祖父的溺爱，而在随后的成长岁月里得到的关爱又非常之少，因而，在性格中形成一种任性且渴望得到关爱、照顾的倾向，稍不如意便容易使性子，其实倒也并不往心里去，往往过不了多久又一切如常。萧红这种性格似乎兼具北方女子的直爽，自尊心强，受不得一点委屈，以及南方女子的婉约，受了伤害喜欢藏在心底，不愿找人诉说的特点。这对于长期与之在一起生活的男人来说，可能是耐心上的考验。这种纤弱、敏感的心灵，如果与一个心思细腻、善解人意的男性生活在一起，或许是另一种面貌。然而，萧军偏偏表现出一种不折不扣的粗豪与侠情。而且，极度自尊与倔强是他们俩最鲜明的个性标识。萧军后来坦言，"由于我像对于一个孩子似地对她'保护'惯了，而我也很习惯于以一个'保护者'自居，这使我感到光荣和骄傲"！但是，时间一长，萧红在受到萧军呵护的同时，也渐渐对他的"粗糙"不满意，而且萧红虽然像个长不大的孩子，但毕竟是在"成长"中。萧军那侠情式的呵护，在严苛的环境中，如在东兴顺旅馆和医院对萧红的拯救自然呈现出一种粗粝的诗意，一旦物质和精神生活环境全然改观，就显得有些武断与大男子主义。这或许与他那种一以贯之的战斗性的生活态度密不可分，不自觉地就在以军人的方式处理生活中的一切，包括与萧红的感情。萧红曾骂他是具有"强盗"一般灵魂的人，这令萧军很受伤；对于萧红的"婉约"与自尊，他的耐心越来越少，毕竟是在一起长期生活。他亦曾坦言："我爱的是史湘云或尤三姐那样的人，不爱林黛玉、妙玉或薛宝钗……"

由此可见，二萧在性格上先天存有非常明显的不和谐因素，当他们共同面对巨大的困厄，这种不和谐被生存压力挤到了一个很不起眼的位置，一旦困厄渐渐消失，先前可以容忍、忽略的不和谐便慢慢在两人心底各自放大开来。古往今来，显然非独二萧如此，这也许是天底下所有婚姻的困境之一。要走出"只能共苦不能同甘"的婚姻悖论，需要处于婚姻"围城"中的双方适时调适心态，更新生活。这近乎滥俗的真理，却是每对夫妻最为切实的面对，在某种意义上，二萧在上海滩的成名让他们提前遭遇了婚姻的"七年之痒"。当两人还不自知的时候，身边的朋友却看得非常清楚。胡风后来回忆说，《八月的乡村》和《生死场》出版后销售得很好，二萧成了知名作家，在上海卖稿已不成问题，还被人拉拢捧场，生活上衣食无忧，但成名过快也让他们滋生了高傲情绪。自此，他明显感到他们"反而没有患难与共时那么融洽，那么相爱了"。1935年7月到9月，在罗烽、白朗夫妇与二萧共同生活的两个月里，白朗就以女性的细腻和敏感，觉察到萧红"那只注满的幸福之杯仿佛已在开始倾泻了"。

萧红平静而完美地终结了她的1935年，但1936年之于她，却是名副其实的多事之秋。上半年，将萧红内心滋生的成功喜悦和那份生活的安宁一点点驱逐殆尽，代之以无边郁闷的，自然还是与萧军那"爱的哲学"相伴生的切切实实的绯闻。

前文说过，在商市街，萧军与陈涓的故事并没有因为"南方姑娘"的离开而终结。1934年秋，漂泊在沈阳的陈涓，收到家里来信说有个名叫三郎的写文章的"老粗"来家找过她。她便知道二萧已经到了上海。刚到上海的萧军虽然亲到陈宅拜访不遇，但获知了陈涓的去向，从此建立了书信联系。次年暮春时节，萧军以自己和萧红的名义给远在哈尔滨举行婚礼的陈涓发去贺信，除祝贺当年的"南方姑娘"与有情人终成眷属外，还埋怨起上海多雨的天气。

第四章　成名上海

因陈涓老家在上海而勾起萧军来上海后对其念念不忘，引起萧红的不满。生性敏感的女人对萧军以他们两人的名义与陈涓通信，自然十分不快。1935年5月完成的《商市街》系列散文中，《一个南方的姑娘》详细记述了当年陈涓与萧军的交往在其内心所引起的不愉快。或许，这篇文章也是萧红两年后见萧军与陈涓继续书信往还引动不快的影射。换句话说，《一个南方的姑娘》虽是记述两年前的旧事，但其中流露的却是眼下新生的郁闷和无奈。

然而，这仅仅是郁闷的开始。

萧红逝世后，1944年6月，陈涓署名"一涓"在《千秋》创刊号上发表《萧红死后——致某作家》一文，详尽而坦诚地记述了1936年春天与萧军交往的始末。"某作家"所指应该就是萧军。从陈涓的叙述中，亦可想见萧红当时心情郁闷的根源。以下内容不过是对陈涓文章的转述。

1936年初春，新做母亲的陈涓带着孩子回上海省亲，其兄就住在萨坡赛路16号，距二萧所在的萨坡赛路190号很近。二三月间，陈涓带着幼妹前来看望二萧。她简单地想到自己都已结婚生子，应不会再令二萧产生误解，所以，坦白而亲切地与他们有说有笑。陈涓自然并不了解萧军对于情爱的理念和方式，萧红却非常了解，对于陈涓的南来和上门拜访，本能地充满防御的敌意，与萧军已经很不愉快。临出门，陈涓提出要萧军送她们回家，萧军碍于萧红在场很为难地答应了。想到家里的萧红自然会因此不快，一路上萧军很少说话，但陈涓并未察觉出什么异样，只是简单地想，送送来访的客人应该没有什么关系。

此后，萧军一个人得便常到陈家，邀请陈涓一起出去吃东西。一段时间后，陈涓慢慢感觉到萧军的异样，以致见他就觉得"很害怕"，他那"固执的性格"、"强烈的情感"令她开始烦恼，觉得他"太把自己沉溺于幻想中了"，隐隐感到事情越来越糟，因为她觉得萧军"那种倾向实在太可怕了"。萧军和陈涓间的频繁交往，要想完全骗过萧红自然不太可能，她的心情因之渐渐变坏。这时，二人的搬家计划提上了日程，萧红想到搬家后离陈家远一些，情况或许会好转。

然而，搬到北四川路之后，即便离陈家所在的法租界比较遥远，萧军还是时时不辞辛劳地来见陈涓。萧红的警觉在一天天提高，一天，问即将出门的萧军是否去找陈涓，萧军连忙撒谎说到书店去，并说距陈家那样远的路程去干什么？然而，一见到陈涓，萧军便向其转述出门时与萧红的对话，然后很高兴地笑了笑，似乎在很骄傲而讨好地向面前的女人示意："我这不是来找你来了吗？"成名后的萧军应酬多起来，他得便就利用在外吃饭的机会躲过萧红前去看望陈涓。一天晚上，萧军酒后来到萨坡赛路16号，敲门进去见到陈涓，兴冲冲劈头第一句就是："我在四川路桥新亚吃饭"，然后就没了下文。陈涓意识到他是想告诉自己："我不怕路远又来找你了。"萧军的到来完全没有其他的因由，只是想见见陈涓，来了之后没有什么话说，这让陈涓在客厅非常发窘，空气沉闷无比。好不容易等到萧军起身要走，送到门口，萧军回身在她额角上吻了一下。再次被萧军强吻令陈涓十分不安。然而，她一方面怕和萧军在一起，另一方面更怕自己的拒绝会令他失望，因而虽然不情愿但实在无法拒绝他的到来和邀请，即便情绪再恶劣也勉为其难地与之周旋。

不久，在丈夫的不断催促下，陈涓最终决定5月1日北上。临行前，萧军送来帮助筹措的20元旅费，这令陈涓非常感激。离沪的头天晚上，有位男同事带了许多礼物前来看望，了解到他那令人同情的遭遇，陈涓很想劝慰几句希望他振作，正想说话，萧军来了，进屋后不跟任何人打招呼，不问情由要她马上一起出去吃东西，一点商量的余地也没有。实在缠不过，陈涓就让男同事在融光戏院门口等她，然后跟着萧军来到靶子路一家咖啡店。萧军的强人所难令陈涓很不愉快，两人相对无言地坐了半天。尔后，萧军要了一瓶伏特加，陈涓要了杯咖啡，沉默中，陈涓尴尬已极，因担心男同事会在戏院门口久等而十分焦虑。人家老远跑来为自己送行，送了东西不致谢，也不谈话就打发走了，实在太有悖情理。然而，面对一杯一口地给自己灌酒的萧军，实在无计可施。见萧军喝了一瓶又一瓶，最后实在忍不住，陈涓按住酒瓶一再央求甚至哀求不要再喝了。萧军最后答应说："从明天起我就不再喝酒了，为了你的缘故。这一杯，你让我痛痛快快地喝了吧。"喝完最后一杯酒，两人走在大街上已是晚上11点，陈涓不肯让萧军送她回家，只好撒谎说要到别的地方去，支走萧军独自来到融光戏院门口找到已经等了很久的同事，又一同走回靶子路。就在这时，萧军突然从电线杆后面走出来，向她惨厉地狞笑几声，然后扬扬手走了，面对萧军的误解，陈涓有说不出的痛苦与难过。

萧军本来就是那种心底有事表面上绝不会掩饰甚至也不愿掩饰的男人。萧红虽然不能详细了解在她背后萧军和陈涓之间到底发生了什么，但她越来越感到男人在情感上似乎在背叛自己，只是一时没有确切的证据，然而女人对此的敏感却是不可理喻的灵敏，心灵随之遭受重创。两年后，陈涓再次回沪，从朋友口中得知二萧当年在听说她要回上海就开始常常争吵，她的那次登门拜访正是两人大闹一场之后，所以她要萧军相送，对方才显得那么为难。陈涓还了解

第四章　成名上海

到自那以后，二萧为此常常吵闹，疑神疑鬼感情很不好了。就正如从陈涓的叙述里，我们了解到萧红的猜疑和痛苦并非空穴来风；她两年后所听到的传闻，也一定包含着再真实不过的事实。1936年间，萧红创作了题为《苦杯》的组诗，大约是此时内心痛苦的自我宣泄：

> 已经不爱我了吧！
> 尚与我日日争吵，
> 我的心潮破碎了，
> 他分明知道，
> 他又在我浸着毒一般痛苦的心上，
> 时时踢打。（其四）

> 往日的爱人，
> 为我遮蔽暴风雨，
> 而今他变成暴风雨了！
> 让我怎样来抵抗？
> 敌人的攻击，
> 爱人的伤悼。（其五）

曹革成在《我的婶婶萧红》一书中貌似有所隐晦，实则欲盖弥彰地提及，1936年上半年给萧红带来情感创痛的还不只是陈涓的回沪与离开。30年代的上海滩到底是时尚人士的荟萃之地。二萧当年"狂恋"之初便令萧红产生"幻觉"的 Marlie（本名李玛丽）也来到了上海。她的到来，据曹著似乎也搅扰了萧军这往日崇拜者那本来就不安宁的内心。上海滩新近成名的男作家也变成了一个痛苦的暗恋者，一首首情诗从心底涌出。舒群曾不忍见其痛苦之状，主动替他上门要向玛丽挑明，对方含颔微笑道："你们都是我的朋友。"曹革成此说虽然支吾其词，没有指明确切根据，但从《苦杯》组诗中似乎也可以见出一些端倪：

> 带着颜色的情诗，
> 一只一只是写给她的，
> 像三年前他写给我的一样。

也许人人都是一样，
也许情诗再过三年他又写给另一个姑娘！（其一）

昨夜他又写了一只诗，
我也写了一只诗，
他是写给他新的情人的，
我是写给我悲哀的心的。（其二）

他又去公园了，
我说：
"我也去吧！"
"你去做什么？"他自己走了。
他给他新的情人的诗说：
"有谁不爱个鸟儿似的姑娘！"
"有谁忍拒绝少女红唇的苦！"
我不是少女，
我没有红唇了，
我穿的是从厨房带来的油污的衣裳。
为生活而流浪，
我更没有少女美的心肠。
他独自走了，
他独自去享受黄昏时公园里美丽的时光。
我在家里等待着，
等待明朝再去煮米熬汤。（其六）

这些感伤、哀怨的诗句最为明白不过地在宣示萧红、萧军之间一场情感危机的肆虐。而且，争吵中萧红再次感受到男人的暴戾和作为女人的无助，在《苦杯》之七中写道：

我幼时有个暴虐的父亲，
他和我的父亲一样了！

第四章　成名上海

> 父亲是我的敌人，
> 而他不是，
> 我又怎样来对待他呢？
> 他说他是我同一战线上的伙伴。

萧军的暴虐让萧红非常失望，感到又回到了无望的从前，没有丝毫的安全感，整个心灵被无边的失望、哀怨和郁闷笼罩。这样的苦闷又不便向别人诉说，而且，以她的个性也不愿意向别人诉说。在萧军写作的时候，她还要振作精神帮助他整理、抄写文稿。成名后二萧的生活全然没了往日的生气，沟通的机会越来越少，碰到萧军在外应酬饭局，郁闷、落寞的女人便一个人到俄国大菜馆吃两角钱一客的便宜饭对付。正如许广平的理解，萧红虽然在文章里表现出一种男性的英武，但在实际生活中却还是女性的柔和本色，对待萧军也还是"感情胜过理智"。女性的世界终究那么狭小，在上海滩即便二萧齐名，但在萧红的世界里仍只有萧军，一旦萧军对她情感出现了变故，她便自感失去了整个世界；成名对于萧军却全然是另一番面貌，社会地位的提高、经济收入的增加、社交范围的扩大，让他拥有一个更广阔、更丰富的世界。萧红内心那份世界将失的惶恐与幽怨，只有通过诗歌，吟唱给自己听：

> 我没有家，
> 我连家乡都没有，
> 更失去朋友，
> 只有一个他，
> 而今他又对我取着这般态度。（《苦杯》其八）

在茫茫大上海，鲁迅家是几被苦闷、失望和哀怨窒息的萧红唯一愿意去的地方。在那里，她可以毫无顾忌地恢复孩子般的天性，亦可诉说委屈。然而，自5月下旬以来，先生一直在大病中，6月5日以后，甚至连写了几十年的日记也被迫中断。眼见疼爱、宽容、提携自己的先生一病不起，萧红的心情更加沉重、焦虑。鲁迅已不能见客，萧红也怕自己打扰了他的休息，但她实在没有别的去处。一如心灵受伤的孩子只想回家，萧红一天两次地前来鲁宅，希望先生能够奇迹般地好起来，然后他们又可以一起闲聊，又可以打破砂锅地问，也可以尽情地诉说。萧红怕看见鲁迅病中的样子，也怕自己那难以掩饰的不快让先生担心。每次到来，许广平都要努力抽出时间陪她在客厅长谈。姐妹般的聊谈也有让萧红暂时忘却不快的时候，然而，更多时候许广平感到她们间的谈话只能勉强进行，萧红那话语和神情间流露出的强烈哀愁，"像用纸包着水，总没法不叫它渗出来"。即便在许广平面前，萧红也还是强力克制内心的流露，但在许广平看来，她那写在脸上的哀怨、忧伤却是再明显不过。萧红的郁闷、哀怨被许广平看在眼里，也被鲁迅看在眼里，但几十年来他们养成了不轻易打听别人即便最好的朋友的私人生活的习惯，除非对方主动说出来。而以萧红的个性，她绝对不会说出，因为她那个世界的裂痕关涉其自尊和脸面，正如对身边的朋友，她从不轻易谈及身世一样。萧红的这种性格，也是在她身上何以会集聚那么多"谜"的重要原因之一。她不仅不愿意诉说，而且也不相信眼泪：

　　泪到眼边流回去，
　　流着回去浸食我的心吧！
　　哭又有什么用！
　　他的心中既不放着我，
　　哭也是无足轻重。（《苦杯》其九）

更何况，即便一个人有了想哭的冲动，却也找不到可以痛哭的处所：

　　近来时时想哭了，
　　但没有一个适当的地方：
　　坐在床上哭，怕是他看到；
　　跑到厨房里去哭，
　　怕是邻居看到；
　　在街头哭，
　　那些陌生的人更会哗笑。
　　人间对我都是无情了。（《苦杯》其十）

无以排遣的苦闷与忧伤令无处遁逃的萧红整天待在鲁迅家里，整个失掉了精神，头痛厉害，脸色苍白，一望便知是严重贫血。为了减轻病中的先生整天陪客

第四章　成名上海　　　　　　　　　　　　　　　　189

的辛劳，为鲁迅糟糕的身体状况而焦虑不堪的许广平，不得不独自陪着萧红在客厅里聊天，心思却在鲁迅先生身上，两者互相牵扯常常令其不知所措。7月初，鲁迅病情稍有好转，朋友们零星前来看望。萧红此前虽然天天来，但已有一个月没有上楼见先生，现在，上楼去看望精神稍微好起来的先生，心里颇有些不安。她难以想象先生病后那极其衰弱的样子，更怕他看见自己仍处于无边的不快中。想到这里，一进先生卧室，她便觉得站也没地方站，坐也不知坐哪里好。许广平递过茶来，她紧张得似乎连茶杯也看不见，只是倚靠着桌子边站着。先生看出她的不安，一脸慈祥地对她说："人瘦了，这样瘦是不成的，要多吃点。"先生的神态、语调令她陡然想起多年前病中的祖父对她说话时的情形，难以克制的忧伤涌上心头，眼睛在发涩，但转念想到先生刚刚好转一点，不应该因自己的忧伤带给他不好的情绪，于是强忍住泪水和酸辛想逗他开心，调皮地说道："多吃就胖了，那么周先生为什么不多吃点？"鲁迅听罢，爽朗大笑起来。看见先生开心的样子，听着他那明朗而率真的笑声，萧红内心无比期望先生能从此好起来，可以经常见到这样健康而有感染力的大笑。经先生笑声的感染，好像在那一刻什么样的烦恼都会顿时一扫而光——那是多么久违的快乐！

　　鲁迅的身体虽有所恢复，但朋友们还是尽量不去打扰，好让他有更多时间休息——他太需要休息。其间，先生委托胡风帮助一个不懂中文的日本人翻译其著作，胡风便常往鲁迅寓中，有时带上梅志，甚至让梅志代送文件到鲁宅。去先生家之前，胡风总要嘱咐梅志不要随他上楼，只是在楼下和许先生谈谈。梅志非常喜欢先生家那种安详肃穆的氛围，也很喜欢和许广平聊谈。她后来回忆说，在鲁迅先生家一楼经常遇见萧红。一次，胡风悄悄从后

1936年萧红与许广平在上海大陆新村（王连喜提供）

门直接上楼去了,许广平把梅志引到大厅,悄声说"萧红在那里,我要海婴陪她玩,你们就一起谈谈吧",然后就去忙自己的事情。梅志见萧红"形容憔悴,脸都拉长了,颜色也苍白得发青"。梅志见她对自己比较冷淡,似乎有点心不在焉的样子,倒是海婴很活跃搬出玩具和书本要萧红和他一起搭积木。海婴不停地问这问那,萧红的兴致渐渐高起来和梅志拉拉家常。当她问到梅志的孩子时,海婴用上海话插嘴说:"侬格小弟好白相勒!"萧红和梅志听后都笑起来,气氛随之变得愉快和谐。

据梅志1984年回忆,对于萧红的不断来访,且一来半天不走,许广平有时颇有烦言,向她大诉其苦:"萧红又在前厅……她天天来,一坐就是半天,我哪来时间陪她,只好叫海婴去陪她,我知道,她也苦恼得很……她痛苦,她寂寞,没地方去就跑这儿来,我能向她表示不高兴、不欢迎吗?唉!真没办法。"这样的埋怨应该是确实的。1946年,许广平在《追忆萧红》一文中谈到,1936年夏天,在陪萧红在客厅聊了大半天后,上楼才发现忘了给午睡中的先生关窗户,那天风很大,所有的窗户都没关,结果导致先生受凉,刚刚好一点,又病了一场。萧红只知道先生又病了,但许广平一直没将先生的病因说出来,怕引起她的不安。许广平在文章中不禁感叹道:"从这里看到一个人生活的失调,直接马上会影响到周围朋友的生活也失了步骤,社会上的人就是如此关连着的。"

白朗眼中的萧红"是一个神经质的聪明人",以其敏感,自然知道时常逗留鲁迅家中是对先生一家生活的极大打扰。然而,在上海这是她唯一的去处,如果先生没有生病她会像孩子般说出内心的苦恼、忧伤和无尽的委屈,现在先生辗转病榻让她更难受。由此也可以看出,萧红、萧军之间这次所产生的情感裂痕之大,萧红内心的创痛之巨。

眼见萧红如此苦恼,身体、精神越来越差,黄源向萧军建议让萧红到日本住上一段时间。因为日本距离上海不算太远,比起上海,生活费用贵不了多少,但环境幽静,既可以修养也可以专心读书写作,还可以学习日文。而且,日本的出版业十分发达,在那里可以很方便地读到一些外国的文学作品。黄源之所以如此建议,还有一个重要原因:他的夫人许粤华正在日本专攻日文,不到一年已能够翻译一些短文了。许粤华,笔名雨田,在鲁迅日记里,还有她在日本因翻译事宜与先生书信往来的记载。有许粤华的照应,萧红初到日本也不会

第四章 成名上海

寂寞。

　　黄源的建议令萧红颇为心动，想到自己老是处于这样一种精神状态，将会一事无成。现在，文章的出路不成问题，但自完成《商市街》系列散文后，只写出了《手》等很少的几篇文章，大量时间就在无边的哀怨、伤感中虚掷，荒废了自己，也打扰了周围朋友的生活。她觉得需要一个全然属于自己的空间和时间来疗治心灵的创伤，就像一匹受伤的小兽，需要逃到林中静静舔舐自己的伤口。另外，萧红很意外地收到一封张秀珂自东京寄来的信，告知姐姐自己在东京念书。离家出走多年，不知弟弟现在该是什么样子，无限伤感中的萧红也自然想到了亲情，到日本可以见到多年未曾谋面的亲弟弟。这也是黄源的建议令之心动的重要原因。经过反复商量，二萧最终决定：萧红去日本，萧军去青岛，一年后再来上海聚合。想到两人分开一段时间，各自都会有一些调整，也许可以平复此前的所有不愉快而和好如初。萧红于是立即给弟弟去信，说明自己大概7月下旬到东京，并询问打算暑假回家的张秀珂"是不是想看看我"。《八月的乡村》和《生死场》在书店代售刚好结算了一笔大约300元的书款，二人各带了一部分，萧红要出国自然多带一些。

　　前往日本的决定作出后，萧红找裁缝店做了西装，烫了头发。当她以全新的形象出现在朋友们为之饯行的场合，给梅志的印象反倒不及以前。她觉得西服是便宜料子，又是小店做的，穿在萧红身上反而让她失去了过去的平淡朴素，一头蓬松的卷发也没有先前两条粗辫子显得大方，"倒有点不伦不类，很像当时的朝鲜妇女了"。不过，梅志转念想到萧红之所以如此，是想彻底改变自己——旧的形象和旧的生活环境都想改换掉。很显然，萧红想以一种全新的姿态去面对新的环境、新的生活，向往着能与所有的不愉快彻底告别。

　　病中的鲁迅自然知道二萧间的矛盾，但他不愿过多干涉他们的私生活，萧红不主动说起，他便只是看在眼里，绝不主动打听、询问。不过，听说悄吟太太要东渡扶桑，企图摆脱目前的困境，先生还是为之颇感欣慰，苦难终于有了可能解决的办法。1936年7月15日，鲁迅在家里设宴为萧红饯行，许广平亲自下厨做菜。鲁迅日记当天载有："晚广平治馔为悄吟饯行。"那晚先生仍在病中，日记还载有："九时热三十八度五分。"饭后，鲁迅支撑着病重的身子，坐在藤椅里仍不忘告诉从未出国的萧红一些经验，叮嘱说，每到日本码头就会有当地的日本检疫人员上船来查验是否有病，不要怕，而中国人专会吓唬中国人，跟随的茶房往往会大惊小怪地乱喊，不必理会。面对虽在病中但仍然关心着自己的先生，萧红内心无比酸楚，而她又何曾想到，这是先生与自己的最后一次谈话，当晚一别竟成永诀。

黄源、萧军、萧红（左起）摄于萧红赴日前夕（张抗提供）

次日，萧红、萧军、黄源在一起好好吃了一顿。饭后，三人到照相馆拍了一张合影。相片上黄源居左戴着眼镜沉静而文弱，萧军居中意气飞扬，萧红居右脸上显出似乎有些勉强的喜悦，穿着一件格子布的旗袍，神情在一头蓬松卷发的映衬下，颇为洋气。相片出来后，萧军送给鲁迅一张，先生在其背后题上："悄于一九三六年七月十七日赴日，此像摄于十六日宴罢归家时。"

1936 年 7 月 17 日，萧红乘船赴日，开始了蛰居东京的日子。

第五章　蛰居东京

别人的城市

  轮船缓缓离岸，倚着船舷的萧红早已看不清萧军的身影，码头上森林般挥动的手臂让她意识到自己是在与多灾多难的祖国告别。上海固然是异乡，但此行的目的地却是自己无法想象的异国，而且是与祖国关系日趋紧张的异国，况且又基于这样一种动机与心境——站在岸上的男人令她又爱又怨。异样的别离滋味让萧红内心弥漫着无限悲怆，如果不自欺，她知道自己此次从异乡远赴异国，不过是对目前生活状态的一种逃避，一种无奈的面对，一种无法可想的自我救赎，是在以即将到来的大寂寞驱赶眼下的郁闷和心痛。虽是流火七月，站在甲板上的萧红内心冰凉而感伤。她不愿回想岸上那个她所爱着的男人此前所给予的种种伤害，更不敢想象即将独自面对的异国生活。自从与萧军同居以来，分隔得如此遥远，再见面预期得如此久长还是第一次。萧红难以掩抑沉重而感伤的心情，一时五味杂陈，泪流满面。岸上的人影早已在视野里模糊、消失，船头犁开宽阔无边的湛蓝海面，强劲湿热的海风吹干了满脸泪水，困乏，潮水般浸漫了身体和心灵。回到舱里，因空气不太好，即便有准备地服下大量预防晕船的粉剂，肠胃还是开始了剧烈搅动。一个人的寂寞旅途便只是与恶心、呕吐这些翻江倒海般的器官反应相伴随。

  黄昏时分，站在船尾甲板上看着湛蓝的海面一点点变成黑蓝，萧红想，如果自己一个人被放置在这四顾茫茫的一片大水上，该如何渡过这样的大海！一个人独自面对阔大无边的遐想，让萧红似乎一下子回想起很多，特别是近几年的酸甜苦辣。那些不堪回首的往事潮涌眼前令她不能自制地隐隐心痛。离开上海只是想好好慰安一下自己，暂时忘掉在那里的一切包括萧军。然而，一到傍晚，只是几个小时的分离就禁不住想念起他来。已然远离的男人所给予的伤害随着轮船的渐行渐远而渐渐模糊、淡化，不值一提，内心涌动着无限温柔和幽远绵长的思念。在甲板上徘徊久久，回到舱里萧红拿出纸笔表达人在旅途的孤寂与思念，即便平淡浅显的寥寥数语，此刻也是对她自己的莫大慰安。时间和空间具有多么不可想象的魔力，只是离开萧军几小时，她内心因思念而生出的倾诉冲动，便彻底清扫了此前的所有哀怨和郁闷。然而，给萧军的信只是简单地开了头便搁下了，她不知从何说起，也不知该表达点什么。第二天，轮船停靠在长崎，萧红接着昨晚的信续写了点内容，告诉萧军到东京后再写信，在长崎打算下去玩玩，并把这封信发了出去。萧军晚年回忆说，自己和萧红就像两个刺猬在一起，太靠近了，各自身上的尖刺会刺痛对方，离得远了又感到孤单。这更多是对萧红内心的细腻体察，诚然，或许在离开的刹那，对于萧红这只心灵受伤的"刺猬"而言，与孤单相伴生的思念便已油然而生。

到达东京，在许粤华的帮助下，萧红在趣町区富士见町二丁目九一五中村方，找好房子安住下来。那是一间六张席的居室，十分规整，铺着干净素雅的席子。萧红向房东借来一张桌子、一把椅子，稍稍布置便是一个温馨安宁的临时小家。看着窗明几净的屋子，感叹可惜萧军没有跟来，如果来了，见到这像是在画里一般的房子，一定会孩子气大发地首先在席子上打个滚。一切都安顿好了，一坐下来便觉得室内好像少了什么，毫无疑问，所缺少的自然是另一只"刺猬"。东京的街区十分寂静，远处异国的寂寞也很容易在这整个街区空无一人般的寂静里生出。萧红迫不及待地给萧军写信告知在日本的一切，她更关心萧军的状况，一开头便急切地询问"身体这几天怎么样？吃得舒服吗？睡得好吗？"其实，这两只互刺对方的"刺猬"才分开四天。如果仅有屋外的蝉鸣，沉浸在思念中的萧红，真有不知身在何处之感，但四周不时传来踏踏的木屐声，又令她在新奇之余意识到自己已然身处异国。在这个世界上，萧军是她唯一的牵念，弥漫而起的思念令她生出满腹柔情，信尾仍不忘提醒不要忘了吃药，针对他的暴食倾向，更不忘提醒"饭少吃些"。在鼓励他去游泳的同时，又不忘告诫如果身体状态不好，就不要到海里。萧红这只分开之后的"刺猬"，此前那满身的长刺此刻似乎全然软化、收敛，内心弥漫着无边的牵念，仿佛离了她，萧军便不知如何生存。

东京全然是别人的城市。

刚开始的半个月，萧红陷于大寂寞中，许粤华每天忙于到图书馆查资料，很多时候连个说话的人也没有，书籍、报纸也没有，加之天气炎热心情变得非常糟糕,想到街上走走,却又不认识路,也没办法与人交流,到书铺里逛逛,但见满屋子的日文书籍与自己一点关系也没有。心情一坏,满街不绝于耳的木屐声亦让她觉得厌烦。萧红感到自己就像是一个人被放逐到了西伯利亚,比起她和萧军初到上海益觉无聊,那时,毕竟有萧军陪在身边。担心这样的适应期会是很长一段时间,萧红对自己是否能在日本坚持到最后很不乐观。十多天了,不见萧军只言片语寄来,这让她很是失望,想继续给他去信,只是开了头便再也写不下去。听不见萧军往日那噔噔上楼的声音,便觉得自己的世界缺失了最重要的东西,她一时难以适应这种缺失,适应的过程自然充满了焦虑和烦躁。

萧红在东京(张抗提供)

其间,更大的打击是当萧红找到弟弟的住所,却被告知张秀珂已离开东京。这是上天多么阴差阳错的安排,像是和她开了一个略显残酷的玩笑。但这可能是萧红与张秀珂的房东因交流不畅而造成的误解,事实上,张秀珂并没有离开日本,直到1936年冬才转道东北跑到上海,只比萧红从日本回上海早两个月。

萧红一到东京就给张秀珂写信,姐弟俩的住处相隔很近,本来萧红也可以让朋友带着她直接去找张秀珂。但她考虑到自己以民国公民的身份来到日本,而弟弟的身份是满洲国公民,他们"已经不是一个国度的人了",直接见面怕给弟弟带来不便,于是就先写信约在第3天下午6点在一家饭馆见面。那天,萧红特别穿了一件红衣裳5点钟就在饭馆里等,但最后早过了约定的时间,快到7点仍不见弟弟来。萧红不免有些失望,她转念想到弟弟大概来过,可能已经认不出自己而错过。第二天,她亲自找到张秀珂所在的神田町住处,一位穿着灰色大袖子衣裳的老太太告诉她,张秀珂已经在月初离开东京了。萧红看见弟弟曾住过的房子还放着竹帘子,里头静悄悄的,好像他正在里边睡午觉。张秀珂是否出于考虑到姐姐和自己的安全,故意让老太太这么说亦未可知,据他1955年4月28日在病床上的口述,当时,他知道姐姐在东京,只是"怕特务发觉","竟未敢去找她"。由此可以看出,他对与姐姐相见似在故意回避,而这与当时日本政府对国内民众的高压政策分不开。

姐弟俩就这样咫尺天涯地分隔着。萧红似乎注定要一个人面对寂寞。无比失望地从弟弟的租住处回来,萧红满怀委屈无处倾诉,唯一能做的就是给萧军写信,一开头便说:"现在我很难过,很想哭。"无助中感到钢笔似乎也在欺负自己,提起笔发现墨水没了,并且怎么也装不进去,好不容易抽进去了,随即又被压了出来。失望、孤寂与烦躁让她给萧军写信的心情也没有了,只好出去胡乱走走。等到烦恼过后冷静想想,她意识到寂寞自己必须独自面对,这是一种考验。一向要强的萧红不愿被寂寞打倒,咬牙度过这最难熬的最初适应期,往后也许会渐入佳境。

萧军于8月初离开上海来到青岛。适值在山东大学任教的友人周学普暑假回南方,便独享了那间位于二楼的单身教员宿舍,心境沉静,全无打扰地开始按部就班地实现事先制定的写作计划。

二萧的行踪在上海文坛引起一定程度的关注,有些小报趁机炒作一些花边新闻借以吸引眼球。萧军离开上海前夕,有家报纸在一篇题为《爱侣变成怨偶 萧红一怒走东京 田军预备追踪前往》的文章中捕风捉影地写道:"田军与萧红,这被称为'东北'作家的一对,以往是有过一番热恋的,但萧红的心情很高傲,而田军则又是一个秉性倔强的人,于是,两下里慢慢的有了意见,甚至于发生了口角,结果是萧红一怒而出国。在这一种情形之下,田军是觉得有一点儿后悔的,他在考虑之下,以为这样的决裂毕竟是甚可惋惜的事情,第一是居住的无聊与寂寞,使他十分的不惯;因此,这几天的田军,也预备撺当行袋,向东京走一趟,去寻找他的爱侣去了。"

萧红渐渐熬过独处异国的苦寂,烦躁的情绪趋于安宁,精神亦从失望中逐步振作起来。驱遣孤寂的最好方式就是找到自己想做的事情,心境安定下来后,她便开始写点短文章,8月上旬完成了描述一个人在东京孤寂生活情景的散文《孤独的生活》和回忆中的乡村人物故事《王四的故事》。虽是两篇短小的文章,但毕竟有了一个比较好的开端。写作让萧红一天比一天充实,有了沉浸其中的事情后,身处异国、语言不通的孤寂在渐渐消失。从萧军8月4日的来信中了解到他在青岛很快乐、健康,萧红放心不少。8月14日,萧红在回信中颇有成就感地向他汇报近期的写作成绩,说已经寄给国内编辑一个短篇小说和两篇散文,并声称以后"就不来这零碎,要来长的了"。在前信中叮嘱萧军每天要吃两个鸡蛋补充营养,获知他已"遵命",萧红很是高兴。来信中,萧军故意夸大在青岛的幸福,想给她一点刺激,不想萧红回信调侃道:"我也不用羡慕你,明年阿拉

第五章 蛰居东京

自己也到青岛去享清福。我把你遣到日本岛上来。"萧红还附上刚来东京时创作的小诗《异国》，难以排遣的寂寞，洋溢在朴拙的诗行间：

> 夜间：这窗外的树声，
> 听来好像家乡田野上抖动着的高粱，
> 但，这不是。
> 这是异国了，
> 踏踏的木屐声音有时潮水一般了。
> 日里：这青蓝的天空，
> 好像家乡六月里广茫的原野，
> 但，这不是，
> 这是异国了。
> 这异国的蝉鸣也好像更响了一些。

直到8月17日，萧红才第一次有了上街逛逛的兴致，虽然不过三五里的路程，但已是很大的进步，边走边打量身边的一切，内心在试图接纳这座别人的城市。神保町的书局较多，街市非常热闹，然而一个人行走在别人的城市里，还是觉得兴味全无，似乎一切都与自己不相干，一无所获地又沿着原路走了回来，边走边体味着东京与国内都市的差异。一切到底是那么生疏，街市的面貌和风情都如此相异。只是，一见到城中被污染的黑色河流，停靠在岸边的破旧船只，以及船上衣衫褴褛的女人和孩子，萧红很自然地想到眼前的情形颇像上海的徐家汇。当天在给萧军的信中感慨道："像这样的河巴黎也会有！"

萧红一直惦记着萧军的小伤风，怕他太过大意，于是在信中提醒："你的小伤风既然伤了许多日子也应该管他，吃点阿司匹林吧！一吃就好。"她更庄严地告知萧军另两件事，其一要他买个软枕头，认为枕硬枕头会使脑神经受到损坏；其二要他买一床薄毛被，并"责令"收到信后就去买，且要他回信写明是否已经照做。她了解萧军不愿理会这些在他看来不值一提的琐事，便在信中叮嘱，如果懒得买就来信告知一声，她可以在日本买好给他邮寄过去。同时，她还告诫萧军夜里不要吃东西，以防吃得过多伤了脾胃。虽是一些琐屑的叮嘱，字里行间却尽显萧红作为人妻的体贴与柔情。这只雌性的"刺猬"已全然收敛了她那带刺的甲胄，更不用说用长刺刺伤对方了。萧军晚年在注释这封信时，说自己并不相信硬枕头损害脑神经的说法，常常以简瓦、木段段做枕头，对于萧红那些近乎琐屑的叮嘱，他说："她常常关心得我太多，这使我很不舒服，以至厌烦。这也是我们常常闹小矛盾的原因之一。我是一个不愿可怜自己的人；也不愿意别人'可怜'我！"

在苦寂中度过一天天的萧红常常想象带着刚买的相机在青岛故地重游的萧军所拥有的幸福时光。萧军在信中亦将在海滨边消暑边写作的惬意进行肆意渲染，故意引动她对故地的神往。回信时，萧红半开玩笑地问怕不怕因信中"这也好那也好"的渲染，会刺激她说不定哪天也从日本赶到青岛。不过，萧红随即强调自己是在开玩笑，但接着又说"也许是个假玩笑"。萧军自然知道，以她那极其要强的个性，即便在东京再难熬，如果不是完全克服不了困难，她绝不会轻易妥协。然而，在萧红的玩笑里，显然也不乏一些真实的矛盾心理的流露。即便来东京快一个月了，她在信中仍对萧军说"我在这里多少有点苦寂"，不过已全然没有刚来时面对寂寞的无助，又转而安慰道："不过也没什么，多写些东西也就添补起来了。"她要萧军见信后寄一两本她没读过的书来，因为越寂寞越想读书。一天到晚不能说话，再加上无书可读实在非常残忍。这种困处一室的苦寂又令她回想起几年前困居东兴顺旅馆时的情形。那时，是因为身无分文的极度困窘，现在有了钱，却除了吃喝外，买不来任何别的趣味。

8月17日的信萧军还未收到，萧红大病一场。一连几天的发烧，让她感到浑身骨节酸痛，极其倦怠，了无精神。一个人独自在异国生病自然是一种难以言说的落寞与灾难，想得到萧军的些许安慰，却久久不见其回信，加上令人惆怅、徒增寂寞的雨天，更增添了内心的孤单和寂寞。百无聊赖中又禁不住抽上半支已经禁吸多时的香烟。

因父亲病重，黄源的经济负担加重，难以继续支持许粤华在日本留学的费用，她必须回去。不久，许粤华告诉萧红定于27号启程回国。萧红听后备感沮丧，想到华姐走后，在日本就再也没有熟人了，真是"举目欢笑，谁与为亲"。稍后，即便是与许粤华同住的那位与萧红亦比较相熟的女士也搬走了。这是一个月内，继听到弟弟已经回国之后，萧红所遭受的又一次巨大失望，而这同样是她不得不面对的现实。萧红趁许粤华还没有离开，让她带自己到医院检查看病，因为她有朋友是女医学士，因语言障碍独自到医院看病，即便许粤华也不行。现在萧红唯一的企盼就是早点好起来，身体好一些就可以投入写作中，在

第五章　蛰居东京　　　　　　　　　　　　　　　　　　　　　199

这种近乎温柔的放逐里，除了写作，她全然没有别的事情可做。

　　许粤华一走，萧红身边一个说中国话的人也没有，想到往后要在这里长住下去，就不可避免地要与人交流，至少要应对一些日常生活起居的问题，学点日语已是当务之急。她想去东亚补习学校学习日语，但学校目前还没有开学。好在房东十分友好，萧红与其5岁的孩子混得很熟，那孩子常教给她一些日语单字。身体渐渐恢复，萧红的生活又变得极其简单，每天只吃两顿简单的饭食，连出门花钱的兴致也没有，只是计划将来学好日语再到银座这些漂亮的地方到处走走。不愿出门，剩下唯一可做的事情只有写作，萧红自己亦常常感到这似乎不是一个人的正常生活，有点类似放逐或隐居。然而，时间稍长她也就渐渐适应了这份单纯、安宁的生活，觉得这里之于自己有如天国，27日在给萧军的信中写道："若把我这种生活换给别人，那不是天国吗？其实，在我也和天国差不多了。"

　　《作家》的编辑孟十还不时来信约稿，半开玩笑地说："可不要和《作家》疏远啊！"这从外边极大刺激了萧红的写作欲望，独处异国的寂寞很容易让人催生出浓郁的怀旧情绪。写了几篇零碎的文章后，回想起小时候与家里的长工有二伯在一起时的情形，萧红计划写一部三万字的小说，这便是后来刊载在《作家》10月号上的《家族以外的人》。她想以对儿时人物的回忆，来怀念小时候那段美好时光，聊以慰藉这无边的寂寞。8月，散文集《商市街》作为由巴金主编的《文学丛刊》第2集第12册，由上海文化生活出版社初版。萧军及时把这一消息告诉了她。分开的日子虽不算长，

《商市街》初版封面（章海宁摄）

但萧军从萧红来信所流露的情绪感到她似乎有些坚持不下去了，萧军自己其实也非常想念她，在信中故意对她说，如果日子挨不下去了就"滚"回来吧，不必矜持，否则结局又像那次分床一样。他自然想不到萧红此时在日本的情形已

大有好转。萧红接信后，一眼看穿了他的心思，回信调侃道："你说我滚回去，你想我了吗？我可不想你呢，我要在日本住十年。"不过，在信尾又不忘加上："你等着吧！说不定哪一个月，或哪一天，我可真要滚回去的。到那时候，我就说你让我回来的。"

身体恢复后，萧红每天都沉浸在《家族以外的人》的写作中，对儿时生活的回忆驱散了眼前的孤寂，400字的稿纸每天非写满10页不止的速度，让她在享受一种成就感的同时，也因充实而觉得异国生活有了无限趣味。心情沉静之后，她发现在东京的单纯生活对于写作十分有利，这种全身心投入创作，心无旁骛的乐趣因一年多以来心境的不平静而久违了。31日的写作超过了10页稿纸，萧红内心生出一种大欢喜，夜里，把小说放在一边，又开始给萧军写信，要和他分享这份欢喜。屋外风雨大作，电灯忽明忽暗地闪烁了几次。一个人面对这样的风雨之夕，萧红担心该不是地震的前兆，虽然自己也知道这是多么幼稚的想法，但心情还是有些惶恐，就因为萧军不在身边。她在信中对萧军说："从前我对着这雷声，并没有什么感觉，现在不然了，它们随时都会波动我的灵魂。"她也对自己的性格作了反省："灵魂太细微的人同时也一定渺小，所以我并不崇敬我自己。我崇敬粗大、宽宏的！"时空距离似乎让一只刺猬对另一只刺猬产生了认同。勤奋写作的萧红不愿辜负这美好的时光，一改多年早睡的习惯，每晚要写到凌晨亦不停下，早晨亦不睡懒觉。她很满意于自己的出息，兴奋地对萧军说，"小海豹也不是小海豹了，非常精神"。

然而，消失三年多的严重痛经9月2日又犯了。从上午10点痛到下午2点，阵痛发作全身发抖，大剂量地服下"洛定片"也全不管用。在无助中坚忍的萧红想到以前碰到这种情形，往往是萧军出去给她买回"凡拉蒙"服下后便会好一点。在当天的信中，她不无感伤地写道："但，这回没有人给买了。"日常生活中的一切，似乎时时处处都在提醒她的个人世界的缺失。这种缺失又自然引动着她那几乎可以触摸、无限质感的怀念。到下午5点，痛经的灾难终于过去。两天后，《家族以外的人》写满了51页稿纸终于完成，萧红自感写得不错，心情十分愉快，虽然身体有些发热，但新作诞生的愉快和喜悦一点都没受影响。一周左右完成近三万字的小说，自然很有成就感，剩下的工作是润色和修改。她担心稿子长了，错别字一定不少，须得多加小心。来东京一个多月，9月4日是最快乐的一天。

第五章 蛰居东京

进入秋天，天气十分凉爽，萧红计划着补习学校一开学就上学去。这样，在东京的生活因多了一项全新的内容会更加丰富，太单调的生活容易倦怠，她期待开学的日子早点到来。萧红在信中诉说的孤寂，令萧军有些担心，怕她因倔强而过于刻苦了自己，便在回信中常常劝她不要迟疑，早点回到青岛团聚。粗糙豪放的男人在对女人的称呼上变得柔情万种，以致令萧红在感动之余也稍感不适应，在9月6日的信中一开头便说："你总是用那样使我有点感动的称呼叫着我。"或许，萧军是想以这种特有的柔情唤归漂泊异国的那另一只"刺猬"。然而，情感归情感，理性还是归于理性。萧红回复萧军说自己并非迟疑而是并不打算回去，既然来了就好好待下去，况且，离开上海之前，两人的预期是一年。她告诉萧军补习学校开学后就上学去，身体亦无大碍。萧军寄来蹲在青岛游泳场沙滩上的相片，看见他那健壮黝黑的样子，萧红说一望便知是个"体育棒子"，好像一匹强健的小马，心生羡慕的同时，亦由衷为之高兴："你健壮我是第一高兴的。"晚年萧军认为，萧红对其"劝诱"回国的拒绝，其实内心也是矛盾的，只是为了自尊"还是隐忍地要坚持原来的计划"，因为"逞强"是萧红十分突出的个性。

《家族以外的人》修改誊清之后，萧红寄给了孟十还。稿子寄出后接下的两天无事可做，就给萧军做了一张手帕。10日中午收到黄源邮寄来的书信，其中有萧军的小说集《江上》、自己新出的散文集《商市街》，还有近期的《译文》杂志等等，此前要萧军买的唐诗也寄到了。有这么多书可看，萧红的精神生活一下子变得无比丰富，连忙读上两首唐诗，匆忙中来不及细细品味也就感受不到什么韵味，于是放下再看看别的书，心想等到夜里再好好享受在东京静夜读唐诗的境界。

次日，萧红到东亚补习学校交了三个月的学费，并买好书本，学校定在14号上课，每天下午上课4小时。学校是专给中国人预备的，来学习的都是中国人，报名

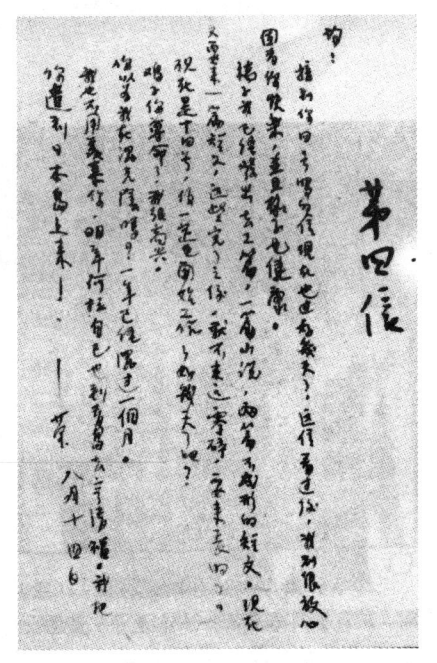

萧红在日本时写给萧军的信

时萧红想弟弟秀珂可能也来这里学习过。萧军还是不断来信劝她回去,有了学习的劲头,萧红更打消了提前回国的念头,明确告知萧军不会提前回国,因为来一次不容易,一定要把日文学到可以看书的程度才回去。况且,她发现这里的书确实多得很,住上一年即便不是很用功,日文也差不了。随着分开的时间越来越长,两只"刺猬"彼此间的思念渐渐浓郁。为了让萧红了解自己在青岛的居所大致是个什么样子,萧军发挥其军人特长来信附上了一张示意图,出于回应,萧红用钢笔画了一张居室速写,让萧军大体知道她在东京居室的布置。面对出自各人之手的图画,想象各自的起居,这是二萧聊慰相思的方式。

萧红手绘日本住处草图

快乐与安宁之于萧红总是那么短暂,大不安随即搅扰了她那刚刚宁静的心境。

9月12日一大早,还没有起床便来了便衣警察要对萧红进行盘查,房东与他们交涉说能否让她下楼来谈,结果不肯,他们非要进入萧红房间不可。二战前夕,奉行军国主义路线的日本对外侵略对内高压,国内便衣警察无处不在,对自认为的可疑对象实行严密监视。萧红在东京期间,正值中日邦交极其敏感、战争一触即发的特殊时期,对中国人的监视也就更加苛严,这也是张秀珂没有

第五章　蛰居东京

见姐姐的原因。这种情形虽然来日本之前就预想到了，也有朋友提醒，已有一定的心理准备，但是一旦突如其来地碰上，萧红还是非常难以接受。敏感如她，一方面感到民族和个人尊严受到了严重伤害；另一方面因缺乏应对经验而异常惶恐、焦虑。况且，周围一个熟识的人也没有，不知道警方的真实意图如何？以后是否还会经常性地到来？

为此，萧红十分着急上火，喉咙灼痛，心神极其不安。本来，再过两天就可以高高兴兴地去上课补习日语，突然的遭遇让学习的兴致也被消解殆尽。民族自尊受到伤害，对日本亦从心理上排斥起来，在这种惶惶不可终日的心态下，创作更是奢谈。萧红为自己几天没有写作而不安，觉得白白浪费了时间，但眼下这种不适的心态，显然是对写作的最大妨碍。潜心创作是她来东京最主要的目的，情急之中萧红想到既然这样，在这里待下去也没有什么意义，就真的萌生了回国的念头。当日，在给萧军的信中，难以压抑的愤怒几乎让她在骂大街，居然出现了"他妈的"、"混账王八蛋"等字眼。知道有便衣跟踪，为了避免引起警方的怀疑，在信尾叮嘱即将离开青岛的萧军告诉其他朋友不要直接给她写信，而是通过他代转，且来信在信封上不要写寄信人地址。

一想到被跟踪、监视，萧红的心情就变得非常糟糕，吃不好也睡不好，躺下后老是前前后后地乱想，痛肚子的毛病又经常犯。她陷于巨大的焦虑中——为处境而焦虑，也为一天天白白流逝的时光而焦虑。

秋意越来越浓，天气越来越凉。在东京此时还用不着添置秋天的衣裳，但萧红想到萧军回到上海得添加秋装了。离开上海的时候，萧红准备给他买件稍微贵重的皮外套，现在身在国外难以兑现，便写信让他领出自己在上海几家刊物的稿酬买件高档的皮外套。萧军回上海后用《家族以外的人》所得稿酬买了一件棕红色牛皮面抵膝棉、夹两用的漂亮大衣，花去45元。在铜臭气味甚浓的上海滩，他说这件漂亮大衣让自己看起来像个有钱的"绅士"，是外出租房时必备的行头，不然，势利的房东就不愿把房子租给他们。

自从上次遭到便衣骚扰，萧红担心他们会常来的情形终究没有出现。一周后，她的心态渐渐趋于平和，心神渐渐归于宁静。十多天没有写作，她计划动手写一篇童话，预计花一个月时间，创作期间什么事也不理会，上海方面此前常有刊物寄来，从此她也回绝了，让他们不要寄，什么事也不管，只是努力写童话，想用潜心地工作排挤内心的杂乱和不安。

时间一天天平静地过去。日子稍长，萧红与日本房东相处得越来越融洽。房东经常送给她诸如方糖、花生、饼干、苹果、葡萄甚至盆花之类的礼物。普通人之间温暖的人情在渐渐消释其内心的惶恐与焦虑，还有对这个国家的排斥。下雨的时候，她穿着一双男式雨鞋走在大街上，没想到招致许多人看着自己发笑。在给萧军的信中，她说东京是一个如此守旧的地方，只要衣服穿得和周围人不一样谁都会笑你。在她看来，日本女人穿西装啰哩啰嗦，但必须和她们一样啰嗦，不然就会招致嘲笑。用在日语学习上的时间比较多，写作受到影响，但生活开始忙碌起来。

没有便衣骚扰，萧红越来越喜欢东京十分沉静的夜晚。忙碌一天，睡前读几首唐诗，虽然身处异国但一样也有对祖国的精神触摸。倦怠中沉沉睡去，安宁而舒适，偶尔醒来却因太安宁即刻又昏昏睡去，阳光满窗的早晨呼吸着新鲜空气开始新的一天的读书、写作和学习。规律而无忧的生活让萧红的心境重新归于宁静，便衣的骚扰只当是一场虚惊，从此也不在乎了。在东京坐高架电车的经验无比新鲜。当电车呼啸着钻过涵洞，萧红既慌乱又兴奋。随着掌握的简单日本语渐丰，她也敢大胆地逛街了，不再像刚来时害怕丢失。许粤华临走时教给的记住周围大参照物的方法对于迷路很管用。有了兴致，萧红甚至一个人出门看电影。一次在荧幕上看到了久违的上海北四川路和施高塔路，熟悉的街市到底勾起浓稠的乡愁，自然想起在老病中仍奔波不已的鲁迅先生。离开上海前曾与萧军约定，为了免去先生复信的辛苦，两人都不给他写信，但看到熟悉的一切已是远隔重洋，萧红内心不免十分感伤两眼酸涩，也不知先生怎么样了，只是默默祈福他健康。而对于远渡重洋的曾经孩子般的"悄太太"，鲁迅也一直惦记着，10月5日在给茅盾的信中还念叨："萧红一去以后，并未给我一信，通知地址；近闻已将回沪，然亦不知其详……"这应该是先生生前最后一次在文字里提及萧红，14天后便带着他那"不知其详"的遗憾与世长辞。

日本便衣警察跟踪萧红一段时间后，发现她的生活非常简单，每天出门的次数很有限，便放弃了对她的继续"关注"。10月13日，萧军回上海后和黄源都来信劝她回国，此前孟十还亦来信劝其回去。17日，萧红给黄源回信说："我不回去了，我就在这里住下去了"；留下来的打算几天后变得更加坚决，20日在给萧军的信中更强调："我这里很平安，绝对不回去了"，并告诉他胃病好了大半，头痛的次数也减少了很多，至于此前在信中所担心的便衣再来盘查的意外也不会有，还认识到那一事件事实上也没必要大惊小怪，还是按照当初的计划住满一年。

焦虑完全消除，萧红的东京生活越来越自在，20日这天心情似乎尤其舒畅，上午到街上买了一套毛线洋装和一张草褥。回到家里，兴致盎然把房间收拾得干净利落，好像等待某位客人的到来。草褥折起来当作沙发，小圆桌上站着一瓶红色的葡萄酒，酒瓶下站着一对金酒杯，墙壁上特意挂上一张小画片，稍加布置，小屋顿时显得浪漫而温馨。她自己也意识到这其实是自身心境变化的体现，不要说刚来东京，就是半个月前，也绝对没有这样的闲情逸致。

然而，萧红好不容易拥有的好心情旋即就被更大的悲痛击碎。此时，鲁迅逝世的消息已传到东京，只不过她还不知道——她不知道一如祖父般的先生，已于10月19日晨5时25分，永远离开了这个世界。

惊悉鲁迅之死

因与日本有着十分特殊的关系，鲁迅逝世的消息很快便在东京见诸报端。20日早晨，萧红在一家饭馆吃早餐，不经意间看见一张日文报纸上有"鲁迅的偲"的标题，且文中不时出现"逝世"等字眼。日文的"偲"字，萧红虽然并不知道是什么意思，但她想到底是谁逝世了呢？

难道是鲁迅先生？

连日来，一直下着大雨。从饭馆回来的路上，望着从伞翅上不住往下流淌的雨水，萧红怔怔地似乎预感到了什么——那是一种令她极其不安的预感。她实在不愿意把鲁迅与"死"联系在一起，何况，前两天报纸上还有消息说先生要来东京访问、演讲。然而，不祥的预感还是令她心神不宁起来，一路上脑海里不断变幻着刚才在小饭馆所见到的一切：女服务员张嘴露出的金牙、吃早餐的人们的各种脸孔、还有他们的眼镜和雨伞、饭馆厨房边上张贴着的带有军国主义意味的巨大宣传画等等。似乎这一切骤然间都与鲁迅之死有了关联。

沉浸在自己难以遏抑的想象里，回到住处，拉开房东家的格子门便往进走，结果萧红发现怎么也进不去。她立时有些气恼，心想难道自己的身躯忽然间变大了？正在瓦斯炉旁切萝卜的房东见状放下手里的刀具，双手抓住白色的围裙"格格"地大笑起来，不断冲她说："伞……伞……"她这才意识到进门前忘了收雨伞，撑着雨伞上楼当然进不了门。回到房间，连忙找出中文字典想弄清楚"偲"的意思，字典里并没有这个字，而周围可以请教的熟人一个也没有。报纸上的那篇文章到底说鲁迅先生什么一时无法知道。萧红不愿意过多往坏处想，几天前她还买了一本画册打算送给先生。她想可能是自己过敏了些，先生是不会轻易死去的。然而，一旦安静下来便又不自觉地要作那样的猜想，心底弥漫着不祥的预感和难以释怀的焦虑。为了给自己一点排遣，在房间呆坐一会儿之后便上街购物，中午回来又着手布置房间。早晨那些给她带来大不安的联想渐渐抛却，当晚，在给萧军的信中，临结束还提到："报上说是 L. 来这里了……"

21日早晨，萧红又来到昨天那爿小饭馆，用餐时在一份报纸的文艺版看见一篇文章里密集出现"逝世"的字样，往下还看到"损失"、"殒星"之类的词语。她的内心真正大不安起来，昨天那些被自己努力排解掉的不祥预感，现在越来越真切起来，心情随之十分难过。她急于找人确证信息，早餐吃了一半，便再也没有心思吃下去了，急匆匆往家里赶，内心十分空落、惶悚。回到房间，她一时感到六神无主，头脑里一片苍茫，前房里的老太婆打扫窗棂、收拾席子的劈啪声，让她觉得好像有人在用拍子抽打自己；稍大一点的声响更让她感到心惊肉跳；屋外清晨的阳光似乎在今天亦变得格外刺目，仿佛已是正午。神情恍惚的萧红感受到一个全然相异的世界，她急切想找人证实报纸上那明显关于死亡的消息到底说的是谁。

然而，该问谁呢？

茫然中，萧红想到曾经和许粤华住在一起，后来因病搬到市郊的那位同样来自中国的女士，她是现在唯一可以求助的朋友。萧红迅速乘电车赶往市郊，无边的烦躁和难以言说的恐慌令她坐立不宁，车厢内并不拥挤但她宁愿站着，满脑子都是报纸上那些黑体字的"逝世、逝世"。站在车窗前，一路上看见连绵起伏的山峦、苍翠茂密的森林还有点缀其间的人家，一切都是那么平安、温煦。随着眼前景物的飞快掠过，她在不断默问自己："逝世的就是鲁迅先生？"

来到朋友住处，她正在走廊刷一双鞋子，见萧红如此匆忙赶来，吃惊地问道："啊！来得这样早！"待萧红说明原委，对方并不相信她那大不安的揣测。发自内心，萧红更不希望鲁迅之死是事实。她们想找张报纸确认，然而，朋友这些生病的日子连报纸也没订，没有最近的报纸自然无法确认萧红的担心是否为杞忧。友人查了日文字典，说"偲"是"印象"、"面影"的意思，并揣测萧红所看到的那篇文章一定是有人到上海访问鲁迅之后，回来写的诸如"鲁迅印象"之类的文章。

萧红接着又疑惑为什么会有"逝世"等字眼出现在文章中，并且又想起那篇文章好像又说到鲁迅的房子有枪弹穿进来,而先生竟安静地坐在摇椅上摇着。难道是先生被子弹击中身亡?萧红又进而联想到前段时间看电影时,在加映的时事片中了解到日本水兵被杀事件,还看见先生家所在的北四川路被戒严,以及老百姓纷纷搬离的情形。此时的萧红太需要一个听她倾诉的对象,她不断说出自己连日来郁积的担忧、揣测和焦虑。

听她说出这些不安的联想和担心,友人进行了一番宽慰,说"逝世"是鲁迅在谈别人的逝世,"枪弹"是先生在谈"一·二八"时的枪弹;至于"坐在摇椅上",因在谈论过去的事情自然不用惊慌,安静地在摇椅上摇着也就没有什么稀奇的了。朋友的解释似乎不无道理,但事后萧红觉得那真是一种阿Q式的自我宽慰。而更主要的是,当时她宁愿相信一切正如这近乎阿Q式的自圆其说。一席交谈之后,萧红的慌张有所消释,朋友说她刚进门时好像慌张得有点傻了。临出门,友人还对她说:"你这个人啊!不要神经质了!最近在《作家》《中流》上都有鲁迅的文章,先生的身体可见是在复原中。"友人说自己慌张得有点傻,这是萧红今晨最愿意听到的一句话,她希望自己的慌张只是一场虚惊。得到朋友的宽慰,她平静地怀揣一颗自我安慰的心赶了回来。一连三昼夜不间断下着小雨的天空终于放晴,萧红的心情亦随之新鲜、明朗许多。

但是,当晚在给萧军的信中,她说:"前些日子我还买了一本画册打算送给L,但现在这画只得留给自己来看了。"从这里来看,萧红似乎从朋友处回来后还是知道了鲁迅逝世的消息,或是听到了更加确切的传闻只是还没有最终证实。她在散文《在东京》一文中说确切知道鲁迅的死讯是在22日。那天适逢靖国神社开庙会,一大早就听见四周腾空而起的焰火的爆炸声,隔壁的老太婆在向着天空高呼口号。房东的孩子给萧红送来寿司,但因害怕她那由于心情沉痛而变得可怖的眼神,不等她说完"谢谢",便拿着小碟匆匆下楼去了。除了孩子下楼的脚步声,萧红还听见碟沿不断碰撞楼梯扶手的声音。

靖国神社的庙会持续了三天。日语课上,老师喜欢讲些在他们看来十分有趣的故事,诸如庙会时节那些下女的种种表现、神的故事以及日本人拜神的故事等等。听讲的中国学生对此十分新奇,不时爆出哄堂大笑。坐在这样的人群里,萧红有说不出的心痛,周围的所有人,好像都不知道鲁迅已经死了,而她觉得鲁迅之死应该令全世界感到沉痛。日语班上还有人把鲁迅批评徐懋庸视为文人间闹意气,当作无聊的谈资写在黑板上。课上,日本教员让大家谈谈对鲁迅的看法。开始提问的时候,萧红还以为是针对自己,不免有些慌张。她知道,在这种场合，在这样的庸众里，她的看法注定不合时宜。结果，老师的意向是她旁边那位头发花白，看起来年过50实则30出头，每每酒后做旧诗的诗人。听见有人问他意见，便站起来回答："我说……先生……鲁迅，这个人没有什么，没有什么了不起的，他的文章就是一个骂，而且人格上也不好，尖酸刻薄。"在异国他乡听见对本民族精神领袖这样的评价，萧红既心痛又气恼，恨不得上前将他那歪向一边的黄色小鼻子扭正过来。更有一个戴着四角帽来自"满洲国"的大个子留学生站起来说："听说鲁迅不是反对'满洲国'的吗？"一听口音，萧红就知道是自己的同乡。听罢，日本教员有些轻蔑地"嗯"了一声。几天后，日本的华人学会召开鲁迅追悼会，班上四十多个中国人，去参加的只有一位小姐，回到教室里大家都在笑她。除记住了大家对她的嘲笑，萧红还对她衣服颜色的极不调配印象深刻。在这座别人的城市里，萧红看到了周围这群极不调配的中国人，鲁迅的死却激起他们如此不调配的反应。

鲁迅之死在这群身处异国的中国人中间所激起的反应居然如此冷漠，这让萧红无比心痛，这是一种无处诉说的一个人的心痛。几天来，她不断想起在上海与先生交往的点点滴滴，而一旦想到先生已逝这个残酷事实，萧红便止不住夺眶而出的眼泪。23日晚，她在中文报纸上看见鲁迅仰卧床上形销骨立的遗容，难禁巨大的悲恸独自一人流了一夜眼泪。次日上午心情稍稍平静，便提笔给萧军写了一封信：

军：
  关于周先生的死，二十一日的报上，我就渺渺茫茫知道一点，但我不相信自己是对的，我跑去问了那唯一的熟人，她说："你是不懂日文的，你看错了。"我很希望我是看错，所以很安心的回来了，虽然去的时候是流着眼泪。
  昨夜，我是不能不哭了。我看到一张中国报上清清楚楚登着他的照片，而且是那么痛苦的一刻。可惜我的哭声不能和你们的哭声混在一道。
  现在他已经是离开我们五天了，不知现在他睡到哪里去了？虽然在三个月前向他告别的时候，他是坐在藤椅上，而且说："每到码头，就有验病的上来，不要怕，中国人就专会吓唬中国人，茶房就会说：验病的来啦！来啦！……"
  我等着你的信来。

第五章 蛰居东京

  可怕的是许女士的悲痛，想个法子，好好安慰着她，最好是使她不要静下来，多多的和她来往。过了这一个最难忍的痛苦的初期，以后总是比开头容易平伏下来。还有那孩子，我真不能够想象了。我想一步踏了回来，这想象的时间，在一个完全孤独了的人是多么可怕！

  最后你替我去送一个花圈或是什么。

  告诉许女士：看在孩子的面上，不要太多哭。

红 十月二十四日

  这封信后来以"海外的悲悼"为题，发表在《中流》半月刊"纪念鲁迅先生专号"上，编辑加了一段按语："这是萧红女士在日本得到鲁迅先生逝世的消息后，写给她的恋人田军的信。因为路远，我们来不及叫她给《中流》专号写稿，便将这信发表了，好让她的哭声和我们的哭声混在一道。"

  在鲁迅面前，萧红永远是个孩子。先生死了她仍有那孩子气的发问："不知现在睡到哪里去了？"她难以想象对于自己来说，没有了鲁迅的上海会是什么样子，那里已是一个令她感到全然陌生的空间。而眼下，鲁迅之死带来无边的伤痛、烦躁和焦虑，她自感像个无助的孩子，没有丝毫安全感，她要萧军寄100元钱来，起码留足了回国的路费心里才踏实，因焦躁上火，嘴唇全部烧破了。

  出于理性，萧红也知道一个人的死是必然的，但理性总归是理性，情感上却难以接受。想到自己和萧军刚到上海，除了先生一个人也不认识，当初那段难熬的时光就是靠着先生给他们不厌其烦的回信支撑着度过。在那清冷、孤寂的亭子间捧读鲁迅先生的来信并从中获取战胜困厄的力量的情形又历历在目。她认为没有鲁迅先生，就没有今天的自己和萧军。每天不经意间回想起和先生在一起的情景，萧红就难以控制自己的情绪。像萧军那样，跪在先生床前，握住他瘦削而没有温度的手，痛快大哭一场是她此刻最为强烈的愿望，然而关山阻隔、重洋远涉，鲁迅之死已成了她一个人无比幽远、深邃的伤痛，太过强烈的情感无处表达，在这样的异国异乡，只好一个人哭给自己听。

  悲苦中，萧红想全身心投入写作，让自己从鲁迅逝世的伤痛中慢慢走出来，但是原先童话写作的计划，因自感民间生活经验不足而放弃，她随即酝酿写作篇幅稍长的小说。

  11月2日，萧红买票去听郁达夫的讲演。会场不大但前来听讲的人却很多，差点没把门框给挤下来，她的座位被人占了，只好被挤在门口，对郁达夫的观感倒是不坏。天气日渐变冷，房间里生好的火盆像个伙伴陪着萧红度过一天天孤寂、清寒的异乡日子。快半个月了，她还是难以从鲁迅逝世的空落与哀伤中走出来，花不买了，酒亦不想喝了，对周围的一切都失去了兴味，悠长的静夜，常常对着窗棂和空空的四壁发呆，心境似乎已然苍老，热情也在渐渐褪去。

从萧军信中萧红得知张秀珂已回东北，并且要来上海；黄之明夫妇，亦即当年"牵牛坊"的黄牛和小蒙古也从哈尔滨流浪到了上海。两三年工夫，当年"牵牛坊"的朋友因兵荒马乱的时局，早已风流云散。来东京不久，便听说金剑啸8月在齐齐哈尔英勇就义，走完了他年仅26岁的人生旅程。想到这些，萧红在心生伤感的同时，亦有淡淡的虚无，因为自己在不太长的人生历程里，直面了太多死亡，亲人、先生还有朋友。

萧红更能理解许广平的心情，不时想起在上海许先生和自己在一起，不让鲁迅、萧军旁听的"密谈"。从中，萧红更多地了解到她苦难的身世和曾经的艰难，现在先生已逝，海婴那样小，周围环境又是那样恶劣，如果自己在国内，对她的照顾会更方便一些，但现在一切都不能够。因而，在信中萧红不断叮嘱萧军常约别的朋友去看望许先生，以排解她的悲痛与忧伤。临了，萧红不无感伤想到鲁迅先生未竟的事业会有后来者继承，"但他的爱人，留给谁了呢？"言语间充满了对许广平的挂念与担忧。她很想给许广平亲自去信，但一直延宕着。一来一时不知说什么好，另再，更怕本来是想安慰，结果却事与愿违地引动她的悲伤。

许广平害怕触景伤情决定搬出大陆新村。萧军便在自己租住的法租界霞飞坊替她找了一幢三层楼的房子。许广平搬过来后，他们同住在一个大院，只是隔了几排楼，每天都要见面。萧军正在编辑整理纪念鲁迅先生的文章，并时常代许广平跑印刷厂取送《且介亭杂文》一、二、三集的校样。许广平每每向他打听萧红近况，萧军把这些写信转告萧红。萧红特别感动地回信说："许，她还关心别人？她自己就够使人关心的了。"萧红的挂念也令许广平感动不已，1945年11月28日她署名"景宋"在《大公报·文艺》上发表《忆萧红》一文谈到，萧红在《海外的悲悼》中所提出的最好让她"不要安静下来，多多的和她来往"的动议，大约是被周围的朋友采纳了。鲁迅先生逝世后，萧军、黄源、聂绀弩夫妇、张天翼夫妇、更有胡风夫妇都时常前来看望。有一次，萧军、黄源还半劝半强迫地要她去看电影。没法子跟着去了，但在开映的时候她却利用光线的

第五章　蛰居东京

遮挡一直在暗中流泪。因为十年来，她每次都是和鲁迅一起踏进电影院，看到会心之处两人就会用臂膀彼此碰触一下。往日生动的情景又宛在眼前，电影院实在更加重了她的伤痛。然而，萧红的动议和朋友们的好意许广平却怎么都不愿辜负，他们自然想不到会产生全然相反的效果。

　　萧红在《作家》上读到连载的《第三代》，11月6日写信给萧军称赞写得不错。他在别的刊物上发表的短篇小说《为了爱的缘故》，萧红也看到了。这篇小说基本取材于二萧当年在哈尔滨的一段真实经历，叙述一个受到正式军事训练的知识青年，憧憬到东北磐石一带参加"人民革命军"的武装斗争，却在哈尔滨不幸遇到一位等待他拯救的有才华的女子。青年最终为了女孩放弃了自己那为大众而斗争的理想，为此遭到周围一些地下党员朋友的批评甚至讽刺。小说中的"我"和"芹"分别对应的原型是萧军和萧红。在萧军看来，这篇小说"可以说算不得文艺作品，只能算我们之间生活的'实录'"。
　　萧军以小说的方式重提在哈尔滨拯救萧红的这段旧事，且将它上升到因萧红而导致自己选择了并不想要的生活的高度。以萧红的敏感、自尊，心里自然很不舒服。理性地说，萧军当年未能实现去磐石打游击的愿望，应该是受到主客观多方面因素的制约。对萧红的拯救自然是主要因素之一，但是，其中或许也有其自身的考量。然而，萧军将拯救萧红视为此举不能成行的唯一客观原因，今天看来似乎不太符合事实。读罢小说，萧红觉得芹简直和幽灵差不多，她难以相信那就是当年的自己，并为此感到战栗，甚至不敢把芹和自己对应起来，觉得萧军对自己的刻画令她感到那样陌生。虽是一篇小说，萧红却由此开始审视自己与萧军间的关系。一个人身处这样的异乡异国，萧红意识到，在萧军看来是她的拖累让他过上本不想要的生活，这或许是他们之间不能和谐的根源。上升到一定高度，这根源就是萧军因为萧红在"为一个人的打算，还是为多数人打算"上作出了违心的选择。比起其他人，毫无疑问萧红更了解萧军，但在心情十分落寞的情形下，读到这样的文字，其内心婉曲就非外人所能全然领会。在11月6日的信尾，萧红不无幽怨地明确告诉萧军："从此我可就不愿再那样妨害你了。你有你的自由了。"
　　事实上，两年后二萧在临汾分手萧军已然自由，照说更有机会自由参加到抗战中，但终究出于这样那样的原因而没有实现他那投笔从戎的梦想。对于人生道路的选择，1978年9月10日，古稀之年的萧军在注释萧红这封信时，写下这样一段话：

> 坦率地说，尽管我从事文艺写作已经有了几十年的历史，在起始是由于偶然的情况，但我却一直"不安心"也不"甘心"，……似乎觉得这并非是我应干的终生"职业"，做一个"作家"也不是我终生的目的。而觉得自己并非是一个适于做这类工作的人或这类"材料"。我就是这样矛盾了几十年……

晚年萧军对自己的认知显然更趋理性、淡定，再次反观自身人生道路的选择，似乎更多了宿命的意味。但是，他更认为与萧红的不和谐，早在结合之初就已然埋下，最终在西北劳燕分飞亦是必然。

在某种意义上，《为了爱的缘故》这篇小说在让萧红认识到一个她并不认同的自己的同时，也了解到萧军的真实所想，并对他们之间的关系有了更趋理性的认知。一个人在异国他乡独自面对苦寂生活的历练，渐渐使萧红变得坚强，其内心的女性意识亦渐渐萌生或苏醒。

鲁迅之死对萧红的影响非常巨大。一个月来，她始终难以从那种幽远、深刻的心痛中走出来。疾病始终困扰着她，夜里常常噩梦连连，动辄高烧，嘴唇这一块那一块地破着，情绪极其烦躁。写作基本上停止了，脑子里只有一些在她看来无用而辽远的想法，禁了一段时间的香烟又开始吸了。国内一些杂志来信约写回忆鲁迅的文章，萧红感到一时难以写出，正如她自己所说："不是文章难作，倒是情绪方面难以处理。本来是活人，强要说他死了！一这么想就非常难过。"鲁迅逝世已经20天了，但是萧红内心仍不愿意接受这个事实。

这期间，令萧红欣慰的是，从萧军信里获悉《商市街》出版后大受欢迎，销得很好，一个月后就再版了。受到好消息的鼓舞，萧红很想振作起来走出眼前的颓唐。她出门买些画片装饰墙壁，努力给自己一点新鲜的心情。获悉日本11月份就要出版鲁迅的全集，她想，在国内收集中国人的文章总比在日本方便，恨不得马上回去找胡风、黄源、聂绀弩等人商量，立刻着手整理、编辑鲁迅全集，以之作为对先生最好的纪念。然而，这到底只是空想，在如此孤寂的异国什么都干不了，忧愁来袭只好一个人借酒浇愁，小圆桌上的那瓶红酒已经喝去大半。一天，萧红向房东借来小锅子就着火盆烧了点菜在小圆桌上摆好，等到

第五章　蛰居东京

她一个人开始吃的时候，却陡然觉得很不是滋味，不禁悲从中来，感慨良多。虽然，她自认为不是个多愁善感的人，但情绪袭来往往难以自持。实在太孤寂了，于是把房东的孩子喊来对面坐着吃。

在东京，除了寂寞、颓唐外，还有地震的惊吓。对于萧红，这同样是十分新鲜的经验，不时体验着死亡与恐怖的威胁。日本地震频发，对于小地震萧红也渐渐习以为常。不过，在东京期间，她经历过震级稍高的地震。那天，还在睡梦中的萧红陡然惊醒，听见房子"格格"地响着，壁上的挂钟不断摇摆，她懵懵懂懂地穿好短衣裳便往楼下冲，房东亦惊慌地弃屋而逃。隔壁的老太婆好心地叫唤她逃离，见其房门大开却没有人应声，下楼才发现她已经逃到了楼下，大家相视大笑。左邻右舍面对灾难表现出的友好，让萧红在落寞、苦寂中感到无比温暖。

鲁迅逝世后很长时间，萧红始终苦恼于难以沉静心灵进入到想做的事情中去，每天繁重的日语学习对写作也产生了极大影响。语言学习回来便是闭门枯坐、空想，她感到自己像蛹一样蜷缩进了自己织就的茧里。这样的蛰居，希望和目标固然都有，但都是那么远、那么大，萧红意识到自己是不能靠这些远而大的希望和目标生活，她想让自己尽快进入一种切近的生活，却又总不能够。写作已是她的生活方式，一旦放下或因故不能进行，便有一种比孤独、寂寞更难忍受的空落。鲁迅逝世后的一个多月，她便处于这种难以言说的空落中。为此，她常常进行自我反省。

夜里，皓月当空，银辉满窗，萧红把灯关掉，默坐窗前，享受这份独自面对自我的沉静与孤独，对着月亮问自己："这不就是我的黄金时代吗？此刻。"她陡然觉得眼前的一切都不切实，难以感受它们的质感，甚至怀疑自己生活在梦中，于是用手摸摸桌布、藤椅的边缘，再把手举到眼前，虽在朦胧月光下，但还是能够真切看见那确实是自己的手。尔后，再看看那细细的窗棂以及窗外月辉下的房屋和树木，这才切实感到自己当下所拥有的一切都是如此真实：在这样的异国，自由、舒适、平静而安闲，没有经济压迫，没有精神苦难，以自己最喜欢的方式养活自己，写作的风头越来越健旺。这一切无不预示她的黄金时代已然来到，应该为此而满足，但她马上又不满意于眼前的现实境况——这困在笼子里的生活。具体说，这是困在笼子里度过的黄金时代。

这样的月夜沉思常常让萧红陷于"一个人的战争"。或许，几年来的经历给了她太过深刻的苦难体验,即便是已然来到的幸福亦并不能给她安全感,危机似乎无处、无时不在,眼前的幸福和平安,反而令她有些不习惯。她爱这平安但更害怕这平安,生活中的平安总是那么有限,此刻享用了彼时便没有了,她内心常常有潜在的惶恐。萧红对自己很无助,她明确意识到自己实在太敏感,几乎什么事情来到她这里便不对了,也不是时候。她就这样时常陷于对幸福、平安的爱与怕之中,想倾诉内心的焦虑,然而把这些写给萧军,又担心会引起他的误解,她清楚知道萧军一向把她看得很弱。

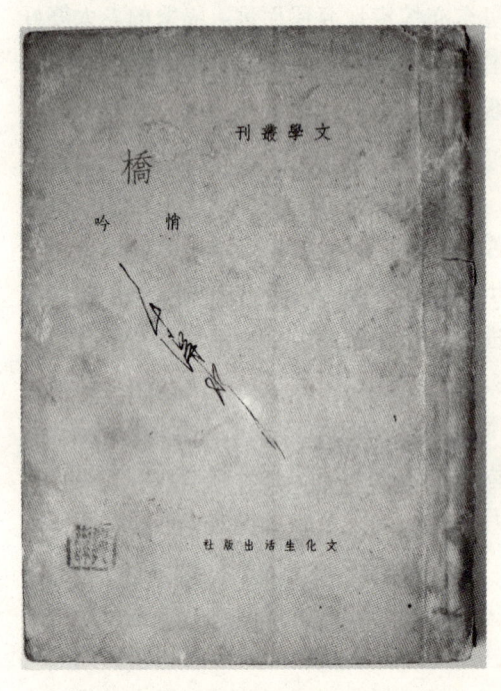

1936年11月,散文集《桥》作为巴金主编的《文学丛刊》第3集第12册,由上海文化生活出版社初版。消息传到东京,可能是心情颓唐的缘故,萧红对这本书和萧军近期出版的《绿叶的故事》都兴味不高,而随着一些作品问世,她在国内文坛的名气越来越大,有些作品甚至在海外也受到一定程度的关注。12月初,有人想把《生死场》选译几段介绍到国外,萧军来信征询意见,看哪些段落比较合适,萧红指出《发誓》那段或小说最后部分,让他自己定夺。

虽然很长时间没有写作的心境,但令萧红备感欣慰的是,经过两个多月的学习,自感日文进步很快,已能够读懂《文学案内》里一多半的文章,到12月中旬就能够用日文进行很多会话,即便是找房子,与房东办交涉之类,差不多都能胜任。看来,补习学校里大课时量的强化学习短期内还是比较有效果,只是花费的时间太多,耽搁了写作。这期学习班到12月23日终结,此后萧红打算不再进行这种强化训练,计划到一个私人教授的地方继续学习,以便腾出更多时间阅读、写作。

萧军回到上海,萧红再次告诫他去买个软一点的枕头,否则她在日本无法

《桥》初版封面(章海宁摄)

安心，以她的经验，头痛与硬枕头有比较大的关系。不久，黄源来信说萧军为报复她在日本开始抽烟而大开酒禁。了解到萧军喝酒是因为这层原因，在12月5日，萧红在给他的信中凄婉而恳切地劝道："这不应该了，你不能和一个草叶来分胜负，真的，我孤独得和一张草叶似的了。我们刚来上海时，那滋味你是忘记了，而我又在开头尝着。"内心的孤独和空落让她难以进到完整的构思和写作中，从11月底开始，每每随手记下一些涌上心头的短句，直到1937年1月离开日本前，这些短诗一共有34组。6月15日这些组诗以《沙粒》为题刊载于《文丛》第1卷第1号。《沙粒》最初的八九组诗多感怀身世，言说寂寞，怕萧军又说自己老是念叨"寂寞寂寞"，萧红一开始不想寄给他，打算邮给黄源。与萧军彼此之间太熟悉，她想给别的朋友看看，或许能够感觉出一些新趣味。

萧军身上有件趣事值得一提。鲁迅先生逝世周月的时候，他到墓前将新出版的《作家》《译文》《中流》各焚烧了一本以示对先生的祭奠，因为这三种刊物不仅都得力于鲁迅生前的鼎力支持，而且，本期全刊有先生逝世时的各种照片和纪念文章。来信中，萧军说了烧刊物祭奠鲁迅先生一事，萧红回信说："到墓地去烧刊物，这真是'洋迷信'、'洋乡愚'，说来又伤心，写好的原稿也要烧去让他改改，回头再发表罢！烧刊物虽愚蠢，但情感是深刻的。"

这件事后来不想被张春桥、马蜂了解到，他们便在自己编辑的小报上污蔑鲁迅，讽刺萧军是"鲁门家将"、鲁迅的"孝子贤孙"。萧军一怒之下找到他们编辑部，问明文章是马蜂写的之后，便向他发出决斗的挑战，对方亦慷慨接受。于是，约好时间、地点，马蜂带上张春桥，萧军带上聂绀弩和萧红。三人观战，两人决斗，在拉都路南端一块已经收割的菜地上，萧军在两次交手中都把马蜂按倒在地，并在他脑袋上狠狠揍了几拳。本来还有第三回合，适值法国巡捕过来询问他们是在干什么，两人怕惹出麻烦推说是在"练习摔跤"。决斗也就此宣告结束。

萧军以前常说女人做了太太便变得愚蠢，但萧红没想到他自己也有诸如烧刊物之类的愚蠢行为。国内的时候，萧红常常早睡，现在一个人在东京却每天不到12点睡不下，只好躺在床上给萧军写信。想到这些，萧红又觉得女人确实大半是愚蠢的。

12月中旬，萧军再次来信催促萧红回国，认为不必"逞强"再待在东京了，尽快回来不必迟疑，且张秀珂来信说即将来上海。15日，萧红再次明确告诉他，对于回国她并没有迟疑，一直就没有中途回去的意思，中间写信说想回来，不过是说着玩，那次真正萌动了回国的念头，是因为日本警方的压力，并非出于本心。在信中，萧红还谈到这段时间以来对日本的观感，认为这是一个比中国还病态的国家，并不适合久待，而之所以一定要继续待下去，一方面出于原来的预期，另一方面更多出于学习日语的考虑，不想就此放弃。还有，在东京如果心境安宁，对创作十分有利。

事实上，萧军此次催萧红回国另有隐衷。1978年9月19日，在给萧红的信件作注释时，他坦言："那是她（萧红）在日本期间，由于某种偶然的际遇，我曾经和某君有过一段短时期感情上的纠葛——所谓'恋爱'——但是我和对方全清楚意识到为了道义的考虑彼此没有结合的可能。为了要结束这种'无结果的恋爱'，我们彼此同意促使萧红由日本马上回来。"据季红真《萧红传》载，萧军这场"无结果的恋爱"的对象是许粤华；而"偶然的际遇"大约是鲁迅的逝世。鲁迅逝世后，萧军、黄源、许粤华等一时间都忙于治丧和纪念活动，接触频繁。时日稍长，萧军与密友妻子发生了有违道义的恋情。这种不伦的爱恋在决定终结之前，萧军和许粤华心里自然有一番心灵的挣扎。他此时催促萧红回国，应该包含着让她早点回来，从而让自己和许粤华在心灵上有一种更为强大的外在规约，不至于让恋情继续深入下去的深层动机，只不过在信中没有明说而已。

萧红自然不明了这些。此时，受到严重头痛折磨的她，不忘提醒萧军夜里吃东西于他很不合适，喝酒时一定要吃点下酒的东西等等，此外，还惦记着他的被子薄担心会受冻，叮嘱一定要花三块钱买一张棉花，把被子带到袁淑奇家，请她帮忙把棉花加进去，如果手头宽裕就干脆到外国店铺买一床被子，以免劳烦别人。萧红知道自己叮嘱的这些，男人一样也不会照做，但还是禁不住要说，虽是小事，但她觉得萧军实在让她放心不下。

"西安事变"爆发那天，萧红住在友人沈女士的住所，第二天，天还未亮就读到相关报道。国内如此巨大的变动让她惊慌了一天，急切等待萧军来信告知事变对上海的影响。

临近新年，走在年味越来越浓的东京大街上，萧红无比落寞，周围所有人的快乐都好像与己无涉。她认为所谓"有趣味"须得参与其中，如果不能融入、参与，那么所谓趣味就无从谈起。年底一直盼着萧军有信来，却常常失望，她想念萧军，亦想看看离别多年的淑奇和秀珂，然而，一切都不能够，理智要战胜情感，不能因为想念而回去。为了打发年关的落寞，萧红希望萧军在新年里给她邮寄几本小说来。1936年的最后一天，萧红对比自己与萧军在身体上的差异，生出无限幽怨，不无自怨自艾地感叹道：虽同为人，但一个健康，一个多病，因而"常兴健牛与病驴之感"，且每每"暗中惭愧"。值得庆贺的是，头痛痊愈，去信让萧军"勿劳念念耳"。

1937年1月2日，除萧军信外，萧红还收到张秀珂的上海来信。弟弟告诉她已经到了上海，并在萧军的帮助下顺利安顿了下来，还热情洋溢地表达了对萧军的好感。萧红无比欣慰，4日，在给萧军回信时，把秀珂对他的印象摘抄出来附上，

萧红1937年在东京

还告诉他元旦那天邻居家起了一场大火，自己因在沈女士处，并未受惊。发出这封报平安的信后，萧红于1月9日从东京赶到横滨搭乘日本邮轮"秩父丸"启程回国。

萧红何以会突然改变主意提前回国，可能与她2日所收到的萧军那封信有关。在那封信里，萧军或许直接说出了催促她回国的真正原因，或者，萧红从另外的途径获悉了在萧军身上到底发生了什么。获知萧军与许粤华之间的恋情，对于萧红来说，自然不啻晴天霹雳。虽然，萧军此前也因情感出轨而伤害过她，但这次她无论如何不敢相信他爱恋的对象竟是密友的妻子、妻子的女友。在悲愤和匪夷所思中，萧红写下大量言辞凄苦、情绪悲观的诗句保留在《沙粒》里，从中，今天我们仍可感受到她当年那几至绝望、极度厌世的心情：

> 今后将不再流泪了，
> 不是我心中没有悲哀，
> 而是这狂妄的人间迷惘了我了。（十一）

> 和珍宝一样得来的友情，
> 一旦失掉了，

那刺痛就更甚于失掉了珍宝。(十二)

理想的白马骑不得，
梦中的爱人爱不得。(二十)

此刻若问我什么最可怕？
我说：
泛滥了的情感最可怕。(二十七)

只要那是真诚的，
哪怕就带着点罪恶，
我也接受了。(三十二)

我本一无所恋，
但又觉得到处皆有所恋。
这烦乱的情绪呀！
我诅咒着你，
好像诅咒着恶魔那么诅咒。(三十三)

什么最痛苦，
说不出的痛苦最痛苦。(三十四)

今天，已很难想象萧红一个人在东京该如何承受如此沉重的打击。轮船离岸时，她意识到就这样结束了近半年蛰居东京的日子。虽是蛰居却丝毫都不平静。其间变故之大，足以改变萧红的人生轨迹。给她无限帮助、有求必应，精神上一如祖父般的鲁迅先生死了，她一时难以想象没有了鲁迅的上海对她来说该是怎样深刻的变化。而萧军的再次越轨事实上导致了两人之间永远都不能弥合的情感裂痕。这是二萧情感历程的转捩点。从此，两人渐行渐远，直至最后分手。

我们无法想象几乎无处遁逃的萧红上船时的心情。上海已经是没有鲁迅的上海，萧军已经是真正爱上了别人的萧军。她该回到哪里寻找情感的皈依？又该向谁倾诉那无以言说的心痛?

或许,她想,如果能够,宁愿永远待在这样的异国,永远不去面对那无法面对的尴尬与苦痛。

孤独。心痛。落寞。虚无。

萧红就这样踏上回国的旅程,此行的目的地是从此令她心碎的上海。

第六章　重返上海

惊喜的归航

返回上海途中，萧红意外与往日好友高原（高永益）重逢，给她孤独的归航带来莫大惊喜。

萧红来东京后，高原并不知道这位较有名气的青年女作家就是当年东特女一中的张乃莹。身边的旅日同学对他说："萧红是你老乡，都是东北人，你一定知道她的地址，请她来给我们大家做一次讲演多好啊！"因为不了解，高原只好回应大家："老乡倒是老乡，可是我不认识萧红啊！"萧红也许注定要独自面对孤寂，在东京期间，除弟弟张秀珂虽近在咫尺终未能相见外，也阴差阳错地失去了与高原这位昔日好友"他乡遇故知"的机会。倘能相见，她在东京最初的生活就不至于那样苦寂。

"西安事变"之后，大批留日学生相继回国。高原也是在此时作出了回国的决定。轮船离开横滨港，岸上送别的人群渐渐消失在视野里，他注意到身后不远处有位女乘客在甲板上缓缓走来走去。他想对方此刻的心绪，或许像自己一样怅惘而烦乱，不由自主地关注着她。在神户港，轮船稍事停留，高原上岸参观了当地几所由华侨创办的学校，归船路上他又注意到那位女乘客，并尾随其后进行了一番仔细观察：她身着一身黑白红三色方块花纹的衣衫，剪裁式样既非日本妇女的"和服"，亦不像"中式民族装"，头上蒙着一条深色头巾，仅仅露出脸的中部，除眼、鼻、口外，看不清其全貌。高原猜想对方或许是菲律宾或马来亚人，还注意到她穿了一双很特别的棕褐色小皮靴，鞋口是松紧的骆驼鞍形，没有扣带，很像是男人的鞋子。他觉得这种鞋中国女人很少穿，更何况是别国女人。

船上，高原一日三餐都和这位引起他极大兴趣的女乘客同桌进餐，只是斜对面就座，不能准确地看清她的脸，但发现她也用筷子吃饭。这更引起高原的

第六章　重返上海

好奇，以筷子作餐具的只有中国人和日本人，如果是日本人她应该到日本人专用餐桌就餐。

轮船行驶在太平洋上，风浪渐大，有些颠簸，许多乘客开始有些不适应，到大餐厅用餐的顾客越来越少。高原观察到那位女乘客倒是每日按时前来，丝毫没有晕船的迹象。抵达上海汇山码头的头一天早晨，二人又在同一张餐桌不期而遇，仍是斜对面而坐。这时，高原比较大胆地不断打量对方，越看越觉得她就是当年的张乃莹，不免在心里不停揣度着："这个外国女人怎么那么像她呢？"高原心里不断涌起与其交谈的强烈冲动，心想日后遇见乃莹，也好告诉她自己在"秩父丸"上曾经遇见一位与其相貌极其相似的外国女人，并与之有过交谈，那该是件多么有趣的事情。高原私下准备用日语或英语与之交谈。然而，一旦要付诸行动却又有些犹豫，想到毕竟是与外国人打交道，弄不好引起误会，闹出笑话或自讨没趣。经过多日观察，喝汤是那位女乘客每次餐毕退席的前奏。眼见她又开始喝汤了，高原害怕失掉这次再也碰不到的机会，便急中生智地对邻座熟人大声说道："对面坐着的那位女士很像是我以前的一位朋友"。话音刚落，那位喝汤的女士抬起头，转过脸来问道："是说你的朋友像我吗？"听见对方讲着很好的国语，高原无比兴奋，回应道："是的，您很像我的一位朋友。"

"你的朋友叫什么名字？"

"她叫张乃莹。"

"张乃莹"三字一说出，只见对方一下子从座位上站了起来，迅速绕过餐桌，皮靴踏得地板咚咚作响地来到高原面前，紧紧握住他的双手，激动地说："你是高—永—益？"巨大的巧合让高原一时激动得说不出话来，没想到眼前自己关注多日的女子真的就是当年的张乃莹。当萧红关切地问："你还没吃完饭吧"，他激动地回答："不吃了，不吃了，吃也吃不下了。来，坐下来聊聊吧……"两人重新坐下，萧红便用手帕擦拭满溢泪水的大眼睛。高原亦情难自禁地双眼噙泪。

在餐厅稍坐片刻，高原挽着萧红的手回到自己的房间，同住的其他八人都是其旅日同学。两人在长沙发上一坐下，便开始聊起来。简单寒暄中，高原得知萧红就住在他隔壁，这是多么巨大的巧合，只是相认来得迟了些。此前，他听说张乃莹与一个名叫"三郎"的日本人结婚生活在一起，很是不齿，觉得往日的同学做了头等亡国奴。今天，当他从萧红口中得知"三郎"就是萧军，而眼前的张乃莹就是萧红时，难掩激动，一下子从沙发上跳起来向同室的朋友们介绍说:"这是我的老朋友张乃莹,也就是咱们在东京想见的那个萧红啊!"大家都为他们二人的巧遇而高兴,纷纷表示祝贺。一对新婚夫妇还拿来糖果,摆满了他们面前的椭圆形小桌子。连日来的哀怨和感伤一扫而光,巧遇老友给萧红带来无边喜悦,满脸阳光地回到自己的住舱,取出一瓶白兰地和一听樱花牌香烟。临出门,同处一室的一位从美国归来的华侨老人问她还下棋不下?萧红连忙说:"不下了!"

"遇见亲人了?"同室者见状都有些诧异。

"嗯,遇见亲人了。"萧红兴奋地回答。

回到高原房间,萧红打开酒瓶,斟满酒杯,高高举起一饮而尽。在高原眼里,她那一连串动作都是那么爽利、粗犷、自如。在酒精的刺激下,话匣子一旦开启,便再难合上。在东京近半年来无处诉说的各种心愿,终于找到了一个最合适不过的倾诉对象,如烟往事潮水般奔涌而来,二人为别后各自的命运唏嘘、感叹。高原更为萧红所取得的文学成就而骄傲。他们有说不完的共同话题,不约而同地谈起往日在哈尔滨读书时的好友。说到徐淑娟,高原还把小徐写给他的信拿给萧红看。几年来命运多舛,萧军几乎是她生活的全部,萧红从未与往日女友有过任何联系,得到徐淑娟的消息自然有说不出的兴奋,且从高原口中获悉往日的女友们都一直在关注着自己的命运,她为此感到无比温暖。当她了解到高原也要去上海,便说:"到了上海,咱们就一起去常熟看望看望小徐,常熟离上海并不算太远。以前咱们在北方,小徐却在南方,如今我们在南方,小徐也不知到了哪方?人,总是有悲欢离合……"谈到鲁迅先生的逝世,虽然过了这么长时间,萧红还是难掩内心的悲恸,大眼睛里又不能自禁地溢满泪水。说起与先生间的诸多往事,一室听者都深为鲁迅的人格和精神所感染。萧红还谈起萧军、许广平、海婴等许多即将见到的亲人和朋友,脸上洋溢着游子归家的喜悦和幸福,言谈中流露出对他们的念念深情。在东京那些不能与人沟通的日子,在这意外而喜悦的归途提前终结了。

萧红充分享受着与朋友聊谈的快乐。他们从早晨一直聊到晚上,连午饭和晚饭都不想吃,似乎要抓住这难得的分分秒秒。海上的风浪更大了,人们大都躺在床上静静养神。傍晚时分,萧红和高原一起来到甲板上观看隆冬时节极其晦暗的黄昏海景和随之而来的海上深沉夜色。久久凝望着远方的星空,萧红突然很悲愤地对高原说:"亡国奴,我们还要做第二次的!"时局的动荡让她意识到自己和高原这些从东北流亡关内的异乡人，不可避免地要再次面对沦为亡国奴的命运。寒夜越发深沉，海风变得越来越冷，高原用几乎冻僵的手指帮她整整围巾，将她那瘦弱的身躯紧紧靠在自己身边，想以此给她温暖。回到舱内，萧红仍然冻得发抖，高原拿来一条毛毯，将两人的腿脚严严实实地包裹好，共同坐在沙发上继续聊下去。这情形让高原想起小时候在哈尔滨过冬时，孩子们坐在马车里就是这样抗御寒冷。当他把自己想到的说给萧红听，两人都笑了起来，仿佛一下子回到了顽童时代，同时还有那时常出现在梦中的共同故乡，寒冷的气候、油黑的土地、一望无际的高粱大豆……

漫长的寒夜就在这愉快而怀旧的聊谈中不知不觉度过了。高原虽然不会抽烟，但也帮着萧红把一听香烟吸得一根不剩。天亮后，同室一位来自广州的同学开玩笑地对他们说："你们谈了整整二十四小习（时）！"听着他那有些古怪的口音，不爱笑的萧红竟也哈哈大笑起来。是啊，二十四小时就在这似乎仍不尽兴的聊谈中度过，仿佛彼此间有问不完的问题和说不尽的共同话题。上海快到了，早晨的风浪不像夜间那样大，人们很兴奋地来到甲板上做做运动。看着在单杠前运动的高原，萧红不禁向他说起萧军锻炼身体时的情形，言语间，有一种自然流露出的自豪感。这让高原了解到一直处于传说中的萧军是个文武全才的人物。

早餐回来，高原帮助萧红整理手提箱。行李非常简单，其实无须别人帮助，但是两人还是兴致颇高地整理着一件件萧红常常带在身边的物件。箱子里有一部老版的《唐诗三百首》，那是萧军从上海邮寄到东京帮助她打发寂寞的伙伴，高原知道那也是她从小就爱读的书。给高原留下深刻印象的，还有一只像茶杯大小的木桶，那也许是萧红最喜爱的玩具。了解到高原经济拮据，萧红把手里剩下的不足20元的日钞全部留给了他，并嘱咐了许多到上海后需要注意的事项，特别是要提防小偷，别丢了钱包。他觉得此时的萧红俨然一个让人感到无限温暖的姐姐。

1月13日上午，当二人再次登上高高的甲板，上海汇山码头在明媚阳光的照射下已然清晰可见。

难说心痛

回到上海，二萧住在吕班路（今重庆南路）256弄一处由俄国人经营的家庭公寓里，仍属法租界，弄堂里是一排整齐的西班牙式楼房，房客大部分是白俄。

一些流亡上海的东北籍作家大多租住在这里，是东北作家群的集聚地。

萧红回国前，萧军就与许粤华很理性地处理好了他们之间的情感纠葛。他们还有黄源毕竟都是具有理性精神的现代知识分子、进步作家，且黄源、萧军都是鲁迅生前最为亲近的友人。他们自然意识到绯闻如果传扬开去，无论对于先生还是他们自己都会产生非常恶劣的影响，毫无疑问也会给先生生前的论敌带去攻击的口实和谣传的谈资。更何况，包括萧红在内，大家此前都是志气和情感相互投契的朋友，在道义上，黄源亦极其不愿意这件事再给萧红带来更多的伤害。因而，萧红回来后，萧军和黄源夫妇尽量在她面前表现出若无其事的样子，周围了解内情的朋友像胡风、梅志等更不会主动在她面前搬说此事。前文说过，萧红是那种即便受到最深的伤害亦不愿在人前轻易流露内心苦痛的女人。回上海后，她也不愿去主动打听、追问什么，甚至在内心里，极力说服自己那一切根本就没有发生过，只是一个莫须有的传说。

回上海当晚，黄源设宴为之洗尘，另外还有几位与萧红相熟的朋友在座。席间，萧军对离别近半年之久的萧红表现出浓浓的关切和爱意，在朋友们殷勤举杯间，劝她少喝两杯花雕酒，但萧红仍豪爽地喝了几大杯。乍见萧军、许粤华和黄源，萧红内心的复杂情愫或许连她自己都无法缕清。好在萧军在两性情感上对她的伤害也不是第一次。只是刚刚回到上海的萧红并不知道萧军与许粤华之间那场萧军所谓"无结果的恋爱"，究竟发展到了何种地步。这自然也不会有人告诉她，一切都有待她自己的发现，虽然这一切正如上文所言她本不想知道。

安顿下来之后，萧红最为迫切的愿望就是到墓前拜谒鲁迅先生，告诉他此前那个调皮而哀怨的俏太太已经回来了。游子归来，亲人已逝，她想到先生坟前痛痛快快地大哭一场。上海的冬天总是那么潮湿、阴冷而晦暗，在萧军带领下，萧红踩着枯败的落叶和衰草走进寂静的万国公墓来到先生墓前，远远便看见墓碑上镶嵌着先生的瓷半身像。见到先生昔日那熟悉的样子，萧红一时难以接受他睡在这冰冷的墓地已逾百日，无限往事奔涌眼前，不禁想到，偌大的城市里最疼爱自己的那个人已经永远离去。上海早已不是去年离开之前的上海，那时有鲁迅，等到自己回来却已然是没有鲁迅的上海。萧红难以克制情感，眼泪夺眶而出，泪眼朦胧中看见先生还是那样温和地看着自己，耳边又回响起去年离开上海前夕，先生设宴饯行时温暖的嘱咐："每到码头，就有验病的上来，不要怕……"

第六章 重返上海

1937年，萧红拜谒鲁迅先生墓
左起：许广平、萧红、萧军　前立者海婴

墓碑前的草地上，放着一只花瓶，里边插放着祭拜者的鲜花，有些已经枯败。虽然隔了半年多的时光，萧红还是一眼认出这个花瓶曾是放置在先生家客厅的黑色长桌上，用来栽种万年青的器皿。她清晰记得前年冬天的黄昏时分，当她第一次走进先生家，便对客厅黑色长桌上那株四季都不凋零的植物感兴趣，在哈尔滨这是不可想象的，因而好奇地问先生花瓶里的植物叫什么名字，并且不解地问："屋里不生火炉，也不冻死？"眼前的花瓶让萧红脑海里又清晰浮现出先生当时一边抽烟一边回答她时的神态和情形，烟卷的卷痕升腾在他那花白的发际，先生的话立时犹在耳边："这花，叫'万年青'，永久这样！"她还记得先生当时把烟灰弹在花瓶旁的烟灰盒里，烟头像一朵小红花在其指间开放、闪烁。似乎随处都可触发对于先生的记忆，满脸泪水的萧红怔怔望着墓碑上鲁迅先生的半身像一时有些神情恍惚。萧军上前将墓碑清扫了一遍，萧红把鲜花插放在花瓶里。然后，二人一齐向先生墓碑深深鞠躬，低头默哀时，萧红再次一任眼泪奔涌而出。站立良久，二人才缓缓离开，与先生长眠之地渐行渐远，萧红像个孤单无助的孩子，不时回头望望先生那变得越来越小、越来越模糊的半身像。从墓地回来，萧红难以遏抑自己的情感，沉痛而深情地写下谒墓诗：

跟着别人的脚迹，
我走进了墓地，
又跟着别人的脚迹，
来到了你的墓边。

那天是个半阴的天气，
你死后我第一次来拜访你。

我就在你的墓边竖了一株小小的花草，
但，并不是用以招吊你的亡灵，
只是说一声：久违。

我们踏着墓畔的小草，
听着附近的石匠钻刻着墓石，
或是碑文的声音。
那一刻，
胸中的肺叶跳跃起来，
我哭着你，
不是哭你，
而是哭着正义。

你的死，
总觉得是带走了正义，
虽然正义并不能被人带走。

我们走出墓门，
那送着我们的仍是铁钻击打着石头的声音，
我不敢去问那石匠，
将来他为着你将刻成怎样的碑文？

这首诗后来公开发表于 1937 年 4 月 23 日的《大公报》副刊《文艺》。此前，萧红在日本期间写作了《永久的憧憬和追求》一文，深情怀念祖父，发表在 1937 年 1 月 10 日出版的《报告》第 1 卷第 1 期上。在她看来，祖父的死带走了世间所有的"温暖"和"爱"，但是祖父也让她知道世间除了冰冷和憎恶之外，还有"爱"和"温暖"，进而让她向着这"爱"和"温暖"怀着永久的憧

第六章　重返上海　　　　　　　　　　　　　　　　　　　227

憬和追求。而鲁迅先生的死则带走了世间的正义，但是从先生那里她又认识到了正义的伟大，并在先生的指引下同样不懈追求着正义。祖父和鲁迅就这样支撑着萧红的精神世界，一直活在她的灵魂深处，只要想起，就让她内心自然弥漫着感恩和真挚的怀念。

　　萧红更惦记着许广平，常到家中看望。虽然搬家了，但是萧红发现当年那株万年青仍然站在那张黑色长桌上，后边便是先生的大幅照相，花瓶搬到了先生墓前，现在就用一只玻璃瓶装着，可以看见浅黄色的须根立在瓶底。许广平每每边和萧红聊天边修剪着它的枝叶，话题自然围绕着先生。看着先生的照相，还有这株在记忆里似乎永远和鲁迅先生连在一起的万年青，萧红觉得和许先生就像在谈论一桩悠远的往事，那样辽远而切近，内心充盈着无尽的伤感。怔怔中，她甚至有一种错觉，先生并不曾离去，只是出门到杂志社送文稿或者到内山书店取邮件去了，说不定就会在她们谈话的当儿推门而进。

二萧和朋友一起祭奠鲁迅先生
左起：金人、袁淑奇、萧红、张秀珂、萧军（张抗提供）

过了不久，二萧在一个晴朗的春日带上张秀珂，约上翻译家金人和当年的"小蒙古"袁淑奇一起到许广平家里，适值周建人夫人王蕴如和两个女儿也在，于是让许广平带上海婴，一行人一起到万国公墓祭奠先生。祭扫完毕，除了所有人在一起合影之外，二萧与许广平及海婴还单独在先生墓碑前照了一张相。尔后，二萧与金人、张秀珂、袁淑奇亦在先生墓前留影。

　　高原在上海安居后写信告知萧红具体地址。萧红曾亲自到其租住地法租界勤乐村看望。不久，二萧还约请这位东北老乡在霞飞路文艺复兴茶社见面。高原第一次见到了"传说"中的萧军。萧军的帅气、健谈和那件酱红色的皮革大衣，给他留下了十分深刻的印象，觉得有些像大学生中的运动员。萧红给高原带来几本自己的著作，还有凯绥·珂勒惠支的版画集，见到往日的张乃莹现今有如此突出的写作成就，高原对萧红充满了敬佩之情，同时也为自己拥有二萧这样有作为的朋友而骄傲。

　　萧红的社会交往渐渐多了起来，梅志常常在许广平家里遇见她。梅志见她又恢复了过去的样子，穿着简单、朴素，头发也留成了平顺的短发，又觉得与从前一样平易可亲，不再是去年离开上海前夕的样子。鲁迅虽然不在了，但是随着一些新著的陆续出版，二萧在上海文坛的名气和影响越来越大，许多刊物向他们约稿，有的还拉他们做台柱。在梅志看来，此时的二萧获得了名誉和金钱的双丰收，萧红的心情显得十分愉快。有一次，一家新杂志创刊，在其主编邀集撰稿人的小型宴会上，萧红情绪高昂，十分自信地谈着自己的主张，给梅志留下极其深刻的印象，觉得她抱负宏大，是那么热爱自己的文学事业。会谈结束，许多新朋友都像捧角儿似的捧着二萧，让梅志感到他们的生活既丰富又热烈，甚至都有些飘飘然。

　　事实上，梅志所见只是萧红生活情形的表面。

　　没有了鲁迅，萧红在精神上好像失去了归依。再者，她毕竟离开这个熟悉的朋友圈子近半年时间，要再次完全融入其中还需要一段时间。况且，这个朋友圈子所发生的最大变故便是鲁迅之死。此前，先生对萧红的赏识和揄扬是人所共知的事实，当萧红再次回到圈子里，因为没有鲁迅，失落自然难免。她敏感到周围的朋友基本上是以萧军为交往核心，自己好像永远是一个从属或附庸。也许一直都是如此，但此前有鲁迅先生的赏识和揄扬，她并没有如此鲜明的感觉。不可忽视的是，蛰居东京期间也是萧红在思想上渐渐成熟的时期，作为一个成绩斐然且历经磨难的年轻女作家,她那潜藏于灵魂深处的女性意识亦在渐渐苏醒。这让她明显感受到来自周围男权社会的挤压,她本能意识到女性生存空间的局促。她渴望得到周围男人们的认同,而不是基于萧军的影响。萧红一时难以回归往日的朋友圈子,还在于这个圈子的生态早已全然改变。萧军和许粤华的"恋爱"无疑是发生在这个圈子里的最大绯闻,而最直接的无辜受害者莫过于萧红和黄源。对于这桩绯闻,圈内的朋友当面自然讳莫如深,背后或许津津乐道。对此,黄源已经了解,大家需要戒备的人就只有萧红。所有这些,让敏感的萧红似乎在踏上上海码头的那一刻,便感受到与这个曾经因为有鲁迅而让她无比依恋的城市之间有了一道难以言说的隔膜——没有鲁迅的上海已经变得如此陌生。

事实上,二萧间基于这次绯闻而产生的情感裂痕已难愈合。前文说过,萧红甫回上海,无论萧军还是黄源,大家都在规避尴尬和不快,但是那些已然发生的事实并不因为刻意规避而不存在或没有发生,萧红在不经意间一点点获知,伤痛由此不断生成。敏感要强如萧红,不愿意让内心的苦痛有所流露,更无法向别人诉说,那份郁闷和心痛只有她自己最清楚。在谒墓诗里,她不断强调"跟着别人的脚迹",或许就是这种隔膜和失落心态的自然流露,暗示二萧已经不是一个整体,萧军已成"别人"。这是很重要的信息,看似突兀实则必然。

萧红一时难以适应新的生活,亦难以投入到新的写作计划,在频繁社交的表面风光之下极力掩饰难以言说的空虚和沮丧。此时的萧军仍一如既往地如军人般进行着每天的写作,内心平静,生活规律。这让萧红既羡慕又忌妒,甚至莫名其妙地"生气"。一天,她对着萧军光着背脊,头戴一顶压发帽专注写作的背影,很是"生气",用炭条速写下来。事后,萧军了解到那是萧红对其嫉妒的宣泄,那张速写倒是被保存了下来。晚年萧军再次将它拿出来把玩时,不禁感叹画得确实不坏,线条简单、粗犷、有力,特征抓取得十分鲜明,并叹惋因种种条件所限,萧红没有发挥出她那原本极高的绘画天赋。

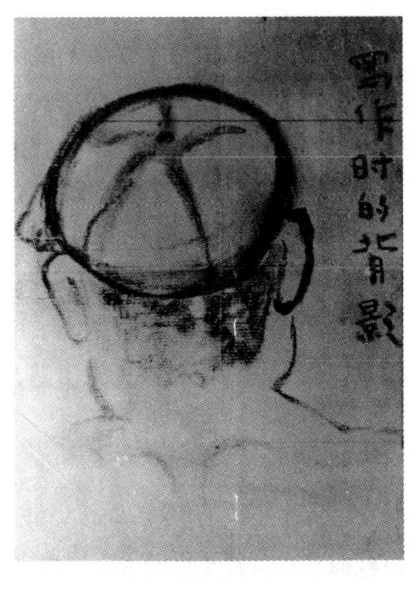

萧红手绘萧军写作时背影(王连喜提供)

在骆宾基的《萧红小传》里，记载着这样一件事：

> 那一次，萧红一个人走到她的友人 H 家宅里去。那友人是一个有名杂志的编辑。一上楼，萧红就欣喜着，在 H 的寝室里，有萧军和 H 以及 H 夫人的谈话声。但萧红一出现这谈话就突然停止了。萧红当时并不惊疑，这在妇女的生活上已经习惯了的。她向 H 夫人说："这时候到公园去走走多好呀！"仿佛是 H 夫人躺在床上，而且窗子是开着。她说："你这样不冷么！"要把大衣给她披上，就在这时候，H 说话了："请你不要管。"
>
> 萧红立刻从三个人的沉默而僵持的脸色上发觉存在这之间的不愉快是什么了。萧红悻悻地走出来。她当时想，这和我有什么关系呢？H 是作为萧军的"弱"的地方，在她头上显示他的气愤。而在这里萧红的附属性是再明显不过了。

骆宾基是最早为萧红写传记的作家。《萧红小传》完成于 1946 年 11 月，距萧红弃世不过四年多的时间，而骆宾基又是萧红弃世前接触最多的人，因而，关于此事的记载应该具有极高的可信度。文中虽以符号对当事人进行刻意掩饰，其实不难看出所指是谁。作为萧红的友人，以及"那友人是一个有名杂志的编辑"可以看出似乎指的是黄源；而 H 夫人就是许粤华了，《萧红小传》后文也提到萧军"确实是向 H 夫人'进攻'过"，这样所指也就更明显。由此看出，萧红在表面一团和气的朋友关系中渐渐明显感受到了异样，深深感到一种说不出的屈辱和伤痛。除了萧军对爱情的背叛让她无比心痛外，还有作为朋友的黄源，因在萧军面前表现出弱势，亦把对他的气愤和自感的屈辱发泄到了她身上。一路上，她越发感受到与萧军在一起时的附属性，如此分明地感受着来自男性社会的无情压力。原本对友情一直有所期待的萧红，因此经验到更大的伤痛，在当时，这种伤痛与委屈甚至超过了萧军的不忠所给予的伤害。她自信萧军还是爱她的，他们之间的爱是不易被分裂的，虽然，萧军确实向许粤华"进攻"过，但那是发生在两人分离的"空隙"间。然而，黄源所给的刺激，让她内心里涌起极其强烈的独立诉求，从心底里，她想把自己和萧军在精神和人格上分开，不再作为他的附属物而存在，而寻找到完全属于自己的空间和生活方式。萧红似乎在向着无边的虚空发出了挑战。

萧军和黄源夫妇这次不愉快的交谈究竟谈了些什么，今天自然不得而知。

第六章 重返上海

当事人已然作古,即便健在,关涉如此私密的话题,大家自然避之唯恐不及。当时萧军正忙着和朋友们编辑《报告》杂志,十分忙碌,而他与许粤华那段"无结果的恋爱"虽然出于道义的考虑结束了,但这场恋爱的后续影响远没有结束。据《萧红传》作者季红真女士在对梅志的访问中了解到,"许粤华(笔名雨田)却已珠胎暗结,做了人工流产手术,萧军又忙着照顾她,根本无暇顾忌萧红"。萧红在黄宅卧室所撞见的不宜她听知的话题,是否就关乎此不得而知。

萧军的确是他那惊世骇俗的"爱的哲学"的努力践行者。"爱便爱,不爱便丢开"似乎是他奉行不变的信条。值得一提的是,经过与萧军的这段爱恋之后,许粤华不久与黄源离异,各自走上了不同道路。晚年黄源在回忆录中对他们离异的原因同样讳莫如深。萧军和许粤华之间的这段情感纠葛或许是主因。不过,从《黄源回忆录》里可以了解到,当年黄源和许粤华的自由恋爱同样真挚而炽烈。或许,许粤华之于萧军并非基于"不爱"而丢开,所以即便理性分手之后,在萧军心里,她仍然占有一席之地,为之牵念不已。11 年后的 1948 年 7 月 24 日,萧军在给鲁迅写给他和萧红的一批书信作注释时,发现鲁迅在来信中提及俄国作家波里包衣(Novikov-Priboi)。许粤华翻译过他的一些作品,如《小鸡》等。萧军因之自然引动对许的无限思念,情深款款地写道:"据说波里包衣(Novikov-Priboi)已故去,这位伟大的海洋小说家的作品我是喜爱的,更是他有几个短篇——其间有《小鸡》和《歌者》——曾被译出发表于《译文》上。这是两篇描写海兵生活的作品,它深刻的印象和情节到如今尚存留于我的印记中。而《小鸡》译者雨田先生是否尚在人间或流浪何方?……也是我深深系念着的。"言辞恳切,足见其对许粤华的情感付出之巨,当时萧红已弃世六年有余。

事后看来,二萧最终劳燕分飞,显然与这场让萧军始终深深怀念的婚外恋有着直接的关联。而在距离写下上述文字 30 年后的 1978 年 9 月 19 日,晚年萧军在注释萧红的信件时,明确说明这段恋爱完全是在主观意志的规约下人为终结的,并坦言"这种'结束'也并不能说彼此没有痛苦的"!

由此看出,萧军对许粤华的爱发自内心、动了真感情而非仅仅出于年轻时的浪漫、多情和孟浪,与发生在他和陈涓间的故事完全两样。正因为如此,萧红才感到更为深巨的伤痛。在日本期间和回上海之初,她并不了解萧军和许粤华之间的爱恋发展到了何种程度,产生了怎样的后果。发自内心里,她多么想这一切都没有发生。然而,随着那令人难以置信的后果在她面前一点点浮出水面，萧红要在说服自己萧军还是爱她的同时，还要面对其他的敌意。她近乎绝望，内心的伤痛难以言说，也不知道该向谁诉说。刚回上海时，二萧间的那种亲密和甜美旋即荡然无存，敏感而自尊的萧红自然无法容忍丈夫无视自己的存在，忙着照顾人工流产的情人，何况她还是自己以前的亲密朋友。作为公众人物，在一些公开场合，二萧还是尽量保持着亲密和谐，但是在文艺观念或对某些作品的评价上，如果有了自己的想法，萧红不再附和萧军，观点相左时常常针锋相对，私下里已近乎陌路。不久，朋友们都知道二萧感情不太融洽，在他们眼里，"萧红个性极强，和萧军针锋相对，搞不到一块儿"。当时与二萧相熟的青年作者白危晚年回忆，在马路上常常看见他们"一前一后地走着，萧军在前大踏步地走，萧红后边跟着，很少见到他们并排走"。

私下里，二萧间频繁发生激烈的争吵。张秀珂往往难明究竟很是不解，只觉得姐姐动辄与萧军闹意见。一天，刚进屋，萧红就告诉他刚才与萧军的争吵，说萧军气头上把电灯泡都打坏了。萧军马上抢过来说是碰坏的，并分辩自己如何有理。张秀珂想问姐姐这到底是为什么，萧红支吾不答。她不愿袒露内心的苦痛，即便自己的亲弟弟，外人就更无从知道。时间稍长，张秀珂也渐渐不太赞成姐姐的做法，觉得她在萧军面前过于敏感，甚至有些无理取闹，在一些事情上亦不大听得进她的话。他哪里知道姐姐心中那无法言说的心痛。1955 年 4 月 28 日，张秀珂卧床口述《回忆我的姐姐——萧红》一文时沉痛说道："直到十年后，我才知道他们那时闹意见，并不是完全怨萧红的。"

当时，据身边朋友观察，二萧的家庭争吵偶尔还发展到家庭暴力的程度。1937 年春天，有位日本进步作家来上海游历，很想见见许广平及周围的朋友。那天，大家高兴地聚在一间小咖啡室里，在座者除萧红、萧军外，还有胡风、梅志及靳以等等。见面后，朋友们最奇怪、最关心的却是萧红的眼睛。她的左眼青紫了很大一块，熟识的朋友不时背着客人，走到她身边轻声询问：

"你怎么了？碰伤了眼睛？"

"好险呀！幸好没伤到眼球，痛不痛？"

"怎么搞的？以后可得小心呀！"

面对朋友们善意的关心、痛惜和提醒，萧红只是很平淡地回答："没什么，自己不好，碰到了硬东西上"，又怕大家不相信似的补充说："是黑夜看不见，没关系……"虽然吞吞吐吐，大家都还是相信了她的说法。见面会结束，送走客人，大家一起在街上遛马路，太太们又提起萧红的眼睛，再次纷纷提醒她以

第六章　重返上海　　　　　　　　　　　　　　　　　　　　　　　　　　233

后多加小心。萧红不停点头回应大家的好意，一旁的萧军却忍不住要表现出"男子汉、大丈夫，一人做事一人当"的豪迈气概，大声说道："干吗要替我隐瞒，是我打的……"萧红淡淡一笑，继续掩饰说："别听他的，不是故意打的，他喝醉了酒，我在劝他，他举手把我一推，就打到眼睛上了。"同时，她还低声对梅志说："他喝多了酒要发病的。"对此，萧军却毫不领情，大声说："不要为我辩护，我喝我的酒……"一行人不好再说什么，连忙各自散去。

梅志以当事人的身份将这件事清晰记载在《"爱"的悲剧——忆萧红》一文里。然而，针对萧红的这次挨打，晚年萧军另有解释。1978年9月11日，他在注释萧红书信时写道："还有一次在梦中不知和什么人争斗了，竟打出了一拳。想不到这一拳竟打在了她的脸上，第二天她就成了'乌眼青'；于是人们就造谣说我殴打她了，这就是'证据'！"他进而说像这样无意间的"施虐"也表现在其他场合，一次横穿霞飞路，因怕萧红被车辆撞倒，就紧紧握住她的一条胳膊，过了马路一看，她的手臂上竟留下五条黑指印。

但是，作家靳以在《悼萧红》一文里亦有类似梅志的叙述：

……从前那个叫做S的人，是不断地给她身体上的折磨，像那些没有知识的人一样，要捶打妻子的。

有一次我记得，大家都看到萧红眼睛的青肿，她就掩饰地说：

"我自己不加小心，昨天跌伤了！"

"什么跌伤的，别不要脸了！"这时坐在她一旁的S就得意地说："我昨天喝了酒，借点酒气我就打她一拳，就把她的眼睛打青了！"

他说着还挥着他那握紧的拳头做势，我们都不说话，觉得这耻辱该由我们男子分担的。幸好他并没有说出"女人原要打的，不打怎么可以呀"的话来，只是她的眼睛里立刻就蕴满盈盈的泪水了。

靳以文中的"S"所指似乎是萧军，或许只是文章发表时出于种种原因故意做了策略性掩饰。在这里，本书之所以对"萧红挨打"力图从多角度进行叙述，是因为在笔者看来，这件事对于二萧最后的分手具有非同寻常的意义。由此亦可窥见，因萧军、许粤华之间的恋情而最终导致这对曾经患难与共的夫妇作家间产生了怎样巨大的裂痕。

也许是二萧间频繁发生的争吵以及萧红那日渐苏醒的女性意识，让萧红改变了对萧军的看法。她渐渐不能认同原本是两人共有的社会生活和社会资源只为萧军独占，虽然，基于传统惯习似乎理应如此。这种意识的流露，萧军自然难以认同。二萧分手前，萧军曾对友人聂绀弩说，萧红不是妻子，尤其不是他萧军的。晚年萧军亦一再强调："萧红是个没有'妻性'的人，我也从来没向她要求过这一'妻性'。"他所说的萧红缺乏"妻性"大意是指她作为妻子不够温柔体贴。然而，白朗恰恰并不能认同的是此时萧红对萧军所表现出的惊人隐忍。在萧红弃世两个多月后，她于1942年4月10日在《遥祭——纪念知友萧红》一文中，深情而痛惜地写道：

> 红是一个神经质的聪明人，她有着超人的才气，我尤其敬爱她那种既温柔又爽朗的性格，和那颗忠于事业忠于爱情的心；但我却不大喜欢她那太能忍让的"美德"，这也许正是她的弱点。红是很少把她的隐痛向我诉说的，慢慢地，我体验出来了；她的真挚的爱人的热情没有得到真挚的答报，相反的，正常常遭到无情的挫伤。她的温柔和忍让没有换来体贴和恩爱，在强暴者面前只显得无能和懦弱。

其他朋友亦常常记得萧红那姐姐般的关爱。"八一三"之后，高原在离开上海前夕，适值萧红前来看望。在帮助高原整理行装时，萧红看见他的一条西装长裤有几处已经被老鼠咬破了，于是拿过剪刀、针线，只一会儿工夫就帮他改制成一条很像样的短裤。高原记得萧红的针线活当年在女同学中就非常出色，那条短裤成了永久的纪念，伴随他经过一次次战争和动乱，始终不肯舍弃。

没想到与萧军久长的分离所换得的喜悦竟是如此短暂。萧红的心灵再次受到重创，远远甚于去年去日本之前，她咀嚼着无边的屈辱，难得丝毫安宁，什么事情都做不进去。偌大的上海她唯一可去的地方仍只有许广平家，去年饱受委屈的时候还可以见到鲁迅先生以获慰安，如今先生早已永久离去，只好一个人常常在许广平那里一坐半天。萧红不轻易诉说苦难，即便面对胞弟或是亲密知友，但许广平是个例外。许广平之于此时的萧红，就像能够抚慰女儿的妈妈，是萧红唯一可以痛快倾诉的对象。在许广平面前，她像个备受委屈的孩子。许广平尽最大可能给以抚慰，但更多时候，她也不知道说什么好，毕竟涉及如此私密的个人隐私，且当事人都是身边每日往来的好友。

也许此时太需要一个亲人给她以抚慰,在哀怨、屈辱和无助中,萧红第一次专门撰文写到生母,深情表达对妈妈的思念。个人精神的苦难已然将她变成了一个想妈妈的孩子。在《感情的碎片》开头,萧红陈述了想念妈妈的当下心境:"近来觉得眼泪常常充满着眼睛,热的,它们常常会使我的眼圈发烧。然而它们一次也没有滚落下来。有时候它们站到了眼毛的尖端,闪耀着玻璃似的液体,每每在镜子里面看到。"正是在这每天双眼噙泪的日子里,萧红回想起妈妈逝世时的情形。她的身体非常差,常常整夜失眠和肚子痛,有时向许广平倾诉时,适值梅志也在,萧红也不回避。面对这样的家务事,许广平和梅志都不知怎么规劝萧红,只能给以言语上的安慰,而内心都在惋惜这对如此让人羡慕、大有前途,且经历了那么多磨难的作家夫妇,怎么会在生活中如此不协调。

萧红将写成于日本期间的《沙粒》组诗略加修改,署名"悄吟",于1937年3月20日发表于《文丛》第1卷第1号。以往,面对萧军的情感出轨,她只是一个人自怨自艾地写作《幻觉》《苦杯》等诗篇给自己看,聊以纾解心痛。这次公开发表《沙粒》组诗,在明示其态度的同时,也把两人间情感上的不和谐公开了。很显然,对于萧军这次对他那"爱的哲学"的践行,萧红虽然哀怨、伤感依旧,但也选择了一种不同于以往的直面姿态。

萧红的心情复杂而哀伤。每晚睡前,马路上远远传来盲人卖唱者的胡琴声,悲切而凄楚,让她生出浓重的身世之感,为自己和人世间的不幸而感伤。萧军还没有回来,她来到窗前打开窗子向那衣衫褴褛的盲者观望,领路的小女孩发现了窗后的萧红便在窗下站住,盲人胡琴手开始拉胡琴凄楚地唱"道情"。静静听着琴音,俯视这深夜的卖唱者,萧红为他们飘零的身世而无限悲悯、感动,一时间竟也想起自己的前世今生,不觉中泪眼婆娑。待到琴音寂止,她收集起散放在窗台上的所有铜板,用纸紧紧裹住投到小女孩面前。自此,卖唱的祖孙俩每晚都准时来到窗底凄切地唱上一番。而她每晚都像是第一次倾听,待到唱完便投下白天为他们准备好的小洋角子和铜板。一天夜里回来晚了,在马路口就看见已经走到马路另一端的卖唱者,一长一短两个身影拖在深夜的马路上。回到房间,发现出门前忘了关灯,她立时想到那小女孩见到房间的灯光一定会像往常那样,让老人有所期待地唱了很久,而今晚,他们又该是带着怎样的失望离开?萧红感到寂止的琴音或许在诉说他们今晚所收获的空虚与悲苦。她迅速打开窗子,看见慢慢走向大街另一端的一老一小不禁怅然若失,心想对比这流浪者的苦难,自己的哀怨和伤痛又算得了什么?她想努力改变自己。

与萧军在一起的时候，萧红更多时候表现出难觅共同话题的沉默。萧军仍在忙碌，女人的沉默并没有引起他的注意。"他太自信了"，萧红常常在心里对自己说。经过日本期间独自面对生活以及回上海后遭遇情感变故的历练，沉默中的萧红也在理性思考着作为女人所想要的独立生活，而不是成为某个男性的附庸与从属。作为作家，她与萧军是平等的，眼下虽难有心情写作，但她想努力改变自己的生活状态，尽早从哀怨中走出。她注意到报纸上有一则私立画院招生的广告，画院就在萨坡赛路附近，便连忙打电话询问是否招收寄宿生，是否还有床位。得到肯定答复后，萧红决定亲自到那里探看一番。当画家一直是她内心遥远而切近的梦想，此前，还有去巴黎专门学习绘画的愿望。现在，之所以有去寄宿画院的冲动，是想从和萧军共有的朋友圈子里暂时消失。在这个男性化的社会里，那些所谓"朋友"都站在萧军一边，她需要逃开他们的关注。一个犹太画家十分热情地接待了她，画院随时都可以报名，然而临到作出决定，萧红反倒有些犹豫。这毕竟是个庄严的决定，是一种选择，而她也毕竟不是几年前那个任性的中学生，遇事需要更全面、冷静的考量。

　　从画院出来，萧红在大门口碰见了萧军。他还是那么自信地迈着大步走了过去，看见萧红似乎只是见到一个陌生人。萧红也没有招呼他，与往常一样，男人在前面走，她就那么习惯、平常地跟了回来。萧红边走边涌起无尽的感伤，看看身处其中的这个城市，上海似乎还是原来的上海，当年一文不名的两个年轻人以自己的才华征服了这座城市，然而，两年前融合在一起的整体，如今却形同陌路，浓重的宿命感弥漫在萧红心底，她想到这座城市成就了自己和萧军，亦更感到这座城市即将毁灭他们的旷世爱情。她太怀念那个有鲁迅的上海；怀念自己和萧军在湿冷的亭子间守候每一个新的希望的日子；怀念那每一天的快乐和每一天的困窘。眼下，在这个城市里拥有了金钱和声名，却如此形单影只、伤心欲绝。萧红意识到上海在给予的同时，也在向自己索取，上海即将要走她最宝贵的东西。

　　晚上，萧红照例周到招呼萧军和住在同一公寓的几位东北籍作家朋友。她内心一直在盘算着是否作出到寄宿画院的决定。晚饭后，精神的倦怠和心情的沮丧让她十分疲倦，早早上床睡了，萧军与几个朋友继续围着餐桌饭后闲谈。还没有睡着的时候，萧红听见他们的话题是在谈论自己，只听见萧军说："她的散文有什么好呢？"朋友们马上附和"结构却也不坚实！"男人们的语气明显带

第六章　重返上海

着轻鄙，萧红悲哀地意识到，自己无论作出了什么，在这个男人群里仍得不到承认，就因为自己是女性而做了他们所能做的事情，而且或许做得比他们更出色。一股莫名的力量促使她从床上爬起来，出现在他们面前，男人们餐后愉快的闲谈随即停止。从东京回来后，萧红明显感到周围人不时规避自己谈论着什么，久之，她已经习惯了。"你还没有睡着呀！"为了缓解尴尬，萧军关切地问。"没有。"萧红面色和婉，目光冷峻地回应道，心想我每天家庭主妇一般地操劳，你以一家之主的俨然模样往桌边一坐，兴致高昂的时候还要悠然喝上两杯小酒，在背后还和朋友们一起鄙薄我！

当晚，就在与这群男人面对的一刹那，萧红作出了逃离的决定！

深夜，当萧军和朋友们各自安睡后，萧红悄悄起床准备好所带衣物，将手提箱里仅剩的12元法币留下一半，给他们作为日常买菜零用。黎明时分，她拎着箱子悄然出走，她想永久隐藏在画院，隐匿在这个城市。第三天，萧军的两个朋友便找到画院，与主持者办着交涉。自从萧红出走后，萧军打听过萧红所有可能接近的朋友均一无所获，后来回想起他们在画院门口相遇的情形，由此猜测到其行踪，便托朋友劝她回去。画院主持者十分诧异地对萧红说："你原来有丈夫呀！那么你丈夫不允许，我们是不收的。"没有比这更赤裸地彰显这个社会的男权性质了。萧红无话可说，像"俘虏"一样被萧军的朋友带了回来。

萧红的离家出走非但不能引起朋友们的同情、理解，反倒招来更多非议，成了她孤僻、倔强、不合群的口实，也成了猎奇者的谈资。二萧当时毕竟是上海滩知名作家。愈益苦闷的萧红不知该如何重新打理自己的生活。许广平仍处于鲁迅逝世的巨大伤痛中，而且还有许多纪念鲁迅的繁重工作要做，不能再去打扰她了。一如去年心灵受伤后逃往日本，眼下，她仍然想到必须离开萧军一段时间，她太需要再好好舔舐自己的伤口。

该逃到哪里？

萧红想到当年在北平念书时经常往来的一些东北籍朋友才是真正基于自己的交往而建立起的纯真友谊。一个人心怀伤痛的时候自然会想到过去，怀旧的情绪弥漫在萧红心底，旋即，她作出了到北平访友、散心的决定。这一决定亦根源于萧红内心一直非常怀念北京，很想有机会再住一住。对萧红此举，萧军比较赞同，虽然，他第一次到北平所收获的印象并不太好，但还是同意陪她住上一段时间，于是决定让萧红作为"先遣部队"北上，自己处理完一些事情随后跟至。决定作出后，萧红曾问张秀珂是否愿意同往。张秀珂因当时不太理解姐姐的心情而拒绝了，随后去了西安，选择了属于自己的人生道路，对姐姐北平之行的真正理解则在十年之后。

北平之行

"在路上"是萧红的宿命。

1937年4月23日夜，萧军和张秀珂把萧红送上北去的列车。这是萧红短促一生中第三次也是最后一次北平之行——一次预期逃离现实的怀旧之旅。在与萧军、秀珂道别的一刹那，萧红心里涌起无限感伤与不舍，但是，她知道现在必须离开这里一段时间，让自己和萧军都有反思、调适的机会。列车启动，目送萧红远去，萧军心里一样充塞着浓郁的歉疚与依恋。返回途中，他和张秀珂吃了点排骨面，分手后一个人回到空荡荡的屋子里，顿觉生气全无，面对无边无际的空落，房间、心灵还有眠床都一下子变得那么空旷。在当晚的日记里，萧军写道："这是夜间的一时十分。她走了！送她回来，我看着那空旷的床，我要哭，但是没有泪。我知道，世界上只有她才是真正爱我的人。但是她走了！……"

出了上海，萧红感受到三个多月来少有的轻松。黑沉沉的夜幕，点点灯光在车窗外飞逝而过。伤感的女人靠在铺位上，脑子一片空白，茫然中祈求回上海这三个月来所经历的一切都随风而逝，祈求不久后等她从北平回来与萧军会有全新的开始，发自内心，实在太爱他。委实身心俱疲，萧红躺下后随着列车的摇晃渐渐入睡。那是三个多月来最为漫长的一觉，醒来已是次日中午。快过黄河了，上海已是遥远的南方。觉醒后精神焕发的萧红，陡然心生难言的空落，真切地感到又是一个人的无边孤旅。没有亲人，没有朋友，对萧军的思念随之在心底弥漫。过了黄河桥已是下午2点，百无聊赖中，萧红拿出纸笔想给萧军写信，火车摇晃得厉害几乎写不成字，但她想把沿途所见的景象和自己离开上海后每时每刻的心情都告诉他。不然，她觉得自己难以抗住这份寂寞。车过黄河，一路所见尽是被砍折的光秃秃的树、白色的鹅鸭，还有一批从西安回来的东北军。马匹就在铁道旁吃草，也有的成排站在货运车厢里边，脊背成了一条线，如同鱼的脊背，车厢显眼处写着"津浦"字样。萧红坐在窗边一边看窗外的风景，一边抽着纸烟。然而，很快便又厌倦了，只感到无聊而烦躁，什么兴致都没有，"只觉得厌烦、厌烦"。就这样等着黑夜的来临，然后在黑夜里再次睡去。

不过，明天便可以回到阔别了五年的北平——那少女时代的梦想之城。

25日，迎接萧红的是个春光明媚的早晨。朝霞里的村野景致深深吸引着她。离开北方很久了，眼前的一切让她无比亲切。上午9点，火车停在靠近北平的一个不知名的小站。萧红坐在会客室里边抽烟边观赏窗外的野景。平地上尽是些坟墓，乌鸦和别的大鸟在低空盘旋。继续前行的火车经过两大片梨树林，朝雾里白色的梨花若隐若现。并行的另一条铁轨上仍不时出现运送东北军的专列，萧红看见那些来自家乡的子弟泥猴般，像马匹一样冒着小雨站在货车厢里，闹着、笑着，不知他们的欢喜来自哪里；到了唐官一带，农民们在忙着下种，随处可见黑牛、白马在一望无际的平地里拉着犁杖。

到北平后，萧红先到迎贤公寓，觉得住宿条件不好，又转到中央饭店住下，不过，每天两块的价格实在昂贵，不宜于长住，放下行李便忙着去找她和萧军在北平的熟人。离开上海前，萧军让她到北平后就去找自己当年讲武学堂的同学周谷香，萧军去年到北平曾经拜访过他。然而，可能是他记错了周的住址，等到萧红找过去，发现并没有姓周的，只是一家粮米铺。萧红只好另作其他努力，但都终无结果，不免有些沮丧。她坐车来到七年前曾经租住过的二龙坑旧居，发现已经改造成了一家公寓。茫然中，她又想起当年一个姓胡的女同学，找到府上，门房说小姐已经不在了，她想大约是出嫁了。4月下旬正是北平风沙弥漫的季节，尘土几乎迷住了她的双眼，一无所获的寻找，让她由沮丧变得极其懊恼，再次漫无目的地走在街头，当年流落哈尔滨街头的破落滋味立时浮上心头。北平已是如此陌生，她像个找不到家的孩子。

几次失望、碰壁之余，萧红陡然想起七年前和陆哲舜共住二龙坑时，和李洁吾他们一起前来聊谈的东北籍老乡中，有个毕业于哈尔滨"三育中学"名叫李荆山的，当时是北平"汇文中学"的职员。其间，她也曾与其他人一道去过他所供职的地方。萧红心想，到了那里或许还可以找到他，而找到李荆山就可以了解到当年的其他熟人，于是立即赶往李荆山当年供职的汇文中学。到了那里一看，令萧红颇为感慨的是，七年如同一日，学校几乎没有丝毫变化，李荆山仍供职于此间，听差告诉萧红李家就在学校旁边。到李荆山家里，难以置信的是，当年的小伙子如今儿女成群。聊谈中，萧红得知李洁吾亦仍在北平，有了一个刚过周岁的女儿。萧红听后喜出望外，急着要李荆山带她去洁吾家看看。

薄暮时分，听见敲门声出来打开院门的李洁吾，看见身穿黑大衣的萧红，竟一时难以认出就是当年的张乃莹。萧红上前紧紧握住他的手说："洁吾！还认识我吗？找到你可真不容易啊！"又连忙回头对身后的李荆山说："真得感谢你，镜之哥！不先找到你，就无法看到洁吾了。"李洁吾这才回过神来，大声惊叫道："啊！乃莹是你！你从哪儿来呀？"边说边牵着萧红的手进到院内。到了屋内，萧红脱下大衣，疾步上前张开双臂给已有五年不见的老友一个热烈的拥抱。这极其西化的举动，让李洁吾吓了一跳，怕在厨房的妻子看见说明不清，窘迫中急忙让萧红、李荆山坐下，招呼妻子过来与萧红相识。其实，自从一进院门，萧红的一举一动都被在厨房准备晚饭的李妻看在眼里，萧红那主动、热情的拥抱自然让这个来自东北乡下的女人开始怀疑她与自己丈夫的关系，出来与萧红相见，态度非常冷淡。出于女性自卫的本能，她不断以一种怀疑的眼光打量眼前的女客。萧红很快感受到了来自李妻的敌意。

李洁吾留萧红、李荆山在家吃了顿面条。饭后，大家简单聊了些别后的境况。聊谈中萧红感到李洁吾关于自己的消息知道得很不少，一问才知道有些是他从文章上看到的，有些是听了传说。夜里9点多，李洁吾才把萧、李二人送出胡同口，叫了洋车将萧红送归下榻饭店。临别，萧红托李洁吾、李荆山帮忙在北平看房子，她想在此长住，饭店自然不合适。二人满口答应下来，李洁吾约萧红第二天再到家中详聊，对其住处另作决定。客人一走，李洁吾回屋便遭到妻子的诘责，反复追问他和萧红是如何认识的？为什么此前从来没听他谈起过？无论李洁吾怎么解释、说明都无济于事。

回到中央饭店，萧红便急着给萧军写信，接着昨天和上午在火车上所写的片断，又详细叙述了到北平后找朋友的过程，并告知萧军一定是弄错了周谷香的地址所以找不到。信写完已是凌晨1点。次日上午，萧红先找到邮筒发出给萧军的长信，尔后赶到李家。在家里一直等到10点多仍不见萧红来，李洁吾担心她这次又会像五年前那样不辞而别。不久，他见再次来家的萧红穿了件深天蓝色的毛织西装套裙，头发用一根丝带束在脑后，看上去很像个日本女人。午饭后老友开始从容地聊谈，萧红详述了五年来的经历，特别深情地谈及鲁迅和许广平所给予的帮助与呵护。李洁吾听后感动地说："鲁迅先生对你真像是慈父。"萧红听罢，立即纠正说："不对！应当说像祖父一样……"在多年未见的老友面前，萧红亦不愿意说出此次北平之行的真正原因。当李洁吾问及萧军的为人时，她回答说："他为人是很好的，我也很尊敬他，很爱他。只是他当过兵，脾气太暴躁，有时真受不了。"

当时，在北平一个人找房子很难，一时不易找到。李洁吾打听到北辰宫公寓比较阔气，房租每月24元或30元也比较适中，但眼下一间空房也没有，需要暂等两天。萧红急于搬离饭店，见李家有多余的房屋，便主动提出能否搬来暂住几天。其实，一开始李洁吾就有让萧红来家共住的意思，之所以没有说出，一来担心家里条件太差，而她从日本回来后生活习惯有了很大的改变，二来担心妻子未必接纳。见萧红主动提出，便与妻子商量了一下，妻子并没有明确表示反对。当天下午李洁吾夫妇将萧红从饭店接到家中，安顿在东间房内，布置了一张床和一张三屉桌。萧红拿出一张萧军的大照片端正地摆在桌上。二萧的所有文章李洁吾差不多都看过，读过《大连丸上》之后，常常想象萧军的长相，现在看见他的大照片算是第一次认识了他。长时间端详着萧军的照片，李洁吾不住夸赞萧军是个很厉害的人物，很有魄力，从最近读到的《第三代》上更可以看出这一点。听见老友对萧军有如此高的评价，萧红很是替他高兴，次日在给他的信里特地有所提及。

萧红在李家一人独占一间房，十分惬意，她想早点安顿下来，以便进入荒废已久的写作计划中。然而，毕竟相处时间太短，李妻对萧红的疑虑和敌意并没有完全消除。为了给丈夫施加压力，第二天大清早便丢下孩子，独自到朋友家去了，此举显然是向萧红亮明态度。李洁吾很为难，出去上课，孩子却没人带，只好请萧红帮着照看孩子，下课后匆匆赶回。

李洁吾出门上课后，萧红在院心边替他照顾女儿，边给萧军写信。李妻的态度让她意识到在这里不能再待下去。两天来，从与洁吾夫妇的交谈中，也了解到他们各自的痛苦。让她感到好笑的是，自己本是为了逃避直面痛苦才来到北平，不想到了这里，反倒要倾听朋友诉说痛苦，自己则像个老大哥一样扮演开导的角色。在信中，她不免向萧军感叹道："我真奇怪，谁家都是这样，这真是发疯的社会。"对于淑奇、秀珂还有萧军，萧红都放心不下，尤其担心因自己不在身边，萧军又会大量饮酒。一旦离开，思念便在心底渐渐衍生，想念上海那间属于自己的小屋，提醒萧军不要忘了给窗台上的盆花浇水。

李洁吾回来，带回北辰宫公寓有空房间的消息。当晚，萧红便决意搬过去，洁吾见家中的实际情形也不好再劝其留下。这样萧红在李家只住了一天便搬走了。住进北辰宫公寓，萧红对房间不是很满意，不过，每月租金24元，比起饭店便宜不少，她想先将就住上五六天，其间，出去看看是否有民房出租，或许有更合适的价格和地方以便长住。次日，即4月28日（萧红在信尾署的日期4月27日可能有误，根据前后几封信的内容推算应该是4月28日无疑），萧红立即给萧军去信告知行踪，同时，亦为自己来北平几天了还是安心不下而焦虑，感叹"人这动物，真不是好动物"。

收到萧红两信后，萧军于5月2日作了回复，首先告知她把上海的收信地址记错了，256弄写成了257弄。别后不到10天，萧军的思念之情亦与日俱增，除告知秀珂状态很好、日本人鹿地夫妇正在把他俩的文章翻译成日文介绍到日本去、自己已经与罗烽和解等情况外，更主要表达了对她的思念。平素暴躁的男人此时亦表现出无限柔情。萧红离开上海的那个晚上，他一个人走在往日他们一起行走的街道上，不禁悲从中来，吟出一首小诗。萧军把它录在信中，并告诫萧红："你只当'诗'看好了，不要生气，也不要动情。"信中，他还叙述了那晚和秀珂一起送走她之后一个人回到家里的无限失落。因害怕萧红担心，他在信中说："吟，你接到这封信，不要惦记我，此时我已经安宁多了。不过过去这几天是艰难地忍受过来了！于今我已经懂得了接受痛苦，处理它，消灭它"，并强调酒也不再喝了，虽然家中的酒瓶里还有，但是现在已经有了抵抗诱惑的意志，烟倒是偶尔吸吸。

萧红一时还是难以进入她所期望的工作状态，换了居住环境一切都有待适应。白天，她仍常到洁吾家坐坐，但也没有更多可谈的话题，特别是与李妻之间更有短期难以消抹的隔膜，萧红努力打消她那其实完全不必有的猜忌。在李家待的时间稍长，便渐渐感到李洁吾夫妇家庭生活的沉闷，感到这是一个沉闷而少有生气的家庭。原本对朋友有所期待，重温七年前大家在一起毫无顾忌地畅谈的快意以及相互帮助的温暖，没想到时过境迁竟是这样。一个人回到住处，萧红再次感受到一种彻骨的寂寞与孤单，想到偌大的原本可以怀旧的北平，竟然找不到一个可以倾心聊谈的朋友，眼下这座城市又一如去年的东京，成了"别人的城市"。虽然有李洁吾、李荆山两个熟人，但不时陷于感伤中的萧红，心情又与在东京时差不多。她寻找一些方法尽力排遣寂寞，毕竟有了一个人在东京的历练，况且北平到底不是东京。5月2日是周日，她一个人到电影院看《茶花女》，对影片的观感很不错，次日写信告诉萧军，并告诉他《海上述林》也读得很有趣味。萧红知道心情的孤寂与没有切实的写作计划有关，一旦投入写作就会变得充实。因而，急于找到自己要做的事情，力图早点进入写作状态。一个人在异乡，萧红对萧军怀有无限担心与期待，念念不忘地劝他戒酒的同时，亦希望收到他的来信，在5月3日信中说："我

第六章 重返上海

想你应该有信来了,不见你的信,好像总有一件事,我希望快来信!"

收信后,萧军于6日给她回了一封长信。先是介绍在上海一些朋友的近况:许先生在忙着整理鲁迅的三集《且介亭杂文》;秀珂的世界语学习已告一段落,但工作的去向还没有确定;淑奇很好,黄之明加入了一个剧团并有了属于自己的角色;罗烽母亲去了汉口,白朗把职业辞掉了;舒群早就去了北平,空出的房子金人搬了过去与淑奇、黄之明住在一起……萧军不避琐碎地介绍一些亲人、旧友的近况,想以此排解她的寂寞,同时消除她对朋友们的担心。对于境况不太好的朋友,萧红时常挂念在心,信中屡屡提及淑奇,很是为其近况担忧。谈到自己,萧军再三强调已经戒酒了,而且对酒也没了兴趣,偶尔抽支烟,安宁情绪。心情不像前几天那样烦乱了,虽然还没有具体的写作计划,但心里已涨满写作的冲动,只是想把冲动保留到青岛,目前不想做什么,眼下正着迷于《安娜·卡列尼娜》,在信中说:"那里面的渥伦斯基,好像是在写我,虽然我没有他那样漂亮。"

获悉萧红在北平仍难摆脱烦乱的心绪,萧军结合自身经验详谈了应对的方法。那就是,早晨一睁开眼就对自己说:"我要健康,我要快乐,我要安宁,我要生活,我要工作下去……"经过这样刻意的心理暗示,再果断地开始一天有计划的读书和工作,到临睡前再给自己一如早晨起床时的心理暗示,把起床时对自己所说的话再说一遍。他觉得这样做了之后,一天便没有什么情绪波动。萧军或许真的就是如此应对当时所处的巨大情感纠葛,所以向萧红强调这"不是迷信或扯蛋"。他也不想掩饰与萧红之间在情感上已然出现的很难弥合的裂痕,在信中坦言:

> 我现在的感情虽然很不好,但是我们正应该珍惜它们,这是给与我们从事艺术的人很宝贵的贡献。从这里我们会理解人类心理变化真正的过程!我希望你也要在这时机好好分析它,承受它,获得它的给与,或是把它们逐日逐时地记录下来。这是有用的。

从这段充满规训意味的话里,似乎看不出萧军对于因自己的情感出轨而给萧红带来巨大伤害的些许愧意。相反,传达出一种怪异的逻辑,那就是,无论他自己还是萧红对于这次情感变故,都应该看做上天的赐予,是难得的经验,从中可以理解"人类心理变化真正的过程";而之于从事文学创作的他们,还是难得的可以对之进行分析的机会。

　　自然，萧军所言并非全无道理，这也是他一以贯之的坦荡与率真的表现。然而，毫无疑问，善都是真，但真未必就是善。一个男人处处表现出他那豪霸之气的真实，对于一个热爱他，敏感而自尊的女人来说，何尝不是一种痛彻心肺的伤害。萧军实在太自信，以至于萧红看到这些将会作何感想，他是不会考虑的，认为她应该是那种可以也应该经受得住任何苦难的女人，不管来自她的家族，还是来自于他自己。萧军哪里知道已经与自己生活数年的女人，实际上可以与家族抗争到底、永不言败，但在她所深爱的男人面前，却脆弱得如同一张已然发脆的草叶，早已不堪搓捏。信的后半部分，萧军还说到自己有时静静躺在大床上透过玻璃窗看外边的天空和黄杨树很快便获得心理安宁的经验，劝萧红也不妨试试，他从报纸上看到有人说女人每天看天一小时，一周后会变得美丽如婴儿。信尾，他还告诉萧红自己在学习"足声舞"，学费15元，两月毕业。

　　在对待这次情感危机的态度上，二萧显然大不一样。萧军采取的是一种坦荡而不太在意的直面，很少顾及作为无辜受伤者的萧红的感受。或许，这与他一开始就对萧红强调了他那独特的"爱的哲学"有关，言下之意，既然你选择了我，就应该接受这一切。他也可能甚至认为萧红还得怀着感恩的心情领受这一切，因为她得益于自己的拯救。

　　然而，这对于深爱着他，以之作为生命的全部的萧红来说，实在是最大的残酷。当年在东兴顺旅馆的那一夜，萧红心里就是如此怪诞地交织着即将被拯救的喜悦和只得无奈接受心灵刺伤的伤痛。正因如此，在上海，她不愿与萧军直接谈论他和许粤华之间的一切，以尽力规避来保护自己。对她来说，那已是解不开的死结，逃避实际上是无奈的面对。然而，萧军每天都在为自酿的情感苦酒而奔忙，作为妻子，萧红即便有再大的容忍度亦难以视而不见，于是再次选择了逃避，选择了无奈的面对。

　　萧红本以为逃到北平没有亲见，心灵就会渐渐安宁下来，事实上，她全然做不到。一个人住在北辰宫，独自面对本心，她发现自己无法回避萧军所带来的伤痛。她不想对男人表示怨怼，但是内心的哀怨却是如此漫无边际，感到自己几乎溺毙其中。此前在上海努力规避的一切，随着一个人的静处纷至沓来，不得不独自一点点细细品味其中的酸苦。

第六章　重返上海

5月4日,萧红终于收到萧军5月2日的回信。这是她来北平后收到的第一封信,阅罢,五味杂陈。当读到转摘于送走萧红当晚的日记里的话:"我知道,世界上只有她才是真正爱我的人。但是她走了"时,止不住的泪水夺眶而出。尔后,待心情稍稍平复,萧红边流泪边写回信。几个月来,极力回避的话题逐渐被萧军点击,他们之间真的需要就此好好谈谈。萧红多么希望男人能了解她的真实内心,那些伤痛和无奈。想让他知道,虽然经历了那么多的大苦难,但自己并没有一如他所想象的那样坚强;想让他知道因为太爱他,实际上自己如此脆弱,如此容易受伤;想让他知道居然写错自己上海住所的门牌号码,可见当时她是怎样为别离而慌乱。她记起昨天寄出的信上还是那个错误的数字。从日本回来这么长时间,只在今天她才全然向萧军敞开心扉,在信中急切告白:

> 我虽写信并不写什么痛苦的字眼,说话也尽是欢乐的话语,但我的心就像被浸在毒汁里那么黑暗,浸得久了,或者我的心会被淹死的,我知道这是不对,我时时在批判着自己,但这是情感,我批判不了,我知道炎暑是并不长久的,过了炎暑大概就可以来了秋凉。但明明是知道,明明又作不到。正在口渴的那一刹,觉得口渴那个真理,就是世界上顶高的真理。

萧红向萧军坦言面对感情变故无法超然的无助,其动机并不是不想原谅他的背叛,而是出于一个女人实在无法克服那近乎宿命般的伤痛所带来的浓重虚无。几天来,一个人睡在黑夜里,又感受到一如当年被遗弃于东兴顺旅馆般的骇怕,独自面对寂静的虚空常常纠缠着有关生与死的思考;常常怀疑自己是否能够承受得住萧军所给予的一切,包括爱与伤痛。同时,她也在不断反省自己是否神经过于纤弱,常常不愿相信发生在萧军身上的那一切是真实的。然而,在事实面前她又实难说服自己,不断问着自己:"还有比正在经验着的还更真切的吗?"——她实在无法欺骗自己。

太爱和太恨交织在一起。萧红意识到自己对萧军的感情实在太复杂。她太想找人诉说,而这话题太过私密,找不到启齿的对象;她太想表露,却又不得不极力掩饰,只好在信中说:"我哭,我也是不能哭,失掉了哭的自由了。我不知道为什么把自己弄得这样,连精神都给自己上了枷锁了。"朦胧的泪眼早已让她看不清笔底流出的心酸字句,墨水变成了有颜色的泪水。她难以自抑,一任眼泪恣肆流出,淌在脸上,滴在信纸上,浸渍了大片文字。远离萧军千里,她终于拥有了一次独自痛哭的机会,她言辞凄苦地感叹:"痛苦的人生啊!服毒的人生啊!"去年,离开上海远走东京是为了疗治心灵之伤,今次来到北平,同样为了疗治心灵之伤。但是,萧红真切感受到,这回远处异乡的心情明显不比去年在东京。她近乎绝望地感到没有什么办法可以救助自己——无法面对,亦无处躲藏。在信尾,她发出了绝望的呼告:

"上帝!什么能救了我呀!我一定要用那只曾经把我建设起来的手把自己打碎吗?"

8日,收到这封言辞凄苦的信后,萧军回信继续对她进行了一番劝导和规训,用意是想让萧红振作起来。他说:"你应该像一个决斗的勇士似的,对待你的痛苦,不要畏惧它,不要在它面前软弱了自己,这是羞耻!人生最大的关头,就是死,一死便什么全解决了。可是我们要拿这'死的精神'活下去!便什么全变得平凡和泰然。"萧军认为她目前所需要的只是忍耐,并不恰当地打比方说,如果现在被投进监牢,"漫漫长夜,连呼吸全没了自由,那时你将怎样?是死呢?还是活下来?"

萧军只是鼓励萧红勇敢面对苦难,坚忍活下去,几乎闭口不谈这苦难的根源,亦丝毫没有表示出自己给她带来伤害的愧疚与歉意,他自然不会不知道,她那苦难的根源正源自他自己。讲出一番道理后,他或许也意识到自己思维逻辑的霸道,转而写道:"因为我不想在这里说我的道理,那样你又要说我不了解你,教训你,你是自尊心很强烈的人。你又该说你的痛苦,全是我的赠与等……现在反来教训你等等……"接着,他又自问自答地说道:"但是,我的痛苦,我又怎来解释呢?我只好说这是我'自作自受',自家酿酒自家吃……我不想再推究这些原因。"萧军始终不怀疑萧红是这个世界上真正认识自己、真正爱自己的人,但在他看来,这份浓烈的真爱正是萧红痛苦的根源,也是自己痛苦的根源。这里似乎最明白不过地表示出,萧军对待萧红的爱恋的矛盾态度,究其原因自然是萧红的这份至爱与他那"爱的哲学"相冲突。由此可见,二萧不能弥合的裂痕和两人渐行渐远以致最后分手,直接根源于他们在对待"爱"的态度上存有明显错位:萧红追求的是矢志不渝的恒久,而萧军追求的则是"在路上"的无限"爱"之风景。这正如静与动、恒久性与阶段性的泾渭分明之异。

既然苦痛已然存在,萧军觉得逃避总不是办法,理性的态度应该是面对,准备对一切应战,在他看来"凡事不能用诗人的浪漫的感情来处理,这是一种

第六章　重返上海

低能的、软弱的表现！自尊心强烈的人是不这样的"。他还打比方说一个医生尽说安慰话，对于病人是没有多大用的，应该指示病人该怎么做才能起到疗治的效果。言下之意，这封信就不是医生的安慰话，虽然不中听，却是具体可行的疗治之方。他在信尾告诫萧红，"不要使自尊心病态化了，而对我所说的话引起了反感"！

回想当初，二萧的相遇该是怎样一种宿命。眼下，当她被萧军伤害得痛感绝望的时候，男人没有表示丝毫歉意，反倒规训她不够坚强，并且以一种强势逻辑指示她该怎么做。然而，此时萧红这个可怜的"病人"在萧军这个强势"医生"面前，所需要的真的就只是一点点"安慰的话"而已。只要萧军能够向她表示一些歉意，她的心灵就会再次被俘虏，所有的伤痛就会再次抹平；让她走出绝望无助的最好方式，也就是来自他的尊重与关爱，尊重她的存在，爱护她那敏感纤弱的心灵。她所期待的也许就是一声"对不起"，如此而已！

然而，要此时的萧军表达歉意似乎没有可能。一来，作为上海滩新晋知名作家，自信度随着日隆的声誉在增长，他太自信！二来，他认定尊重他那旷世的"爱的哲学"是他们结合的前提——那宿命般的症结！而所有这一切都在一种无可指责的坦诚心境下作出。面对女人，一个男人的自信与霸道表现得如此淋漓尽致。在这个男性中心的社会里，作为女人的萧红面对这样一个男人除了无可奈何又能怎样？接到这封同样洋洋洒洒的规劝长信，萧红实在无话可说，回信的兴致也没有，几天后，在15日的回信中，针对这极其堂皇的"真理"她只回应了一句："我很赞成，你说的是道理，我应该去照做。"萧军日后注释此信，坦言这是她的"反话"，实际上萧红认为他在"唱高调"。

显然是年龄与阅历的作用，对萧红4日的信，青年萧军表现得如此强势霸道，及至古稀，在给它作注释时，他就自己年轻时那场风花雪月给萧红带来如此深重的心灵灾难，坦然作出了忏悔："如果对于萧红我引为终身遗憾的话，应该就是这一次'无结果的恋爱'，这可能深深刺伤了她，以致引起她对我深深的、难以和解的愤恨！她是应该如此的。"这是萧军非庸常之辈可以并比的坦荡可爱之处，亦是他的魅力所在，只是这份忏悔来得太迟。此时，萧红已弃世36年矣。

4日的信寄出后，萧红的心情一直很不好，6日又写了一信但没有寄出，怕自己低落的情绪影响了萧军，常常挂记着他的生活起居，知道他晚上睡得晚，便嘱咐买点饼干准备着,注意多吃水果等等。萧红每天还是到李洁吾家坐坐,这是北平她唯一可找的熟人。萧军邮寄来的书籍、信件都通过李家中转,每天到那里都怀着一份巨大的期待,希望有信来。只是,在李家能待的时间越来越短,与他们可说的话也越来越少,萧红更愿意一个人待在公寓,把忧伤诉诸纸笔。

来北平不久,萧军就嘱咐她也给袁淑奇去信,省得她失望。年初舒群就到了北平,住在沙滩北京大学学生公寓,可能是袁淑奇得萧红信后,写信嘱托舒群有时间去看顾看顾她。同为女人,袁淑奇自然更能理解萧红的心情和苦痛,更何况,此时她与黄之明亦陷于情感危机中。萧红也很能理解淑奇的心情,所以萧军来信说"奇他们很好"时,她回信说"奇是不可靠的",意指淑奇的"好"只是表象,不可靠。获悉萧红也在北平,舒群喜出望外立即找到李洁吾家,两人见面后非常高兴。为了纾解萧红心中的苦闷,舒群邀请她和李妻一起逛北海。此后,为了排解她的寂寞与痛苦,舒群得便常到萧红寓中看望。作为二萧最亲密的朋友,舒群对二萧间的情感危机自然非常清楚,想尽其可能地给她一些帮助,就像当年在哈尔滨和青岛时一样,这也是袁淑奇的嘱托所在。他们去中山公园散步;去电影院看嘉宝主演的好莱坞影片;去听富连成小班演唱的京戏;也一起逛王府井大街或是东安市场。因为舒群,萧红的北平生活有了明显改观,不再整日沉浸在无边哀怨中,郁结的心情渐渐开朗。

5月9日,萧红在李家拿到萧军6日信后便跑回寓所仍是淌着眼泪给他回信。除告诉萧军自己虽已离开上海半个多月,但心绪仍然乱绞,并感到自己是在走败路外,不愿多说心情。她告诉萧军《海上述林》已经看完了,既然《安娜·卡列尼娜》让他那么着迷,她也想看看,请其把书邮寄过来一读,此外还想看《冰岛渔夫》和《猎人日记》。

萧军在6日信中既没有对萧红的心灵创伤表示任何歉疚,也没有任何言语上的安抚,相反,字里行间表现出不可理喻的自信与轻松。这让她更加受伤,再就是,她更不习惯萧军那种高高在上的规训语气。面对洋洋洒洒五页稿纸的长信,她无话可说,特别是在信尾看到萧军在上海还有闲心学跳舞时,联想自己一个人独自在北平孤独而伤感,无言的怨愤由衷而生。对于萧军每日看天的"经验之谈",萧红回信揶揄说自己自幼就喜欢看天,一直到现在还喜欢,但是没有变成美人。随即还开了一个不无心酸的玩笑:"若是真是,我又何能东西奔波呢?可见美人自有美人在。"

第六章　重返上海

萧军来信提醒道："大约在七月十日以前我是可以离开此地的。还不足两月，我们又可以再见了。注意，现在安下心好好工作罢，那时我要看您的成绩咧。"其中的"注意"两字底下还加了着重号，看到这些萧红难以掩抑怨愤，回信尖刻讥讽道：

> 我的长篇并没有计划，但此时我并不过于自责"为了恋爱，而忘掉了人民，女人的性格啊！自私啊！"从前，我这样想，可是现在我不了，因为我看见男子为了并不值得爱的女子，不但忘了人民，而且忘了性命。何况我还没有忘了性命，就是忘了性命也值得呀！在人生的路上，总算有一个时期在我的脚迹旁边，也踏着他的脚迹。

接下，还有一句："总算两个灵魂和两根琴弦似的互相调谐过"，转念，她又将这句涂掉了，并在括号里注释道："这一句似乎有点特别高攀，故涂去。"

前文说过，去年在东京时，萧红读到萧军那篇关于他如何拯救自己的"实录"文字《为了爱的缘故》，自尊心有些受伤。小说中，萧军表达了放弃为多数人去参加革命打游击，而选择为她一个人留下来似有不甘，亦遭到同伴耻笑。萧红看后自伤之余亦很自责，认为自己与萧军间不睦根源于此，当时就给他写信说，"从此我可就不愿再那样妨害你了。你有你的自由了"。然而，联系萧军近期所为，萧红觉得他那"为多数人打算"的宏大志向，在他那顺从不约束情感的"爱的哲学"面前其实也不堪一击。没有她的存在，他却干出了更荒唐的事情。

对于萧红回信所明确表达的尖刻讥讽，晚年萧军在注释此信时说自己并不生气，认为受了"侮辱和损害"的萧红当时理当如此。并说萧红当时即便拿拳头"敲打"，他也不会在意，因为她舍不得当真就打，即便真打也没力道，而更可能的情形是，在"敲打"过程中，她自己会哭起来，接着也许就会笑起来。萧军认为自己太了解她。然而，晚年萧军所揣测的也许是从日本回国之前的萧红，意气而感性；而此时在这尖刻的嘲讽里，萧红明显带着她的理性与认真。对萧军，她反倒有了更深刻的认知。

收读了萧军接连三封均带有浓郁规训意味的长信后，萧红意识到基于各自不同的心态和立场，他们之间目前不可能达成真正的沟通和交流。因而，对萧军的来信也就渐渐没有刚来北平时的那份重大期待，回信亦只有寥寥数语，她意识到苦难真的只有自己独自面对，对任何人的企望都不现实。对萧军的来信没有过分期待，她便不愿多去李洁吾那个本来就十分沉闷的家，更多时候待在寓中，买来笔墨练写大字，以遣孤独。10日下午，寂寞无聊难以排遣，她一个人跑到北海公园坐了两个钟头。萧红更感到作为女人的不幸在于，一个孤独的女人呆坐在公园里，同样会引动周围一些好奇的目光，让人家左一眼右一眼地看来看去，浑身不自在，最后只得离开。

12日夜，萧红和舒群一同到戏院看戏。出来的时候已经过了舒群所在公寓的关门时间，萧红只好让他在自己房间的地板上将就一宿。陡然让一个异性朋友睡在地板上，即便如好朋友舒群，她仍然觉得十分窘迫，一夜未能安睡。次日，两人又一起逛长城。第一次见到长城，萧红受到极大震撼，登高远望，顿觉那些绵延起伏的群山比起海洋来更能震惊人的灵魂。这旷古的雄伟工程顿然厚重了她那纤弱敏感的心灵，浓重的历史沧桑感油然而生，感到自身如此渺小，而个人的一生之于这数千年的风景是如此短暂。薄暮时分，大风起于山间，风声像海涛巨浪般动人心魄，注视着眼前夕晖下的群山和蜿蜒其上的长城，萧红不禁想起幼时祖父所教读的李华《吊古战场文》中的句子："风悲日曛，群山纠纷"，觉得古人所见或许就是眼前此景。逛完长城与舒群分手后，她一个人回到公寓已是夜里11点多，加之昨晚失眠，委实困乏得不行。

5月12日，萧军收到萧红9日发出的信后，突然发出一封催促其南归的短信："来信收到。我近几夜睡眠又不甚好，恐又要旧病复发。如你愿意，即请见信后，束装来沪。待至六月底，我们再共同去青岛"；并且说："本欲拍电报给你，怕你吃惊，故仍写信。"萧军何以突然改变主意不得而知。其实，在9日信尾，萧红还特意告诉他在北平找民房长期租住是有可能的，并已找到一处房子，只是要和人家共用一个院子，不是很方便，是否立合同需要等他来北平后再说。1978年9月19日，萧军在注释萧红1937年5月11日信时说："既然我一时不能到北京去，就决定要她回上海了。在那里像一颗飘飘荡荡的'游魂'似的，结果是不会好的。我很理解她好逞刚强的性格，主动是不愿回来的，只有我'请'或'命令'以至'骗'才能回来。"这段话里透露出比较有意思的信息，萧军当年似乎并没有陪萧红在北平共住的真正打算，而这封要她回上海的短信，明显既不是"请"，也不是"命令"，那就只是"骗"了。大约是他想要萧红回沪便谎称生病，终结了她的"飘飘荡荡"。至于真实的动机，就只有萧军自己知道

第六章　重返上海　　　　　　　　　　　　　　　　　　　　　　　251

了。

　　收到信后，因担心萧军的身体和生活起居，萧红决意启程回上海。据季红真《萧红传》记载，与舒群分手时，为了感谢他一以贯之的帮助，也为了纪念他们之间的友谊，萧红将鲁迅先生修改过的《生死场》手稿送给了他。临离开北平那天，李洁吾去北辰宫公寓帮她收拾行李，东西装得太满，怎么也合不上手提箱的盖子，用大了力气还拉坏了提手。萧红最后只好将一件薄蓝呢大衣、一个油画架子和一个长方形的嵌装着西洋画的小镜框取出留在李家。萧军在短信中亦提醒"不必要的书物，可暂寄洁吾处"。萧红与李洁吾约定秋天和萧军一起再来。上车前，李洁吾和妻子抱着一岁的女儿在东安市场附近的一家贵州馆子，请萧红吃了一顿尚好的告别饭，然后送她到车站回上海。

　　事实上，此时一别已成永诀。李洁吾此后一直等着萧红再来北平，只是再也没有等到。

沪战经验

　　1937年5月中旬，萧红回到上海。这次小别给二萧提供了直接面对、反省此前出现的情感危机的机会。两人住在一起有些话题难以直面、展开，分开后通过笔谈，各自反倒容易将内心想法和盘托出。平沪两地的书信往还让萧红向萧军彻底倾吐了内心的苦痛。在内心深处，她到底是那样热爱着萧军，一旦听说他身体有些许不好，便再也无心在北平待下去，苦痛与哀怨一旦说出就不会再过多往心里去。这大约是东北姑娘的普遍个性。另外，在北平期间有舒群陪着散心，也让其心境有了极大改观，此前的郁闷几近消释，回到上海，二萧的关系重显融洽，两人又渐渐恢复

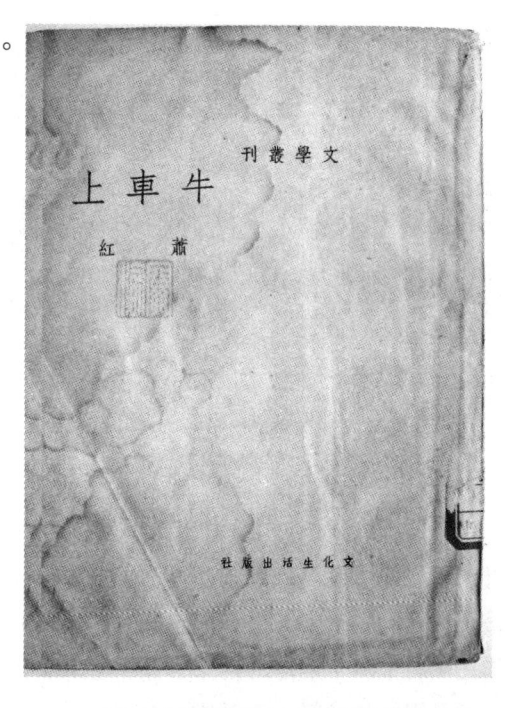

《牛车上》初版封面（章海宁摄）

了往日的平静。一本新著亦迎接着萧红的南归,短篇小说集《牛车上》当月由上海文化生活出版社初版,列为巴金主编的《文学丛刊》第5集第5册,是萧红继散文集《商市街》《桥》之后,列入该丛书的第3部新著。萧红在文坛上的影响越来越大。

1936年8月15日,金剑啸英勇就义于龙沙,流亡上海的东北作家多半是其生前好友,在烈士一周年忌日来临之际决定出版他生前留下的歌颂东北抗联的叙事长诗《兴安岭的风雪》。朋友们想以这种方式表达对当年好友的怀念与崇敬,也是对沦于敌手的故土的怀念。流亡在沪的东北作家纷纷创作了诗文,准备一并编入其中。金剑啸慷慨赴死时,萧红在东京,得到消息无比伤感。而今,想起当年他在哈尔滨时对自己的热情帮助,还有他为民族受难的伟大,萧红内心不禁涌起无尽思念与感怀,遂于6月20日提笔写下深情悼念亡友的诗篇《一粒土泥》,收入由白朗、金人主编,上海生活书店8月初发行的《兴安岭的风雪》(纪念金剑啸烈士专号)附录部分。该书一并收录的还有萧军、罗烽、白朗、舒群等人的纪念诗文。

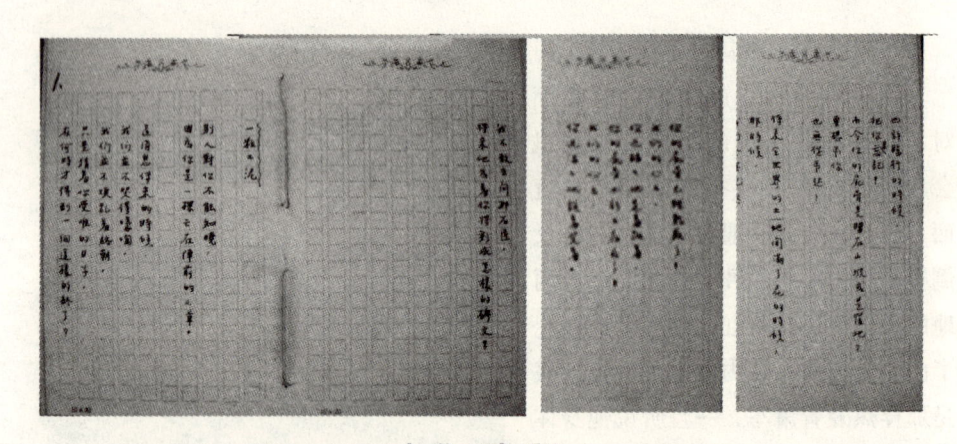

《一粒土泥》手迹

南归不久,"卢沟桥事变"爆发,北平危在旦夕,全民族抗战的序幕即将拉开。萧红在忧虑国家的前途与命运的同时,亦担心着北平友人的安危,连忙致信李洁吾问候平安,也希望了解一些北平的形势。7月19日,李洁吾回信详细描述了北平濒于陷落的情形。萧红觉得这封信对于想了解北平真实情形的人们来说是很好的材料,于是在原信前加了一段话,以"来信"为题发表于8月5

日出版的《中流》第2卷第10期。她在信前"按语"中写道："坐在上海的租界里，我们是看不到那真实的斗争，所知道的也就是报纸上或朋友们的信件上所说的。若来发些个不自由的议论，或是写些个有限度的感想，倒不如把这身所直受的人的话语抄写在这里。"

虽然感到战争的迫近，但鲁迅先生纪念委员会还是于7月17日在上海华安大厦召开成立大会，决议于先生的一周年忌日前编辑出版《鲁迅先生纪念集》和侧重于研究性质的《鲁迅先生纪念册》。许广平、萧军、萧红、胡风、许粤华、台静农、黄源、吴朗西等人共同担负起编纂任务。萧红具体负责关于鲁迅先生逝世的新闻报道的剪裁及编辑订正工作。先生逝世时她不在身边，而今一周年忌日来临之际，能为纪念先生出一份力，对她而言具有非同寻常的意义，因而带着一份格外的情感投入工作，以寄无限哀思。

鹿地亘（1903—1982），本名濑口贡，在东京帝国大学读书期间就参加了无产阶级文学运动。"九一八"事变后因发表反战言论受到日本军国主义的迫害，被捕入狱后终获保释，但是在政府的严密监视下生计非常艰难，迫不得已只好在剧团里当一名杂役，四处走码头，于1935年流浪到上海。内山完造发现后，惜其才，遂将他从剧团拔出来，介绍与鲁迅相识，由先生代选一些中国作家的著作让他翻译，并替他校正，再由内山先生介绍到日本改造社出版。因着这份机缘，鹿地和夫人池田幸子与二萧亦极为相熟，鹿地也曾译介过他们的作品，当时萧红还在东京。与鹿地的沉静完全不同，眉清目秀、有着一双黑白分明的大眼睛的池田幸子生性活泼，对萧红很有好感，时有过从。给萧红留下深刻印象的是，池田非常喜欢她那只小猫仔。鲁迅逝世后，鹿地马上投入到"大鲁迅全集"的翻译工作中，因限定在短期内出书，需要随时请人校正，为了方便，1937年春鹿地夫妇也由北四川路搬到法租界。这样，池田幸子和萧红的往来更加方便，但是在中日关系非常紧张的8月间，他们又搬回了北四川路。作为日本人，他们住在周围全是中国人的地方太显突出。池田幸子是萧红在上海期间少数几个能够作倾心交流的同性朋友之一，对萧红的情感苦闷和心灵伤痛有比较深入的了解。一如白朗，她对萧红在男性面前的隐忍、柔弱很不解，曾多次在与绿川英子谈起萧红时，不由惋惜而抱不平地感慨道："进步作家的她，为什么另一方面又那么比男性柔弱，一股脑儿被男性所支配呢？"对此，绿川英子印象非常深刻。

8月12日夜11时许，突然听见有人敲门，萧红开门后发现池田带着她那只小猫仔站在门外。池田身边不离猫仔，也给1938年11月护送她和于立群去桂林的著名戏剧家马彦祥留下深刻印象。萧红把池田和猫仔让进屋后，来不及问明究竟，只见她闪亮着那双像被水洗过的玻璃一般明澈的眼睛，激动地说"日本和中国要打仗了"，并告知时间是凌晨4点。萧红下意识地看看墙上的挂钟，距离开仗还有5个小时。当晚，萧军睡到外屋的小床上，睡在里屋大床上的萧红和池田随便聊了一会儿便睡了。天气非常闷热，加之小猫仔在室内不停地叫唤、走动，萧红很难安睡，快到凌晨4点的时候，迷迷糊糊之中似乎听见两声枪响，便连忙叫醒池田问道："是枪声吧！"池田还在睡梦中，不敢确定，只说："大概是。"萧红又担心起鹿地来，问池田若真的打起仗来，他明早能否跑出来，池田表示没有把握。

8月13日早晨起床后，萧红才知道昨夜的枪声并非事实。午饭后，三人坐在地板上乘凉，这时身穿黄色短裤、白色衬衫的鹿地匆忙赶到，进门后以日本式步伐走到席子旁边，很习惯地脱掉鞋子坐下来。他看起来十分兴奋，说话时夹杂着中文和日文，用力地吸着纸烟。池田在一旁替他做翻译，说话间鹿地嘴里不时模拟着枪声，手上不停作出开枪的动作。一询问，萧红才知道他刚刚看见了日本海军陆战队与中国守军交火的情形。

实际的情形是，上午9时15分，日舰重炮开始轰击闸北，其海军陆战队一部由天通庵及横浜路方面，越过淞沪路冲入宝山路，向驻扎在西宝兴路附近的保安队射击，中国军人予以还击，"八一三"淞沪抗战正式拉开序幕。鹿地所见或许是双方在街市上交火的情形。在萧红眼里，十分激动地讲述着的鹿地，此刻就像洗过羽毛的雀子一般振奋，其眼神让人觉得是在讲述一个与自己不相干，同时又让人非常感兴趣的人一样。据梅志《胡风传》记载，胡风在当天的日记里写道：

下午访刘均夫妇（即萧军与萧红），见到K夫妇（即鹿地与池田）。他们睡在地板上面，乃从北四川路越过警戒线逃来的。K君在稿纸上画图向我说明中日军队底对峙形势，并力言战争不会发生。K君来时，已亲耳听见过前哨的枪声，而犹力言可以和平了结，盖不相信中国政府有抗战决心也。一路出来喝过俄国饮料以后，悄吟同K君夫妇去许先生处，我去看张天翼。无话可谈，他和他那外甥女的脸色，很难形容。

第六章　重返上海

到许女士处，冯在，正和 K 谈政治形势，结果替他们做了一通义务翻译。

从许广平处回来后，二萧和鹿地夫妇待在室内，听着四周传来的零星枪声，漫无边际地聊着一些往事。晚饭时，远处传来巨大的炮声。池田大睁着眼睛看着萧红，侧耳倾听的萧军似乎在从炮声分析炮弹的当量和发射方位，鹿地则紧紧抿着嘴唇一言不发。萧红同样睁着大眼睛紧张地看着面前神色各异的三人，感到心脏似乎在移动。大家还没有缓过神来的当儿，紧接着就听见第二枚炮弹呼啸而过，很显然是中国守军的还击。池田仍以日本女人的跪法跪在席子上，此时四人都在以刻意掩饰的假象力图让自己镇定，仍旧平静地吃着晚饭。刹那间，萧红发现鹿地的脸色变得很难看。她想这也很可以理解。这还击的炮声让他意识到自己生活在与祖国正式交战的敌国，而他又是如此诅咒祖国所发动的这场极其邪恶的战争。萧红想，"若是我，我一定想到这炮声就使我脱离了祖国"。鹿地的神情不一会儿就恢复了正常，喃喃自语道："日本这回坏啦，一定坏啦……"他想到在这场战争中倒霉的还是日本老百姓，至于军阀，他希望越早破灭越好。

鹿地夫妇平素常来二萧住处，周围邻居都知道他们是日本人，但邻居中有一个白俄在法国巡捕房做巡捕，很可能会告密，为安全计他们不能在二萧家住下去。两国交战后，双双都在打击间谍，日本警察已到他们曾经住过的北四川路找过了。在双方夹击下，这对日本友人的处境异常艰难，次日，他们搬到许广平家暂住。隆隆炮声里，萧红送走了鹿地夫妇，但仍牵念着他们的安危。当再次面对这即将倾覆的城市，萧红一时有些茫然，想起1932年2月困居东兴顺旅馆时，亦是听着不绝于耳的枪炮声，真切感受到哈尔滨的渐渐陷落，眼下的上海是否一如当年的哈尔滨？她不无惶恐地追问着自己，只是现在的心境自然非六年前所能比。

中午，萧红听见头顶上不断有飞机掠过。她卷起纱窗长久注视着天空，云层里不时出现与平时所见不太相同的飞机，先是一两架，尔后是大规模的机群，巨大的轰鸣声听起来就像夜里所听到的连绵起伏的海涛声。萧红无法辨认这些战争的机器到底属于日本还是中国，只是等机群过去，排山倒海般的轰鸣声消失，心情才渐渐平静。午饭后，出去洗刷碗筷，刚到走廊又看见飞机编队飞过，听见邻居说这是日本人在去轰炸虹桥机场。昨晚的炮声和此刻战机的轰鸣，让萧红切实感受到了战争的声音，真切地感到战争是如此迫近。虽然无法分辨这声音属于哪一方，但是听了邻居的话，萧红自然涌起很多不安的想象：一定是日本取得了胜利，所以很安闲地去轰炸中国军队的后方，进而想到日军那没有止境的屠杀，一定会像大风里的火焰一样无止境地蔓延。她随即又否定了自己，将这没有把握的想法压了回去，想到一定是中国占着优势，侵略者遭受了挫伤。游廊上吹来一阵很大的风，陷于想象中的萧红一时还没有回过神来，只是感到手里的炊具变得沉重，随风摇摆了起来。大风吹掉了小铝锅的盖子，很响地滚动着，她醒过神来连忙去追那只锅盖。回到厨房后，她又在想着那些飞机上的炸弹会落在哪里，西北和东北方向都有爆炸声。因着回音的关系，也不知道炸弹到底是在哪里爆炸。

事实上，萧红所亲历的正是二战中令中国空军引以为傲的"八一四空战"，亦即著名的"笕桥空战"，日军大批战机的轰炸目标是杭州的笕桥机场。中国空军奋起抵抗，经过约30分钟的激烈战斗，击落日机3架、击伤1架，而中国空军无一损伤。这是中国空军抗击日军空中袭击的第一次作战。首战完胜，给日军以沉重打击，极大鼓舞了中国军民的抗日斗志，为纪念首次空战告捷，国民政府后将8月14日定为"空军节"。萧红把在这个特殊日子里的所见、所感完整而细腻地记录在散文《天空的点缀》里。战争让她更真切地感到残酷的迫近，文中她坦言看见这些掠着云层飞过的战争机器"实在的我的胸口有些疼痛"。

萧红始终挂念着鹿地夫妇的安危，15日又和萧军一起赶到许广平家看望。上到三楼见鹿地、池田各自坐在写字台前叼着香烟在工作。鹿地心情不错，见二萧来，俨然主人一般地欢迎。见他们在如此情形下居然还能安然写作，不禁令萧红非常佩服鹿地夫妇那异乎常人的自控力，心想"无论怎么说，这战争对于他们比对于我们，总是更痛苦的"，他们生存在如此窘迫的夹缝里。过两天再去看望，鹿地夫妇劝二萧参加团体工作，说："你们不认识救亡团体吗？我给介绍！"鹿地自言自语道："应该工作了，要快工作，快工作，日本军阀快完啦……"鹿地和池田都决定现在赶快写文章，以后翻译成别国文字，有机会他们要到世界各地进行反战宣传。萧红很受感染，在她眼中，鹿地夫妇似乎已然是中国同胞，更加觉得有责任尽自己的能力帮助他们、保护他们。三两日之后，等萧红再到许广平家，却被告知他们头天下午一起出门后就再也没有回来，临出门还说晚饭不要等他们，至于到了哪里许先生说她也不知道。过些天，再去打听仍然音信杳无。难道被日本警察捉去了？抑或是被遣回了日本？萧红心里充满无限担忧，祈祷他们能在一个更安全的地方。

第六章　重返上海

萧红、萧军1937年摄于上海（王连喜提供）

　　沪战仍在进行，争夺上海的战争处于胶着状态，对于普通民众，战乱中的日子还得一天天过下去。二萧所在的租界相对安宁一些。8月下旬，江南已是秋意翩然，窗外的天空似乎一夜间变得无比高远，如同白棉般绵软的云彩低近了，拂面的风亦不再是那种饱含水分的闷湿，干爽得令她联想起草原的味道。江南这高远天空、棉白的云朵还有干爽的秋风，到底令萧红想起辽远的故乡。在江南，一年中只有这个季节才与塞外的故乡最为相似，记忆中的呼兰秋天最为可爱。天蓝得有点发黑，洁白的云朵一如白色的大花朵点缀在天幕上，而天空比起江南来还要高远得多。

　　国共再次合作，全民族抗战的序幕已然拉开。时局的变化给流亡上海的东北作家们以巨大振奋，期待着不久就可以打回满洲，回到阔别的故乡。8月22日，萧红到朋友处走了一遭，听到的都是相同的心愿。大家希望早日回到梦寐中白云、黑土的故乡，秋天之于这群异乡人是一个怀乡的季节，脑海中不自觉呈现出在黑土地上收获作物的情景。大家聚在一起如数家珍般谈论着故土的一切，想念风味独特的高粱米粥、碗大的地豆、一尺来长老得一煮就开花的珍珠包米，还有那久违的咸盐豆。高粱米粥加咸盐豆是故土吃物的最佳搭配，有人说若真的打回满洲去，三天两夜不吃饭，扛着大旗往家跑，到家第一件事就是就着咸盐豆吃一碗高粱米粥。伙伴们热烈的谈论自然引动萧红的无边乡愁。高粱米粥到底是粗糙的吃物，虽然以往在家时不常有吃它的机会，对那坚硬、发涩的口感亦没有什么好感，但是此刻经他们这样一说，倒觉得真的非吃不可，那实在是故乡的味道。

到底什么时候能够吃到呢？

热烈的憧憬之后亦有淡淡的失落，看看现状，结束战争尚需多少时日一时还很难说。短暂兴奋过后，萧红带着些许感伤回到家里。晚饭后，二萧坐在餐桌边又说起白天和朋友们聊谈的话题。白天乡愁的触动，此刻更让她潮水般涌起有关故土的无限遐想：想起院门前的蒿草，想起后花园的茄子绽开的紫色小花，想起爬满棚架的黄瓜，想起那些朝阳带着露珠一起到来、空气清新无比的早晨……一谈到故乡，一向情感刚硬的萧军也显出难得的阴柔，不再是此前那粗豪的硬汉，相反涨满倾诉的渴望，此刻，他也太需要一个倾听者。听萧红谈到蒿草、黄瓜，便对她摆手摇头道："不，我们家，门前是两棵柳树，树荫交织着做成门形，再前面就是菜园，过了菜园就是山。那金字塔形的山峰正向着我家门口……"大门对面的高山、门前的柳树、后园里的黄瓜、茄子、爬满墙脚的牵牛花，萧军亦如数家珍地说起故家所有的一切，无法打住。两个异乡人都涨满了倾诉的欲望。见萧军兴致正高，萧红常常打断他："我家就不这样，没有高山，也没有柳树……只有……"萧军则往往不等她说完，又接着说下去。两人都太需要倾听，但他们又不能彼此倾听。倾听基于对对方的包容与关爱，是一种能力，亦是一种境界，两个太强势的人，长期在一起往往难以做到。最后，萧红不无沮丧地感到，"我们讲的故事，彼此都好像是讲给自己听，而不是为着对方"。

萧军嫌如此谈论故乡太抽象，买回一张《东北富源图》挂在墙上，以不同颜色表示的平原、山川、海洋一目了然。萧军在地图上寻找到位于离渤海不远的山川中的故家，然后，俨然军事指挥者指点着作战地图对萧红详细说明故乡的山川、河流。然而，指明大凌河后，却怎么也找不到小凌河，这才不无沮丧地发现面前的地图不过是个略图。萧红趁机调皮地给他一点扫兴："好哇！天天说凌河，哪有凌河呢！"她自己也不知道为什么只要萧军一提到家乡，便往往要给他一点扫兴。萧军自然不甘心，一边嚷着"你不相信？我给你看"，一边翻箱

第六章　重返上海

倒柜地找资料证明大凌河、小凌河的实际存在。还谈起小时候在凌河沿上抓了小鱼，在山上就着山石用火烤着吃的童年趣事。

萧军谈及故乡时的兴奋感染着萧红，也刺激着萧红。自己被故乡、家族放逐而浪迹天涯，即便现在回去亦不能为亲人接纳，想到这里，不禁无比感伤、失落。她意识到自己是个没有家的人，一个宿命般的异乡人。夜里，萧军呼呼睡去后，她又一个人想起关于故土的点点滴滴，难以自持的感伤让她几乎一夜无眠。黎明时分，在高射炮的炮声中，听见四周传来一声声鸡鸣，一如存留于记忆中震抖在家乡原野上的鸡唱。《东北富源图》就挂在床头。第二天早晨，萧红一睁开眼，仍然沉浸在昨晚对于故土怀想中的萧军一把抓住她的手，又开始了新的想象。想象有一天带着"媳妇"一起回老家，到那时买两头毛驴二人各自骑着，先到姑姑家再到姐姐家，顺便也许看看舅舅。姐姐出嫁后每次回来都要哭一场，想到这里，萧军动情地喃喃说道："姐姐一哭，我也哭……有七八年不见了，也都老了。"见男人沉浸在不无感伤的怀旧中，萧红不忍心打断，注视着地图上所标示的小羊、小马、小骆驼，还有那各色的鱼，倾听他的喃喃诉说。那头驴子一定要黑色的，挂着铃铛，他嘴里甚至模拟出铃铛的声音，甚至想象回家后要带萧红到沈家台赶集，由此又自然想起集市上那美味的羊肉炖片粉，已有多年没吃到那羊肉了。

萧红不忍扫了男人那念想故土的兴致，然而，她又实在没有心情参与这样的话题，自从离开后，她就始终觉得自己是个没有家的人，甚至记不起是在哪天离开的。家实在太辽远了，更何况在这炮火连天的岁月。默默倾听中，她不无幽怨地想到：家再好是你的，而自己毕竟是外来的"媳妇"。她似乎一下子参悟到"女子无乡"的命定。或许正是这份沉重的感知令她昨晚一夜无眠，萧军和朋友们所谈论的一切似乎与自己很切近又异常疏远。买驴子、吃咸盐豆都属于他们，而自己坐在驴子上所要去的地方仍是生疏的地方，仍停留在别人的家乡。在对待"家"的态度上，萧红无法自欺，正如她在文章中所写的那样："家乡这个概念，在我本不甚切的，但当别人说起的时候，我也就心慌！虽然那块土地在没有成为日本的之前，'家'在我就等于没有了。"

鹿地夫妇"失踪"大约一个月后，有人来家告诉萧红，他们在熟人家躲了快一个月，最终人家非赶他们离开不可，因为家里住着日本人怕被人当作汉奸。他们俩只好又回到了许广平家，但是住在那里同样很不便。许先生正忙着救亡工作，怕他们会被日本便衣警察注意到，外界谣传她家是个容留了二三十人的机关。危难中，鹿地夫妇想让萧红帮忙联系个住处。他们认为此前给池田幸子看病的一位德国医生可能愿意收留他们，战事开始时医生的太太曾对池田说，假如在别的地方住着不方便，可以搬来暂住。鹿地托人让萧红送信给德国医生。萧红拿着老医生的回信来到许广平家，再次见到这对已有一个月没见面的日本朋友。与此前不同的是，鹿地不怎么神气了，说话压低着声音，亦不敢站起来在地板上走动。德国医生用英文回信说："随时可来，我等候着……"因此，他们决计晚上稍晚些时候离开许家。三人坐在地板上吃晚饭，台灯放在地上，灯头上还蒙了一块黑纱布。看着池田幸子那双发亮的大眼睛，萧红不免对他们的命运充满无限担忧，端起饭碗再三不能下咽。然而，池田对未来的一切似乎都不很在意，晚饭间将一段鱼尾夹到萧红碗里。对朋友安危的忧虑让萧红完全没有吃饭的兴致，不断想着这对相依为命的日本夫妇何以在如此险恶的环境中，还能够保持内心的安宁。为了减轻他们的心理压力，她几次试着和他们说一些不相干的闲话。

夜里8点刚过，萧红就要出去帮他们叫汽车，鹿地说稍晚一点出去更安全。他的衣服从北四川路逃出来的时候丢掉了，现在只能穿一个西洋朋友送的一些不相称的旧衣服。萧红见他身着黑上衣、白裤子的宽大西装，看上去滑稽可笑，像日本人，更像卓别林。汽车来了，萧红叮嘱他们一路上不要说话，一开口就让人知道是日本人。三人最终慌张地来到医院，经过沟通才知道德国医生以为两人是来看病，所以说"随时可来"，至于来家暂住则没有可能。萧红立即想到这回问题大了，许先生家绝对不能再回去，现在立时找房子亦不可能。焦急中，她只好征求鹿地夫妇的意见是否愿意住到自己家里。池田顾虑萧红那位随时可能告密的白俄邻居，只好请医生帮忙找房子租住，对方穿了雨衣很有把握地出去了。德国医生出门多时没有回来令池田非常恐慌，因为出门前他说附近就有房子出租，箱子里有她和鹿地写的大量反战文章。"老医生是否是去通知捕房？"池田惊恐地问着鹿地和萧红，那双好看的大眼睛睁得像枭鸟的眼睛那么大。

半小时后，德国医生回来告知房子已经租好，并将他们送到那里。进去一看，萧红觉得像个旅馆，但"茶房"非常多，且操着诸如中文、法文、俄文、英文等各种语言。她不禁想起沪战伊始，鹿地说要到国际上做反战宣传，现在搬到这样一间公寓里，差不多已到"国际上"了。萧红明白鹿地夫妇住在这里毫无疑问非常危险，但实在没有他法可想只能在这里暂住一些时候了。面对操

第六章 重返上海 261

中国话茶房的询问，鹿地刚开口又把半截话咽了回去，大概日本话又到嘴边了。池田幸子只好时而用中国话，时而用英文来应对那些茶房，好不容易将他们都支应走了。因不能开口说话，鹿地只是木然地静静站在房间中央的地毯边上。临别，萧红劝他们好好休息，一再告诫不要讲日文，隔壁房间说不定就住着中国人，还叮嘱衣箱也不要打开，可能三两天就要搬走，她回去后会把这里的情况告诉别的朋友，让大家一起想想办法。

鹿地夫妇就这样待在"国际公寓"里等着友人替他们向中国政府办理证明书，原以为三五日就可以领到，但直到第7天还没有消息。终日躲在那间屋子里，他们就像两匹机警的小鼠，室内讲话也尽量压低声音，外边绝对听不到。萧红不时前去看望，鹿地还是老样子，喜欢讲笑话。一天，他又向萧红用有限的中国话说自己最怕女人："女人我害怕，别的我不怕，……女人我最怕。"萧红听后调侃道："帝国主义你不怕？"鹿地一本正经地回答："我不怕，我打死他。"

"日本警察捉你也不怕？"萧红继续笑着调侃。几天来一直处于大恐慌中的池田听后亦笑了起来，很多天没见到活泼的池田发笑了。鹿地继续表示日本警察也不怕，还是怕女人，萧红便不无戏谑地给他讲道理："那么你就不用这里逃到那里，让日本警察捉去好啦！其实不对的，你还是最怕日本警察。我看女人并不绝顶的厉害，还是日本警察绝顶的厉害。"说罢，三人都压抑着音量笑了起来。能给危难中的朋友些许安慰，萧红亦感欣慰。几天来，她十分明显地看见鹿地、池田的脸色变得十分憔悴。

危难中，别的朋友都不敢接近鹿地夫妇，萧红不时陪他们聊谈。对于这份情谊，鹿地夫妇非常感激，他们从萧红这里得到了巨大的安慰。一天下午，萧红又到二人寓所陪着聊谈了两个多小时，鹿地夫妇的感激之情溢于言表。萧红知道他们此刻最需要的就是朋友的安慰，看见眼下的他们，她不时想起自己当年被困东兴顺旅馆的情形，对他们的孤独与无助也就有了更为深刻的知解。临别，萧红说明天有工夫再早点来看望。池田幸子听罢立刻握住她的手一再真诚道谢。次日，萧红赶去稍迟，到了之后鹿地告知池田到许广平家去了。因能说的中国话实在太少，见萧红来，他便从桌上摸出一张白纸条，用笔写好要说的话，然后拿给她看。萧红从纸条上了解到不断有英国和中国的巡捕在门外监听他们的动静。当她看到鹿地以日文语法写下"今天我决心被捕"的中文字句时，不禁涌起阵阵心酸，不知道该如何安慰他才好。

问及今后的打算，鹿地亦感茫然。经济上的困窘，中国政府的证明书还没有消息，租界里日本有追捕日本或韩国人的自由，到中国人的区域去，又被误认作间谍。萧红想到他们的处境如此艰难，生命极其脆弱，真可谓命悬一线，为了朋友的安全，当天晚上她要把鹿地夫妇的日记、诗文包裹起来带走，之所以这样做，是考虑到即便日本人把他们抓去，亦找不到他们帮助中国的证据。包裹好之后，便急于离开，她想把这些致命的东西尽快带离。临走，鹿地握手时问她是否害怕。虽然嘴上说着"不怕"，但实际上萧红自己也不知道下一秒是否还有把握这样说，而此刻"就像说给站在狼洞里边的孩子一样"。

过了两天，萧红再去看望这对令其挂念不已的日本友人，发现他们已经搬走了。危难中，萧红对鹿地夫妇的勇敢救助，给作为当事人之一的许广平留下极其深刻的印象，在《追忆萧红》一文的结尾，对其高度评价道："也就是说，在患难生死临头之际，萧红先生是置之度外的为朋友奔走，超乎利害之外的正义感弥漫着她的心头，在这里我们看到她却并不软弱，而益见其坚毅不拔，是极端发扬中国固有道德，为朋友急难的弥足珍贵的精神。"由此，亦可见出萧红那不同于平常女性的气度、胆识与胸襟。

战争激发出萧红为民族抗战鼓呼的热情。"八一三"第二天，她就写作了《天空的点缀》一文，和8月23日创作的散文《失眠之夜》一并发表在10月16日的《七月》第1卷第1期。8月17日，又创作了正面反映上海民众同仇敌忾、奋勇抗敌的散文《窗边》，与后来创作的《小生命和战士》以《火线外》（二章）为题，发表于11月1日的《七月》第1卷第2期。因为战争的缘故，上海很多文学刊物都被迫停刊，应时局之需的抗战报刊纷纷出现，担负起抗战舆论的重责。茅盾、王统照、郑振铎、巴金等人将上海当时最有影响的《文学》《文丛》《中流》《译文》等刊物合并出版，改版为《呐喊》周刊，并从第3期起改名为《烽火》。8月，胡风出面邀请萧红、萧军、曹白、艾青、彭柏山、端木蕻良等作家商议也筹办一个刊物。会前，二萧第一次与端木蕻良见面，因都来自东北，三人很快就能谈到一起，端木与萧军都来自辽宁，关系更近一层。当萧红了解到端木在上海已一年有余，便睁着大眼睛惊奇地问道："我们怎么没听老胡说起过你呢？要不我们早该认识了"，并怪意胡风喜欢"单线领导"，不坦率，把作家当作"私产"。当时在文坛上还不知名的端木没有说什么，接过萧红递过的茶水，只是笑了笑。筹备会上，胡风提议刊物的名称就叫《抗战文艺》，萧红坦率表示不喜欢："这个名字太一般，现在正'七七事变'，为什么不叫《七月》呢？用'七月'作抗战文艺活动的开始多好啊！"端木听后亦表赞同，心想萧红到底不愧是北方女性，有一股质朴、豪迈的气度，见她在会上老练地吸着纸烟，不禁想到这或许是她作为知名女作家的派头。《七月》杂志就这样确定下来，由胡风主编，大家义务投稿没有报酬。1937年9月11日，《七月》正式创刊，初为周刊，出了3期后，由于时局恶化，一些同人纷纷搬离上海，《七月》亦不得不停刊。胡风到武汉后，《七月》改为半月刊继续出版发行。这份依照萧红意见命名的杂志在中国现代文学史上占有突出地位，可以说是一个特定时代文学创作的缩影。而因着《七月》的机缘，萧红生命中的另一个重要男人，作家端木蕻良已然出场。

端木蕻良（1912—1996），本名曹京平，原籍辽宁昌图，出生于一个大地主家庭。"九一八"事变后，因在南开中学读书期间领导学生运动而被校方除名，次年考入清华大学历史系，并加入北平左联。1933年8月，北平左联遭到破坏，曹京平避居天津创作了长篇小说《科尔沁旗草原》。郑振铎看后，给以高度评价，充满信心地预言："出版后，予计必可惊动一世耳目！"然而，该书的出版并不顺利，正式问世于六年之后。1936年初，曹京平到上海不久，便以"叶之琳"的化名给鲁迅去信，目的是想与先生见面，但遭婉拒。此后，潜心创作了长篇小说《大地的海》，于7月中旬再以"曹坪"的名

端木蕻良

字给先生写信，并附上小说的两个章节。鲁迅很快回信让他把全部书稿邮寄给他。不久，鲁迅回信认为不错，但鉴于出版长篇一时不容易办到，要他赶快写些短篇。8月1日，短篇小说《鹭鹭湖的忧郁》在郑振铎的推荐下发表于《文学》杂志第7卷第2期，并第一次使用了"端木蕻良"这个名字。胡风给这篇小说以高度评价，这是端木蕻良步入文坛的第一步。鲁迅逝世前曾将端木蕻良的短篇小说《爷爷为什么不吃高粱米粥》介绍到《作家》第2卷第1期发表。此后，端木蕻良在上海文化圈有了更多亮相机会，自1936年10月到1937年7月间，一共发表了11个短篇和一部长篇。

萧红与端木蕻良虽在《七月》筹备会上正式相识，但是，据孔海立《忧郁的东北人——端木蕻良》一书可知，端木后来披露说，其实在那以前他就见过萧红。那是1936年夏天，他曾在上海法租界的一处公园里看见二萧、黄源等四人一起散步，一群人边走边聊，潇洒不羁的文人风度十分引人注目。萧红当时已是上海滩著名女作家，端木不过无名之辈，因此，他只是一个人远远注视着他们走过。晚年端木甚至还记得萧红那天身穿大红衣服，背影修长苗条，一副体弱有病的样子。《七月》筹备会上，萧红自然不会想到，她与这个给自己印象不坏，名叫端木蕻良的东北老乡会另有一场风花雪月。

战事越来越吃紧，上海眼看即将陷落。1937年9月，二萧周围的新朋旧友大多选择了新去向，先后计划或已经离开上海。黄源参加了新四军，罗烽、白朗按照中共地下党的指示迁到了武汉，舒群远赴延安，茅盾回到乌镇，艾青带夫人回了浙江老家，胡风最后去了南京，端木蕻良到了浙江蒿坝。与此同时，二萧亦商定转移到当时还是大后方的武汉。9月中旬，他们从上海西站即当年的梵皇渡车站上车离沪，经由苏嘉路转沪宁路，到南京后再坐船去汉口。在萧红短促的一生中，上海是她离开东北后，逗留时间最长的地方，在这个"冒险家的乐园"成就了自己独有的光荣与梦想，亦收获了太多的郁闷与伤痛。此次离开，就再也没有回来。

第七章　转移武汉

三　人　行

经过数日颠簸，在1937年的"九一八"前后，二萧终于与满目的伤兵、难民一道乘坐一艘不足千吨的黑色轮船抵达汉口。清晨，轮船即将驶入江汉关前，暂停江心等候例行检疫。经受剧烈呕吐后的萧红双手支膝，捧着头，坐在行李上疲倦已极，萧军则双手叉腰地站在旁边，一船人都在等着检疫船"华佗号"靠过来。检疫过程中，二萧意外发现面前的检疫官竟是故友于浣非。

于浣非（1894—1978），黑龙江宾县人，早年学医，亦极好绘画和文学创作。1929年初，孔罗荪、陈纪滢等在哈尔滨创办文学社团"蓓蕾社"，并在《国际协报》出版《蓓蕾》周刊，于浣非是该社的主要成员之一。萧军大约基于《国际协报》的关系与之相识。此时的于浣非笔名"宇飞"，不仅在武汉海关当医官，而且还出任《大光报》经理，该报由张学良出资，赵惜梦1935年创办于武汉。诗人蒋锡金与于浣非结识之后，经常在"华佗号"上寄宿过夜。当天早晨，他还来不及下船，"华佗号"就开始了对新来难民的检疫。于浣非认出二萧后惊喜地叫了起来："噢，是你们！不要紧，上我的小船"；并对身旁的锡金说："你先招呼一下他们，我就来。"然后继续对难民船上的呕吐秽物进行采样。锡金扶着萧红跨过栏杆下到检疫船上，萧军连忙把行李搬了下来。过了一会儿，检疫结束，"华佗号"驶回江汉关。一路上二萧和于浣非说了很多相互问讯和阔别的话，锡金着急于早点登岸去印刷所送稿，没有心思听他们之间的聊谈，船将靠岸就跳上趸船匆匆离开了。

蒋锡金（1915—2003），原名蒋镛，笔名锡金，江苏宜兴人。1934年毕业于上海正风文学院，同年在湖北省财政厅任职，曾与严辰、蒋有林等合编《当代诗刊》和《中国新诗》；抗战爆发后，在汉口与孔罗荪、冯乃超合编《战斗》旬刊，后又与穆木天合编《时调》半月刊。锡金和于浣非相识，大约因为孔罗荪的缘故。冯乃超和孔罗荪每天都要到民政厅和邮局上班，锡金自由一些，因此跑印刷所发稿、校对之类的事情就都由他承担下来。因住在武昌，他需要赶乘每晚 12 点的最后一班轮渡从汉口过江赶回，有时事情一多就误船回不去了，住旅店既费钱，更嫌脏怕有传染病，只好经常在江汉关检疫船"华佗号"上借宿过夜。遇见二萧正是基于这样的机缘。

当锡金再次来到检疫船上借宿，于浣非向他说明那天难民船上遇见的一对夫妇是其老友，男的是萧军，女的是萧红，二人急于在武汉找个地方住下。因时局关系，各方难民潮涌武汉，立时造成房荒，居住一时成了大问题，即便肯花大价钱也找不到房子。于浣非听说锡金在武昌住得比较宽绰，便与之商量能否将二萧安置在他那里。虽还没读过《八月的乡村》和《生死场》，但锡金对二萧并不陌生，在上海的文学刊物上零星读过二人的一些文章，觉得应该帮他们。他当时与四家在财政厅工作的同乡同事合租了一处新落成的独门独户宅院，位于武昌水陆前街小金龙巷 21 号，他一个人分租其中坐西朝东的两间厢房，里间做卧室，外间为书房。既然朋友来说项，锡金便对于浣非说，如果二萧实在找不到住处，他可以把卧室让出来，住到书房里。当于浣非谈到要付房租，热情开朗的锡金立即表示不必计算那区区房钱。这样谈定之后，二萧便搬到锡金住处，三人和睦相处，随即成了好友。二萧在家里开火做饭，往往萧军采买，萧红下厨。见锡金在包饭作里包饭吃不好，萧红就劝他在家里三人一起吃，说反正他饭量不大，略加米面就行。这样，锡金就与二萧吃住都在一起，如果外出不回就提前告诉萧红少做些；萧红在给自己和萧军洗衣服时，顺便把他的衣服也洗了。天气渐冷，萧红不愿意到公共厨房与邻居们一起做饭，就在卧室里支个炉子，饭后三人还可以围炉闲话一阵，即便在大战乱中亦能享受一刻难得的安宁与和谐。锡金不在家的时候居多，前后两间屋子都有书桌，二萧正好各自占用一间安心读书、写作，互不相扰。经常跑汉口的锡金有时半夜回来见里间的灯还亮着，仍在专心创作《第三代》的萧军，有时懒得起身出去开门便喊萧红起来，睡眼惺忪的萧红披着棉袄赶忙将后门打开，在让进锡金的同时，常常捎带悄声骂一句："你这个夜游神！"

据梅志《胡风传》记载，离开上海前，胡风就起意到武汉继续编辑《七月》，为抗日战争进行宣传鼓动，且给熊子民去信"要他在武汉代办《七月》登记手续，登广告，并找出版者"。之前，他把梅志和孩子送回老家湖北蕲春乡

第七章　转移武汉

下，自己则一直坚持到9月25日出版了《七月》第3期后，才和端木蕻良一起赶到西站上车离沪。胡风带着侄儿走京沪线先到南京，端木则经沪杭线去浙江找三哥。

10月1日，胡风抵达汉口，住在熊子民家里。第二天晚上，先期到达武汉的聂绀弩、丽尼、罗烽、白朗等人就找他商量准备出版刊物，尔后，胡风还特意找聂绀弩详细了解他们的具体运作情况，同时亦谈了自己正在筹备《七月》的打算。不久，萧红、萧军赶来汉口看望，商量今后的打算。在汉口住了几天后，在二萧帮助下，胡风搬进位于武昌小朝街42号一座带花园的小洋房里，房主是其友人金宗武。这里离二萧住处不远，胡风得便常到小金龙巷坐坐。10月16日，《七月》以半月刊的形式，在武汉再次创刊，每月逢1号、16号按时出版。创刊前，胡风曾召集同人在小金龙巷二萧住处开过几次商议会。锡金晚年回忆，当时他对胡风印象不是太好，觉得其文章有点装腔作势，待人又有些婆婆妈妈，还对胡风与《七月》同人在一起称呼鲁迅先生时往往略其本名单称"导师"而感到十分别扭。因此，每逢《七月》同人开会虽并未排斥锡金，但他都声称有事离开。锡金也的确比较忙，除编辑《战斗》外，还参加"时调社"的活动。该社正着力推行诗歌朗诵运动，锡金把萧红也拉了进去。在汉口市广播电台工作的梁韬，特意为他们安排了每周一次大约15分钟的节目，由锡金组织人去朗诵，限于技术和条件，电台录音和播出效果自然不很理想，只是为了抗战在做一种全新的尝试。萧红不止一次参加这种形式的诗朗诵活动，与锡金一道大约坚持了个把月。

《七月》再次创刊前后，胡风、萧军分别给在浙江蒿坝养病的端木蕻良去信，催其马上动身来武汉，大家一起为新办的《七月》写文章。萧军那封文言信富有鼓动性，说此前上海的老朋友们都在，就等他了，信尾还附旧体诗一首。因风湿病发作，住在三哥曹京襄家养病的端木蕻良，本就不想再养下去，收到这封热情洋溢的信后更住不下去，听不进三哥的劝阻，执意于次日乘火车去武汉。10月下旬，端木蕻良抵达武汉，小金龙巷更加热闹。端木那西装长筒马靴的装束，在同人中自然卓尔不群，加之很长的鬓角和脑后几乎盖住了脖子的长发，以及憔悴的形容、羞涩的举止，让他更不类他人。近50年后锡金还记得他那身西装是当时的流行样式，填了很高的肩，看起来两肩几乎齐平，大家都开玩笑称他"一字平肩王"。相熟后，锡金给他起了一个有四个音的类似西班牙文的名字：Domohoro，平时为了省便，就只叫他 Domo。

经常前来小金龙巷看望二萧的，还有他们在青岛时期的好友张梅林。三人都没想到 1935 年初上海一别之后，居然又在武汉碰面了，且张梅林就住在附近。在他眼里，萧红的脸色比以前白净、丰满了些。令张梅林没想到的是，第一次见面，萧红竟向他行西洋女性的握手礼，侧着头，微笑着，伸出软垂的小手与之轻轻相握。他感到，这优雅的握手礼是两年多不见后，萧红最为明显的改变。以前与萧红握手，她总是将右手"老粗式"地伸出来有力一握。过了不久，张梅林一本正经地与其谈起她那优雅的握手，不想萧红大笑起来，说那是故意装出来的。张梅林是二萧的常客，但锡金与他并没有什么共同话题，也没有深入交谈过，虽然也曾与二萧同去其寓所拜访。在二萧住处，端木蕻良同样给第一次见面的张梅林留下非常深刻的印象：长头发、脸色苍白、背微驼、声音嘶哑，身穿流行的一字肩西服。进屋后从瘦细的手上脱下棕色的鹿皮手套，笑着对萧红说："我的手套还不错吧？"萧红接过手套试着戴在自己手上，坦直地大声说道："哎呀，端木的手真细呀，他的手套我戴正合适哩。"坐在木椅上的萧军见状，同样坦直地笑着。

不久，端木蕻良也想搬到小金龙巷与二萧同住，只是不便向锡金直说。当二萧向他转达了端木的意思后，锡金心想反正自己在家的时候不多，为了方便《七月》同人活动就同意了。他向邻居借了一张竹床、一张小圆桌，让端木睡在书房里。这样，三人生活又变成四人的共同生活，依然是萧军买菜，萧红做饭，锡金通常吃了早饭便往外走，在家吃午饭的时候不多，晚饭则几乎不在家吃。

虽是四个个性迥异的文化人住在一起，但相处得十分和睦。晚饭后，兴致高涨时，他们还唱唱歌、跳跳舞。除了中外歌曲，萧军还会唱京戏、评戏和大鼓书；二萧都会跳却尔斯顿，还会学大神跳萨满舞。这些文艺活动一旦开展起来，引得同宅院的孩子们扒着窗户看新奇和热闹。四人在一起常开玩笑、抬杠，这是东北人幽默、乐天的本性使然。话题常常议论中外古典名著和一些文艺问题，有时也讨论时事、分析战局。面对眼下的境况，大家都不自觉地想到如果武汉守不住该往何处去。端木说四人可以组成一个流亡宣传队，人虽少，但能唱歌、朗诵、演戏、画画，能写标语传单，还能写文章、写诗，流浪到哪里都可以拿出一手。锡金甚至不无调侃地想到，如果流浪宣传不行，四人还可以一起开个小饭馆，重活由萧军包揽，萧红上灶，他和端木跑堂，保证能把顾客伺候好。之所以对开餐馆如此自信，是因为他发现萧红具有非同凡响的做菜天赋，

第七章　转移武汉

如果开间餐馆一定会创出几样名菜来。萧红仍经常显露她那拿手的"大菜汤"厨艺令男人们大快朵颐，以至于私下将之命名为"萧红汤"。其实，那就是一种俄国菜汤：白菜、土豆、番茄、青椒、厚片牛肉大锅煮，也可以加些奶油和胡椒面，上海叫"罗宋汤"，哈尔滨叫"索波汤"。这道菜对于萧军、端木来说也许很平常，但锡金觉得，凭这道内地人喜欢吃而不懂得做，营养丰富、易做而好吃的菜，一定可以在南方创出招牌来。

在武汉安顿下来之后，萧红趁洗衣、做饭的空隙，开始了长篇小说《呼兰河传》的写作。一段时间后，锡金读到部分原稿，包括第一章和第二章的开头几段，发现作者始终在抒发对土地的思念之情，对故乡生活的品味细腻而深刻，意绪悲凉，低回迂延不尽，人物却迟迟没有出场，故事亦总不发生。锡金不知道萧红要精雕细琢出一部什么样的作品来，但是对她在文字间所流露出的感受与情绪非常喜欢，希望她能够早点完成。萧军开始在《七月》上连载《第三代》，他对自己的写作能力始终充满自信。晚饭后的闲聊，四人更多时候喜欢就创作问题抬杠。

一天，萧军挑起话题讨论什么样的文学作品最伟大，于是大家就此闲聊起来，不想他故作挑衅状，大发谬论，认为文学创作以长篇小说最伟大，中篇次之，短篇更次之，剧本需要演出，不算它，至于诗歌，那就更不足道。进而联系自己和在座三位的创作实际，萧军现身说法地把观点详细阐释了一遍，认为他正在连载长篇《第三代》，且被评论家赞誉为"庄严的史诗"，自然最伟大；端木计划重写毁于"八一三"炮火中的《科尔沁旗草原》，是否伟大要写出来之后再看（萧军可能听说《科尔沁旗草原》被日本飞机炸掉了。实际上，这部原稿非常幸运地被开明书店的徐调孚从大火中抢携了出来，他对此可能有所不知）；至于萧红虽也在写长篇小说，但萧军发自内心认为她"没有那个气魄"；而锡金写诗，一行一行的，就更不像个什么，并把小指头伸出来对他说："你是这个！"

锡金知道萧军是在故意逗他，不愿上当的最好方式就是不理会。但萧红和端木蕻良却极其较真与之争论起来。对于萧军那种不顾及别人自尊的粗豪和霸气，萧红越来越反感，难以忍受，争论的时候表现得尤为激烈，搬用了许多道理进行驳斥，并且毫不软弱地对萧军进行挖苦。端木则绕着弯称赞萧红的作品是"有气魄"的，只是还没有充分显现出来。锡金后来忍不住也参加了进来，说萧军简直胡言乱语。四人抬杠的调门越来越高，情绪火暴，大声吵吵有些像吵架。正吵得不可开交，胡风进来，问明原委后笑着说："有意思，有意思，你们说的都有合理之处，可以写出来，下一期《七月》可以给你们出个特辑，让读者也参与讨论。快发稿了，你们都把自己的想法写出来，三天后我来取。"说罢，便告辞了，争论就此平息。三天后的上午，胡风真的取稿来了，谁都没有写，萧军却交卷了。胡风坐在锡金床上看着萧军的原稿不住点头称是。大家都很惊讶，萧红更没想到老胡居然会赞同萧军，于是问他萧军到底写了点什么。他便把认为精彩的几段读给大家听："衡量一个文学作品可以从三个方面：一是反映现实生活的广度，二是认识生活的深度，三是表现生活的精度，……这很对嘛！"萧红不听则已，一听简直气坏了，冲着萧军大声叫嚷："你好啊，真不要脸，把我们驳斥你的话都写成了你的意见！"进而，边"控诉"边涕泗滂沱地大哭起来。萧军见状大模大样地说："你怎么骂人，再骂我揍你！"萧红不甘示弱，边哭边挥拳狠狠捶他的后背，萧军自知理亏弯腰笑着让她打了几下，并说："要打就打几下，我不还手，还手怕你受不了。"

在这戏谑化的玩笑中，萧红知道萧军之所以认为自己没有写长篇小说的气魄，骨子里自然还是认为自己是女人的缘故。萧红的自尊心极强，最反感萧军有意无意地评论或开玩笑攻击女人这样那样的弱点、缺点；每每此时，总要把萧军作为男人的代表或靶子加以无情反驳，认真到生气流泪，一定要他承认"错误"、服输才肯破涕为笑，言归于好。萧军晚年反省道："我有时也故意向她挑衅，欣赏她那认真生气的样子，觉得'好玩'，如今想起来，这对于她已经'谑近于虐'了，那时自己也年轻，并没想到这会真的能够伤害到她的自尊，她的感情。"萧红过于敏感的自尊，有时也表现为近乎娇气；虽历经磨难，但在萧军面前她永远都"成熟"不起来。张梅林与二萧常常去蛇山散步，或者站在黄鹤楼附近极目远眺深秋季节长江落日的黄昏景致。一天下午，三人同去抱冰堂，中途萧红去买花生米，萧军没有停下来等她，先走了几十步。萧红买好花生米出来，见萧军竟没有等她，就立即转身冲向回家的路，后经萧军赶过去哄劝，才走了回来。

萧军性情坦直，但稍嫌粗暴，在与萧红相处中，时常表现出大男子主义的霸气，也喜欢在朋友面前揭她的短处。毋庸置疑，这对极其敏感而自尊的萧红来说，是很大的伤害，加之两人一起生活的几年中，萧军身上时有移情别恋的事情发生，其之于萧红亦是致命的伤痛。此前，面对伤害与伤痛，她大多只是

第七章　转移武汉

隐忍迁就，真切感受着处于弱势的无助。然而，自从端木住进来后，情形似乎发生了明显变化，每每与萧军争执起来，端木多站在她的立场上，让萧红觉得在萧军面前，从此不再那么弱势、无奈，有了一种凭借和一股支持的力量。1981年6月25日，端木在接受美国学者葛浩文的访问时就此谈到，"但这次却不同了，她有了援手——萧红发现了一个仰慕她而且可以保护她的人"。

端木蕻良比萧红小一岁，富家子弟出身，且是家里最小的儿子，比较任性娇惯。这一点他与萧红倒有相似之处。他那没落贵族的家庭背景和在津、京大都市接受教育的成长经历，都表现在他那不无孤傲的气质和明显带有小资倾向的"洋化"做派上。这也是周边朋友后来多半对其印象不佳、不大愿意接纳他的原因所在。萧红对端木的真实感觉如何，很难说清，但显然的事实是，他虽然在体力上不及萧军，心思却远比他细腻，能理解萧红亦能欣赏她的文学天赋，也很会对她示好。萧红远比端木著名，在将她看作姐姐的同时，端木更对她表示出发自内心的敬重；萧红在端木面前则往往表现出姐姐对弟弟的关爱。关键是，端木蕻良的存在让萧红在面对萧军时不再感到绝对的弱势，多年来，她实在太需要这样的支持了。端木让她感到，在这个处处凸显男性霸权的社会里，终于遇到了一个欣赏自己、支持自己的男人。

正因如此，当年骆宾基在《萧红小传》里叙述前文的"买花生米"事件时，认为萧红之所以负气向回家路上冲去，不须说就是因为家里有了端木这个凭借。而端木作为萧红的精神依靠，更表现为正如骆宾基所说的那样"不只是尊敬她，而且大胆地赞美她的作品超过了萧军的成就"。此前，虽然也有鲁迅、胡风等人对二萧的创作能力进行过比较性的评价，大多认为萧红比萧军更有前途，但那都只是朋友间的随意闲谈，且都是对萧红的一种预期。对此，一向比较骄傲、专横的萧军虽然表面上表示同意，内心显然难以真正认同作为女人的萧红能超过自己。正如前文所述，在萧红去北平前，萧军和朋友们对其创作表现出了极大的轻蔑。

很显然，萧军基于传统"女子定不如男"的认知惯习，对萧红文学成就的轻蔑，是除移情别恋之外对她的又一精神伤害。因而，端木的夸赞自然是她最愿意听到的，而"在萧军之上"的评价，自然也是萧军最不乐意听到的。端木对萧红的夸赞，在动机上或许基于某种艺术旨趣，真诚而发自内心，但也不排除对萧红主动示好的善意阿谀。萧红后来常对聂绀弩说端木"是胆小鬼、势利鬼、马屁鬼"，其中或有深意存在，也许流露出她对端木的夸赞留有一份比较复杂的心态。但是，正如孔海立在《忧郁的东北人——端木蕻良》一书中所说的那样，此时对萧红而言，端木的"马屁"比起萧军不时伸出的"拳头"自然容易接受得多。同住一个屋檐下、同在一口锅里吃饭的三人，关系就这样渐渐微妙起来。

12月1日，梅志带着儿子晓谷来武汉与胡风团聚。胡风住在紫阳湖畔，是金家花园前面的两间小屋，位于花园一角，一旁是养花的暖房，门外两个大铁丝笼里还有些小动物；花园里有竹编的曲径，院子里有各种树木，美丽幽静。有梅志操持家务，让胡风有了家的温暖，生活规律多了，工作效率亦提高了许多，《七月》的座谈会便改在了小朝街。二萧和端木是这里的常客，常常在外面吃了早饭，顺路到胡风家小坐；如果傍晚散步到那里往往一坐三四个小时，直到晚上10点多才离开。每次到来，只要一过正楼，走上花园里的小径，胡风夫妇就能听见三人一路的争吵。三人关系悄悄微妙之后，争论更多发生在萧军、端木之间。萧军精力充沛、嗓门大，争论起来滔滔不绝，至于为着什么争执，梅志一开始并不清楚，但往往被其谈风征服，总认为他是对的。萧红对两个男人的争执有时显得厌烦，不愿听他们之间争吵不休的谈话，不是坐在一旁翻翻书、看看报，就是和胡风、梅志聊聊天，逗逗晓谷，有时还挖苦萧军、端木几句。每逢四人开聊，梅志一般都带着孩子走开了，因为小屋被几支烟熏得烟雾缭绕，让人睁不开眼。胡风是烟不离手，萧红那抽烟的气派、手势，梅志一见便知是个老烟客，萧军也抽得不少，但更多时候在说话。再次见到萧红，梅志感到她身上起了很大的变化，身体比过去结实多了，脸色亦不是此前那种不健康的青白，而是白里透出红润，大眼睛有了神采，显出自信而飒爽的样子。梅志心想这才是真正的萧红。第一次在武汉见到晓谷，萧红表现出极大的兴趣与关心，不断夸赞"晓谷"这名字很不错。

来往一多，梅志就渐渐明了萧军、端木之间为什么争吵了。原来两人一个自比托尔斯泰，一个自诩巴尔扎克，两位中国的"大师"常常争论不休的焦点在于：一个认为对方的自然景色描写哪像托尔斯泰，另一位则讥笑对方的人物一点也没有巴尔扎克的味儿。就这样两人争执之余复又互相讨论，其他人都旁听着，谁也插不上嘴，也不愿意插嘴。最后，萧红出面说："你们两位大师，可以休息休息了，大师还是要吃饭的，我们到哪儿去呀？回家？还是过江去？"此语一出往往十分灵验，两个男人立马住口，尔后决定后边的活动。三人喜欢同

第七章 转移武汉

去黄鹤楼、游蛇山，临走时，萧红总想邀梅志同往，但她因孩子还小往往不能成行。在梅志眼里，萧红与萧军、端木待在一起变得活泼多了，三人多半还是吵吵闹闹玩玩，在尽情享受着这抗战后方的小小自由。梅志更发现，如果二萧间发生争吵，端木"就以义士自居出来卫护她"。

事实上，萧红此时更为内在的变化体现在她那越发明确而自觉的女性意识上。她更加痛切地感受到来自男权社会无处不在的挤兑和压迫，与此同时，战争亦更加激发出其内心深处的人道主义情怀。在"八一三"的炮声中，萧红阅读了史沫特莱的《大地的女儿》和丽丝琳克的《动乱时代》。《大地的女儿》激发了她对"男权中心社会下的女子"的生存状态的思考，这显然是融入了其自身生存体验的深刻思考。后来，她把这些写进了关于这两部作品的读后记。

两部女作家的著作在引起萧红的共鸣、震撼的同时，亦让她深深为之骄傲，她更加自信女作家一样能写出反映大时代变化的伟大作品。她一直想为这两本书写点什么。及至1937年底，萧红重温两书，住在一起的这两位男作家对这两本书所表现出的轻蔑深深刺伤了她。一位心不在焉地说："这就是你们女人的书吗？"尔后，边练唱京剧古乐谱，边随意翻翻《大地的女儿》说"不好，不好"。而另一位用很细的指尖指着《动乱时代》的封面，轻慢地问"这位女作家就是两匹马吗？"看了《大地的女儿》的封面后，又因上面画了一个裸体的女子而笑得不亦乐乎："《大地的女儿》就这样，不穿衣裳，看唉！看唉！"

男人们对女作家的著作所表现出的态度，给了萧红极大的刺激，于是她便悄悄出门到菜市场买点菜，以逃离那于她极不相宜的语境。回来路上，在一家门楼下发现一个老头在这样雨雪交加的天气里披着一件棉袄坐在一堆枯草上冻得瑟瑟发抖。萧红回家拿了些零钱，递给老人，发现他是个瞎子。在转身离开盲老人的一刹那，她对战争有了全新的认识。此前，她憎恶一切造成断腿、断臂的战争，当她真切看见人像猪一样睡在墙根，不自觉改变了想法："我就什么都不憎恶了，打吧！流血吧！不然，这样猪似的，不是活受罪吗？"

几天后，萧红想到室内两位男士那晚对这两本出自女性作者之手的著作的嘲笑未必出于真心，不过笑笑而已；然而，她仍然在追问男人们的说说笑笑"为什么常常要取着女子做题材呢？"她认为答案就在这两本女作家的书中。结合自身经历的阅读，使萧红对女人的命运有了超越时代的深刻认知："不是我把女子看得过于了不起，不是我把女子看得过于卑下；只是在现社会中，以女子出现造成这种斗争的记录，在我觉得她们是勇敢的，是最强的，把一切都变成了痛苦出卖而后得来的。"

值得一提的是，梅志在回忆萧红的文章中也提到了萧红和这两本书。一天，她在给胡风清理书桌时发现了这两本书，正在翻看，萧红来访，见状便坐下来和她聊聊这两本书。萧红一本正经地想知道她阅读两作的真实感受。梅志一时感到像是受了老师的考问，但萧红始终微笑着鼓励她说下去。梅志说喜欢《大地的女儿》是因为小说主人公的"坚强勇敢，从小就反抗旧社会的不平等，尤其是男女不平等"。萧红对此十分认同，尔后继续想知道她对《动乱时代》的感受。梅志说："这不就是我们今天的生活吗？它使我憎恨战争，但它写得太真实了，使我害怕，使我为孩子们担心。"

稍后，梅志在《七月》上读到萧红关于这两部著作的读后感，觉得可惜是她也没有做出深刻的评价，并认为她可能不适合写评论文章，因为所使用的仍是散文笔法，觉得萧红更多还是在写自己的生活，特别是对那个因战争而逃乱他乡、饥寒交迫的老者的怜悯与同情令其印象深刻，觉得萧红说出了心里话，因为那里边有她的生活。

瓜前李下

不久，漫画家梁白波也搬进了小金龙巷。

20年代末，梁白波在上海中华艺大学习美术，后因反对父母替其包办的婚姻而离家出走，辗转新加坡、菲律宾教画谋生。30年代初回到上海，进入时代图书公司，开始在《立报》上连载长篇漫画，作品《蜜蜂小姐》曾风靡一时，与叶浅予的《王先生》、张乐平的《三毛流浪记》鼎足而立。抗战爆发后，叶浅予、张乐平、梁白波等七人组成漫画宣传队戏称"七君子"，由叶浅予带队在江南一带进行抗日宣传。此时梁白波已与叶浅予同居，第一站到达南京后，她因事去了广州，不久，宣传队准备撤往武汉，便通知她直接从广州去武汉会合。梁白波比滞留南京的叶浅予一行先期到达武汉，与锡金相识后，偶然经过一晚深入的聊谈，两人才相互认出对方竟是十年前的邻居，还是少年伙伴，因梁稍稍年长，锡金当时叫她姐姐。

几天后，锡金将前来小金龙巷看望的梁白波介绍给二萧和端木蕻良。进入萧红房内，她对钉在墙上的风景画非常欣赏，得知出自萧红的手笔，便与她谈得十分投契；萧军亦停下每日雷打不动的写作，殷勤陪着大家一起坐聊。锡金

第七章　转移武汉

当时不知道，二萧与梁白波之所以一见如故是因为他们虽然素未谋面，但二萧对她早已非常熟悉。当年金剑啸在上海学画时与梁白波相识，建立了非同一般的友谊，回到北方后经常向二萧等周围朋友提起这位"鸽子姑娘"。萧红还对老金当年给朋友们深情朗诵那首《白云飞了》时的情形记忆犹新：

> 南方那有个姑娘，
> 她指着你，
> 念着我，
> 在眼中放着忧愁的光？
> 啊，白云，
> 她穿着黑白格的衣裳，
> 常常孤独的遥望。
> 望着海，
> 望着天，
> 望着我这海外的游浪？

如今，老金的"鸽子姑娘"就在眼前，而他本人却于去年就义了。想到老金的死，想到几个月前朋友们对他的纪念，萧红不禁生出淡淡伤感，再看看坐在面前的梁白波就更有一份别样的滋味。当年，离开哈尔滨的时候，金剑啸本来说好与二萧一起来上海，只是后来临行出了变故。萧红心想，如果金剑啸到了上海，早就又可以见到他的"鸽子姑娘"了。人事沧桑变化如此，让她在心底不胜唏嘘。

见了小金龙巷诸位的居住环境后，聊谈中梁白波不无忸怩地提出想搬来同住。二萧听后立即表示欢迎，倒是锡金有些犯难，眼下两间房都住满了人，梁搬来后不知道该怎么安置。萧红见状，便对面有难色的锡金说："那好办，让端木住到我们房间里，梁白波就住你这间。"锡金表示男男女女住在一起无法逃避嫌疑，且文艺界嘴巴杂，一旦传出闲话，就没法说清楚。梁白波听后觉得锡金的话不无道理，但还是对一时难以决断的锡金说："你去看看我的住处吧，看了之后相信你一定会同意我搬来的。"二萧亦催促他赶快去看看，如果真的不行就索性帮她把行李搬过来。饭后，锡金送梁白波回汉口，到其住处一看，果然糟糕得没法形容。一间墙壁已有些倾斜，屋顶漏着天光的偏厦，潮湿的砖地长着霉苔，空朗朗的屋子当中放着一张双人床，上面铺着两套被褥。一问，锡金才知道梁白波借住在叶浅予一个男友家里。她和房主轮流共睡这张床，晚上房主不回来，床让给她；但是每天清早她得提前早起把床让出来。见此情状，锡金明白了几天前他们在武昌雨夜相遇，当他要送梁白波回去，当时她何以那么发怵了。那夜梁白波宁可和他在小旅馆坐聊一晚也不愿过江回汉口。如此糟糕的环境实在没法再住下去，锡金于是帮她将被褥、行李之类打好包，雇街车运到江边，过了江再雇车搬进小金龙巷。

回家后，五人忙碌了好一阵才安顿下来。他们将端木的被褥铺到里间二萧的大床上；端木的竹床让给梁白波。这样，端木和二萧合睡里间的大床，梁白波和锡金在外间分床而睡。战乱时期的艰窘生存，自然非承平年代的人们所能想象。无论端木还是锡金，几十年后都坦率回忆起当年睡觉的情形，说当时大家都是心底坦荡纯洁，没有任何其他想法。然而，这些回忆倒是给了后人无限想象，不少人以今天的情形揣测前人的动机与心态，甚至得出诸如萧红生活作风较"乱"之类令人啼笑皆非的结论，恰恰彰显某些今人的阴暗与褊狭。之所以令今人有如此想象，是因为按常理，三男两女、两间房，似乎应该让男女分房而睡。端木夫人钟耀群在《端木与萧红》一书中解释说，萧红之所以如此安排有着自己的打算。当时，她或许看出梁白波虽与叶浅予同居，但她对锡金有明显的好感，况且，梁从来就不承认叶是其"丈夫"；如此安排萧红是为了给锡金和梁白波更多的谈心机会和交往上的便利。钟耀群此说不无道理，锡金在回忆文章中亦谈到，后来梁白波希望和他一起去延安，在遭拒后叹息道："你啊，不和我同走延安你会后悔的。"梁白波对蒋锡金的爱慕之意让萧红看出自然很有可能。而从另一方面考虑，萧红、萧军坦然接受与端木同睡一张大床与他们三人都是东北人有关。当年东北乡下，一家老幼不避男女同睡一炕极为平常，并没有什么忸怩之处。在战乱的特殊情形下，三个东北人在同一张大床上各自睡下也就不是那么不可想象的事情。何况，萧红又是那种极其坦荡的女人，认为此举是急朋友所难，也就更没必要大惊小怪。另再，钟耀群谈到，端木来武汉的第一天晚上就是和二萧挤睡在一起的。还有，萧军对此亦坦然接受，表明当时端木和二萧确实心底坦荡、毫无芥蒂。

由此，小金龙巷由三人到四人再到五人，实在人气炽旺，更加热闹起来。比起男人，女人更知道爱美，更何况萧红和梁白波都是极富绘画天分的女人，对空间和颜色有特殊的敏感，安置妥当，她们便一道张罗布置房间。梁白波从

第七章 转移武汉

箱子里拿出一块带有方格子花纹的绸子，蒙在小圆桌上做台布，对其他人说自己对方格子布料有情结。大家通过其以前的许多照片证实了这一点。照片上的梁白波不是穿着格子衬衫，就是格子裙子。萧红想起金剑啸那"她穿着黑白格的衣裳"的诗句，进而想到老金当年念念不忘的"鸽子姑娘"，应该是"格子姑娘"的谐音。房间布置好后，鉴于大家都爱抽烟，梁白波又掏出一个瓷瓶和陶钵放在小圆桌上，俨然新来主妇，告知里边可以插花或存放烟头，不许室内随意乱扔。平素见萧红洗衣做饭，梁白波也插手帮忙，甚至计划着买这买那。身为广东人，她准备给大家做地道的广东菜。一天，看见锡金抽屉里有画纸和色粉，便张罗要给四人每人画一张速写像。首先画端木，因为头发长，画出来的效果看起来像个女人的模样，萧军见状便不让给自己画了，害怕同样画出了女人气。

梁白波搬进小金龙巷后，不仅改变了四人原来的睡觉格局，也让这里更加热闹，始终呈现喜气洋洋的局面。自然，萧红与端木之间亦到底因为住处与生活的几乎无间而更加亲近。不久，南京陷落，叶浅予抵达武汉找到梁白波后，在锡金帮助下二人另外租屋居住，端木又搬回原来的竹床，四人生活又恢复如常。

1937年12月9日，武汉青年宣传队在江汉关前广场，组织群众集会纪念"一二·九"运动两周年。会后游行中，有特务在民权路向队伍开枪，打伤了一名姓刘的东北流亡青年。然而特务被愤怒的群众抓住后，旋即被宪兵提走。锡金此前经常参加武汉青年宣传队的活动，当他在码头上被参加游行的热血青年围住询问对策时，公开表达了回校发动同学的建议，并说了一席愤激的话，不想被混在人群中的便衣特务盯上。第二天，锡金请同事张鹤暄上街吃饭，走在中正路上被四个便衣特务假借罗隆基在冠生园请其吃饭为由，劫持到军人监狱的后院反省院。特务拿了张白纸给锡金，令其写个条子说明自己已到，谎称好让罗隆基前来相见。锡金意识到特务们的动机，在白纸条正中竖行写下"蒋锡金到"四字，为了防止他们利用自己的亲笔签名做文章，他在四字的头尾各加了一个圆圈。

果然，两个便衣特务拿着蒋锡金的条子来小金龙巷想顺藤摸瓜将他们自认为与蒋锡金有染的"危险人物"都抓进反省院。二萧和端木都是流亡关内的东北作家且有明显的反日倾向，自然是他们的"重点关照"对象。萧红正在里屋接受两位来自武汉女子中学的高中生的访问，谈论创作问题；萧军、端木都在写作中。特务们闯进来后，扬了扬手里的条子问："谁是萧军？"见萧军答话，便把纸条递给他，说罗隆基在冠生园请二萧吃饭，蒋锡金已经到了，现在等他们去开席。看了纸条一眼，萧军立时就明白是怎么回事，十分镇静地说："这不是什么请帖，我不去；你们有逮捕证吗？要有你就拿出来，有枪也可以拿出来；没有的话你给我滚，不滚我就揍你！"见伎俩被识破，特务们继续上前纠缠，萧军挥拳便打，两个特务一起上前与萧军打斗开来。怕萧军有什么闪失，萧红在一旁不停地喊"别打，别打！"端木呆在一边不敢说什么，两个女中学生吓得直哭。吵闹声惊动了四邻，有人赶紧报警。警察赶来后，以"互殴"将二萧、端木以及两个女中学生还有特务都带到警察局讯问。临出门，正好碰见刚才眼见锡金被特务劫持，特地赶来报信的张鹤暄。特务们刚才就注意到了他，见其前来通风报信便说"原来你也不是好东西"，要求警察将他一并带走。这样，特务们和警察从小金龙巷一共浩浩荡荡带走了六人。临行，端木无可奈何地挟了条毛毯，并从锡金书架上抽下一部厚本的《新旧约全书》，似乎作好了长期坐牢的打算。到了之后，未经审问六人就被押进了拘留所，两个女学生吓得一直在哭。

当天下午，艾青像往常一样来到小金龙巷，远远看见二萧门口一群看热闹的人正在散去，感到气氛明显不对，一打听才知道二萧和端木都被警察带走了。他连忙赶到胡风家商讨对策，消息一时在文化人中间迅速传开。胡风与国民党上层有一定的关系，立即去行营找曾经见过面的曹振武处长，对方答应去交涉，回来后，又让房主金宗武托人打听具体的情形，才知道是省党部的特务组干的。胡风又通过金宗武在省党部做特派员的学生疏通关节要他们放人。结果，几个人在拘留所关押了几个小时，未经任何审问就莫名其妙地放了出来。夜幕降临，三人虚惊一场地回到家里。不一会儿，蒋锡金也被莫名其妙地放了回来。后来才知道自己被劫持到反省院后，同事张鹤暄连忙报告了冯乃超，冯找财政厅厅长贾士毅出面斡旋才最终得以放人。

晚上，小金龙巷灯火通明，屋子里来了许多前来问候的朋友，胡风、冯乃超还有别的一些人都在。锡金回来后大家相互问明了情况，见他惊魂未定的样子，萧军十分得意地说："你这样顺从地跟着他们走就不对，就应该跟他们打，打不过也要打，一开打就成了斗殴，归警察系统受理，顶多关进拘留所，还能找地方要人，而像你那样是政治绑票，一旦'失踪'，谁也不知道下落，杀死了也没法查证。"锡金觉得他的分析很有道理，不过，他知道自己和二萧、端木之

第七章 转移武汉

所以这样快就被释放回家还是多亏时势之赐，是朋友们的营救起了作用。特务们原想秘密把人弄去，不想被外面知道了，并且有人在查找，再扣下去就无法下台，只好不明不白地放人。回来后萧军对国民党的鬼蜮伎俩心气难平，要登报控诉他们迫害文化人。胡风、萧红害怕节外生枝，都坚决不同意，说大家吃一堑长一智，以后多加小心就是。据梅志晚年回忆，萧红为感激胡风这次营救之恩，特地刻了一方小图章送他。这次被警察捕去到底是一场虚惊，对萧红影响不大。两天后，她回忆起当年在哈尔滨读书时参加"佩花大会"的情形，完成了散文《一九二九底愚昧》，发表在16日的《七月》上。

南京陷落，日军溯江而上，武汉亦由后方渐渐变为前线，形势一天天紧张起来，人们又纷纷内迁重庆。1937年底，孔罗荪夫人周玉屏带孩子去了重庆，锡金为了方便工作搬到孔罗荪位于汉口三教街的家中与之同住，从此，就再也用不着在"华佗号"上过夜了。不久，冯乃超在夫人李声韵搬去重庆后，也搬到孔罗荪家中，三个男人住在一起。冯乃超搬到汉口后，把自己位于紫阳湖畔的寓所让给了二萧，那里离胡风住处更近，商谈《七月》的一些事宜更加方便，端木仍留在小金龙巷。临走，萧红笑着对他说："我们走了，没人给你做饭吃，看你怎么办？"端木回答说有煤气炉，再不济可以下面条，饿不死的。二萧搬走后，端木搬进里屋，一个人懒得收拾屋子，到处比较凌乱，加之他喜好练习书法，桌上常常摊放着笔墨、纸张，懒得收拾，就更是凌乱不堪。

二萧虽然搬离，但时常回小金龙巷看看，有时两人一起，有时萧红单独一个人来，《七月》同人仍常来此聚会、碰头。每次前来，萧红都要嘲笑端木屋里的脏乱，边说边顺手帮助整理。见桌上笔墨现成，她还兴致颇高地不是画上几笔，就是写几个大字。端木小时候学过绘画，也很欣赏萧红的绘画天赋，除文学之外，他们有更多的共同话题。一天，两人相谈甚欢不觉夜幕降临，见窗外月色宜人，萧红兴致盎然地对他说："今晚月色这么好，我请你出去吃吧。"端木看看窗外，月色确实不错，便和她一起出门，到江边挑了一家小馆子，临窗坐下，点了些小菜边吃边聊。从眼下各自手头上的创作到对未来的预期与想象，谈得十分投契。萧红憧憬往后只要能有个安宁的环境全身心地写点自己感兴趣的东西，就是最大的满足，几年来颠沛流离的生活，她实在感到有些厌倦。联想萧红的经历，端木很能理解面前这位命途多舛的"姐姐"的心愿。说到自己，他说最大的愿望就是做一名战地记者，只是苦于没有机会。萧红听后直摇头，认为他的身体根本做不了战地记者。

　　难得找到如此投契的倾诉对象，萧红感到无比快乐。萧军早就不可能如此耐心地听她诉说心底所想了，似乎也不屑于知道女人心里到底想些什么，不知从哪一天开始，他始终是那么骄傲。从小饭馆出来，月上中天，四周一片静寂，清冷的月辉洒满大地，江上薄雾弥漫，初冬季节的江岸萧索而枯寂，空气清冽。两人发现原来这初冬的月夜竟是如此别有风味，与关外的家乡自不相同。途经一座小桥，萧红拉着端木站在桥上，仰望空中那轮圆满的冷月，忘情地欣赏了一会儿，尔后，倚着栏杆轻声念道："桥头载明月，同观桥下水……"她想接着念下去，又似乎一时想起了什么，便就此打住了。端木觉得萧红可能刚才喝了点酒的缘故有些兴奋，便打断了她的话说："不早了，咱们回去吧。"萧红似乎也意识到今晚自己的情绪有些异常便回答说"好吧"，然后，很自然地挽起端木的胳膊往回走，到了小金龙巷口，说了声"再见"，转身离去。

　　这样一个月色溶溶的晚上，萧红一个人走在回家路上，内心的兴奋渐渐消隐。她不想欺骗自己，她知道自己对端木的感情在悄悄发生变化。虽然，一时也难以说出比萧军端木到底好在哪里，她同样不喜欢端木那种特出于旁人的气质和做派。但是，她越发觉得端木是个善解人意的男人，有耐心倾听自己。更重要的是，在端木这里，她感受到了一种被重视、被尊重的幸福。而此时端木所能给予的一切，她觉得实在太重要。她需要这种尊重、理解、倾听甚至宠爱。她也知道自己内心未必真的对端木有爱慕，但是，她更愿意和端木在一起，就因为可以享受到那种久违的幸福。此后，萧红更多时候一个人来小金龙巷与端木坐聊。

　　一天，端木外出不在家，萧红一个人迈进曾是三人共处的里屋，怔怔中脑海里交替浮现萧军和端木的影子，看着三人曾经挤睡的大床，心里有一种难以言说的况味。一时想起很多，但始终缕不清头绪，心绪随即变得烦乱起来，似乎一下子认不清楚自己。见桌上铺着毛边纸，便提笔习字以安心绪，幼时祖父教读的唐人张藉的那首《节妇吟》不觉跳入脑中，于是在纸上断续写下："君知妾有夫，赠妾双明珠。还君明珠双泪垂，恨不相逢未嫁时"等句子。最后一句，反复写了好几遍。看看自己无意间写下的诗句，萧红很久都难以从一种怔怔失落中回过神来，想到祖父幼时教读此诗时自己并不理解其中含义，而今，祖父死去多年，自己亦历尽坎坷且目前陷于情感起伏中再来看这几句诗，一时感慨万千，不能自已的伤感弥漫心头。久之，不见端木回来，她默默离开这曾经欢笑热闹的空间，一个人不无落寞地往回走。一路上，萧红分明意识到，在武汉这不长时间的"三人行"，已然给她带来了微妙的心理变化。回家后，端木看见萧红留下的墨迹，心情难以言说。他知道自己对萧红有发自内心的爱慕，只是她的身份又让他不得不把这份爱慕尽力压抑下去。

　　萧红与端木之间在情感上微妙而明显的变化，萧军分明也有感知。他陪萧红一起来小金龙巷，往往也喜欢在毛边纸上提笔挥毫，练字赋诗。一次，边写边高声念道："瓜前不纳履，李下不整冠。叔嫂不亲授，君子防未然。"写完后，仍觉言不尽意，又寂声写下"人未婚宦，情欲失半"八个大字。萧红分明觉察萧军此举别有深意，但仍装出若无其事的样子凑过去，笑着说："你写的啥呀？字太不美了，没有一点文人气！"萧军立时瞪了她一眼，气愤愤地抢白道："我并不觉得文人气有什么好！"像往常一样，端木刚想就此与之展开争论，适值胡风和别的作家在外屋讨论问题，听见萧军话里隐有怒意，便连忙把三人都叫了出去。来到外屋，萧红偏偏挤在端木旁边坐下，萧军则头靠门框，歪着脑袋，眼神复杂地看着他们。

　　1938年1月16日下午，《七月》召开第一次座谈会，题为"抗战以来的文艺活动动态与展望"，参加者有艾青、东平、聂绀弩、田间、胡风、冯乃超、萧红、端木蕻良、适夷、王淑明，萧军因病未能出席。会上，大家毫无顾忌地谈论着对一些问题的看法，气氛非常热烈。萧红发表了很多不同于男性作家的看法，观点新锐而自信，给人留下深刻印象。关于抗战以来文艺动态的整体印象，田间认为文化人比较散漫，无中心组织，工作不紧张，萧红接着说道："问题太大了！"而谈到文艺新形式的产生，胡风说一般人往往对新形式表示拒绝，并举例说萧红的散文开始的时候有人说看不懂。对此，她强调："胡风说我的散文形式有人反对，但实际上我的形式旧得很。"适夷认为文艺在大众化过程中，之所以弄成了口号化、概念化、没有力量和真情，是因为作家在后方的生活与抗战隔离得太远的缘故，萧红对此明确表示不能认同，说："我们并没有和生活隔离。比如跑警报，这也就是战时生活，不过我们抓不到罢了。即使我们上前线去，被日本兵打死了，如果抓不住，也就写不出来。"此言一出，立即引来更多人就作家与战时生活的关系展开讨论。艾青说能够打进实际生活里面，对作者绝没有害处，并说自己在监狱里，只有零碎的断片，如果现在来写，也许可以融成一个有系统的东西。萧红接着艾青说道："这是因为给了你思索的时间。如果像雷马克,打了仗,回到了家乡以后,朋友没有了,职业没有了,寂寞孤独了起来,于是回忆从前的生活,《西线无战事》也就写成了。"胡风针对萧红"是否抓得住"的问题,尖锐指出:"恐怕你根本没有想到去抓,所以只好飘来飘去。"萧红则举例反驳道:"比如我们房东的姨娘,听见警报响就骇得抖抖,担心她的儿子,这不就是战时的生活吗?"而淑明继续争辩道:"不打进生活里面,情绪不高涨。"萧红则强调:"不,是高涨了压不下去,所以宁静不下来。"今天看来,萧红所表达的观点,显然在一帮男作家之上。她明显感受到战时大家都处于一种浮躁的心态,未经充分把握与沉淀,写出的大多是些标语、口号化的抗战八股。而她所强调的是,对于战争的把握,需要努力沉潜和用心在战时日常生活中去体验,才能写出深刻的抗战作品来。

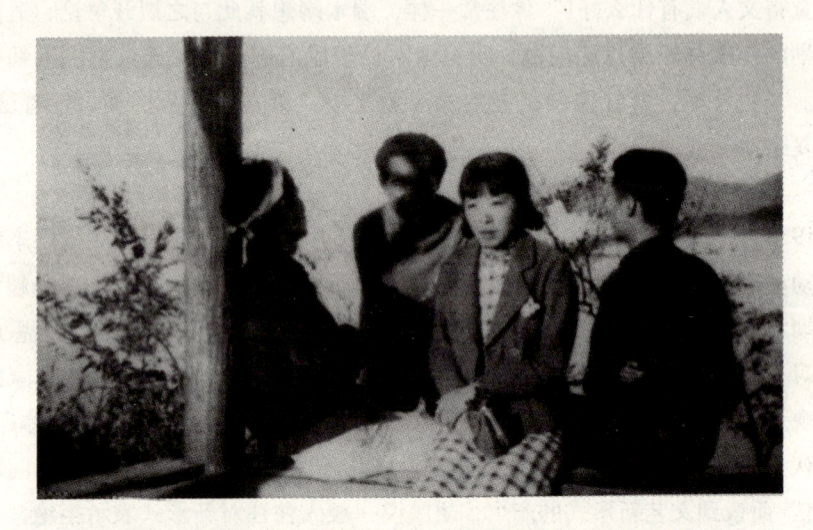

萧军、蒋锡金、萧红、罗烽(左起)摄于武昌东湖(王连喜提供)

前方传来的战争消息除了失利还是失利。武汉由后方即将变为前线的趋势越发明显,整座城市渐渐变得紧张而混乱。敌人的轰炸机隔三差五地飞临头顶,引来探照灯光柱交叉撕裂夜空,也引来高射炮"嘭、嘭"作响。不时有建筑物被炸毁,不时也有敌机被击落,拖曳着火焰在天空中金鱼似的翻转然后栽向地面。对于武汉能否守住,太多的失败让人们已难有信心,从四面八方潮涌而来的大批难民,又各自到别处谋求生路。生计艰难、交通不便,到处人心惶惶,人们的心情焦躁而愤怒。二萧和端木也开始有些心神不定,每每来到胡风住处,

第七章 转移武汉

谈得最多的就是怎样离开武汉,又该逃往何处。

离开武汉的机会终于来了。

抗战爆发后,阎锡山洞察到时势之变,实行联共抗日的政策,邀请薄一波等一批共产党员前去工作。1937年11月,中共山西党组织帮助阎锡山在临汾创办了民族革命大学(简称"民大")以培养抗日人才,阎锡山兼任校长,李公朴任副校长。中共党员杜任之任教务主任、杜心源任政治主任,教员亦多以中共党员和爱国人士为主,如侯外庐、何思敬、萧三、徐懋庸等等。1938年1月,臧云远受阎锡山女婿梁必武之托,前来武汉为民大招聘师资。臧是端木当年加入北平左联的介绍人之一,找到端木后要他推荐一些比较有名气的文化人前往山西任教。端木当即把这一重要消息告诉了常来小金龙巷的几位作家,大家听后都非常振奋,觉得这是为抗日出力的好机会。除了蒋锡金要编他的刊物、胡风要留守《七月》外,其余人都愿意前去临汾。田间虽然年龄稍小、资历尚浅,由于努力争取,校方也同意了。流亡武汉的年轻人很多,对民大非常向往,很多人报名去学习,也有的应聘去任教,准备前往的学生大约上万人,一时成为热潮。臧云远要端木一行不要和学生一起乘坐铁皮货车前往,说过几天就可以乘客车走,但一行人抗日热情高涨,表示愿意与学生们挤在铁皮车里一起走。临行前,胡风与《七月》出版者熊子民商量,让他拿出600元,名义上是《七月》前6期的结余,给每位同人分了60元,聊作稿酬。拿到钱后,大家都非常高兴,可以稍稍添置些行装。

1月27日,萧红、萧军、聂绀弩、艾青、田间、端木蕻良在汉口汉润里集合,然后前往大智门车站以西一个濒临汉水的小货站上车离开武汉。蒋锡金、孔罗荪、胡风等人前来送行。上车时,天已墨黑,隔着很远才有一盏暗淡的电灯照着月台上密密层层的人们,即将远行的人们和送行的人们混在一起,大家都彼此看不清脸面。已经上车的学生情绪高涨,高唱着救亡歌曲,月台上的送行者亦大受感染,于是车里车外歌声此起彼伏。列车傍着月台长龙一般,那是平时装载货物的铁皮车,中间是进出口,车厢里没有座位,铺地的铁板上有几堆稻草,远行者只能在铺着稻草的铁皮上坐卧。

或许,想到又可以回到北方,又可以见到漫天飞雪和温暖的热炕,萧红一直比较兴奋,披着毛领呢大衣,矫健地走在前面。只是快上车时,才惊讶地发现即将乘坐的这辆连座位都没有的货车到山西。但是,车站里高涨的气氛很快就感染了她,也没什么好计较的了。送行人中胡风最感落寞,《七月》的七位同仁走了六位，只剩下他一人留下苦撑，特别是田间、艾青两位诗人一走，让他如失臂膀。临出门前，梅志看见艾青刚一岁多的女儿"小七月"恬静地睡在妈妈怀里，想到艾青端庄淑静的妻子将要抱着孩子跟随丈夫在严寒大风里奔走于西北前线，心里就很难受。看着他们上路，梅志心里不断为远行的人们祈福。列车开动后，胡风也一直担心着艾青妻子和"小七月"的安全。

第八章　辗转西北

伤　别　离

　　虽然在大冬天乘坐简陋的铁皮货车旅行,但一路上大家有说有笑、热情高涨,丝毫不觉其苦。萧红与其他人一道热烈谈论着抗战形势以及一些文艺问题,甚至爆发面红耳赤的争论,高涨的情绪和热烈的气氛驱散了北中国冰天雪地的寒冷。对于一些问题的看法,她常常与诗人田间不谋而合,两个率真的人一见如故,就此结下真挚的友谊。田间是1916年生人,在萧红眼里是名副其实的小弟弟。与人争论时,萧红往往不能认同那些简单而武断的结论,执意坚持己见。田间晚年还记得她在火车上与人争论的情形:一激动便脸色发红,音调高昂,不

田　间

时重复着自己的话;"看来体格有些虚弱,性格却很坦率、豪爽"。进入山西境内,一行人又换乘山西特有的窄轨火车继续赶路。一过黄河便真正进入了北方,所见不过是无边无际的黄沙,面对满目的萧索与荒芜,热闹的车厢顿时寂然无声。车窗外北中国的景象冲击着作家们的心灵,联想眼下处于危亡中的国家,一时大家都陷入沉思与感伤之中。端木不禁悲从中来,注视着窗外,神情凝重地自言自语道:"北方是悲哀的。"诗人艾青听后,立时难以遏抑感怀,下车后

就创作了那首著名的《北方》，在诗前"小引"中写道："那个珂尔沁草原上的诗人，对我说：'北方是悲哀的'。"

1938年2月6日，萧红一行经过10天的颠簸终于抵达临汾。令他们大失所望的是，原以为可以一展身手的民族革命大学不过只是设有一个校址，挂了一块牌子而已，几乎没有任何准备，学生却还是从四面八方源源不断地到来，竟至五千多人，小小临汾县城几乎整个成了一所大学。学校连校舍都没有，萧红这些从武汉招聘来的作家以及从全国各地慕名奔涌而来的学生都分散住在老乡家里。鉴于学校管理的混乱，李公朴发表致学生们的公开信，号召大家自己管理自己，自己管理学校。从此，局面才有所改观。萧红、萧军、端木蕻良等人都在学校担任"文艺指导员"。

萧红到达临汾后，正好丁玲率领"西北战地服务团"三十多人从潼关赶来。丁玲及其团员与从武汉来的作家挤住在一起。萧红与丁玲，这两位此前彼此闻名而未能谋面的现代著名女作家，就这样适逢机缘聚在一起。两人一见如故，彼此留下美好的记忆。1942年4月25日，在萧红逝世三个月后，丁玲沉痛写下《风雨中忆萧红》一文，深情忆及萧红当年给自己的印象，还有两人一起共度的那段快乐时光：

> 当萧红和我认识的时候，是在春初，那时山西还很冷，很久生活在军旅中，习惯于粗犷的我，骤睹着她的苍白的脸，紧紧闭着的嘴唇，敏捷的动作和神经质的笑声，使我觉得很特别，而唤起许多回忆，但她的说话是很自然而真率的。我很奇怪作为一个作家的她，为什么会那样少于世故，大概女人都容易保有纯洁和幻想，或者也就同时显得有些稚嫩和软弱的缘故吧。但我们却很亲切，彼此并不感觉到有什么孤僻的性格。我们都尽情的在一块儿唱歌，每晚谈到很晚才睡觉。当然我们之中在思想上，在情感上，在性格上都不是没有差异，然而彼此都能理解，并不会因为不同意见或不同嗜好而争吵，而揶揄。

萧红与丁玲的亲近、投契，或许源于同为女性，她们那已然苏醒并不断自我强化的女性意识，在她们所共同面对的男性中心社会中，二人形同姐妹。20世纪30年代，女作家本来就稀少得如同凤毛麟角，萧红与丁玲这两位左翼女作

第八章 辗转西北

家在风云际会中的遇合亦是文坛一段佳话。值得一提的是，1937 年冬，由崔嵬、塞克、贺绿汀等文化名人组成的"上海文化界抗日救亡演剧一队"辗转来到山西抗日前线，与丁玲等人领导的"西战团"会合，为山西抗日部队演出，大受欢迎。塞克等人亦随同丁玲进驻民大。

塞克（1906—1983），河北霸县人，原名陈会新，现代著名诗人、戏剧家。1924 年曾在哈尔滨任《晨光报》副刊编辑，1929 年重回哈尔滨组织"蓓蕾社"从事文学创作，次年还自编自导自演话剧《北归》《哈尔滨之夜》和歌剧《爱情与生命》等，可谓哈尔滨文坛的前辈。萧红此前在上海或许与他有过接触，如今在临汾重逢，因着哈尔滨这一共同背景，大家感到一种天然的亲切。大量文化人的到来，临汾的文化空气高涨，作家间有了更多切磋、交流的机会，萧红的交往圈子渐渐扩大。

每天早晨一队队战士跑步练操，由塞克此前创作的《救国军歌》此起彼伏地唱起来，民大到处呈现一派热闹欢腾、进取向上的景象。火热的生活深深感染了萧红，在她逝世前几个月写下的《"九一八"致弟弟书》一文中，萧红以"那时我心里可开心极了"来表达在民大的心情。每天看着一群群与弟弟一般大小的年轻人，快乐而活泼地做事，快乐而活泼地唱歌，她似乎看到了祖国的前途，真切感到有了这样的年轻人，"中国是不会亡的"。眼前的一群群年轻人亦激起萧红对弟弟的思念。去年上海别后，起初姐弟俩还有零星书信往还，后来张秀珂随八路军渡河东下便与姐姐断了音信。萧红听说弟弟就在洪洞前线，离临汾很近，便托人转给他一封信，原以为姐弟俩不两天就可以相见。然而，预期竟然再次落空。不过，看见眼前的小伙子们那么快乐向上的样子，萧红心想弟弟一定也和他们一样，没有什么不放心的了。张秀珂当时随八路军在汾阳、孝义一带战后整军，竟不知道姐姐就在附近的民大任教，自此直到姐姐逝世，他都没有机会再见。20 世纪 50 年代在弃世前，他对姐弟俩这次失之交臂仍抱憾不已。

临汾期间，除了与丁玲朝夕相处相聊甚欢之外，萧红还与同住一个院子的聂绀弩接触较多，交流亦较深入。虽然二萧刚到上海时，鲁迅先生就把聂绀弩介绍给他们，但是此前萧红与之接触的机会并不太多，彼此间亦没有进一步的了解。现在聂离开周颖，单独一人来到西北，大家朝夕相处，接触的机会多了起来。

聂绀弩（1903—1986），湖北京山县人，著名散文家。1923 年在缅甸仰光编辑报纸时,他深受《新青年》影响,次年回国考入广州中央陆军军官学校(即黄埔军校)第2期,尔后参加过国共合作的第一次东征。20年代中期曾去苏联进入莫斯科中山大学,1927年回国。"九一八"事变后,在上海加入中国左翼作家联盟,30年代中期,先后编辑《中华日报》副刊《动向》和杂志《海燕》。"左联"期间,聂绀弩以短小精悍、犀利泼辣的杂文引起读者注意。在杂文写作上,他有意学习鲁迅的笔法,但又形成了属于自己的风格:行文恣肆,用笔酣畅,反复驳难,淋漓尽致,在雄辩中时显俏皮。

聂绀弩思维敏捷,狂放不羁有名士气。新中国成立后,作为知交的冯雪峰曾评价他"有着儿童似的天真,也有儿童似的狡猾";而好友黄苗子则在日记里形容他"放浪形骸第一,自由散漫无双"。二萧在上海滩成名,聂绀弩可谓见证者之一。一如鲁迅、胡风,他也极为赞赏萧红的才华。在临汾的一次聊谈中,他对萧红说:"你是才女,如果去应武则天皇上的考试,究竟能考多高很难说,当在唐闺臣前后,决不会与毕全贞靠近。"

萧红笑着回答说:"你完全错了。我是《红楼梦》里的人,而不是《镜花缘》里的人。"

一向自认为熟读《红楼梦》的聂绀弩听后有些诧异,实在想不起她应该与《红楼梦》里的哪个人物相对应,便连忙说:"我不懂,你是《红楼梦》里的谁?"同时在脑海里不断搜索曹雪芹笔下的那些金钗粉黛。

萧红提醒说:"《红楼梦》里有个痴丫头,你都不记得了?"

聂绀弩一时似有所悟:"不对,你是傻大姐?"

"你对《红楼梦》真不熟习,里面的痴丫头就是傻大姐!'痴'和'傻'不是同样的意思?"

调侃完毕,萧红一本正经地说:"很多人不理解曹雪芹为什么花很多笔墨,写一个似乎与故事毫无关系的人,但对我来说,傻大姐就是我自己。你说我是

聂绀弩

才女,也有人说我是天才,似乎要我相信自己就是天才的那一类人。国外视成就达至极点的人为天才;在中国却是指天生有些聪明、才气,即俗说的天分、天资、天禀,不问将来的成就如何。我也并不是说自己毫无天禀,但是,如果认为我能够不学而能,写文章提笔立就,那就大错特错。写文章之于我,一如香菱学诗,她在梦里也做诗,我也是常常在梦里都在考虑写文章,不过这些没有向别人说过,只是大家不知道罢了。"

萧红听过许多人都说自己的文学成就在散文上,小说不行。聂绀弩也表示她将会成为一个了不起的散文家。再次听到这样的论调,她便对聂绀弩有些不屑地调侃道:"又来了!我知道你又会说:'你是个散文家,但你的小说却不行!'"

没想到萧红会有这样的反应,聂绀弩连忙反驳:"我说过这话吗?"

"说不说都一样,我已听腻了。"

接着,萧红认真表达了关于小说的见解:"有一种小说学,小说有一定的写法,一定要具备某几种东西,一定写得像巴尔扎克或契诃夫的作品那样。我不相信这一套。有各式各样的作者,就有各式各样的小说。若说一定要怎样写才算小说,鲁迅的小说有些就不是小说,像《头发的故事》《一件小事》《鸭的喜剧》等等。"

聂绀弩对她这极富个性的见解表示首肯,但从其辩解中,似乎带有一种不忿的情绪,于是对她说:"我不反对你的意见,但是这与说你将成为一个了不起的散文家有什么矛盾呢?你又为什么如此看重小说而看轻散文?"

萧红回答说:"其实我也不是像你所说的那样,重小说而轻散文,但是大家包括你在内,说我这样那样的,意思是说我不会写小说,我就气不忿,以后偏要写!"

"写《头发的故事》《一件小事》之类么?"聂绀弩紧接着问。

"不,写《阿Q正传》《孔乙己》之类!至少在长度上要超过他!"

听着萧红这近乎孩子气的话,聂绀弩眯着小眼睛笑着说:"今天你可把鲁迅贬够了。可是你知道,他是多么喜欢你!"

"都是你引起来的!"萧红也笑起来,但是谈及鲁迅,她的神情马上变得有些严肃。聂绀弩的话,触动了关于先生的记忆,随即又庄严地表达了对先生的理解:"说正经的,鲁迅小说的调子比较低沉,那些人物多是自在性的,甚至可以说是动物性的，没有人的自觉，他们不自觉地在那里受罪，而鲁迅却自觉地同他们一齐受罪。如果鲁迅有不想写小说的想法，这恐怕是原因之一。一旦写杂文，他就立刻变了。直到生命终了，他都是个战士、勇者，独立于天地之间，腰佩翻天印，手持打神鞭，呼风唤雨，撒豆成兵，出入千军万马之中，取上将首级如探囊取物！即使在说中国是人肉的筵席时，调子也不低沉。因为他指出这些，正是为了反对这些，改革这些，与这些东西战斗。"

听罢萧红一番宏论，聂绀弩暗暗佩服她那超拔不俗的见解，这显然基于她对鲁迅极为深刻的理解。评价鲁迅杂文时，她开玩笑似地用了旧小说的一些陈词滥调，然而，聂绀弩觉得那些词语经她一用，似乎都有了新意，贴切真实、耳目一新，似乎未经人道。于是笑着说道："依你说，竟有两个鲁迅。"

"两个鲁迅算什么呢？中国现在有一百个、两百个鲁迅也不算多。"萧红也开起玩笑来。

聂绀弩十分诧异，与萧红见过那么多次，今天算是头一次发现她如此健谈、雄辩，不禁说道："你这么能扯，我头一次知道。"

两人还谈到对《生死场》的看法。

聂绀弩问道："你说鲁迅小说的调子是低沉的，那么，你的《生死场》呢？"

"也是低沉的。"沉吟了一会儿，萧红又接着说："也不低沉！鲁迅以一个自觉的知识分子的立场，从高处悲悯他的人物。那些人物有的曾经也是自觉的知识分子，但处境却压迫着他们，使他们最终变成听天由命，不知怎么好，也无论怎样都好的人了。比起一般的小说人物，他们更可悲。开始，我也悲悯笔下的人物，他们都是自然奴隶，一切主子的奴隶。但是，写来写去，我的感觉变了，觉得自己不配悲悯他们，恐怕他们倒应该悲悯我！悲悯只能从上到下，不能从下到上，亦不能施之于同辈，而我的人物比我高。这似乎说明鲁迅真有高处，而我没有，即便有也很少，一下就完了。这是我和鲁迅的不同之处。"

"说得好极了"，聂绀弩赞叹道，但随即又说："可惜你把关键问题避掉了，因之，结论也就不正确。"萧红一听，急忙问："关键在哪里呢？"

"你真没想到，你所写的东西是鲁迅没有写过的，是其作品里所缺少的么？"

"那是什么呢？"

"是群众，集体，对吗？"

萧红不大明白他的意思，但很想听下去，第一次听见有人如此深入、细致

第八章 辗转西北

地分析自己的作品,于是语带调侃地说道:"你说吧!反正人人都喜欢听好话。"聂绀弩却认真地说:"常人都喜欢吹捧,我可不是在吹捧你!"萧红笑道:"你是算命的张铁嘴,行了吧,你就照直说吧!"

于是,聂绀弩严肃地阐述着对萧红笔下人物的理解:"你所写的那些人物,当他们是个体时,正如你所说,都是自然的奴隶;然而,一旦成为集体,由于他们的处境以及别的条件,由量变到质变,他们便成了一个集体英雄,人民英雄,民族英雄。用你的话说,就不是你所能悲悯的了。但是,由于个体的缺陷,他们也还只是初步的、自发的、带有盲目性的集体英雄。这正是你写的、你所要写的,正为这才写的;你的人物,你的小说学,向你要求写成这样。而这是你最初所没有想到的。他们把你带到了一个你所未经历的境界,把作者、作品、人物都抬高了。"

听到这里,萧红调皮地说:"这听起来真舒服!"

聂绀弩继续阐述道:"你的作品,有集体的英雄,没有个体的英雄。《水浒传》则相反,鲁智深、林冲等都是个体英雄,但一走进集体,就被集体湮没,寂寂无闻。《三国演义》里的英雄在集体亦很出色,可是,即便在集体中,他们仍是个体英雄,并没有使集体变成英雄。其实,《三国演义》里的英雄都不算英雄,不过是精通武艺的常人,或精通兵法的智士。关键就在于他们与人民无关,与反统治无关,或反而是反人民的,统治人民的。他们所争夺的是对人民的统治权,不过把民国初期的军阀混战推上去千多年,而又被写得一表非俗罢了。法捷耶夫的《毁灭》不同,基本上是个人也是英雄,集体是英雄,毁灭了更是英雄。但它缺少从不自觉的个体到英雄的集体这一由量到质的改变,比《生死场》还差一点儿。"

"你说得真动听,还说不是在吹捧我。"

聂绀弩马上说:"且慢高兴,马上就要说到你的缺点。有人说你笔下的人物面目不清,个性不明,我也有同感。这是对小说家基本的要求。"随即,他又对萧红这一缺点表示极大的理解与宽容:"你所写的是一件大事,这事大极了。中国的民族革命、民主革命的成功与否不可知,一定要经过无数不自觉的个体到成集体的英雄。集体英雄反转来又使那些不自觉的个体变为自觉的个体英雄。不用说,你写的是这大事中的一件小事。但是,你不过是一个学生模样的二十二三岁的小姑娘!什么面目不清,个性不明还有别的,对你来说,其实都十分自然。"

一席话侃得萧红有些晕头转向，特别是聂绀弩嘴里那些层出不穷的新名词更令她云里雾里，于是掩着耳朵说："我不听了，晕头转向的。"边说边跑开了。

2月间，晋南战局起了变化，日军逼近临汾。

在临汾不到20天的安稳生活又被打破，20日这天萧红还平静地完成了长达7000字的散文《记鹿地夫妇》，叙述沪战爆发期间自己与鹿地夫妇的交往。临汾危在旦夕，民族革命大学临汾总部准备撤到晋西南的乡宁一带，丁玲率西北战地服务团奉命先到运城待命，尔后准备取道风陵渡坐火车前往西安。大战在即，萧红、聂绀弩、艾青、端木蕻良等人都决定跟随"西战团"前往运城，那里有民族革命大学的第三分校，萧军却执意留下与民大学生一起打游击。在去留问题上，二萧始终谁也说服不了谁，经常爆发激烈的争吵。

萧红对过于久长的颠沛流离的生活感到无比厌倦、疲累，现在别无所求，只想拥有一个安宁、平和的环境好好写作。她不想欺骗自己，虽然也明显感到与萧军之间已经有了情感裂隙，但她更明白自己依然是那么爱他。而这战乱中的分离，可能意味着他们共同拥有的六年苦乐生活的终结，甚至是她更不敢想象的死别。她无法接受与萧军分手的事实，更不愿想象他在打游击中的凶险。他想到和萧军在一起还有美好的未来，只要他愿意，感情的裂隙仍可弥合，对于萧军，她什么都可以原谅，只要他还爱着自己。争吵过后，她几乎向萧军哀求道："三郎，我知道自己的生命不会太久，我不愿生活上再使自己吃苦，再忍受各种折磨了！我们一起走吧。"但男人仍丝毫不为所动。见让他改变想法无望，无可奈何的萧红在撤离临汾的头一天，突然要端木和萧军一起留下，她知道萧军行事太鲁莽，一个人留下，实在放心不下。端木来不及表态，萧军就大声说道："我谁也不用陪，我身体这么棒，到哪儿也不怕！"

萧红听后气愤地问道："这么说，你是决定一意孤行了？"

"你管不着！"男人同样语带情绪，说罢掉头走开，把她一个人"晾"在那里。聂绀弩见状过来安慰说："萧军就是这个炮筒子脾气！"萧红只好一声不吭地跟随聂回到住处，内心愤懑与失望杂陈，难以言说，无比悲哀地想到，六年来，无论对错，自己从未左右过萧军什么，他亦不曾为自己改变过什么，永远都那么自信而骄傲。

当晚，二萧各怀心思地躺在炕上毫无睡意。学校明天就要撤离，意味着她与萧军明天就要分手。她仍不想放弃说服男人的努力,然而萧军始终意志坚如磐石,执意留在临汾,因为他自觉比别人强壮,受过军事训练,要留下来看个水落石出才甘心。萧红太了解他,知道自己的努力不会有什么结果,只好不无怨愤地说道:"你总是这样不听别人的劝告,该固执的你固执,不该固执的你也固执,简直是英雄主义,逞强主义。你去打游击,不会比一个游击队员的价值更大,如果万一牺牲了,以你的年龄、生活经验和文学才华,将是很大的损失,而这损失不仅仅是你一个人的。"说到这里,萧红沉默了一会儿,接着又语调温和、言辞恳切地对他说:"三郎,我并不仅仅因为你是我的'爱人'的关系才这样劝阻你,以致引起你的憎恶和鄙视,我只是想到,此前我们在哈尔滨时期就有所憧憬的我们共同的文学事业。"

"每个人的生命价值是一样的,前线战死的人不一定全是愚蠢的,为了民族、国家,谁应该等待着发展他们的天才,而谁又该去送死呢?"听见萧军以更大的道理回应自己的恳求,萧红恼怒地说道:"你应该知道各尽所能,你忘了自己的岗位,简直是胡来。"

闻到萧红话里的火药味,萧军也明显情绪性地回答道:"我什么全没忘。我们还是各自走自己要走的路吧,万一我死不了,我们再见,那时候如果我们还是乐意在一起就在一起,不然就永远分开。"

萧红从男人话里听出了他那蓄意已久想要表达的内容,马上想到萧军执意要与自己分手或许是他坚持要留下的真正动机。对此,她虽然有一定的心理准备,然而,一经他亲口说出,毫无疑问还是她最不愿意听到的。一阵尖锐的疼痛漫过心头,沉默良久,萧红幽怨而坚定地回应道:"好的。"随后,两人一言不发地盯着房间的顶棚,长久沉默着。

丁玲一直与二萧挤睡在一面炕上,今晚挑动门帘进来后见二萧谁也不说话觉得有些不对头,便问:"你们要睡了吗?"萧军勉强侧过脸来对她笑笑。几天来,丁玲总听见他们在争论,见今晚这么早就安静下来,便半开玩笑地问道:"你们争论完了吗?每天都无休无止,我真是听腻了!"边说话,边脱掉军装的外套,随即她便从这沉默中感到了二萧的异常。这时,萧军郑重地对丁玲说:"并不是开玩笑,我们常常就这样因为一些事情意见不一致,弄得大家都是两不欢喜,所以还是各自走自己的路倒好一点。"

丁玲简单以为,二萧情绪不佳是因为明天就要分别的缘故,想到今晚应该给他们一个完全私密的空间,于是开玩笑说:"算了吧,大家明天就分开了,今晚还是让我到外间的炕上去睡好了,你们可以……"说话间,脸上露出不怀好意的坏笑,俯身伸手要去取她那铺在炕里面的被子。外间的聂绀弩大声叫起来:"算了吧!丁玲,你别到外屋来睡啦!我们这里可全是'男'同志哪!"

"那有什么稀奇!"

丁玲粗犷地回应聂绀弩,手里抓住了被子的一角。萧红虽然将身子侧了过去看着丁玲,但始终没有言语。聂绀弩是湖北人,丁玲是湖南人,萧军听南方人说"算了吧"三字腔调各不相同,觉得很有趣,见丁玲真的要走,便模仿她那湖南腔对她说:"你算了吧!"伸手把她手里的被子夺了下来扔进炕里。

丁玲只好说:"那我今晚就还是在这里睡吧,好在,我三分钟之内就可以睡着,三分钟后你们可以随便谈,不过,记住明天大家就要分别了!"

"要谈的早就谈过了,你就是四分钟睡着也不要紧呢。"萧军语带调侃地回应道。

躺下果然不到三分钟,丁玲那响亮的鼾声就均匀响起。萧红羡慕她每夜总是睡得那样快,那样自然,自己却总是心事重重难以安睡,多想像丁玲一样沉稳、无虑地睡个好觉。

"睡吧。"明天就要分别了,萧军伸手想最后摸摸萧红的脸和眼睛。她的眼睛闭着,满脸泪水。当他的手指触摸到她那饱满的眼睑,萧红惊慌地将脸转向一边,颤声说道:"睡……罢!"那明显带着哭腔的声音,干涩、无力而模糊——女人一直在无声地哭。

第二天傍晚,萧红等作家与"西战团"的成员们分两节车厢安置了下来,车厢内外一片嘈杂,人们在骂骂咧咧地催促着早点开车。坐在窗前,萧红感到周围的一切都离自己非常遥远,心里有无边的茫然,想到萧军留在这里,自己一个人去运城或许是此生最大的失落,因为即将失去一生中最宝贵的一件东西。六年来的生活画面不断在脑海里回放,前尘后世的往事也不知道该从哪里想起,只是茫然等待着列车启动那一刻的到来,此地已经不能居留,但亦不急于离开。萧军一人将萧红的行李搬到车站安置妥当后,来到她所在的车窗跟前,远远就看见她好像在看热闹又好像在等什么人。萧军悄然转身就近买了两个梨子,塞到她手里。女人只是茫然地接了过去,满噙泪水地看着他,并从车窗里伸出手来紧紧抓住他的手,痴痴地说:"三郎,我不去运城了,我要和你一起回到城里,我们死活也要在一起;若不,你就和我们一起走吧,你一个人留在这里,

第八章　辗转西北

我不放心,我知道你的脾气……"萧军把被女人紧握着的手翻转了过来,紧握住她那过度细瘦的手指,轻轻摇动着似乎要将她从茫然中摇醒。

"不要发傻!你们先走一步,如果学校没有变动仍在这里你们就再回来,我们便又可以见面了;况且我也可能随后就来运城,一同在那里工作或是到西安,不然,就到延安会合。你和丁玲她们一同走比较安全,他们有团体,我强壮应该留在这里,学校已决定单成立一个艺术系了。再说,我们的人怎能一个不留在这里呢?这是说不过去的。我们到这里的目的,不就是要在'这个时期'工作吗?"萧军不断以各种道理劝说萧红接受他的留下。刚开始,他勉强笑着,脸上装着愉快的表情,可是不多一会儿便感到眼睛和鼻子被一种强烈的酸痛刺激着——他同样一直强忍着要流出的泪水。

见萧红一副生离死别的模样,一旁的端木打趣说:"你太关心他啦。"

"他比我们强壮,打游击也可以打,跑也跑得比我们快,他是应该留在这里哪!"聂绀弩将头脸探出车窗外,半开玩笑地大声说。显然,朋友们对萧军的执意留下也并不十分理解,不觉中似乎有了一种看热闹的心态。内心的伤痛只有萧红最清楚,预感到此地一别也许就是二人六年来共同生活的终结。心痛与烦躁让她感到朋友们此刻的玩笑和调侃十分刺耳,不禁转过脸来,极其冷淡地回应了一句:"你们也并不软弱啊!为什么不留一个在这里?"萧军松开了萧红的手,心里有种说不出的寒凉,紧咬着牙床。

遭到抢白后,聂绀弩不再言语,独自抽着烟,红火的烟头在昏暗的车厢里一闪一闪。端木蕻良则继续不无揶揄地说:"哪里,我们怎能比得上萧军呢,现在正是他建功立业的时候,却是我这类人吃瘪的年头喽!"说完俏皮话后,退到自己座位旁抱起两只胳膊,穿着细腰的马靴在车厢里大角度地叉开双腿站立着。

听了端木的话,萧军有一种难以遏抑的恼怒,越发讨厌面前这个男人,而此前他们是亲密无间的同伴。萧军更清楚的是他的出现让自己与萧红渐行渐远。萧军讨厌他那站立的姿势、那不合时宜的细腰马靴、那老是不自觉偏向左边的脖颈,更讨厌他那一头"菲律宾式"的长发,第一次见到他的人常常因此将他认作大姑娘。萧军明知道端木不会留下来,但是想给他一点难堪,回敬道:"是吗?我的确强壮,你也可以留下来,咱们一起省得我孤单,学校还有千多个学生呢!"

端木连忙说:"不啊,我要去运城,这样的牺牲在我是不值得的。"

因为本身就带着宿怨和情绪,眼下端木的言行更让萧军感到他那无处不在的恶劣。觉得他说话像一只鸭子带着一股贫薄的味道，还有那怎么都难以看顺眼的"凹根的小鼻子，抽束起来的袋口似的薄嘴唇，青青的脸色"。想起已经有几天都没有和他说过一句话，他讨厌端木"总是企图把自己弄得像个有学问的'大作家'似的"。萧军不想再与他多费口舌，趁火车还没有开动想给萧红尽可能多的安慰："不要傻了，你还是好好去运城，我们不久就会再见。"他又拿过萧红的手紧紧握住，通过手上的热度，明显感到女人在发烧。

"三郎，我说过一千遍了，我真的不仅仅因为你是我的'爱人'才关心你！仅就同志的关系，我也不乐意你作出这样的决定。你总是不肯听从我的话。你就最后听我一次，好吗……"萧红仍不想放弃说服，不觉中哽咽不已，难以说出后边的话。夜色渐浓，萧军看见她那满脸流淌的泪水在月台微弱的灯光里闪亮。

"不要紧的啦！我不是经过很多次应该死的关头全没死吗？我自信死不了。"萧军仍在故作轻松地安慰她，脸上挂着笑容，伸出手来想摸摸她的脸，萧红轻轻避开了，待情绪平稳了些，她继续说："这又怎比得了先前？你总是这样固执，我真不赞成你留下来。"她突然提高声音，极其尖锐地作怒吼状，快速蹦出的字句明显带着愤怒。说完后，将手用力抽回，取出手帕揩干鼻子和眼睛，带着无边的怨愤与失望对萧军说："随你的便罢，你总没有一次能够好好听过我的话。"萧军继续以工作为由为自己辩护，话语亦变得粗鲁、激动，像一个辩护士在为自己争辩留下来的理由。

男人的理由总是那么宏大、冠冕，关涉家国与民族大义，但是萧红太清楚他到底在想什么，不想再听下去。良久，只是平淡地说了句："随你的便罢……"说罢，扭过头去与聂绀弩、端木交谈，她力图稍稍转移自己的注意力。萧军转身离开窗口前，听见端木在里边安慰萧红："你让他留在这里罢，他不比我们更愚蠢，懂得怎样照顾好自己，你真是太爱他了"；聂绀弩边吸烟边接着端木的话也在劝导："你这样，被爱的人会不舒服的。"

"不是这样说……"萧红又开始满脸泪水地哽咽起来。同伴们看到的都只是表面，而真实的内心只有二萧自己最清楚。

萧军不忍再听下去，迅速离开车窗去找丁玲。

丁玲以自己所了解到的可靠消息如实告诉萧军临汾的情形很不好，劝他还是随"西战团"一道走，省得萧红不放心。萧军仍是听不进去，他把丁玲约到

第八章 辗转西北

一个避风的地方,说是关于萧红有些话要向她说。不等他开口,丁玲便说:"是让我好好代你照顾她吧,你已经说过几遍了。"萧军希望萧红到运城后不必停留,随丁玲一道直接去西安,到西安后如果萧红愿意,希望丁玲设法将她送上去延安的车,或者就留在"西战团"里,而最担心的就是她一个人孤孤单单地乱跑。

丁玲听后说道:"昨晚你为什么那么嘴硬,现在又这样关心她。"想起昨夜与萧红吵架的情形,萧军心里不免泛起一丝自责。陡然间,他想到萧红今晚一个人走会因为挂念自己而不得安宁;想到她与聂绀弩以及周围人也不是很谈得来会很孤单,而对于端木,他认为萧红比自己还讨厌他。想到这些,萧军霎时心生亲自送萧红到运城的念头。然而,这只是一个闪念,波动的内心随即便得以平复,觉得还是让她去吧,自己应该留下,离开时间一长,她心里的不适便会习惯。想到这里,萧军不禁回头看了看身后停在铁轨上的列车,"西战团"的团员们在车厢里正高唱《游击队之歌》,歌声激荡、热情高涨。丁玲亦禁不住回头看,听见车厢里传出的歌声和笑声,大受感染,很有感慨地对萧军说:"这就是我的家!这里面有我的一切,也有我的儿子们。"萧军默不作声,再看看萧红所在的那节车厢,没有光亮,寂静无声。一个烟火长长地闪动了一下,他看见聂绀弩仍坐在那里抽烟,火红的烟头不时在窗口闪烁,在暗夜里十分打眼。而在这无边的暗夜里,萧军感到萧红仍孤独无依地默坐在那个令他牵挂不已的窗口。

萧军继续向丁玲谈了一会儿自己的打算,说之所以留下来,是因为对于拿笔写作实在感到过于沉闷,拿枪打仗或许更能直接地实现自己的价值。丁玲听了萧军今后要去打游击的想法之后,明确告知他显然把问题想简单了。因为打游击离不开当地的老百姓,需要强大的群众基础,现在晋南各地的民众几乎跑光了。对于打游击来说,缺少粮食、地形不熟,都是很大的问题。萧军听后,多少有些失望,他向丁玲表示急于想改变一下生活,再回武汉写文章的心情简直一点也没有,离开武汉时就没打算再回去。当时,萧军对来临汾抱有很大的预期,曾对胡风说这次去临汾如果弄不好,将来做事就困难了。丁玲建议他到八路军里打游击,并最后帮他作出决定:去五台。萧军激动的心情又有所寄托,拉着丁玲回到车厢里要她给熟悉的领导写封介绍信,以便获得去五台的正式护照。

趁丁玲写信的当儿,萧军挨着萧红坐了一会儿。列车的机车开始喘息,分手在即，萧红心里虽有万般不舍，但到底无法说动男人改变主意，就干脆不谈那令人不快的话题，考虑到回去晚了萧军就无法进到临汾城内，于是催促他下车早点回城休息。萧军坚持再等一会儿，等到列车启动再下去。萧红见状，不禁又涌起无限柔情，夹杂着无边幽怨淡淡对他说道："反正，你总是要下车的，三郎，要不，你就同我们一起到运城，好吗？"她明知无望，但是不到最后一刻还是不想放弃说动萧军。列车离站的时间越来越近，丁玲神采奕奕地走过来，站在萧红身边，两个女人一对比，萧军发现萧红的脸是那样一种不健康的阴暗与惨白，看上去极其倦怠，眼睛毫无光彩地看着面前那束跳动的烛光。

"三郎，这车究竟何时开动没有定准，你还是早点进城去吧。"过了一会儿，萧红又冷冷地催促道，头慢慢低垂了下去，强忍着眼泪不流出来。

端木仍不忘对萧军说些也许出于无心的风凉话，萧军觉得受了伤害，毫不客气地进行了回击。大家一时都觉得有些尴尬，不再说什么。稍后，萧军把聂绀弩单独叫下车厢，两人在月台上一边踱步一边说话。他告诉聂绀弩："时局紧张得很，临汾是守不住的，你们这一去，大概不会回来了，索性就跟丁玲一道过河去吧！民大乱七八糟的，不值得留恋。"他还把自己刚刚作出的去五台打游击的最终决定告诉了他，要他不要告诉萧红，以免她担心。聂绀弩原以为萧军只是留在临汾民大总部，那样二萧还是有见面的可能，而从他最终的决定里，他明显感到一种令人不安的信息，连忙问道："那么萧红呢？"

"哦，萧红和你最好，你要照顾她，她在处世方面，简直什么也不懂，很容易吃亏上当的。"萧军又开始向聂绀弩托付。

"以后你们……"

面对聂绀弩的疑惑，萧军坦率地说："她单纯、淳厚、倔强、有才能，我爱她。但她不是妻子，尤其不是我的！"

"怎么，你们要……"聂绀弩一时想不到二萧竟会有这样的决定。

"别大惊小怪！我说过，我爱她；就是说我可以迁就。不过还是痛苦的，她也会痛苦，但是如果她不说和我分手，我们还永远是夫妻，我决不先抛弃她！"

列车终于开始启动，丁玲发动团员们为萧军唱一首歌送别。端木蕻良还有"西战团"里几个与萧军相熟的团员从车厢里走下来，在月台上与萧军相拥告别，更多人则纷纷将身子探出车窗，以各自的方式向他道别。萧红没有下车，只是把身子探出车窗，默默注视着这个曾经与自己生活了六年，令她又爱又恨，曾经一起设计梦想，一起感受荣光的男人。或许只有她一个人明白，那些苦难与快乐的日子，即将随着这列山西特有的窄轨火车的开动而永远终结，太多的失望与不舍，太多太多的爱与恨，她再一次地泪流满面。在离别的刹那，她陡然非常恨萧军总是让一个爱他胜过爱自己的女人哭，太多太多的泪水滋润着这六年来的爱情。眼下，只有无声的哭，无边的心痛，还有难以承受的内心抽搐。列车的开动也让萧军感到一种极为沉重的压迫，他几乎不能压抑自己的冲动，想跑回车厢拥抱她。歌声再次唱响，一些人将萧军紧紧围在中心，他受不了这离别的气氛，转身匆忙离开。临出车站门口，禁不住回头看看，车上的人们仍在挥舞着胳膊高喊"萧军万岁"；在高唱"满腔的热血已经沸腾……"萧红想到人们在以这些表达着对他那"英雄主义"之举的尊敬与崇拜。什么都看不清了，萧军还在注视着那个窗口，仿佛又看见了她那苍白的脸色、哀伤而倦怠的大眼睛。坐在车窗前的萧红已是泣不成声，泪眼模糊地望着萧军渐行渐远，她更明白这个男人在她的生命里，亦正在转身离开，渐行渐远。她看见萧军那模糊的身影在车站门口稍稍停留了片刻，然后毅然决然地消失在无边的暗夜。男人最终走了，留给自己的是无边的空落，萧红一时觉得已经失去太多、太多。

劳燕分飞

逗留运城期间，萧红意外收到高原的一封来信。这封信 1 月 26 日自延安发出，到汉口后经人转寄到临汾民大本部，尔后又被转寄至运城。2 月 24 日，萧红在回信中向高原表达了可能到延安看看的想法，计划月底出发，大概 3 月 5 日左右抵达。知道高原在延安，她非常高兴，极其希望能够见上一面，到时候就可以一如归国轮船上那样痛快坐聊了。想到以前和弟弟在东京的阴差阳错，萧红特意说这即将在延安的见面但愿不是东京与秀珂故事的重演。在信尾，她希望高原收信后赶快给她回信，如果月底不出发就能读到。然而，这封信来不及发出，她就离开了运城，等到发出时，她在信后附上一句："现在我已经来到潼关，一星期内可以见到。"收信后，高原大喜过望，兴奋地等待着萧红的到来。然而，一天天过去了，竟没有她的消息，高原不清楚是什么缘故使萧红想来延安的愿望未能实现。行进途中，或许迫于情势萧红最终改变了去延安的打算，与端木蕻良、艾青、田间一道于 3 月初跟随"西战团"从风陵渡过黄河，然后乘火车去了西安。

萧红在西安（王连喜提供）　　　　萧红与丁玲在西安（王连喜提供）

　　火车上，丁玲就势发挥这些同行著名文化人的聪明才智，请塞克、萧红、端木、聂绀弩等人合力创作一个话剧剧本，结合西北前线的形势宣传抗日，到西安后就可以上演。漫长的旅途本来就十分无聊，大家一口答应下来，随即调动这近一个月来的西北生活体验，艺术感觉亦渐渐兴奋，在热烈的讨论中开始结构故事、缕清人物、分出场次，由"西战团"团员李金才做好记录。到了西安，塞克将大家的讨论稿整理成一部完整的三幕剧，取名《突击》。大致讲述了太原附近的农民惨遭日军侵略之后，拿起武器进行英勇反抗的故事。"西战团"经过日夜排练，于3月16日隆重公演，一连三天七场，场场爆满，轰动整个西安城。周恩来观看演出后，在凯丰陪同下接见了丁玲、塞克、萧红、端木等人。茅盾后来评价："编剧者、导演、演员都是真真实实生活在《突击》里的人，这是它最大的特色。"不过，端木蕻良在《突击》的《公演特刊》上撰文说明该剧的设意和制出，"其实都是塞克一个人"，其余三人不过是参与商榷，提供了一些参考意见。《突击》公演不仅鼓舞了民心士气，而且，因公开售票，也给"西战团"带来了一笔不小的进项。丁玲用这笔钱除了为团里添置些服装设备，给大家改善伙食之外，还购置了一架照相机。在当时，这几乎是极其奢侈之举，大家因此可以十分方便地拍照留影，萧红在西安与端木、丁玲等的几张合影差不多都是用这架相机拍摄的。

在七贤庄设有"八路军西安办事处"。丁玲率"西战团"到达之后，经西安各界的"抗敌后援会"出面安排，住进了位于梁府街的女子中学。萧红、聂绀弩、端木蕻良、田间等人同住在一排房子里，彼此相邻，平素接触较多。与萧军心照不宣地分手后，萧红从最初的伤痛与失落中渐渐归于平静，越发意识到两人之间存有太大的差异，分手亦是迟早的结局。在西安是一段极为平和、恬静的日子，没有萧军在身边，她试图开始一份全新的生活，一份纯粹属于自己，有自己独立交往的生活，她也感受到了一种全然不同的快乐。那个春天，萧红与丁玲接触较多，几乎无所不谈。萧红逝世后，丁玲在回忆文章中写道：

我们在西安住完了一个春天，我们也痛饮过，我们也同度过风雨之夕。我们也互相倾诉，然而现在想来，我们谈得是如何的少呵！我们似乎从没有一次谈到过自己，尤其是我。然而我却以为也从没有一句话之中是失去了自己的，因为我们实在都太真实太爱在朋友的面前赤裸自己的精神，因此我们又实在觉得是很亲近的。但我仍会觉得我们是谈得太少的，因为，像这样的能无妨嫌，无拘束，不须要警惕着谈话的对手是太少了呵！

在临汾，通过倾心交谈，萧红与聂绀弩之间也有了更深入的了解。聂绀弩始终赏识萧红的惊人才华，对其未来成就有很高的预期。一个月色朦胧的晚上，他们在西安正北路上悠闲地散步、聊谈。萧红穿着酱色的旧棉袄，外披黑色的小外套，毡帽歪在一边，夜风吹拂着帽檐外的长发，手里拿着一支精致的小竹棍。自从与萧军分开后，关于二人之间的恩怨纠葛平素是她讳莫如深的话题，然而，在不想提及的背后，却是她那极其强烈的倾诉欲望，她太需要一个能够倾听的朋友。聂绀弩是合适的人选，他见证了二萧在上海滩的成名，在武汉的渐行渐远，以致在临汾的最后分手。与他在一起，萧红很容易敞开心扉，一如今晚，她的心里很不宁静，边走边聊，孩子般不时用手里的小竹棍敲打路边的电线杆或街树。聂绀弩看见萧红的脸庞如同今晚的月色般洁白，在他眼里，她是非同凡响的才女，非当时一般女性所能并比。在临汾车站，他也亲眼见到了眼前这个女人那样为情所困、为情所苦，与普通女子无异；他觉得萧红完全应该有更大的施展才华的空间，而非一般小女子的生活范式所能范囿。想到这里，他禁不住对她说："飞吧，萧红！你要像一只大鹏金翅鸟，飞得高，飞得远，在天空自在翱翔，谁也捉不住你。你不是人间笼子里的食客，而且你已经飞过了。今天你还要飞，要飞得更高、更远……"

面对朋友真诚的鼓励，联想与萧军六年来的生活，萧红神情黯淡地说："你知道吗？我是个女性，女性的天空是低的，羽翼是稀薄的，而身边的累赘又是如此笨重！而且，多么讨厌呵，女性有着过多的自我牺牲精神。这不是勇敢，倒是怯懦，是在长期的无助的牺牲状态中养成的自甘牺牲的惰性。我知道，可是我还免不了想：我算什么呢？屈辱算什么呢？灾难算什么呢？甚至死算什么呢？我不明白，我究竟是一个人还是两个；是这样想的是我呢？还是那样想的是我。不错，我要飞，但同时觉得……我会掉下来。"

聂绀弩的话开启了萧红强烈的倾诉欲望，在这月色如水的夜晚，在一如兄长般的老友面前，萧红想好好谈谈与萧军这几年的共同生活，以及两人间真实的情感状况。萧军到底是她真爱的男人："我爱萧军，今天还爱，他是个优秀的小说家，在思想上是个同志，又一同在患难中挣扎过来！可是做他的妻子却太痛苦了！我不知道你们男人为什么那么大的脾气，为什么要拿自己的妻子做出气包，为什么要对自己的妻子不忠实！"说到这里，萧红不觉有些激动，待情绪稍稍平稳，对着天空中的月亮长叹一口气，喃喃自语道："我忍受屈辱，已经太久了……"

尔后，她向聂绀弩坦陈了许多与萧军生活的实际情形，更多谈到他与许粤华的恋爱给自己所带来的难以消释的巨大伤痛。那讳莫如深的心痛，此前从未向任何人提起，只是一个人独自忍受，独自吞咽男人的荒唐带给自己的屈辱，独自承受对于自己所热爱的男人的那份无边失望。今晚是一种如此特殊的情境，她太过强烈地想将这一切痛快说出。二萧之间的"故事"，聂绀弩早就有所耳闻但不知其详，今晚听完萧红的叙述，对他而言其中大半还是新闻，他也为萧红几年来所忍受的屈辱感到震惊，听完她的诉说，怃然良久。作为朋友，他自然希望二萧历经磨难能够生活美满。由此，他也对那晚在临汾火车站月台，萧军所嘱托的一席话有了全新理解。当时，还只是以为萧军蓄有离意，今晚听了萧红诉说的屈辱，才明白她和萧军一样，临汾之别，其实是二人心照不宣的永久分手。他也这才理解萧红当时何以那么不舍与心痛。

深入的交谈，让聂绀弩对萧红有了更加深入的了解。他们在马路上来回地

第八章 辗转西北

走,随意交谈着,他想给她更多安慰,但他意识到今晚只需用心聆听就是对这个不幸而倔强的女人最大的抚慰。因而,更多时候他只是静静听着萧红诉说——她太需要一个倾听者。真正的朋友也就是在必要时能够倾听对方的人。

西安,毫无疑问是萧红人生中又一个十分重要的转捩。一个拯救了她,并且她曾经无限热爱的男人最终退出了她的世界;另一个她并不太喜欢的男人在又一特殊情形下顺势进入了她的生活。

当天晚上,聊谈临近结束,萧红郑重其事地拜托聂绀弩一件事。她举起手里的小竹棍说:"这,你认为好玩么?"聂绀弩这才注意到那不过是一根二尺多长、二十几节的软竹棍儿,小指头粗细。萧红告诉他是当年在杭州春游时买的,两年来一直宝贝似地带在身边,但她接着说:"今天端木要我送给他,我答应明天再说。明天我打算放在箱子里,却对他说送给你了,如果他问起,你就承认有这回事,行吗?"

聂绀弩不假思索地答应了。私下里萧红经常向他表示讨厌端木,说他是胆小鬼、势利鬼、马屁鬼,一天到晚在那里装腔作势。然而,他马上又意识到来西安后,端木没有放过每一个接近萧红的机会。萧红今晚的嘱托显然另有深意,他想莫非端木在向萧红发起进攻?"她在处世方面,简直什么也不懂,很容易吃亏上当。"聂绀弩回想起临汾车站月台上,萧军嘱咐自己的话。想到端木实在不是与萧红般配的理想男人,聂绀弩觉得有必要提醒她,于是再次对萧红说:"飞吧,萧红!记得爱罗先诃童话里的那句话么:'不要往下看,下面是奴隶的死所!'"然而,萧红的回答在他看来,似乎并没有完全懂得他的意思;当然,他同样想到也许是自己没有完全懂得萧红的意思。

一次,萧红、端木、聂绀弩、田间等人在观看《突击》时,丁玲让一位团员把萧红叫了出去,直到话剧快落幕才从后台走出来。在回驻地的路上,萧红告诉端木丁玲出了点问题,需要很快回延安一趟,但整个"西战团"仍留在西安。至于丁玲所出的"问题",据曹革成《我的姊姊萧红》一书记载,是因她与"西战团"里年轻的团员陈明建立了恋爱关系。当时,以丁玲的年龄、职位、名气与普通团员谈恋爱自然会招致很多议论,反映到延安,有关领导令其回去"述职"。作为有自觉女性意识的知识女性,丁玲的这种苦恼也只有向萧红诉说。端木听说丁玲要去延安,也很想跟着到延安转转,他也知道萧红一直就有去延安看看的想法,便兴奋地说:"那我们也可以和丁玲一起去延安了?"然而,端

萧红与（左起）塞克、田间、聂绀弩、端木蕻良、丁玲（后排）在西安八路军办事处

木的话却戳到了萧红的痛处。按说这次和丁玲一起去延安看看，顺便会会高原，的确是很好的机会，但她从丁玲口中得知萧军已经到了延安，便随即打消了去延安的念头。既然已经分手，她害怕再见面会十分尴尬。萧红半天没有回应端木，到了驻地才低声说了一句："听说萧军已经到了延安。"说完，没等端木再说什么，便回了自己房间。

待在西安时间一长，聂绀弩觉得有些无聊，想回武汉却因陇海路的交通被切断而无法成行。听说丁玲要去延安便决定随其前往，反正闲着无聊，就到延安看看。作出决定后，一连几天他都和丁玲在一起接洽车子，没有时间与萧红聊谈。直到临行的头天晚上，二人才在马路上碰见。知道他没有吃饭，萧红便非要请客不可，将聂绀弩带进一家饭馆，点了两样他平时最爱吃的菜，还要了酒，自己则不吃不喝，只是隔着桌子看着他。聂绀弩也邀请萧红一同前往延安看看，萧红表示不想去，至于原因，她坦率告诉聂绀弩是因为说不定在那里会碰见萧军。聂绀弩可能并不知道萧军已经到了延安，继续态恿道："不会的，以他的性格不会去延安，我猜他到别的什么地方打游击去了。"

萧红不再接他的话茬，只是默默看着他很香地吃着饭菜。聂绀弩觉得她默默注视自己的眼神,好像"窥伺她的久别了的兄弟姐妹是不是还和旧时一样健饭似的"。萧红弃世四年后,他在怀念文章里写道:"在我的记忆里,这是她最后一次含情地望着我。我记得清清楚楚,好像她现在还那样望着我似的。我吃了满满三碗饭。"

出了饭馆,心事重重的萧红诚恳地对聂绀弩说:"要是我有事情对不住你,你肯原谅我么?"

"你怎么会有事对不住我呢?"

萧红打断他的反问继续强调:"我是说你肯吗?"

"对于你,没有什么我不能原谅的。"

"那个小竹棍的事,端木没有问你吧?"

听见聂绀弩说完"没有"之后,萧红很平淡地说:"刚才,我已经送给他了。"

"怎么,送给他了?"聂绀弩预感到一个很不好的兆头,"你没有说已经送给我了么?"

"说过,他坏,他知道我在说谎。"

萧红最后一句话似乎传达出一种十分复杂而暧昧的信息。聂绀弩马上意识到小竹棍身上寄寓着不同寻常的意义,然而,发自内心,萧红向端木示好是他极其不愿意见到的事实,包括自己在内,大家都对他实在没有什么好印象。沉默了一会儿,聂绀弩俨然大哥一般,不无严肃地问萧红:"那小棍儿只是一根小棍儿,不象征旁的什么吧?"及至把话问出,他又觉得自己有些犯傻,萧红此时不可能说出她的真实想法。

"你想到哪里去了?"说到这里,萧红把脸朝向别处,避开聂绀弩的眼睛继续说:"早告诉过你,我怎样讨厌谁!"

"你说过,你有自我牺牲精神!"聂绀弩明显感到她的表达有些口是心非,但还是禁不住追问道。

萧红有些支吾:"怎么谈得上呢?那是在谈萧军的时候。"

聂绀弩马上又记起萧军嘱托自己的话,连忙对她说:"萧军说你没有处事经验。"

"在要紧的事上我有!"

说这句话时,萧红声音在发颤。聂绀弩听后心情虽然非常复杂,但不便就此再说什么。但他还是担心萧红一时看不到自己的价值,再次作出了错误的选择，于是不无严肃地强调："萧红，你是《生死场》的作者，是《商市街》的作者，你要想到自己在文学上的地位，你要向上飞，飞得越高越远越好……"

第二天，丁玲、聂绀弩启程，许多朋友前来送行。人丛中，聂绀弩对萧红做着飞的姿势，然后用手指向天空。萧红见后边点头边会心地笑着。

萧红说小竹棍不具备什么象征含义，显然是违心之语。前文说过，在小金龙巷时期，她就对端木渐生好感。可能鉴于周围人对端木的印象都比较坏，她亦违心地在人前表达了一些对他的负面评价。更有可能，端木之于萧红真的谈不上爱的吸引，但是他身上有萧红极其想得到，而萧军恰恰给不了的东西。一旦萧军退出，萧红的情感世界出现了巨大的空落，端木也就成了极其自然而顺理成章的填补。毕竟，他们朝夕相处了近半年，况且，离开临汾后，端木又是那样精于把握火候。

得到小竹棍当天，端木蕻良神气十足地横拿着它，单独照了一张相。这或许是他和萧红内心里相互约定的一个纪念。据孔海立《忧郁的东北人——端木蕻良》一书提到，端木蕻良后来回忆当时小棍子实在没有什么特别的象征意义，只是因为塞克喜欢制作小棍子，手里常拿着一根精致的木棍，他看后比较羡慕，萧红说自己有一根可以送给他。可是别人知道了都想要，她又不好意思当着大家的面相送，于是对大家伙说她把小棍子藏在了房间里，谁找到就归谁，同时却又悄悄告知就藏在门后。于是端木假装在萧红房里东张西望一番，尔后径直把小棍子从门后拿到。

由此可见，小竹棍所蕴涵的象征意义，显然在于它是萧红向端木正式示好的表征，标志萧军退出之后，她那比较明确的情感取向。有意思的是，萧红和端木蕻良都极力掩饰，或许就是常言所谓"当局者迷"的缘故，也可能是言不由衷。事实上，这根当年与萧军同游西湖时作为玩物买下的小竹棍儿，现在却成了她和端木情感取向的宣示。以至于最早为萧红写传记的骆宾基同样毫不含糊地认为那是"一根有所象征的小竹棍"。

丁玲、聂绀弩走后，萧红给胡风发出一信：

胡兄：

我一直没有写稿，同时也没有写信给你。这一遭的北方的出行，在别人都是好的，在我就坏了。前些天萧军没有消息的时候，又加上我大概是

第八章　辗转西北

有了孩子。那时候端木说:"不愿意丢掉的那一点,现在丢了;不愿意多的那一点,现在多了。"

现在萧军到延安了,聂也去了,我和端木尚留在西安,因为车子问题。

在西北战地服务团,我和端木和老聂、塞克共同创作了一个三幕剧《突击》,并且上演过,现在要想发表,我觉得《七月》最合适,不知道你看《七月》担负得了不?并且关于稿费请传电汇来,等急用,是因为不知什么时候要到别处去。

屠小姐好!

小朋友好!

萧红　端木　3月30日

塞克附笔问候

电汇到西安七贤庄八路军驻陕办事处萧红收

《突击》剧本刊登在1938年4月1日出版的《七月》第12期上,署名塞克、端木蕻良、萧红、聂绀弩。这封萧红与胡风商量发表剧本的信,写于3月30日显然不可能。可能萧红写信时把日期弄错了,抑或是胡风此前已拿到剧本,早已决定发表而萧红不知道,更有可能是剧本先期已由其他人给了胡风,萧红此信只是为了催促电汇稿费。信中问候的"屠小姐"指胡风夫人梅志,"小朋友"指他们的儿子晓谷。萧红一方面把不能去延安的原因归之于不能接洽到车子,似乎有所掩饰;另一方面又非常坦率地谈到与萧军的分手:"不愿意丢掉的那一点,现在丢了。"而且,信中更透露了一个重要的信息,即萧红此时已经怀上萧军的孩子,所谓:"不愿意多的那一点,现在多了。"萧军或许不知道在临汾火车站所见到的萧红之所以显出那样苍白而不健康的脸色,实是怀有身孕之故。

既然与萧军事实上已然分手,萧红极力想打掉腹中的孩子。然而,战争时期的西安实在找不到一家像样的医院,她为此非常苦恼。丁玲不在身边,她不知道该找谁商量对策、倾诉苦闷,心情非常烦躁。丁玲、聂绀弩走后,端木与萧红接触更多,他自然不知道萧红为何烦躁、抑郁,见其情绪不好就常常陪她散步,或外出郊游。西安众多名胜古迹,端木最爱碑林。一天,他把萧红带到唐代"同州三藏圣教序碑"前,大显其清华历史系出身的根底,把碑的内容和褚遂良疏瘦劲炼的书法风格向她讲解了一番,每个字的妙处都被讲得滴水不漏,

萧红与端木蕻良在西安（王连喜提供）

令萧红大为叹服。两人亦常在街边品尝西安丰富的小吃。萧红特别喜欢吃粉皮，且要多放醋。端木发现她的口味一反常态明显嗜酸，不明就里地与她开起是否有身孕的玩笑来。

萧红、端木也常与塞克、王力一起聊天，无拘无束地谈论一些话题。每天都有新鲜的活动，萧红内心的烦躁渐渐消释了一些。反正西安也没有办法处理，暂时就不再去想腹中的孩子，与端木蕻良的日益亲密，在旁人看来他们的关系似乎已然明朗，自然也会引起一些人的议论。萧军此前对萧红那近乎完美的"英雄救美"式的拯救壮举，早已作为美谈在文人圈中广为流传。二人分手后，萧红与端木的亲近，人们自然将端木视为不光彩的第三者，而不太理会个中并不为人所知的隐衷。加之，端木那非同寻常的做派以及不类圈中同人的气质，本来就难以给人好印象，舆论自然就对他不利。

不久，萧红与端木间短暂的安宁便被打破。4月初，在离开西安半个月后，丁、聂二人又回来了。一进到女子中学院内，就有"西战团"成员高声喊道："主任回来了！"萧红、端木闻声一起从丁玲房里赶出来迎接。出来后才发现跟随他们一起回西安的还有萧军。见状两人都愣了一下。端木赶忙上前与萧军拥抱，但所有人都看出其神色极不自然，畏惧、惭愧甚至"这回可糟了"等复杂的含义，似乎都写在脸上。简单寒暄过后二人便迅速分开。聂绀弩一回到自己屋内，端木便跟了进来，拿起刷子开始替他刷掉大衣上的尘土，边刷边低头说："辛苦了！"然而，在聂听来似在说："如果闹什么事，你要帮帮忙！"见到这种情状，聂绀弩心里比所见到一切都还要清楚地知道，萧红这只让他一直看好的大鹏金翅鸟，已经为其自我牺牲精神所累，从天空一个筋斗栽到"奴隶的死所"上了！萧红到底没有理解他那鼓励其在天空飞翔的意思，为此，不免有些失望。

萧军于3月20日只身一人身背褡裢，手拄木棍，渡过黄河，从山西吉县步行二十多天来到延安。延安是他前往五台抗日前线的必经之路。但是等他到了之后却被告知因前方战事吃紧、交通中断,五台革命根据地正在迎击敌寇,前去打游击的计划一时难以成行。失望之余,萧军在等待时机的过程中适值丁、聂前来延安,见到萧军,二人便劝他与其在这里无限期地等待,不如跟随他们一起到西安参加西北战地服务团。更加深入了解到萧红的内心后,聂绀弩一心想撮合二萧破镜重圆,更是极力怂恿萧军跟随他们一同回西安。他始终觉得萧军虽有缺点,但在端木和萧军之间选择,萧红还是应该选择萧军。

对于萧军而言,毕竟与萧红在一起生活了六年之久,经历了风风雨雨。虽然自小金龙巷开始,他发现萧红有与端木相投的倾向后内心里很不舒服,再到后来在临汾心照不宣地分手,而此时到底余情未了。也许萧军自分手后也有一些反思,长期生活在一起的两个人一旦分离,心里难免有所空落。送走萧红的第二天醒来,他就感到一份难以言说的失落,起床后发现女人那双常穿的矬腰小皮靴还放在屋角。萧红穿着这双棕红色的小靴子走路总是显得格外愉快、轻捷,谈起这双靴子脸上常显出夸炫的神情。现在它成了二人间唯一的纽带,睹物思人,他将小靴子包裹起来,附上一封短信,另将一些文稿、信件,一并交给对门准备当天去运城的同事,托其分别带给萧红和丁玲。萧军在给萧红的短信中写道:

红:
　　这双小靴子不是你所爱的吗?为什么单单地把它遗落了呢?总是这样不沉静啊!我大约随学校走,也许去五台……再见了!一切丁玲会照顾你……祝
　　健康!

　　　　　　　　　　　　　　　　　　　　　　　　　　　　　　军

此次跟随丁、聂到西安,在情感上萧军仍对萧红存有预期,这也是非常显然的事实,不然,他也不会走这一遭。况且,二人在临汾的离别亦并未明确表示就此分手,本来就留有较大的情感回旋空间。然而,令他没想到的是,分开的这段日子,经过对往昔二人共同经历的岁月的省思,以及在端木的"进攻"下,萧红对萧军的心态明显有了极大改变。况且,与丁玲的充分交往,亦更加激发和强化了她那本来就十分自觉的女性意识。此时的萧红已经不是此前那个

在临汾车站无限不舍与伤痛的女人了。或许已经痛过一回，反倒更加坚定了对二人情感的理性认知。在这个关键时期，端木对她的吸引更大，某种程度上萧军身上所缺失的，恰恰在端木身上可以找到。萧军依然太过自信，他或许想到萧红还是一如在临汾车站那样对他充满依恋，更对他的再次出现无比欣喜，没想到见面后竟是如此冷漠，如此令他尴尬。虽然，此前他也对萧红与端木间关系的发展有一定的心理准备，然而，一旦事实摆在面前，还是很难接受，况且他一向那样自信而骄傲。

事情发展到这一步，萧红想最好的处理方式就是坦荡面对。她回屋沉思了一会儿来到萧军房间，当时他正在洗着满头满脸的灰尘，屋子里还有其他人在聊天。萧红笑着说："三郎，我们永远分开罢！"这当众的公开宣布使整间屋子一下子变得格外气氛凝重，大家霎时一言不发。萧军擦着头脸平静地说了声："好。"萧红随即便离开了。

在临汾分手时萧军曾对聂绀弩说过，与萧红继续生活在一起，两人都痛苦，但萧红不先提出分手，他是决不先抛弃她的。现在萧红既已主动提出，似乎是对两人痛苦的终结。萧军晚年把这场正式的分手描述得非常简单，当他回答完一个"好"字后："我们的永远'诀别'就是这样平凡而了当地，并没任何废话和纠纷地确定下来了。"事实上，并没有这么简单，他来延安前毕竟还对萧红存有一定的预期，只是没想到事情会发展得如此迅速，他一时还难以接受局面的变化。另外，萧红当众提出分手，显然也是对这个自尊而骄傲的男人的挑战。因而，他那平静说出的"好"字背后，自然蕴藏难以言说的恼怒。黑土地上生养的儿女，维护脸面的荣光常常是他们最自然的心理动机，萧红之所以选择这样的公开场合商谈二人间最私密的决定，以致不可能再有回旋余地，可能也是一种刻意的选择亦未可知。

即便如此，过后二萧和端木蕻良显然还需要好好谈谈。作为知名文化人，他们应该平静而理性地处理情感问题，况且，对于萧军而言，也不是第一次处理这样的问题。相对于两年前在上海处理与黄源、许粤华之间的情感纠葛，这次萧军的位置和身份明显有所不同，他的心气不能平和似乎也可以理解。

端木蕻良 1981 年 6 月 25 日在接受美国学者葛浩文的访问时，说出了一些后续"故事"：

在一间大房子里，萧军背对着萧红、端木坐着，三人都一言不发，气氛尴尬、僵持而沉闷。有谁想到，三人在小金龙巷时曾挤睡在一张床上，而此前越是亲密现在越是尴尬，正如去年年初，回到上海的萧红，又何曾想到萧军绯闻的女主角就是在东京与自己朝夕相处的许女士。萧军心气难平，双手在一架破旧的风琴上胡乱按着，不知过了多久，冷不防对萧红说道："你跟端木结婚吧，不要管我……"据有些传记材料如曹革成《我的婶婶萧红》记载，萧军当时气急之下，还说到"我和丁玲结婚"。陡然听了这没头没脑的话，萧红和端木都有些发懵，待缓过神来，萧红勃然大怒："你这是什么话？你和谁结婚我管不着，我和谁结婚难道要你来下命令吗？"端木蕻良知道萧军所说的"和丁玲结婚"，只是鉴于萧红与自己的亲密想气气她，但他好像把萧红当作一件自己不要的东西顺手甩给他端木蕻良似的。这自然是对自己和萧红极大的侮辱。事实上，当时端木和萧红的关系还没有发展到谈论结婚的地步。听了萧军的话后，端木也非常生气地说："你也太狂妄了！你把我们当成什么人了？"

"我成全你们不好吗？"萧军斗志昂扬，怒气冲冲地指着端木继续说："瞧瞧你那德性！"当端木质问他为什么随便侮辱人之后，萧军便自然亮出了他那拿拳头说话的本色，边伸拳捋袖边说："我就是要好好教训教训你这小子！"萧红觉得他一时已经没了理智，全然无理取闹，也就更感到没有解释和聊谈的必要，上前警告道："你若是还尊重我，那么也对端木必须尊重，我只有这一句话，别的我们都不要谈了。"说罢，三人不欢而散。

一闹之后，几乎整个"西战团"都在议论三人间的矛盾。当天晚上，萧军来找萧红索要以前写给她的信件。当他走进萧红房间，大家远远地注视着，想知道事情的最终结局。萧红开启箱子准备把留存的萧军所有的信件都还给他。但是，萧军索要信件只是一个借口，他想找萧红再好好单独谈一次，便把已然开启的箱子合上，然后坐在上面，对她说："我有话说。"

"我不听"，萧红倔强地说："若是你要谈话，我就走。"两人爆发出激烈的争吵，萧红最终把信件都还给了萧军，但是向他索要自己的信件却遭到拒绝。至此，两人彻底闹翻。住在隔壁的端木听见他们声音时大时小地吵了一夜。整个晚上，他同样心绪烦乱辗转无眠，一时想起很多。端木蕻良晚年说道："在这种情况下，我当然要站在萧红这方面。实际上，我一直没有结过婚，萧红年龄还比我大，身体还那样坏，我当然也有考虑。但这种情况下，我必须与萧红结婚，要不然她会置于何地？这以后，我们就经常在一起了，关系也明确了。"

第二天，端木见萧红的眼睛红肿得厉害，明显哭过。萧军仍是一副毫不在乎的架势。三人间的关系非常僵持，萧红没有像往日那样来找端木，见面也没有一如往常有说有笑地打招呼。端木不便掺和，饭后独自待在自己房间，对着铺开的稿纸，心情烦乱一个字也写不下去。傍晚时分，萧红悄悄来约他一起出去散步。端木知道她有话要对自己说，于是戴上帽子、围上围巾，两人一起向常去的公园走去。一路上，两人都没有说话只是并排默默地往前走。到了公园门口，端木停下来征求萧红的意见是否进去。萧红没有理会他的示意，径直走了进去，到了林木密集处突然转身盯着端木说："我和萧军彻底分手了，我将他的信件全部还给了他，但是向他索要我的信件，却不给，他力气大，我抢不过他，只好随他去。"

萧红在西安公园（张抗提供）

端木心想这大概是他们昨夜争吵的结果，沉默了一会儿，平和地说道："这么说，你自由了！"原以为萧红会因此而开心，不想面前这个一向刚强、倔强的女人却掩面痛哭起来。端木有些慌神，急忙上前扶着她的肩膀问："怎么了？"萧红更难抑制自己的情感，哭倒在端木怀里。端木只好慢慢安抚，想知道她究竟怎么了。哭了一阵，待情绪稍稍平复，女人猛然抬头坚定地对他说道："我要告诉你一件事。"当端木询问是什么的时候，萧红脱出他的怀抱，往后站了两步，睁着大眼睛，定定看着他说："我有了萧军的孩子。"

"有孩子？"端木一时难以醒过神来，立马想到萧红在街头吃粉皮时那么嗜醋，还有自己当时的玩笑。不想一句无意间的玩笑话竟真的成了事实。萧红直盯着端木的眼睛，极其认真地告诉他："我已经怀孕三四个月了。"

"萧军知道吗？"端木本能地问道。

"当然知道！"

"那他还要你和我结婚？"

萧红面无表情地看着端木："是的！他就是这样的人。"

第八章 辗转西北

"天哪!"端木蕻良一下子理解了面前这个女人的苦难,上前将她紧紧搂在怀里,气得全身发抖,颤声说道:"你,你怎么能和这样的人生活在一起……"依偎在端木怀里,萧红痛快地放声大哭。她一直不敢把怀孕的事实告诉端木,怕遭拒绝,没想到端木非但没有拒绝,反而还理解她,同情她,两人随即热烈地拥吻在一起。

二萧彻底分手和萧红与端木正式明朗恋爱关系的消息,迅速在"西战团"驻地传开。态度既已明朗,萧红与端木更加坦然地在一起。开始萧军对他们并不理会,然而没过两天,他又改变了正式分手的主意,可能考虑到萧红怀上了自己的孩子,而他又是个非常喜欢孩子的男人,希望看在孩子的情分上二人能和好。但萧红离意已决,断然拒绝了萧军的想法,且坚决不给他任何沟通的机会,觉得一切都没有什么好谈的了。

一天晚上,萧军突然踢开端木的房门,气势汹汹地说:"端木,起来,走!我们去决斗!"他还是想用在上海滩对付小报记者的方式来解决与端木之间的恩怨纠葛,痛打一顿以纾解怨气。对萧军的行为,端木蕻良实感匪夷所思,起先把自己已经怀孕的妻子推给别人,现在不甘心又要找人决斗。端木早就听说过萧军找马蜂决斗的故事,也立刻联想到那只有在外国小说里才出现的场景。他开始寻找理由故意拖延时间,先问决斗的地点在哪里,萧军回答:"野外";然后又说决斗需要找个证人,萧军回答:"我们不用证人!"正在端木磨磨蹭蹭起床穿衣的时候,萧红闻声赶来,进门厉声说道:"萧军,这里是八路军办事处,你不能耍野蛮,你这种宪兵作风还是收起来吧!我的脾气你是知道的,你要把他弄死,我也把你弄死!这点你该相信我,你最好忍耐些。"

见萧红这种架势,萧军只好无奈收场。萧红看起来身体不好,外表比较柔弱,但性格却非常坚强,与之生活了六年的萧军非常了解这一点。二人的婚姻已经没有挽回的余地,但决斗没有实现,怨气没有纾解,心里很是不甘,萧军于是又采取了新的行动。只要萧红和端木走到哪里,他就手里拎着一根粗大的木棒,在距离二人一二百步远的地方跟着。这让萧红、端木十分不安宁,决计离开西安,而去向主要是为了避开萧军。如果萧军去延安他们就回武汉;如果萧军回武汉他们就去延安。他们确有去延安的打算,4月在臧云远等人创办的《自由中国》创刊号上还刊有"萧红、端木前往延安"的消息。但当他们得知萧军要去延安后,便决定回武汉,萧红此时正好收到老友池田幸子的来信,她和鹿地已经在武汉开展工作,一个人比较寂寞,希望她能马上回武汉。这样,萧红和端木更加坚定了回武汉的打算。对萧红的这一决定,丁玲很是遗憾:

> 那时候很希望她能来延安,平静的住一时期之后而致全力于著作,抗战后短时期的劳累奔波似乎使她感到不知在什么地方能安排生活,她或许比较合适于幽美平静,延安虽不够作为一个写作的百年长计之处,然在抗战中,的确可以使一个人少顾虑于日常琐碎,而策划于较远大的。并且这里一种朝气,或者会使她能更健康些。但萧红却南去了,至今我还后悔那时我对于她生活方式所参予的意见是太少了,这或许由于我们相交太浅,和我的生活方式离她太远的原故,但徒劳的热情虽然常常于事无补,然在个人仍可得到一种心安。

阴差阳错的是,萧军当时并没有去延安,而是准备前往新疆,途经兰州时与王德芬结识,并迅速坠入爱河,6月2日的《民国日报》上刊登了二人订婚的启事,5日正式结婚。这是后话。萧红即将离开西安回武汉,不仅丁玲很是遗憾,诗人田间更是不舍,临别深情写下《给萧红——一九三八年四月十七日夜在西安为告别萧红姐而写》一诗,诗中写道:

> 中国的女人都在哭泣。
> 在生死场上哭泣,在火边哭泣,在刀口哭泣,
> 在厨房里哭泣,在汲井边哭泣。
> 呵,让你的活跃的血液,
> 从这战斗的春天底路上,
> 呼唤姐妹,提携姐妹,
> ——告诉我们,
> 从悲哀的家庭里,
> 站出来——到客堂吃饭,
> 上火线演说,去战地打靶……
> 中国的女人不能长久哭泣。

1938年5月14日,在中华全国文艺界抗敌协会会报《抗战文艺》第1卷第

4号上，刊登了一则《文艺简报》：

> 萧军、萧红、端木蕻良、聂绀弩、艾青、田间等，前于一月间离汉赴临汾民大任课，临汾失陷后，萧军已与塞克同赴兰州，田间入丁玲西北战地服务队，艾青、聂绀弩先后返汉，端木蕻良和萧红亦于日前到汉。

一起西北行的《七月》同人至此风流云散。劳燕分飞的西北之行结束了萧红的一个人生阶段，另一个全新的时期已然开始。这则简报无意间透露出很有意思的信息，那就是开头的"萧军、萧红"到结尾已变成"端木蕻良和萧红"。对于二萧而言，这次不愉快的分手已成永诀。

当年萧军拯救萧红的时候，萧红正怀着汪恩甲的孩子；临到他们分手，萧红同样怀着萧军的孩子。这是多么可怕的宿命，命运仿佛和这个女人开了一个太过残酷的玩笑。

第九章　重返武汉

幸福的新娘

1938年3月，鹿地亘和池田幸子应郭沫若之邀从香港来到武汉，在即将成立的国民政府军事委员会政治部第三厅担任设计委员。被国民政府委以重任的鹿地夫妇生活条件大为改善，参加政治活动甚至日常外出多由胡风陪同，担任翻译。27日上午，他们和胡风一起到总商会参加"中华全国文艺界抗敌协会"（简称"文协"）的成立大会，鹿地亘以日本作家身份，祝贺协会成立并讲话。4月1日第三厅正式成立，鹿地夫妇成为第三厅对敌宣传处事实上的顾问，帮助指导对日宣传工作。

4月下旬，萧红和端木重返武汉直接找到胡风。萧红急于通过胡风约见池田幸子，当晚见面后决定搬到池田幸子处暂住。次日上午，二人又赶到汉口找蒋锡金帮助解决端木的居住问题。见面后，问起萧军的去向，萧红只是很淡然地说去了兰州，锡金也就没有多问。至于端木的住处，锡金说比较容易解决，因为小金龙巷的房子还租着，只是有三个月没付房租，只要端木先拿出16元付清一个月的房租就可以住进去。二人拿到钥匙返回武昌，端木通过三哥未婚妻刘国英向其父借了20元大洋，付了房租，重新入住小金龙巷那再熟悉不过的两间房。安顿妥当，萧红和端木下午再次来到胡风家，当晚适值张止戈夫妇前来回请，胡风于是约上萧红、端木和鹿地夫妇一同赴宴。

艾青一家4月中旬返回武汉后，曾给胡风带来萧红的信，说是怀有身孕并与萧军分道扬镳。艾青亦向胡风详述了萧红在西安与萧军分手并与端木在一起的经过。其实，关于二萧、端木三人情感上的微妙变化，早在离开武汉之前胡风就已经看出些许端倪，如今听艾青谈到这最终结果，并不感到突兀。第三天上午，萧红和端木又来到胡风家。前两天始终没有机会与胡风详聊别后，二人再次来访，显然想对他详细谈谈此番西北之行的具体情形，更主要的在于，萧

第九章　重返武汉　　　　　　　　　　　　　　　317

红想对胡风这样的朋友宣布她与端木的关系。

　　萧红和胡风在金家花园的蔷薇架下坐聊，端木有意远远站在蔷薇花丛的阴影下，有些隔膜与尴尬。去临汾前都是他和二萧一起前来，与萧军常常发生争论，处处护着萧红，如今二萧离异，自己取代了萧军，前后毕竟不过几个月的时间，真是世事如棋，而情感的变化更是瞬间沧海桑田。在太过了解他们三人此前情形的胡风面前，端木多少有些尴尬亦在情理之中。萧红详谈了西安的那段生活，对丁玲思想的解放感到吃惊，表示不习惯她那粗犷的军旅生活。萧红最后向胡风宣布自己已与萧军彻底分手，现在同"他"生活在一起。说到"他"时，用嘴向站在蔷薇架那边的端木努了努。端木听见谈到自己，也只是冷冷地、似笑非笑地表示了一下。令萧红和端木有些意外的是，胡风听后没有任何表示，不感突然，但同时连一句祝贺的话也没有。萧红既然与萧军不能共同生活，胡风认为离开也好，不过现在听了萧红的叙述，见端木那份冷淡的似乎以胜利者自居的样子，心里很不是滋味，同时亦为她抱屈，不知她何以如此迅速地作出决定，在他看来二人并不相投，且朋友们都知道萧红一直也很看不起端木。胡风夫妇显然对端木没有好印象，认为他作为第三者的闯入，彻底裂解了二萧那原本就存有裂痕的共同生活，他们对萧红的重新选择有些费解甚至失望，但是事已至此也就没有什么好说的了。

　　连一句祝福也没有，朋友间这显然有些不合常理的反应，让敏感的萧红心里很不舒服，她意识到和端木一起回武汉，很可能即将遭遇友情的"封锁"。然而，这些不快并不影响萧红和端木开始同居的喜悦与幸福。一种全新的生活已然展开。过了两天，池田前来向梅志大发牢骚，对象自然是萧红："我请她住在我家，有一间很好的房子，她也愿意。谁知晚上窗外有人一叫，她跳窗逃走了。"之后，又气恼地补上一句："喝，像夜猫子一样，真没办法！我真的没办法！"说罢，双手一摊。转而，池田又似乎为自己恰当使用了中国话里的"夜猫子"一词而自我欣赏，一个人大笑起来。胡风和梅志都不明白端木蕻良身上到底是什么吸引了萧红，以致如此狂热，心想或许正是由于端木平素所表现出的那副胆怯相，或是那份温和的绅士派头，让萧红离开了过于粗犷的萧军。梅志更觉得这是萧红一个极其任性的反拨，是走向另一极端的选择，怀疑二人之间是否有真正的爱情发生，觉得萧红太冒险了，不免为之担心。梅志的怀疑显然不无道理，白朗当时亦认为二萧分手后，萧红"竟爱上了一个她并不喜欢的人"。

对于萧红的选择，胡风终是如鲠在喉不吐不快，在后来的聊谈中，还是坦率地表达了自己的意见："作为一个女人，你在精神上受了屈辱，你有权这样做，这是你坚强的表现。我们做朋友的为你能摆脱精神上的痛苦是感到高兴的。但又何必这样快？你冷静一下不更好吗？"萧红听后觉得自尊心有些受伤，端木自然更不高兴，这样，往日无话不谈的朋友日渐疏远。

过了几天，锡金回小金龙巷支付另外两个月的房租，捎带取些衣物。锡金的东西都在外间，因端木离开小金龙巷去临汾后，梁白波的两个妹妹在里间住过一段时间。他收拾好东西与端木略谈了一会儿。正打算离开，听见里间有个女声在喊自己，问为什么不进去。锡金一听是萧红就推门而进，端木仍留在外间。萧红睁着大眼睛注视着走进来的锡金，脸色非常苍白，像是有些害怕。见她躺在床上，盖着端木的被子，锡金就明白萧红是要向他公开与端木的关系。他觉得这是私人生活，作为朋友没有什么好说的，连忙解释因为不知道她在里间所以没有进来。萧红拍拍床沿示意他坐下，然后告诉锡金自己怀孕了，托其帮忙找个医生打胎。当时做人工流产是违法的，医生要负刑事责任，想到这里，锡金便说这件事实在没有办法帮忙。他进而问孩子是谁的，有几个月？萧红回答是萧军的，五个月了。锡金更觉得流产手术不能做，胎儿太大母亲会有生命危险，于是劝说萧红既然是萧军的孩子就生下来，毕竟是一条小生命！萧红泪流满面地说自己一个人维持生活尚且如此困难，再带个孩子，那就把自己完全毁了，说着，泣不成声。

锡金立时觉得面前的女人非常可怜，便说："我认识的医生只有于浣非，你也认识，我能找到他，请他来商量一下怎么样？"

不想，萧红听后大声说道："不要，我不要找他，不能找他！"对于锡金的提议，萧红之所以如此强烈而坚决地表示反对，可能因为于浣非虽是不错的医生，但他是黑龙江宾县人，在故乡从事过政治活动十分知名，而自己的家族在宾县亦广有田产、地产，是富甲一方的大地主，她或许担心找于浣非商量堕胎，此事会传回家乡，令家族蒙羞。锡金可能意识不到这一层，见其不愿找于浣非商量堕胎，就劝她还是把孩子生下来，并安慰说不要太担忧，孩子生下来总会有法子，这么多朋友也不会看着不管，可以托人抚养，也可以赠给别人，就好好生下来吧。离开后，锡金心里虽然很是替萧红担忧，但从此再也没回小金龙巷看望，一则因为忙碌，而更主要鉴于她和端木的同居关系，觉得端木有责任照顾她，朋友间也就日渐疏远了。

此前与二萧亲密交往的朋友，现在因为二人的分道扬镳以及对端木的恶感而渐渐疏远的远远不止胡风和锡金。友情的"封锁"只是刚刚开始。萧红没有回武汉之前，张梅林就听说了二萧分手的消息。及至萧红、端木住进小金龙巷二萧从前居住的那两间屋子，虽然住处仍然相隔很近，但张梅林也不常来了，大不同于当初萧军在的时候。因为，一旦走进那两间屋子，他会产生不必要的联想。感到寂寞时，萧红和端木常常一起到梅林处闲聊，偶尔一同去蛇山散步。想到此前在青岛、上海、武汉都是和二萧在一起，现在萧军换成了并无好感的端木，梅林很难接受，对萧红的选择很不以为然，二人间明显失却了此前一如姐弟般的无间与投契。

"是因为我对自己的生活处理不好么？"面对张梅林的冷淡，非常失落的萧红一次单独与之相处时，禁不住很突兀地问道。

"这是你自己个人的事。"梅林回答说。

"那么，你为什么用那种眼色看我？"

"什么眼色？"

"那种不坦直的，大有含蓄的眼色。"

作为多年好友，张梅林不愿掩饰自己的内心，在萧红坦直的追问下，一时不知道说什么好，只好默然以对。沉默了好一会儿，萧红还是很想得到朋友们的理解，诚恳地对梅林说："其实，我是不爱回顾的，你是晓得的，人不能在一个方式里面生活，也不能在一种单纯的关系中生活。现在我痛苦的，是我的病……"

萧红和端木回武汉后积极参加以《七月》为核心的文艺活动。4月29日下午，他们出席了由胡风召集的文艺座谈会，题目是"现时文艺活动与《七月》"。胡风、端木蕻良、鹿地亘、冯乃超、楼适夷、吴奚如、辛人、萧红、宋之的、艾青等人先后发言。针对胡风、吴奚如的发言，萧红真率地表达了自己的观点：

> 胡风对于他自己没有到战场上去的解释，是不是矛盾的？你的《七月》编的很好，而且养育了曹白和东平这样的作家，并且还希望再接着更多地养育下去。那么，你也丢下《七月》上战场，这样是不是说战场高于一切？还是为着应付抗战以来所听惯了的普遍的口号，不得不说也要上战场呢？

关于奚如对于作家在抗战中的理解，我有意见的。他说抗战一发生，因为没有阶级存了。他的意思或是说阶级的意识不鲜明了。写惯了阶级题材的作家们，对于这刚一开头的战争不能把握，所以在这期间没有好的作品产出来，也都成了一种逃难的形势。作家不是属于某个阶级的，作家是属于人类的。现在或是过去，作家们写作的出发点是对着人类的愚昧！那么，为什么在抗战之前写了很多文章的人而现在不写呢？我的解释是：一个题材必须要跟作者的情感熟习起来，或者跟作者起着一种思恋的情绪。但这多少是需要一点时间才能够把握住的。

在这里，萧红表达了与男作家们普遍抱持的极其功利主义的文艺观点完全不同的看法。在她看来，一些男作家对当时一切为抗战服务的口号存在机械化的理解，以至于褊狭地认为战场至上。她对萧军丢下手中的笔去打游击的不满也基于此，相反，萧红认为在战时每个人只要做好自己的本分，尽其所长地努力工作就是对抗战的最大支持，就是对民族和国家负责的表现。由此可以看出，萧红对一些问题的看法渐渐富有理性精神，视野更为开阔、高远，不为当时流行的观点所左右，而且表达见解充满自信。而她表达作家创作应该超越狭隘的阶级论调时所表现出的普世性价值取向，在当时自然是非常难得的卓越之见，表明她对自己的写作有着非常自觉的认知。这种超越政治功利主义之上的文艺观，对其在香港时期的创作显然有着极其深刻的影响。某种意义上，脍炙人口的《呼兰河传》《小城三月》《马伯乐》等作品就是这种文艺观念的典型体现。这些卓异于当时之世的传世之作的出现并非偶然，只可惜萧红的生命过于短暂，如果假以天年，在她立意高远的创作思想的范导之下，一定会写出更多优秀之作。有意思的是，在对一些细节问题的看法上，同样充分彰显她那鲜明的个性，针对这次座谈会的形式，她强调：

还有，下一次座谈会一定要请记录人，这种不能成为座谈会。谈话是跟着声音继续的，这样的间隔法，只能容少数的人，或是完全庄严的理论和一篇文章一样的谈话才能够发表。比方今天，有半数的人只得到了坐着的机会，而没有听到他们的声音，我看他们感到寂寞的样子。这是对于同坐的人的不敬。

第九章　重返武汉

今天再读这段当年的发言记录，音容宛在，可以见出萧红对他人权利的尊重，以及听取不同声音的宽容心怀。至此，萧红的思想和观念，毫无疑问并非只是一个简单的"左翼女作家"所能范围。

端木认为萧红之所以被汪恩甲、萧军不负责任地离弃或欺负，最主要的原因就在于两个男人都没有和她正式举行婚礼。没有婚姻形式的约束，这些男人可以不顾她的存在而与其他女人肆无忌惮地谈情说爱，这对于萧红显然不公平。因而，在从西安回武汉的路上，他就想等到安定下来之后，一定要和萧红正式举行婚礼，在公众面前给她一个正式的名分，不再让她处于同居者的位置。端木想以此表达对萧红的尊重，同时也是对自身的约束。他知道家里人显然不可能同意他的决定。5月初，三哥从浙江上虞赶来武汉与当时还在武汉大学读书的刘国英订婚，端木趁机向忙完订婚典礼的三哥郑重表达了即将与萧红举行婚礼的决定。三哥刚开始非常反对，觉得萧红年龄比弟弟大，且与两个男人同居过，眼下还怀有萧军的孩子，这样的女人做儿媳，母亲绝对不会同意，要端木多考虑考虑。但是，端木执意强调与萧红结婚是自己的事情，不告诉母亲就是了。三哥知道老弟的脾气，见主意已定，规劝起不了作用，便只好随他。临走前留下一笔钱，以便端木安排结婚之用。

5月下旬，萧红与端木蕻良在汉口大同酒家举行婚礼。前来祝贺的主要是端木家在武汉的亲戚，如三嫂刘国英及其同学窦桂英等，主婚人是三嫂的父亲，当时在邮政局任高级职员的刘镇毓老先生；此外还有艾青等一帮文化界的朋友，胡风担任司仪。萧红把当年鲁迅和许广平送给自己的四颗南国相思红豆，转送给端木作为定情信物。池田幸子当天亲自送来一块上好的衣料作为贺礼。萧红和端木都觉得她不该买这么贵重的礼物，池田后来告诉他们，这块衣料是她当年流落上海无以为生做舞女伴舞时孙科送的，后来摆脱了舞女生活，这块贵重的衣料丢在一边就再也没有动过。衣料里有池田的辛酸，亦有其深情厚谊。了解到这些，萧红始终没有把它做成衣服。端木理了头发，定做了一套浅驼色西装，打着红领带；萧红穿着由刘国英、窦桂英帮忙做的红纱底金绒花的旗袍，内配黑色纺绸衬裙，虽然因五个多月身孕腰身显得粗了一些，但整个身材还是让人觉得比较不错。当两人出现在婚宴现场，大家都觉得是非常漂亮、儒雅的一对。

虽然此前先后有过与两个男人同居甚至生育的经历，但那都是在万不得已的情形下的无奈选择。第一次做新娘，即便怀有萧军的孩子，萧红仍感到无比兴奋而幸福。刘镇毓老先生事后对婚宴的"排场"表示满意,其实所谓"排场"是说不上的,端木和萧红无力也不想对婚礼大操大办,不过是想在亲友面前表明关系,希望被他们接纳。不过,婚宴的气氛还是十分热烈,据说,胡风还提议新娘新郎谈谈恋爱经过,把喜庆推向高潮。萧红对众人说:"张兄,掏肝剖肺地说,我和端木蕻良没有什么浪漫蒂克式的恋爱历史,是我在决定同三郎永远分开的时候才发现了他。我对他没有什么过高的希求,只想过正常的老百姓式的夫妻生活。没有争吵、没有打闹,没有不忠、没有讥笑,有的只是互相谅解、爱护、体贴。""我深深感到,像我眼前这种状况的人,还要什么名分,可端木却做了牺牲,就这一点我就感到十分满足了。"

送走亲友,两人回到酒店二楼的头等包房,锃亮的大铜床、紫檀木的梳妆台在红宫灯的映照下熠熠生辉。萧红和端木从大镜子里看到对方和自己那因兴奋而闪亮的眼睛、白里透红的脸庞,满心洋溢着无边的喜悦,长久拥抱在一起。第二天,他们便搬回小金龙巷,开始了一段甜美而平静的家居生活。端木的生活自理能力很差,几乎什么都不过问,丢三落四,像个处处需要照看的大孩子。萧红则将这个临时小家布置得温馨而安宁,桌上铺着漂亮的桌布,廉价的花瓶里插着康乃馨。婚后少有朋友来访,二人不愿做饭就多半在附近小馆子里吃点自己感兴趣的食物,兴致高涨时萧红便亲自下厨做几个拿手好菜。

然而,萧红那怀着萧军的孩子做端木新娘的幸福,并没有维持多久便被无边的焦虑和烦恼挤兑。她向张梅林所说的"病",是指日渐沉重的身子,看着肚子一天天长大而无可奈何,一筹莫展。萧红极力想打掉腹中的孩子。一则,既然与端木生活在一起,如果生下萧军的孩子,显然是日后影响两人情感的障碍;二则,武汉的战局同样一天天紧张起来,兵荒马乱中一个人逃难尚且无比困难,再添个襁褓中的孩子,实在难以想象,眼下实在不是生育的时候。萧红为此无比焦虑,常常一个人来到胡风家,遇到胡风不在也留下来和梅志聊一会儿。梅志觉得萧红可能是怀孕之故,因而更愿意和女人接近。萧红常常向她谈起小时候在东北生活的情形,描述冬季南方人难以想象的寒冷。回忆起刚上小学时,因不敢举手说要小便,结果尿了裤子,等回家把裤子脱下来,棉裤冻得都可以立着不倒。听萧红谈说这些陈年往事,梅志觉得近乎海外奇谈,而萧红自己却哈哈大笑起来,好像在叙述别的孩子的故事。

第九章　重返武汉

1938年，萧红与梅志（右）及儿子晓谷（中）在武昌金家花园（王连喜提供）

初夏时分，花园里姹紫嫣红。非常喜欢花的萧红就和梅志在花房前坐聊，见晓谷在一旁捉蚂蚁便童心大发，边和他玩耍，边漫不经心地对梅志说："孩子顶可爱的，尤其是三四岁，似懂非懂顶好玩。"晓谷很喜欢她，老是"萧姑姑、萧姑姑"地叫着，比起过去，孩子对她更表示亲热了。梅志见怀孕中的萧红对孩子似乎有一种天然的亲近与爱怜，便说："看得出你喜欢孩子，将来一定能把孩子带好。"

"我？孩子？那太缠人了，麻烦……"

萧红长长叹了一口气，欲言又止地把后边的话咽了回去。

将近端午，梅志发现自己也怀孕了，反应非常强烈，在大街上还晕倒过一次。她和胡风同样为眼下实在不是要孩子的时候而焦虑，就托房主的夫人带着到医院找熟人堕胎，萧红也跟着一起去了。到了医院一问，手术费需要140元，萧红和梅志都被这巨大的数目吓住，无论如何拿不出这笔巨款，只好无可奈何地放弃了。

此后，萧红也意识到怀孕六个多月，再做流产手术已无可能，而且，如此高昂的手术费更使她断绝了堕胎的念头，不再想这件事，只好听天由命。只是身子一天比一天沉重，行动一天比一天迟缓。更令她感到沮丧的是，周围的朋友并不因为她和端木蕻良正式举行了婚礼以示对这次婚姻选择的严肃性而接纳端木，接受这一事实。往日和萧军在一起时过从甚密、几乎无所不谈的朋友都一个个渐渐疏远。显然，二萧间的传奇先入为主地进入了人们的内心。友情"封锁"对于敏感的萧红来说无异于精神折磨，苦不堪言。舒群当时从延安来武汉主编《战地》半月刊，住在读书生活出版社的书库里。寂寞的萧红无友可访，常常一到舒群住处，就把脚上的鞋子一踢，栽倒在床上，一躺就是一天。舒群知道她心情苦闷，曾执意劝她去延安，但萧红始终想做一名无党派人士，对于政治斗争不感兴趣。为了这个问题，有一次两人整整争吵了一夜。

萧红不无悲哀地想到，朋友们不是因为自己与萧军的分手和与端木的结合而疏远，就是因为政治见解甚至文艺观点的差异而无法相互说服，再也无法像从前那样亲密无间地聊到一起。很显然，与萧军的分手彻底改变了她的生活。

炮火中的遐想

人们被瞬息变化的战局驱赶着不断迁徙。上海沦陷后潮涌武汉，南京沦陷后搬到武汉的许多人又纷纷往重庆等长江上游地区迁移，有的甚至迁至昆明。1938年3、4月间，台儿庄大捷让国人欣喜若狂地看到了抗战胜利的希望，致使一些已经迁到重庆的人又回来了，冯乃超夫人李声韵就是在此间返回武汉的。然而，5月中旬国民政府弃守徐州，战局一下子又不利起来。6、7月间，日军分兵五路钳向武汉，国民政府发出"保卫大武汉"的战时动员。但是，越是上层人物越不相信武汉能保得住，一些达官要人，工厂企业、学校、政府机关纷纷迁往重庆。"中华全国文艺界抗敌协会"总会已由姚蓬子带头去重庆筹备搬迁；"国民政府军事委员会政治部第三厅"亦准备搬迁；一些个体文化人有路可走的，亦是扶老携幼纷纷入川。逃难的人们似乎得出了政府的规律，"保卫大武汉"的口号喊得越响亮，人们越是惶惶不安。

武汉战局危难之时，许多文化人纷纷由报社派到武汉周边前线充当战地特派记者。端木蕻良一直都有当一名战地记者的梦想，觉得此时是实现梦想的好机会，于是与《大公报》总编辑王芸生接洽，想作为该报特派记者上前线采访，对方亦表示欢迎，后因时局变化太快，眼见国军即将溃退，《大公报》亦无意再多派人上前线，端木战地特派记者的梦想终未实现。

第九章 重返武汉

7月间，在端木联系当战地记者等待回音的时候，一个阴雨天张梅林从武昌乘船过江途中偶遇萧红。当梅林问她怎么一个人时，萧红反问道："一个人不能过江么？"现在，萧红似乎非常反感在别人看来，自己的行为一定要与端木连在一起，而朋友们的思维惯性还是如此，就像此前往往习惯性地将她与萧军联系在一起一样。这也许是萧红离开萧军之后最为明显的变化，进一步苏醒的女性意识，不断促使她寻找更多属于自身的独立空间和行为方式。

与张梅林的聊谈中，萧红了解到他和罗烽即将订票入川，不禁神采焕发地对他说："那我们一起走，好吗？"

梅林没有回答，并有些不解地问道："你一个人么？"

"一个人"，萧红接着强调说："我到哪里去不都是一个人呢？"

"这要和端木商量商量。"

萧红听后很不理解地睁着大眼睛大声问梅林："为什么要和端木商量呢？"梅林一时不知道该如何回答，两人短时间的僵持中，萧红随即感受到这是男性中心的社会对于自己的无情挤压。她有一种受伤害的感觉，不无沮丧地意识到自己无论怎么努力，男人们，即便是自己最好的朋友，还是习惯于将她视为端木的附庸，就像从前将她看作萧军的附庸一样。这是一张太过坚韧的巨网，想要冲出几乎没有可能。她马上也站在梅林的位置上想，是啊，现在的萧红已经是端木蕻良的妻子，又有哪个男人能不经"丈夫"的同意，带着友人的太太一同旅行呢？想到最好的朋友在自己面前亦自然秉持着男性中心主义的立场，萧红内心不免涌起一丝无奈和酸楚。

当不成战地记者，端木和萧红准备一起迁往重庆。8月初，萧红托罗烽好不容易才买到一张船票。只有一张船票，萧红和端木在决定谁先走的问题上产生了一些分歧。端木坚持两人一起走，主张先把船票转让了，再等机会。萧红则认为船票实在太紧张，而且，她一个人挺着大肚子先到重庆人地两生，很不方便，要端木先到已经人满为患、房价飞涨的山城找个落脚的地方，她后到也方便，因而，坚持等一段时间找人搭伴再走。再者，萧红认为自己身怀六甲与罗烽搭伴入川，一路上也不方便。田汉在第三厅任第六处处长，他和夫人安娥亦准备去重庆。见萧红、端木争持不下，安娥向端木表示田汉办法多，他们与萧红一起去重庆没有什么问题，有女人搭伴便于照顾。这样，端木蕻良于8月初离开武汉去了重庆，上船后碰到罗烽和张梅林，当时他与罗烽似乎不是很熟悉。

端木把萧红一个人留在武汉独自先行入川，几十年来一直遭人诟病，在情感上倾向萧军的朋友们大都认为端木此举实在是不负责任、不近人情、极其自私的表现。旅居台湾的东北籍作家陈纪滢在《记萧军》一文中，载有东北籍作家孙陵（亦是萧军好友）曾告诉他，"端木看来文雅，但在二十七年夏天，正是武汉紧张的时期，他却一个人买了一张头等船票去了重庆，把萧红一个人留在武昌不管了"。骆宾基在《萧红小传》中的叙述，则是另一种情形：萧红准备和罗烽、梅林一起入川，等船票拿到手，武汉已是极度恐慌，而没有实现"战地特派员"梦想的端木主动向梅林要求说"萧红不走啦！她要留一些日子另外等船"，于是把船票据为己有，和罗烽、梅林"启程去川了"。

毫无疑问，这些说法都基于一种后续立场。后来人们把萧红客死香港同样归结为端木的不负责任，似乎不负责任是他的一贯本性，就萧红令人惋惜的死，让人们自然联想到这次入川两人似乎不合情理的选择。事实上，不管端木蕻良后来在香港萧红临死前的表现如何，今天理性地来看待他们入川的选择，萧红让端木先走，在那种特殊的情况下倒是比较明智的安排。另外，我们也不能忽视萧红在行事上所表现出的极为鲜明的个性，在某种意义上，其人生悲剧的形成也有其自身性格的因素在起着重要作用。前文多次提及，此时女性意识不断增强的萧红十分反感别人把她看作端木的附属。与萧军在一起生活的时候，萧军往往以绝对的保护者自居，无处不在地表现出大男子的骄傲而很少顾及她的自尊和感受，这让她受够了，也是导致二萧最终分手的最根本的原因。与端木生活在一起，萧红担当的角色已经全然置换：在萧军面前，她只是一个始终大受保护的孩子；而现在，她则是处处照顾端木的大姐姐。萧红的妻性和母性此前令萧军感到厌烦，反过来又谴责她没有妻性，而端木在其妻性、母性的庇护下，幸福得像一个无忧无虑的大孩子。少爷作风浓厚的端木生活自理能力本来就极差，家里一切俱不过问，只知道看书写字，萧红事实上已成家长，一切均由她来安排，让端木先行入川的决定，自然也是其意志的体现，端木并没有太大的说话空间，拗不过她。公允地说，这一点对于那些本来就对端木蕻良怀有偏见甚至恶感的人们来说，是无法理解的，亦不去深究，只是一味地美化萧军，贬抑端木。

更有意思的是，在端木独自入川差不多半个世纪之后，台湾作家赵淑敏在《端木蕻良的感情世界》一文中指出，当萧红坚持要端木先行入川，他"就依言先去了重庆。端木没想到这件事不但影响了外人对他做人的评价，在萧红心理上也会觉得失望。他不知道，萧红虽痛恨做附属品，在心性上和生活史上，仍

第九章　重返武汉　　　　　　　　　　　　　　　　　　　　　　　327

是个渴情望爱的女人。假如端木不那么听话先走了，萧红会发脾气，心里却是既安慰又舒服。而端木以为终于和对他悄悄念'恨不相逢未嫁时'的她结了婚，以为接受了怀着萧军孩子的她，就表示了足够的爱。他不懂，真不懂，一个在感情生活有那么多颠沛经验的（人），需要的（就会）更多"。这段在端木蕻良的传记作者孔海立看来"很有意思的心理分析"，显然基于事后处于和平时期对战时人们心态的想象，对萧红当时的心理不过是一厢情愿的臆测。如果回到当时兵荒马乱、人心惶惶的历史情境中，这些类似经常出现在琼瑶笔下风花雪月般的爱情心理，实在是后人无比缠绵的想象。

更有人质疑如果萧红肚子里的孩子是端木蕻良的，作为少爷的他是否走得那么"无事一身轻"呢？常人都知道事实不容假设，萧红所怀的到底不是端木蕻良的孩子，这样的追问显然有些阴损，只能说明人们对于端木始终表现出令人费解的不宽容。事实上，他已经做到了一个男人很不容易做的，然而人们还是要求更多。常言道，家务事，清官难断，但是后人还是往往喜欢站在道德仲裁者的位置上，基于一种想象的立场苛责前人，获取快意。自己不能做到，却苛责他人做到，这近乎国人劣根。

端木蕻良走后，田汉夫妇的行程和工作计划在组织的安排下有所改变，入川之事一时延搁下来。不久，日军加紧了对武昌的轰炸，大武汉的倾覆几成定局，入川的船票就更难买了。两人分开后的一个多月里，据说通信频繁，只可惜这些信件都在战乱中遗失了。一个人住在武昌小金龙巷的萧红，孤独而惶恐。在战乱中怀着身孕独自照顾自己，令她非常害怕再次回到当年困处东兴顺旅馆那噩梦般的情形中。

武昌大轰炸第二天，萧红把锡金的被褥、床单和枕头打了一个简单的铺盖卷，拎着自己的小提箱，叫了辆人力车赶往设在汉口三教街的"文协"找锡金。三教街原属俄租界，武昌大轰炸伊始，"文协"就成了一个临时避难所，当天从武昌搬来的还有冯乃超夫人李声韵和另外几位，李声韵也在等船票返回重庆。下午萧红乘人力车匆匆赶来时只有锡金一人在家，上楼后直接对他说要在这里住下来。锡金诧异于端木蕻良为什么没有跟在一起，当他听说端木已经去了重庆，不禁更惊异地问："他怎么不带你走？"不想，萧红反问道："为什么我要他带？"锡金想想也是，似乎没有理由非要他带不可，但萧红要住下来，却令他有些犯难。锡金向她详细说明了房子的居住情况：楼下两间住的是原《大光报》

社长、主笔赵惜梦一家；楼上两间由孔罗荪租用，后间原住的体育新闻记者搬去重庆后，他建议老舍由"文协"租下，作为对外联络场所，白天人来人往，夜里亦常有人来借宿，十分嘈杂没法住人；前间只有一张双人床，他和孔罗荪共睡，冯乃超来时三人便打横睡。萧红听后对锡金耍蛮说："不管你那么多，我住定了，我睡走廊楼梯口的地板，去买条席子就行。"锡金说席子倒是有不用去买，只是在楼梯口打地铺，人来人往，怕她睡不安稳，别人行走也不方便。萧红自然听不进去，向锡金要了条席子，在走廊楼梯口打开铺盖卷铺上。锡金见那床单、被褥和枕头原来都是自己的。实在拿萧红没有办法，见她肚子已经高高隆起，一脸倦容，不禁心生怜悯，让她先休息一下，长住的事等孔罗荪回来再商量，因为是他的家自己还不能做主。

孔罗荪（1912—1996），原名孔繁衍，笔名有罗荪、叶知秋等，原籍上海，生于济南。1928年至1932年间在哈尔滨邮政局工作，业余从事文学活动，后在《国际协报》主编副刊《蓓蕾》，1935年任汉口《大光报》副刊《紫线》主编，1937年《大光报》停刊后参与编辑《战斗》旬刊。此时，孔罗荪正出任"文协"出版部副部长兼机关刊物《抗战文艺》编委。值得一提的是，罗荪夫人周玉屏与萧红是前后同学，1928年考进哈尔滨东特女一中高中二班读书时，萧红在初中四班。她晚年在《我的怀念》一文中回忆道："萧红当时个子高高的，很温柔、很文静，每次见到，总是相互笑笑，亲切招呼，但我们从未坐下来深谈过，也未一起玩过。但感到她的情绪有点忧愁，微笑中有点与人不同。"周玉屏是去年年底遵从政府命令带着孩子去重庆的。二萧从上海来到武汉后，两位老同学在汉口重逢，非常欣喜。萧红还送给周玉屏夫妇一张自己与萧军的合影。也许正是因为萧红与罗荪、周玉屏有这样一层特殊关系，她才敢在锡金面前如此"霸蛮"。当晚，罗荪回来后三人在饭桌上商量萧红的住处。罗荪对锡金说实在想不出更好的办法，就让她住下吧。萧红就这样住

孔罗荪

第九章 重返武汉

到了"文协",因身子沉重,行动越来越不方便,总是在地铺上躺着。

船票非常难买,萧红和李声韵只好暂时安心住下来。在"文协"这个临时避难所,人们常常在大轰炸的时候,凭窗看着日军战机投下炸弹,尔后,武昌和徐家棚一带便腾起漫天大火。经历了当年困处东兴顺旅馆的无助与绝望和在东京时漫长无边的孤寂,萧红最为害怕的就是周围没有朋友。在"文协",即便这兵荒马乱、大城将倾的岁月,因周围除锡金外还有罗荪、于浣非、孙陵等一帮具有哈尔滨背景的友人,以及常来"文协"聚会的汉口文艺界朋友,她亦能在战局的危急和自身即将生产的困境中,获得一份安宁,似乎忘记了这些身内、身外的困厄。就在这样的环境里,她于8月6日完成了一篇近八千字的短篇小说《黄河》,次年2月1日发表于《文艺阵地》第2卷第8期,半个月后,又完成了约三千字的短篇小说《汾河的圆月》,刊于8月26日汉口《大公报》副刊《战线》第177期。

两篇小说明显取材于萧红辗转西北的见闻,都从一个很小的角度表现抗战。也许,她觉得自己没有深入到抗战前线,便只好描写自己在后方所见到的有关抗战的一切,再加上属于自身的想象。这与萧红所表达的文艺主张相一致,彰显写作的诚意,因而也就没了当时抗战文学那种演绎口号的空洞。今天看来,这些小说仍然非常有价值。《黄河》的故事叙述非常松散,在进入故事之前,有大篇幅的关于黄河景物的描写和在风陵渡过河情景的叙述,文字松弛,风韵十足,某种意义上展现了黄河船工的生存图景。这篇小说可以视为萧红小说创作由前期的稚嫩、粗糙向后期的成熟、精致过渡的一个转捩。渡过黄河追赶队伍的八路军战士被老船工追上来问道:"是不是中国这回打胜仗,老百姓就得好日子过啦?"战士沉思了一会儿,然后拍着老船工的肩膀说:"是的,我们这回必胜……老百姓一定有好日子过的。"萧红就这样不动声色地表达了淡淡的主旋律,表达了对战局的乐观。而写于8月20日的《汾河的圆月》,则叙述了后方一个老母亲因为儿子在军中病死伤心致疯的故事。字里行间渗透着萧红创作当时对战局的理解和情绪,虽然关涉抗战,但是情绪比较低沉。结尾那发疯的母亲仍孤独地坐在汾河边,圆月下她那深黑色的影子落在地上与之为伴,伤心的母亲还听见一个救亡小团体的话剧在村中开演。圆月和村中演剧的热闹,更衬出老母亲的伤痛、失落与孤单,小说题目似带有淡淡的反讽。在当时的抗战小说中,这些作品自然属于异数,处于被关注的边缘,但在今天,其价值却非同一般。萧红处处在彰显其独特与任性。

1938年夏天，高原因寻找组织关系联系人，从延安来到武汉，住在东北救亡总会，通过胡风找到萧红。在"文协"，高原见怀着很重身孕的萧红穿着一件夏布长衫，坐在楼梯边的地铺上，旁边摆着一盘未燃尽的蚊香。天气很热，两人便席地而坐聊了一会儿。高原听人说端木蕻良脸上有明显的天花疤痕，萧红于是拿出自己与端木的合影给他看，神情极不自然，亦不愉快，让他明显感到她并不热心谈论端木。得知萧红囊空如洗，高原便把自己仅有的5元钱留给了她，并在心里猜测端木可能已经不在她身边，否则不至于如此困窘。见萧红如此情形，高原心情十分沉重，对于她与萧军的分手，他本来就颇有怨言，现在见状不免责怪萧红处理自己的生活问题太过轻率，不注意政治影响，不考虑后果，犯了不可挽回的错误。自己与端木的结合一直不被朋友们理解本来就是萧红的心痛，埋怨她决定草率的声音始终存在，现在高原又把这个私人问题上升到政治高度，自然更令其反感。面对高原激动的情绪和生硬的语气，她很不以为然，说他从延安回来，学会几句政治术语就训人。聊谈虽然不欢而散，但高原毕竟是萧红1929年以来的好友，此后仍不时前来看望。白天武汉常遭空袭，两人多在宁静的夜晚，沐浴江风，面对点点渔火畅言。

高原的5元钱在萧红身上并没有留存多久。一天，几个人喊着锡金的名字上楼要他请客到冷饮店饮冰。锡金支吾说身上没钱，如果你们请我就去，结果大家商定凑份子。不想，萧红听后一骨碌从地铺上爬起来，连忙说："我有钱，我请！"于是，一行人高高兴兴地来到胡同口一家新开张的饮冰室。萧红大方地说："大家随便要。"众人各自要了刨冰、冰激凌和啤酒，一共花去两元多。萧红从手提包里拿出那张5元的钞票付账，及至女侍者送回余钱，她却摆摆手说："不要了！"女侍者急忙连连称谢，大家随即作鸟兽散。回来路上，锡金一路埋怨她太阔气，大手大脚地花钱。萧红却回答说反正这也是最后的钱，留着也没用，花掉它就要花个痛快。锡金批评她太没道理，日军不过在田家镇暂时按兵不动，一旦发动进攻，武汉危在旦夕。萧红说："那两元多钱留着也是什么作用不起，反正你们有办法我也有办法。"锡金哭笑不得，转而认真地对她说："最紧张的时候，我可能人在武昌，江上交通一旦断绝，我能顾得上你吗？"萧红仍不以为然地回答道："人到这步田地，发愁也没有用，反正不能靠那两元多钱！"

萧红此时经济上的极度困窘，同样招致一些人对端木的诟病，指责他离开武汉时只顾自己，没给她留下什么钱。据孔海立《忧郁的东北人——端木蕻良》

一书记载,端木在对此作解释时有些尴尬,因为,他自己在家庭生活中实在从不过问钱财之事。有了收入都是悉数交给萧红,一切都由她安排,自己就像一个大孩子——"一个有福的大孩子"。钟耀群根据自己和端木一起生活多年的经验也证明了这一点,说端木不抽烟、不喝酒,生活极其简单,家庭生活都由她一手"包办"。联想端木东北大少爷的出身,对烦琐的家庭小事没有兴趣,应该合乎情理。萧红此时的困窘,可能由于在端木离开时,她把家里的钱绝大多数都给了他,自己留下很少。无论婚前还是婚后,她都像个姐姐照顾着端木这个小弟弟。在萧军面前那个任性无比的孩子,在端木面前居然变成了一个宽容、细腻的姐姐;而端木这个大少爷则成了处处受庇护而不自知的懵懂孩子。这是多么戏剧性的变化!

　　住在罗荪家的锡金、冯乃超、于浣非等工作在外不赶回来吃饭,剩下要解决吃饭问题的就只有罗荪、李声韵、萧红三人。三人都不愿意烧饭,便常常变换吃饭地点,往往吃午饭的时候就计划晚餐到哪里吃,诸如锦江的砂锅豆腐、冠生园的什锦窝饭,都是他们常常光顾的物美价廉的用餐之所。碰到兴致高涨之时,萧红便去买牛肉、包菜、土豆、番茄,回来做她拿手的罗宋汤。三人一边喝汤一边吃面包,在罗荪看来这是最丰盛、最有风味的午餐。餐后往往闲谈,萧红吸着烟非常健谈,脑子里有许多计划和幻想。

　　"人须要为着一种理想而生活着。"

　　香烟的烟雾弥散在她面前,一双大眼睛在烟雾中流露出神秘的憧憬,似有无尽的幻想,待烟雾飘散,接着又舒缓地说道:"即使是日常生活中的琐细小事,也应该有理想。"

　　见萧红又慢慢进入她的憧憬中,李声韵默默微笑着,罗荪则斜躺在租来的沙发上享受这片刻的悠闲,对萧红说:"那么,我们就来谈谈最小的理想吧。"

　　"我提议,我们到重庆以后,要开一间文艺咖啡室,你们赞成吧。"萧红立即来了劲头,大睁着眼睛,挺着胸脯,生怕别人看不清自己的表情,连忙吹散了面前的烟雾。

　　"唔",李声韵微笑着点头赞成,"你做老板,我当伙计,好吧!"

　　三人都笑了起来,萧红却一本正经地说:"这是正经事,不是说玩笑。作家生活太苦,需要有调剂。我们的文艺咖啡一定要有最漂亮、最舒适的设备,比方说:灯光、壁饰、座位、台布、桌子上的摆设、使用的器皿等等;所有的服务人员都具有美的标准；我们要选择最好的音乐，让客人得到休息……哦，总之，这个地方一定是可以使作家感觉到最能休息的地方。"

完整说出自己的设想之后，萧红慢慢吸了一口烟，又远远地喷了出去，无比惬意。三人都依照各自的想象，沉浸在这个美丽的遐想中：一间布置精美的起居室、四壁的书架上插满世界名著、书架间挂着世界名画……短时间沉默之后，罗荪不禁说道："那不是一处世外桃源吗？"

"可以这样说"，萧红肯定地回答，"要知道世外桃源不必一定和现实隔离开来，正如同现实主义并不离弃浪漫主义，现实和理想需要相互作用……"

"哟！理论家又来了！"李声韵笑起来。

"你们看见有一天报纸的副刊上登过一篇文章么？题目叫《灵魂之所在咖啡室》，说马德里有一家《太阳报》，报馆里有一间美丽的咖啡室，专供接待宾客及同事之用，四壁都是壁画，画了五十九位欧洲古今名人，有王侯，有文学家，有科学家、艺术家。每一个人物都能表现其个性和精神。这些生动的壁画，可以使它的顾客沉湎于这万世不朽的、人类文化所寄托的境界，顿起追崇向上之心。你们看，我们的灵魂难道不需要这样一个美丽的所在吗？"

萧红越说越兴奋，双颊绯红，吸烟时微微引起一点呛咳。那孩子般的兴奋好像已经置身于那间安妥灵魂的咖啡室中一般。说话时间稍长，她便显得十分疲倦，整个身子陷在沙发中，望着天花板，烟也不吸了，烟卷在食指和中指间任其燃烧，袅袅升起一缕青灰的雾线。沉默片刻又若有所感地轻声说道："中国作家的生活是世界上第一等苦闷的，而来为作家调剂一下这苦闷，还得我们自己动手才成啊！"

"我完全赞同，好，我们现在到'美的'去安顿一下我们兴奋的灵魂吧。"罗荪提议道。

"不，现在很累，就在这里休息一下。"萧红和李声韵几乎同时回应道。一番美丽的遐想，令她们都有些倦怠。太过久长的颠沛流离，实在令萧红感到一种刻骨铭心的倦怠，这美丽的设想是她在隆隆炮火声中对未来平安、宁静生活的无尽向往，像是短时间沉浸在一个现世静好的梦中。到重庆后她仍念念不忘，见到罗荪仍不时絮絮提起这"文艺咖啡"计划。

萧红对金钱和危难战局的达观与乐天，却让锡金很是为之发愁，见到她那即将生产的笨重身子就担心不已，而战局越来越紧张，武汉三镇随时不保。锡

第九章　重返武汉

金心想战争一旦打起来，萧红身无分文非常危险，于是到生活书店找曹谷冰借出 100 元，又去读书生活社，找黄洛峰借出 50 元，说明是代萧红借的，将来由她用稿子还钱；如萧红不还，就算是他自己预支的稿酬。把钱交给萧红时，锡金说明了钱是如何借来的，要她好好保存以备逃难专用，不许乱请客！萧红苦笑着收下。锡金还是不放心，觉得萧红这样子待在武汉实在不妥，找冯乃超商量尽早想办法把她送走。冯乃超加紧找机会为李声韵、萧红购票入川，只是船票实在太紧张。不久，锡金与叶君健结伴去广州，临行那天中午，冯乃超、罗荪、萧红等人在江边一家酒楼上为之饯行，尔后一直送到徐家棚车站的渡口码头。战乱中聚散无常，大家都有些不舍，锡金与萧红从此再也没有相见，真所谓"江干一为别，世事两茫茫"。

想起七年前沦于敌手的故土，每年的"九一八"对于这些流亡关内、由黑土地生养的儿女们来说都是一个极其特殊的日子。1938 年 9 月 18 日，在汉口《大公报》副刊《战线》第 191 期上，萧红发表了公开信《寄东北流亡者》，亲历"八一三"的炮火之后，中国政府积极抗战的姿态让她似乎看到了回家的希望。在这篇情绪激昂、富有鼓动性的文字里，萧红满怀豪情地憧憬"我们就要回家去了！"她哪里想到八年抗战只是刚刚开始，相反乐观地认为"抗战到现在已经遭遇到最艰苦的阶段，而且也就是最后胜利接近的阶段"，所以满怀希望地对东北流亡者发出激奋的号召："东北流亡同胞们，为了失去的土地上的高粱、谷子，努力吧；为了失去的土地上年老的母亲，努力吧；为了失去的地面上的痛心的一切的记忆，努力吧！"近年，曹革成在《我的婶婶萧红》一书中指出，据端木蕻良晚年回忆，这篇文章是由他执笔以萧红的名义发表的。此说不知是否确实，不过，从文章的内容、表达习惯以及文风来看，的确疑似并非出自萧红之手。

第十章 避难重庆

孩 子

船票终于买到了。

临行当天碰到高原,萧红拿出去重庆的船票给他看,开船时间是晚上9点。上船前,她又兴致勃勃地与前来送行的罗荪谈起"文艺咖啡"计划,说和李声韵到重庆负责筹备,一定要实现。高原处理完一天的事情匆匆赶到码头送行,可是找遍了全船,终究没有见到,直到轮船快要起航,才随着送行的人群失望离开。

行至宜昌,李声韵不幸病倒,大咯血。萧红急得手足无措,幸得同船《武汉日报》副刊《鹦鹉洲》编辑段公爽的帮助,才将她送进当地医院。萧红一个人在天还没有放亮的船码头,忙乱中被纵横的缆绳绊倒。怀着八个多月的身孕,倒地后她感到衰弱、疲倦已极,双手死死拽着随身包裹。她想挣扎着爬起来,但手脚全然不听使唤,难以动弹;感到身子太笨重,太累赘。倒地的刹那,她极其希望腹中的孩子,能在这连自己都未卜生死的一跤中摔出来,实在不愿意他来到世上。想起与萧军那早已死亡的爱情,这孩子的出世将是她永远都难以言说的心痛,更何况在如此兵荒马乱的逃难岁月,不知道该如何养活他。但是,她只感到一点皮肤擦伤的疼痛,一切都安然无恙。经过几次努力,终究不能自己站起来,她索性心情安宁地躺在这异乡的码头。实在太累,一旦躺下,在这凌晨寂寥的码头,萧红内心反倒拥有一种似乎从未有过的平静。如此躺倒,放弃挣扎,这是上天刻意赐予的休憩,那就索性休息一会儿吧,索性仔细数数天幕上稀疏寥落的星辰,一如儿时躺在夏夜的后花园。四周一个人也没有,轮船没有等她,早开走了,她想,等到天亮也许会有个警察过来扶起自己。平躺于天地间,面对浩渺的星空,还有四野的山川、河流,萧红一下子想起很多:重重关山之外的遥远故乡;经年不见,然而依然不能达成精神、情感和解的亲人

第十章 避难重庆

们；几年来坎坎坷坷的命运遭际；那些生命中出现过的男人们；还有这渺茫而不可知的未来……因了这样一个如此非常的契机，以如此独特的方式感受天地、感受时间和空间。她感到自己无比渺小，心底弥漫着虚无，追问着生死。她想，即便此时因小产大出血死去，亦未见得世界会因为自己的死而显得少了什么。然而，她马上意识到就此死掉，实在不甘。

"总像我和世界上还有一点什么牵连似的，我还有些东西没有拿出来。"

几年后，躺在战时香港的医院里，大城将倾，听着四周传来的密集枪炮声，萧红向骆宾基回忆这异乡码头的一幕，最后说到这里，大眼睛里噙满泪水。

过了很久，一个赶船的路人把无助的女人扶了起来。脱了航班，只好在宜昌再等下一趟船。9月中旬，萧红终于一个人拖着极其沉重的身子到达重庆，结束了在旁人看来有些不可思议的冒险之旅。幽怨、辛酸和无名的愤懑难以言说，见到张梅林，她不无怨愤地说道："我总是一个人走路，以前在东北，到了上海后去日本，现在到重庆，都是我自己一个人走路。我好像命定要一个人走路似的……"

端木只身到达重庆后，不久应复旦大学教务长孙寒冰邀请，任内迁重庆的复旦大学新闻系兼职教授，兼复旦大学《文摘》副刊主编，暂住昌平街黎明书店楼上。端木的住处是《文摘》的门市部，住的都是单身汉，要安置萧红还得另想办法。房子非常难找，得知当年南开中学同学范士荣亦在重庆，他便找了过去。范还是端木二嫂胡隽吟妹夫范士奎的弟弟，与他是同学加亲戚，来重庆较早，那时房子容易找，质量也比较好，见到端木非常热情，尽管家里已经住了不少人，还是同意萧红住进来。解决了萧红来渝后的住处问题，端木轻松不少，给她去信告知范家地址。

按照萧红在信中提供的到达日期，端木蕻良扑了个空，第二天在码头接到后，叫了两乘"滑竿"直接去了范士荣家。范太太热情迎了出来，对萧红说："曹太太一路上辛苦了，今天要再接不到，可要把曹先生急坏了。"第一次听人家喊自己"曹太太"，萧红有些不习惯，不禁一愣，但随即高兴地接受了，与女主人寒暄几句就进了范家专门为她准备的小屋。

端木编刊物、教课、写作非常忙碌，顾不上萧红。一个人待在范家，人地两生毕竟不是长久之计，产期愈益临近，萧红不得不考虑生产问题。和端木在一起，多是自己照顾他，端木自己都照顾不好自己，遑论料理产妇了。一筹莫展中，萧红想到白朗。白朗和婆母于1938年6月底先期到达重庆，罗烽来渝后通过熟人，在江津找了一处房子将全家搬了过去。罗烽不常回家，多数时间在重庆临江门横街33号楼的"文抗"会所忙工作，家里只有白朗和婆母照顾不到一岁的儿子傅英。萧红心想不如到白朗家生产，还有老人帮助照应，便随即去信询问，没想到很快得到了白朗欢迎前去的回信。这样，萧红抵达重庆不久，便只身坐船到江津白朗家待产。

预产期在11月份，一个多月的待产时光，萧红多以写作和给友人写信打发。10月上旬完成了散文《鲁迅先生记（一）》，并将上年10月16日发表在《七月》上的《在东京》一文改题为《鲁迅先生记（二）》。先生逝世快两周年了，萧红想以自己的方式做一点纪念，她此时似乎就有了写作系列文章纪念鲁迅先生的念头，只是待产之中，身不由己，难以展开。10月中旬，她又完成了四千余字的小说《孩子的演讲》，而六千余字的《朦胧的期待》则完成于当月的最后一天。前者紧接《黄河》取材西北之行的见闻，叙述了西北战地服务团一个9岁的小男孩，在一次欢迎会上即兴发表演讲时误把听众的热情鼓掌视为嘲笑的故事。小说在庄严中略带喜剧性，文字富有趣味。后者取材"保卫大武汉"，故事发生背景设置为她和萧军曾经待过的武昌紫阳湖。一如此前诸作，小说仍以日常视角来反映抗战主题。年轻的女佣李妈希望嫁给雇主的卫士金立之，武汉战局吃紧，卫兵也即将开赴战场。当金立之前来向女主人道别的时候，李妈连忙出去替他买两包香烟表达情谊，只是赶回来时意中人已经走了。故事至此似乎略有遗憾，而不同于《汾河的圆月》的是，萧红到底给了它一个乐观、明朗的结尾：没有赶上意中人的李妈梦见金立之打了胜仗，从前线毫发无损地回来，并对她说："我们一定得胜利的，我们为什么不胜利呢，没道理！"这似乎最为明显不过地显示出萧红那基于时代主流的写作动机。

萧红、白朗这对知心姐妹，久别后在战争中的后方异乡小镇难得长时间生活在一起，照说这是件令两人十分快慰的事情。然而，这次相聚，白朗发现萧红的性情发生了非常明显的变化。两人此前虽然各自为生活、理想奔忙，多半相忘于江湖，但无论分开多久，一旦见面还是亲如姐妹促膝密语、无话不谈。现在，整天待在一间房子里，却很少交谈。白朗察觉，萧红从不向她谈起与萧军分手后的生活，把一切都隐藏在心里，对着一向推心置腹的故友亦不肯吐露丝毫真情。白朗更感到她心里似乎在承受着一种她所不愿言说的隐痛的折磨，

第十章　避难重庆

即便偶尔也发出一如往日的爽朗欢笑，但总觉得那是一种忧郁的伪装，不得已强颜欢笑人前。

产期愈益临近，萧红变得极其暴躁易怒，两三次为着一点小事竟冲白朗发起脾气，似乎急于找到一个发泄哀怨和愤懑的对象。及至理智恢复，发现白朗并不应该是自己发泄的对象时，才缓缓沉默下来。这莫名发火不仅不时针对白朗，甚至对罗烽母亲亦是如此。作为姐妹，白朗能够理解，亦能由此感受她内心那深重的苦；但是老太太对萧红无端的脾气就未必理解、接受。白朗常常处于两难中。一次，萧红对她说："贫穷的生活我厌倦了，我将尽量地去追求享乐。"对比以往，萧红的言行在白朗看来极为反常，感到她好像在与一个空洞的对象赌不忿，困惑于她为什么对一切都好像怀着报复心理。白朗愈发感到萧红离开萧军后的"新生活"并不美满，进而推知，与萧军分手已是她无可医治的巨大心灵创痛。这创痛她不愿意讲，白朗亦不忍去触动。她内心真正所爱的还是萧军，而且依然那样真挚，令她难以真正进入"新生活"。萧红当时追求的所谓"享乐"，便是在写作、写信之余戏言赶制"嫁妆"，用那双灵巧的双手，自裁自缝了一件黑丝绒旗袍，还绣了精致的花边。

白朗把即将临盆的萧红送进当地一家私人小妇产医院，顺利产下一个白白胖胖的男婴，低额头，四方脸，酷肖萧军。产后三天，白朗早早晚晚去医院送汤送水照料萧红母子。其间，萧红向她索要止痛片说是牙痛，白朗带给她德国拜尔产的"加当片"———一种比阿司匹林厉害得多的镇痛药。第四天，萧红十分平静地告诉前来探望的白朗，孩子头天夜里抽风死了。性情率直、遇事少转脑筋的白朗听后马上急了，说孩子昨天还好好的，怎么说死就死了呢，要去找医生理论，萧红死活阻拦不让找。医生、护士也很吃惊，都说要追查原因，萧红自己反倒非常冷淡，也没有表现出多大的悲伤。

孩子夭殇，萧红急着当天出院，对白朗说整个医院晚间只有她一个病人加上一个值班护士，很害怕。这让白朗非常为难，江津本地风俗忌讳儿媳以外的女人在家里坐月子，产妇未满月视为大"不干净"，不能随便串门，怕给人家带去晦气。白朗明知不行，还是与房主商量，结果对方说必须红毡铺地才能进门，无异于刁难。作为生养过的女人，白朗太清楚生产是女人的一大关口，产后需要精心护理，好好将养。但是现在大家都在逃难中，实在无法可想，只有力劝急于出院的萧红再多待一两天。萧红离开时，11月的江津，已经十分阴冷。经过多年的颠沛流离，衣物所剩无多，见萧红无衣御寒，白朗还是尽可能地为

"月子"里的朋友多准备了几件衣服。萧红独自前来又独自离去,临上船凄然与白朗握别:

"莉,我愿你永久幸福。"

"我也愿你永久幸福。"

"我吗?"萧红惊问,随即一声苦笑,"我会幸福吗?莉,未来的远景已经摆在我的面前,我将孤寂忧悒以终生!"感受着萧红无边黯淡的心境,白朗有说不出的难过,前后两个多月的相处,她太过真切地触摸到萧红的生活竟如此不快乐。

关于萧红的第二次生产,几十年来,在不同传记作者笔下所记述的情形都不一样。骆宾基在《萧红小传》里载有:"她是在码头上跌倒伤了胎,以后流产的。"丁言昭在《萧红传》中则说:"萧红在白朗家中住了两个多月,生下一个男孩,数日夭殇。"两者都把生产时间误为1939年春。肖凤在《萧红传》里却说孩子生下来时就是"一个没有生命的死婴"。据曹革成《我的婶婶萧红》一书记载,萧红产后,端木蕻良接到罗烽的文言信说:"产一子已殇",他随即去信安慰,但萧红回来后不再谈及此事。另外,据孔海立《忧郁的东北人——端木蕻良》一书记载,端木蕻良1996年8月2日接受其访谈时说萧红对此事从来没有向他做过任何解释。本书前文所述,基本依据白朗女儿金玉良《一首诗稿的联想——略记罗烽、白朗与萧红的交往》一文,信息来自其母。梅志在《"爱"的悲剧——忆萧红》一文中,同样载有白朗本人向她所陈述的萧红在医院生产的情形,内容与金玉良文中所述基本一致。而且,萧红本人亦曾对梅志说孩子是在生下三天后死掉的。季红真在《萧红传》中写道:"这个孩子的死亡,无疑是萧红生活史上的又一个谜。"相对于萧红一生中的其他悬疑,此"谜"虽各有叙述,但似乎并不难解。而之所以有多种叙述,或许作者多有意有所讳饰所致。作为当事人,白朗的说法自然非常可信——孩子的夭殇应该与萧红不愿意做母亲的意志有关。

事实上,自西安与萧军分手,萧红就坚决不想要这个孩子,只是一来错过了堕胎时机,二来没有堕胎的条件。从梅志的文字来看,萧红往往把不愿意留下腹中孩子的原因归结为战乱中难以养活,即"不能"而非"不愿"。兵荒马乱中的生育确非明智之举,但在当时避孕技术没有普遍推广,堕胎又不合法的情势下,怀孕、生产很多都是非人所愿。梅志亦遭遇怀孕,如果仅就生养的经济条件而言,她和胡风在已经有一个孩子的情形下,似乎还不及萧红和端木。到重庆后,她还是在极度危难中把女儿晓风生下,而晓风到底在战乱中长大。因

第十章 避难重庆

而，外在的困厄应该不是萧红不愿要这个孩子的主要动因。

那么主要动因为何？孩子到底是萧军的孩子，萧红之所以不愿意要，或许主要还是基于要与端木在一起生活的考量。端木接纳了怀着萧军孩子的她自己，一旦孩子出世、抚养长大，端木是否能接受，是否能顶住别人的议论，萧红实在没有把握，毕竟大家都在一个文艺圈里活动。萧红可能非常害怕这孩子会成为日后她和端木一起生活的巨大障碍。另再，这孩子也纠结着其内心的隐痛，那是她生命中难以承受之痛，不能不尽力移除。比萧红稍后怀孕，且一起找医生堕胎未果的梅志，对这孩子的夭殇拥有属于自己的理解和质疑，也为我们全面了解萧红的苦难，提供了很有意义的参照：

> 这当然是萧红的不幸！但她绝对不是不愿做母亲，她是爱孩子的。是谁剥夺了她做母亲的权利、爱自己孩子的权利？难道一个女作家还不能养活一个孩子吗？我无法理解。不过我对她在"爱"的这方面更看出了她的一些弱点。

萧红产后非常虚弱，需要静养。从江津回来后，经朋友帮助，和端木蕻良租住进一个名叫"乡村建设所"的招待所，位于重庆风景区歌乐山的云顶寺。这里环境清幽，入秋之后几乎无人居住，吃饭有食堂，楼下有莲花池，半山腰设有抗战时期著名的歌乐山保育院，宜于写作、静养。产后的萧红摆脱了此前即将生产的困扰和焦虑，孩子的夭殇让她了却了此前所有的恩恩怨怨，心痛之余亦获一份难得的心理轻松。她太需要好好享受一下这种轻松———一种即将开始全新生活的轻松。

1938年10月25日武汉陷落后，更多文化人诸如池田幸子、刘仁绿川英子夫妇、胡风夫妇于12月初纷纷迁来重庆。鹿地亘在外地忙于反战反日同盟的宣传工作，只身来重庆的池田同样身怀六甲，住进了米花街小胡同，听说萧红在重庆欣喜不已，立即邀她前来同住。

绿川英子（1912—1947），原名长谷川照子，日籍世界语学者、作家。1935年在东京结识中国东北留日学生刘仁，于次年秋不顾家人反对与之举行婚礼。1937年1月，刘仁离开日本回国，积极参加反日斗争，绿川英子虽然非常希望能够和丈夫一起来中国，但当时日本法律规定，女子25周岁以前，结婚必须取得家长同意。为了不给父母和家庭带来麻烦，她于当年4月，即满25周岁的后一个月，在朋友帮助下离开日本和亲人只身到上海与丈夫一起积极投身反日斗争。上海沦陷后夫妇俩流亡香港，1938年返回武汉，在郭沫若的推荐下，进入国民党中央宣传部国际宣传处的中央电台，担任日语广播员，在瓦解日军士气上起了很大作用。不久，日军特务机关查出其真实姓名。1938年11月1日，在东京的《都新闻》上登出其照片，称其为"娇声卖国贼"，并给其父去信，要求他"引咎自杀"。武汉失守后，随国民党政府机关迁来重庆的绿川英子夫妇同样为住处发愁，梅志见他们曾到自己所在的小旅馆找房子。

绿川英子来上海不久，"八一三"的炮火迫使她在法租界辗转躲避。其间，她曾很偶然地与萧红做了一个多月的同屋房客。不过，当时为了避人耳目绿川英子没敢主动拜访，只是在共用的灶批间烧饭、洗衣服的时候，几次见过萧红那衔着烟嘴的面容，有时还听见她在楼上响亮的谈话声，二人相处月余而没有任何交往。萧红留给绿川的深刻印象就是她那一双"巨大"的眼睛和响亮的声音。

1938年12月的一天早晨，二人在重庆一条街道上"正式见面"。当时，晨雾未收，在照射着湿气的路灯光下，绿川英子发现萧红还是一如往日，闪烁着大眼睛，发出响亮的声音。但一年后的再见，有一种恍如隔世之感，她想这种变化也许不只在萧红身上，在战乱岁月中的千万人身上都同样刻画着这大时代的阴影，人们被战争驱赶着四处流浪。绿川英子所见的萧红身材已基本恢复，虽然比较虚弱，但神采奕奕，穿着自缝的黑丝绒旗袍，立于战乱背景下的大街上，光鲜无比。她禁不住夸赞道：

"你的名字漂亮，你的文章也漂亮，而你本人更漂亮！"

萧红报以娴静的微笑，以之代替初次和异国同性见面的酬答。此时，绿川对萧红并不了解，在其想象中，不过是当时社会上通常所谓的"女作家"罢了，有优雅的文章、浪漫的生活，以女色出现于文坛，随着女色的消逝从文坛上消失……

一时找不到住处的绿川夫妇，接受池田幸子的邀请也住进了终日不见阳光的米花街小胡同。三个女人快乐地生活在一起，绿川对萧红作为"女作家"的固有成见渐渐得以修正。对于三个女人来说，那是一段极其愉快、悠闲的时光，战争好像离她们很远，夜晚的闲谈从不与战争相关，在无尽的颠沛流离中，这似乎是十分奢侈的享乐。绿川此时见到的萧红"是一个善于抽烟，善于喝酒，善于谈天，善于唱歌的不可少的脚色"。池田幸子的预产期渐近，不便自由外

第十章 避难重庆

出,萧红便为她煮自己拿手的牛肉,像亲姐妹一般关心她。

与池田、绿川共住几天后,萧红回到歌乐山上。绿川英子后来在文章中写道:"后来,萧红就离开我们和端木去过新生活了。"萧红走后,池田和绿川仍常常谈起她。好几次池田都很惋惜而又抱不平地对绿川感慨,萧红作为进步作家,"为什么另一面又那么比男性柔弱,一股脑儿被男性所支配呢?"并述说自己在武汉所见到的萧红与端木在一起时的情形,令绿川英子对萧红不免生出为之心疼的想象:细雨蒙蒙的武昌码头,萧红夹在濡湿的蚂蚁一般的逃难人群中,大腹便便,两手撑着雨伞,提着笨重的行李,步履维艰,旁边则站着拿着手杖、轻装的端木蕻良。她只得时不时用嫌恶而轻蔑的眼光,瞧瞧自己那日渐隆起的肚皮……

绿川英子夫妇后来从池田处搬至学田湾居住。其后,与萧红的交往越来越少,但她感到萧红对于端木的从属性却在一天天加强,看见她那"巨大的圆眼睛",听见她那响亮的声音的机会亦日渐减少,直到萧红和端木搬到黄桷树镇,从朋友们的视野中消失。在绿川看来,二人从此"自囚在只有他们两人的小世界中",尔后"就有他们的谜样的香港飞行"。

萧红和绿川英子的交往留下一段佳话。值得一提的是,绿川英子,这位让中国人为之感动的日本女人,抗战胜利后和丈夫带着儿子一起奔赴东北,在哈尔滨担任东北社会调查研究所研究员。解放战争迫近,他们一家撤退至佳木斯。刚生完女儿的绿川英子,不久发现自己再次怀孕,为了不影响工作,决定做人工流产手术,手术中不幸被感染,随后病情恶化,于1947年1月10日逝世。享年35岁的她为中国整整奋斗了十年。一位杰出女性的过早消逝总是令人惋惜,而与萧红不同的是,绿川始终有一个极其热爱她的中国丈夫。刘仁为失去爱妻悲伤不已,不愿意离开其遗体,过度伤痛让他在绿川逝世100天后亦因病辞世。他们的遗

绿川英子、刘仁墓(李印海摄)

体合葬在佳木斯烈士陵园。萧红不会想到，在她弃世近五年后，她的这位日籍好友葬在了她死前无比渴望回归的故土。

胡风夫妇于12月2日抵达重庆。不久应复旦大学文学院院长伍蠡甫之邀，在复旦开设"创作论"和"日语"两门课程。因一时找不到房子，一家人就住在小旅馆一间七八平方米的小房里，就是这间屋子也还是由朋友让出来的。1939年1月15日，梅志在小旅馆产下女儿晓风，一家四口仍挤在一起。因无人照料，梅志产后三天就下床给孩子赶做衣服，正感到眼睛枯涩难忍之际，房门一开，一阵梅香扑鼻而来。梅志眼前一亮，诧异间，一株一尺多长的红梅出现在眼前，手执梅花的正是萧红。梅志见她亭亭玉立在面前，身穿一件十分合体的黑丝绒长旗袍，清雅高贵，脸色亦如手里的梅花，白里透出淡淡的红。她从未见过萧红如此漂亮，故友他乡再次相遇，欣喜异常，忘了寒暄便丢开手里的针线，拉着萧红的手坐在床边聊谈起来。见到胡风和梅志，萧红也很高兴，聊谈中不时看看床上那一团血红的婴儿。胡风拿着那枝梅花，在屋内转了一圈始终找不到一个插放的地方，最终只好将它捆在梅志床头，然后带着晓谷出门玩耍，以便两个刚刚生产的姐妹好好聊聊。

"你的孩子呢？一定很大了吧？"梅志关心地问。

"死了，生下三天就死了！"萧红凄然地回答。

梅志大吃一惊："怎么会死？男孩，还是女孩？"

"是男孩，唉！死了也好，我怎么拖着起呀……"萧红的回答有些淡然，停了一会儿，又接着说："在宜昌码头跌倒的时候，就想孩子能够跌出来，我一个人实在拖不起，可是孩子啥事没有。"梅志不明白萧红为什么始终强调她一个人拖不起孩子，心想她不是和端木生活在一起吗，但又不好问，就只是顺着她的话意往下说做女人的不幸。谈及自己的生产，梅志说15日凌晨2点发作，9个小时后才生下晓风，其间坐滑竿跑遍了大半个重庆，因为没有床位，没有医院收留。后来是一位动了恻隐之心的医生赶来小旅馆接生的，孩子刚刚生下就响起了警报，医生连手都来不及擦干净，夹上包就往外跑。听完梅志的述说，二人一起为女人的苦难而叹息。晓谷玩得满头大汗地进来，高兴地叫着"萧姑姑"，萧红仔细打量晓谷对梅志说孩子长高了，可是瘦了。谈到别后的变化，梅志再次仔细打量萧红一遍，对她说："你倒比过去胖了，精神也好，穿上这身衣服可真漂亮。"

听到夸赞，萧红高兴地笑了笑，然后很有兴致地对梅志说："是我自己做

第十章　避难重庆

的，这衣料、这金线、还有这铜扣子，都是我在地摊上买的，这么一凑合不是成了一件上等的衣服了吗？"梅志仔细看看那件长旗袍，发现萧红把金线沿边钉成藕节花纹，那有凹凸花纹的铜扣被擦得锃亮，整件衣服光彩夺目，穿衣人亦颇具神采。梅志想到萧红原是很爱美的，也很有审美眼光，过去是没有时间还是没有心情打扮自己？胡风回来后，不一会儿和萧红一起带着晓谷又出去了，他们有一些别的事情要谈。

　　1938年12月22日，在塔斯社重庆分社，萧红在端木蕻良的陪同下，接受了苏联记者罗果夫的采访。罗果夫想通过萧红了解鲁迅的一些情况，诸如她与鲁迅第一次见面的情形，写作鲁迅传记在上海时期应注意些什么，鲁迅与瞿秋白的关系，还有谁比较了解鲁迅生平等等。罗果夫这次采访，大约是为其写作鲁迅传记做准备。世界语是中国当时对外宣传抗日的语种之一。《新华日报》为纪念世界语发明者柴门霍夫80诞辰，12月29日专辟特刊。萧红结合自身在上海学习世界语的经历，在特刊上发表了《我之读世界语》，端木蕻良发表了《世界语和文学》。不久，萧红又将《鲁迅先生记》（一、二）发表在《新华日报》上。1939年1月9日完成的散文《牙粉医病法》在谴责日本士兵烤吃人肉的暴行的同时，萧红也记述了和池田幸子住在一起时的许多细节，活泼而有生气。1月刊载于《文摘》战时旬刊第41、42期合刊上的小说《逃难》，笔调幽默风趣，始终充满讽刺色彩，然而在嬉笑中又蕴含着十分严肃的国民性批判。这是萧红此前小说创作中从未出现过的路数，是其此期小说中的杰作。后来萧红在香港时期未能最终完成的长篇杰作《马伯乐》，就是在此基础上的扩充，主人公亦由何南生换成了马伯乐。完成于1月30日的《旷野的呼喊》则叙述了一个发生在松花江畔的抗日故事。除故事老套之外，小说叙述拖沓，结尾草率，给人虎头蛇尾之感，有失水准，可能与萧红写作时的心情和精神状态有关。

　　1939年春天，池田幸子产下一女婴，出院后总要胡风夫妇前去帮忙。没有奶水，孩子哭闹得厉害，鹿地还没有回来，胡风不好推脱，只好常常放下自己的事情，前去帮她做些杂事。梅志仍常在池田家见到萧红，据其回忆，池田有了孩子之后，生活上不愿意有一点干扰，而且作为国民政府官员，身份和心态也有了变化，不再是上海滩流亡的时候了，但萧红还是太相信过去的关系，仍常带着端木前去打扰，致使池田在她面前发牢骚，甚至有些生气。梅志不好回答池田，亦不好对萧红说，不久，可能萧红自己也感受到了池田的变化，就很少从歌乐山上下来,与周围人的交往亦大大减少。住在保育院宿舍的季峰、沙梅夫妇,对偶尔从山顶下来买菜的萧红印象深刻。

蛰居歌乐山潜心创作,萧红取得了不错的成绩。春天完成了《滑竿》《林小二》《长安寺》等散文,还有《山下》《莲花池》等篇幅较长的短篇小说。这些散文保留着萧红散文的一贯特色,平和、优美,取材身边真实所见,坦诚而真实,行文简练,不乏趣味性。比起《旷野的呼喊》来,两篇小说叙事愈益枝蔓、拖沓,不堪卒读。在重庆期间创作的几篇小说,加上在武汉完成的《黄河》,结集为《旷野的呼喊》1940年3月由上海杂志公司初版,列入郑伯奇主编的《每月文库》一辑之十。歌乐山期间所写的散文,连带稍后的《放火者》收入《萧红散文》,1940年6月由重庆大时代书局初版。

《旷野的呼喊》初版封面(章海宁摄)　　《萧红散文》初版封面(章海宁摄)

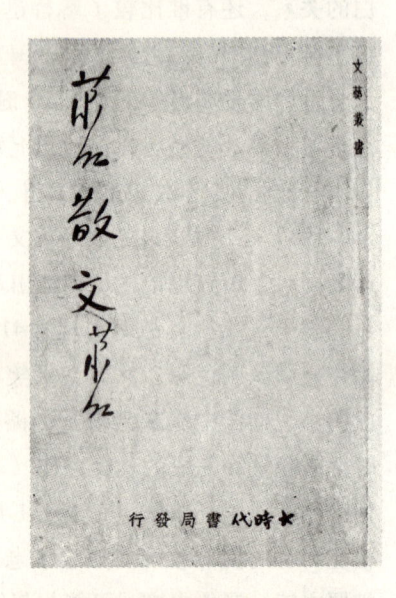

胡风一家四口终于在一个朋友家位于三楼原本堆放杂物的阁楼安居下来。梅志从前来看望的周玉屏、白朗口中了解到更多有关萧红家世和在江津生孩子的细节。说起萧红两次生孩子的遭遇,周玉屏不禁动了感情,叹息道:"她好像生来就不是做母亲的,没有做妈的命!第一个坏蛋在她怀孕时抛弃了她,第二个呢,他们两人又分开了。要不是一家三口多美好呵!"胡风、梅志在重庆终于安家后,萧红和端木亦常去看望。但是,每每萧红一个人来就和胡风谈得比较

第十章　避难重庆

投机，如果和端木一起来就显得有些无话可说。胡风后来回忆说："可能是我不愿说，她不敢随便说。"

萧军携新婚妻子王德芬于1938年7月间抵达四川成都，次年春天，胡风夫妇忽然得到萧军的成都来信，里边夹着一张照片。萧军是想告知老友自己新婚的消息，照片中，他和王德芬在黄河岸边亲密相拥而坐，面前站着一只狗，二人脸上洋溢着喜悦和幸福，王德芬看上去年轻、健康、漂亮。信中，萧军亦禁不住宣泄着婚后的幸福，胡风、梅志看后由衷祝福他们能够天长地久。

萧军与王德芬1938年6月在黄河边合影

两天后，萧红一个人爬上阁楼前来看望，进门后在竹制的圈椅里坐下，喘息半天才顺下气来，抱怨山城的路实在难走，爬高上低，走不完的梯坎，简直要人的命！胡风不在家，梅志给她沏茶，见萧红满脸潮红，愧疚于自己住处不便，害得朋友们需要抹黑爬一段楼梯，屋内更是拥挤不堪。在这种情形下，萧红仍能不辞辛苦地来看望，梅志非常感动，待她喘息均匀，两人便亲热闲聊起来。梅志忽然想起萧军两天前的来信，便不假思索地从抽屉取出来给她看。萧红仔细读完信后，又反反复复看那张照片，看了正面又看背面。萧军在照片背面写道："这是我们从兰州临行前一天在黄河边'圣地'上照的。那只狗是我们底朋友……"萧红手里拿着照片沉默良久,面无表情,脸上的红潮早已退去,脸色白里透青,木然呆坐着,石雕一般。梅志见状,非常惊慌,很后悔把萧军的信和照片给她看,意识到自己此举是对她的极大打击。似乎过了很久,萧红才醒过神来,放下信和照片,轻声对梅志说:"那我走了,你跟胡风说我来过了。"然后逃也似地匆匆下楼而去。见萧红脸上写满痛苦、失望与伤感,梅志为自己的"愚蠢"懊悔不已,没想到她对萧军仍然怀着那么深刻的余情——没想到她还是那样心痛地爱着他。

教授夫人

蛰居歌乐山拥有远离尘嚣的安宁,却让端木蕻良格外辛苦。他编辑《文摘》战时旬刊的地点在与歌乐山一江之隔的沙坪坝,去复旦上课则要赶到北碚对岸的黄桷树镇。早晨四五点钟就得赶到千厮门等候小轮到北碚,然后摆渡过江到黄桷树镇,如果没有赶上嘉陵江上的小轮,得等第二班,但它没有固定时间,有时赶到学校已是下午。劳累奔波自不必说,过江很不安全,常常发生翻船事故。萧红非常担心他的安全,只许他坐汽车由大货轮摆渡,但汽车绕行很远,花在路上的时间更长,而且坐汽车需要预订好返程的票,否则往往因为坐不上而不得不在城里住一晚,而城里客房紧张,这样就造成诸多不便。

另外,萧红在歌乐山的安宁也被老鼠打破。食物被老鼠拖得七零八落,夜里还相互追逐嬉戏,居然时常掉到蚊帐顶上。萧红特别怕老鼠,一见到就连连惊叫。端木虽不怕耗子,但往往被她的惨叫之状所惊吓。当时山城老鼠确实猖獗,晓风出生十多天,因晚上嘴边留有妈妈的奶水而招来横祸,鼻子、耳朵被前来舔食残留奶水的耗子咬得满脸是血,害得梅志心痛地大哭一场。想到这些,萧红更是心有余悸,害怕歌乐山的耗子有一天也会发展到咬人的地步。两方面一考虑,二人决定下山,端木蕻良找孙寒冰商量能否搬入复旦大学的宿舍。孙寒冰在复旦大学农场苗圃给端木安排了两间平房。这样,两人于1939年5月间搬到了嘉陵江畔的黄桷树镇,对岸便是北碚。此次搬迁,大约也就是绿川英子所说的"于是不久之后,他们就在北碚自囚在只有他们两人的小世界中"。钟耀群认为直到此时端木和萧红才开始了真正的"蜜月"生活,孔海立亦认为"大概这以后端木蕻良和萧红才'正常'地开始了他们两人的夫妇生活"。黄桷树镇远离重庆市区,一向喜欢和朋友在一起的萧红,彻底回归到家庭生活中,在几

第十章　避难重庆

乎只有两个人的世界里做起了教授夫人。

知道萧红产后已经返回重庆，身体也有所恢复，孙寒冰和《文摘》负责人贾开基来家看望，并邀请她也在复旦担任一两节文学课。想法刚一说出，没想到萧红不假思索就一口回绝，让孙、贾二人下不了台。端木见状，只好说和萧红再商量商量，等二人一走，萧红便对他说："我怎么能去教书？教书必得备课，还要把讲义编好，与写小说、散文不一样。讲课时间一长，就会变成'学究'，也只会写出'教授小说'。有人写小说，就有学究味儿。我不教书，还是自由自在地进行我的创作好。一些人巴不得进入大学教几个钟点的课，那是他们的事。"端木理解萧红对写作抱有宗教般的虔诚，崇尚创作自由，听完她慷慨激昂的阐述，不禁打趣道："不去就不去吧，干吗把矛头对准'在下'呢？"萧红也意识到自己口无遮拦的话无意间有了针对性，于是笑着自嘲道："哦，我现在是教授家属，否则连住的地方还没有呢！"两人随即笑作一团。

鲁迅逝世一晃快三周年了。3月间，萧红曾收到许广平来信，要她收集一些重庆方面有关纪念鲁迅逝世两周年的活动的报道。萧红非常后悔当时没有及时收集，亦十分自责自鲁迅病逝以来，自己所做的事情太少，在先生逝世三周年之际，想写点文章。一方面为了纪念，另一方面，在与朋友日渐疏远的落寞中，渐渐催生了她的怀旧情绪，回忆鲁迅也是对往日美好生活的重温。搬到黄桷树镇后，一切安定下来，日常交往几乎没有，端木整天忙于自己的事情，在北碚、重庆间往返，怀念鲁迅先生是她对这种孤寂心境的慰安。先生逝世前，自己的生活就已然发生变化，到如今的短短三年，巨大的变化更是令人意想不到。鲁迅先生如泉下有知一定也会惊诧、担心不已。

无边的怀旧弥漫在心底，萧红着手写作回忆鲁迅先生的系列文章。她发现自己时常干咳，已然有了肺结核的明显症状，人越来越消瘦，脸色苍白，胸微凹，精神倦怠。连年颠沛流离的生活、时常遭遇的郁闷心境，以及两次非正常状态下的生产，毫无疑问都严重损害了她的健康。加之，战时重庆人口拥挤，卫生、营养条件极差，肺病、肠炎、疟疾高发。萧红知道自己可能染病后，曾给端木蕻良二哥曹汉奇去信，了解北平西山疗养院的情况，当时他正在北平协和医院开办的西山结核疗养院养治脊椎骨结核。

为了不耽误写作，精力不济的萧红只好口述，请当时正在复旦大学读书的诗人姚锛做部分记录，然后自己再进行整理。据姚锛回忆，当时萧红进行口述的地点，多在嘉陵江边大树底下的露天茶馆里。9月22日，萧红整理完成《鲁迅先生生活散记——为纪念鲁迅先生三周年祭而作》，10月1日发表在由曹靖华任编委的《中苏文化》第4卷第3期鲁迅纪念刊上。郁达夫在新加坡将此文于10月14日至20日连载于自己主编的《星洲日报》副刊《晨星》，并附言："萧先生所记者，系鲁迅先生晚年的生活，颇足以补我《回忆鲁迅》之不足，请读者细细玩味，或能引起其他更多关于鲁迅的记述，那就是我的希望了。"11月1日，又被武汉出版的《文艺阵地》第4卷第1期转载。此文一出，在鲁迅逝世三周年之际，一些报刊纷纷约请萧红写作回忆文章。此后又有《记忆中的鲁迅先生》10月18日至28日连载于香港由戴望舒主编的《星岛日报》副刊《星座》；《记我们的导师——鲁迅先生生活的片断》10月20日发表于桂林叶圣陶主编的《中学生》战时半月刊第10期；《鲁迅先生生活忆略》12月发表于上海的《文学集林》第2辑。

10月下旬，萧红将整理好的有关鲁迅的回忆文字结集为一本小册子，取名《回忆鲁迅先生》，书中大部分文字都在以上文章中发表过。整理完毕，书店马上要出书，适值鲁迅生前好友许寿裳在重庆，萧红便把小册子拿给他看，许先生非常高兴。萧红嫌小册子字数太少，想征得许寿裳同意把他此前所写的《鲁迅的生活》一文也编进去，许先生十分愉快地答应了，并鼓励萧红以后还要再写，作为续编。尔后，萧红把书稿寄到上海，请许广平审阅，亦征得她同意收入其《鲁迅和青年们》一文，署名景宋。1940年7月，《回忆鲁迅先生》由重庆妇女生活出版社初版，书中除"附录"了许寿裳、许广平的两篇文字外，还有一

《回忆鲁迅先生》初版封面（章海宁摄）

篇"附记"，落款是："一九三九年十月二十六日记于重庆"，其中写道："右一章系记先师鲁迅先生日常生活的一面，其间关于治学之经略，接世之方法，或

第十章 避难重庆

未涉及。将来如有机会，当能有所续记。"关于这篇后记，端木蕻良在其1981年撰写的《鲁迅先生和萧红二三事》中解释道：

> 《回忆鲁迅先生》编好时，萧红要我用她的名义代她写一篇后记，我记得，里面曾有过这样的话：……关于鲁迅先生治学、思想等方面，等将来有机会时，容再续写。我写这几句话时，也是受到寿裳先生的启发才写的。但是，萧红不同意。她说，我怎么敢这样说呢？她要我把这话删去。我说，个人有个人的感受和理解，把个人的感受如实记录下来，对将来研究鲁迅先生的人，还是能提供一些有参考价值的资料呢。许寿裳先生也说不要删，将来写续篇时，知道多少说多少，知道什么写什么，怎样理解就怎样写，读者还可以从你的理解中多得到一些看法呢。所以还是没有删去。

在关于鲁迅极为浩繁的回忆文字中，萧红的《回忆鲁迅先生》可以说最具个性，几十年来常读常新，魅力不曾稍减，是萧红散文中的精品。整篇长文没有任何篇章结构的谋划，只是由一段段看似非常随意、散漫的叙述构成，个别地方还保留着当时口述的语气。或许，写作当时糟糕的身体状况，决定了萧红不可能有更多精力谋篇布局；抑或，她觉得对于鲁迅先生实在太熟悉，感念太真挚，一旦提笔重温，并不需要任何写作技巧的介入和篇章经营。正是这没有技巧、没有经营的文字成就了萧红的这部杰作。书中所叙述的一段段小故事、所记载的一段段小言论，都取材于萧红与鲁迅先生在一起时那太过熟稔的生活，且以她的任性丝毫没有神化、距离化鲁迅的倾向。正因如此，萧红的文字可以说是关于鲁迅生活最为原生态的叙述，其中保留了许多对于认知鲁迅来说极为珍贵的资料。《回忆鲁迅先生》表现出萧红对鲁迅先生细腻、独到的知解，是她以自己的独特方式所表达的对先生的深沉怀念，全书文字简练、隽永，大不同于此期小说创作所表现出的拖沓、冗长，一经出版便风靡一时，多次再版。

1939年秋，端木和萧红搬进名叫"秉庄"的一座二层小楼，那是镇上唯一的新式楼房，里边居住的多是复旦大学教授，作家靳以就住在他们楼上。

重庆市区不断遭到日军轰炸，胡风夫妇亦拖儿带女地逃到黄桷树镇，于6月10日在师家坝的两间由羊圈猪栏改成的小破房里住了下来。胡风和端木都在复旦大学上课，两家相距不远，但萧红却再也没有去看过胡风。关于她和端木的一些生活情形，胡风都是从靳以那里获悉的。萧红不再走动，胡风觉得可能与那次"照片事件"有关，认为萧红可能把他看作是萧军党了。当然，也可能萧红觉得胡风一直和萧军有往来，再见他们会引起无法自抑的感伤，对胡风夫妇的回避，亦是对往日伤痛的回避。梅志在乡下赶场时曾见萧红带着一个保姆大娘选购日用品，保姆挑选物品她没有什么意见，只是打开皮包付钱，似乎急着离开。梅志见状也就没有招呼她。胡风带梅志拜访靳以家，但没有敲开萧红的家门，朋友间就此变得生疏了。梅志亦曾在自家附近碰见过正在看傍晚风景的萧红，并邀请她到家里坐坐，但萧红犹豫了一下说："不了，下次吧，下次我会去看你们的。"遭到婉拒，梅志只好离开，等再回来发现她已经走了。虽然胡风一直关心着萧红和端木的生活，但梅志知道萧红是不会再来看他们了。

梅志每每下午到复旦大学收发室取报纸回来，都会在小镇大街上见到萧红和端木。已是深秋时节，端木穿着常穿的那件咖啡色夹克，像过去那样斜着肩头、低着脑袋在前面走，萧红也低头相隔两米远地尾随着。不认识的，只当他们是陌生的路人；认识的，可能会以为他们刚刚吵了架，都低着头不愿意与人打招呼。萧红有时在旗袍外面加上一件红毛衣，从背影看比以前消瘦了很多，两肩亦比过去耸得更高，抬着肩，缩着脖子，背还有点佝偻，真不像一个还不到30岁的少妇。她再也无法把眼前的萧红与上海时那个昂着头、挺着胸，皮鞋在大马路上踏得脆响要与胡风在大马路上赛跑的年轻北方姑娘联系在一起！

1939年萧红在重庆（张抗提供）

虽多次在马路上见到萧红、端木，但梅志从来没有见到他们有说有笑地并肩走在一起。来胡风家座谈的学生们亦对此表示奇怪，其中一个从东北流亡关内的女生对萧红有着特别的感情，两人成了知心朋友。她在胡风、梅志面前说萧红生活得并不快乐，常常找她诉说苦闷。梅志不便探问究竟，但隐隐感到自从与萧军分手后，萧红似乎就难有真正的快乐。

第十章 避难重庆

靳以（1909—1959），原名章方叙，笔名靳以，天津人，现代著名作家、编辑家。1927年从南开中学高中毕业后，来到上海进入复旦大学预科，旋即又升入该校商学院国际贸易系就读。1932年大学毕业的靳以到哈尔滨帮助父亲经营五金行，后弃商从文。在哈尔滨盘桓了大约半年，靳以了解到一些底层人的生活，其成名作短篇小说《圣型》就源于这段经历。在重庆期间，靳以任复旦大学教授，兼《国民公报》副刊《文群》编辑，并与端木一起合编复旦大学《文摘》战时旬刊。

中学时代的靳以

从求学和工作经历上看，靳以和端木、萧红都素有渊源，现在两家是近邻，似乎应该有比较多的交往，但事实并非如此。萧红并不快乐的家庭生活，在靳以《悼萧红》一文里得到了印证。在他眼中，端木和萧红生活在一个自我封闭的空间里，窗户都用纸糊住，而端木蕻良的做派显然是艺术家的风度，"拖着长头发，入晚便睡，早晨12点钟起床，吃过饭，还要睡一大觉"，家中一切全靠萧红照应，家务十分沉重。

重庆难得见到阳光。一天，天空放晴，端木推开窗子发现邻居家的女佣把一双脏兮兮的旧鞋子放在书桌前的窗台上晾晒。这让他大为恼火，此前多次警告过四邻的女佣不要在窗台上堆放杂物，想到这些人竟然把自己的话当作耳边风，于是故意猛地一推窗扇，窗台上的鞋子都掉了下去。不料，放鞋子的是佣人里的小头目，加之，她感到自家主人比较有势力，于是狗仗人势气势汹汹地打上门来。端木早有准备，开门二话不说一巴掌将那女人推了出去，对方顺势倒在地上耍赖，并从院子里闹到大街上，不可开交，小镇一时传得满城风雨。端木倒很是潇洒，关门了事，反正那女人的四川话他也听不懂。然而，事情终须解决，萧红只好出面来收拾这一切。以她一个文弱女子，在这样的异乡面对一个横竖不讲理的乡村泼妇，真不知怎么办才好，只好跑到楼上，向略为年长的靳以求助。据孔海立《忧郁的东北人——端木蕻良》一书记载，靳以夫人陶肃琼日后回忆起这件事时说：

> 那时候，住在我们楼下的是端木蕻良和萧红夫妇，由于他家的窗户是用暗色的纸糊住的，加上端木蕻良整日关在屋里，从不见他出门，我根本不知道有这么一家邻居。一直到有一天，端木蕻良打了一个泼辣的四川女佣人一拳，惹出了是非，萧红没有办法，只好跑到楼上来求助靳以，这是我第一次看到萧红。当时萧红非常紧张，一张因为失血而变得苍白的脸，稍高的颧骨，大眼睛。她反反复复用一口带有哈尔滨口音的国语叙述了这件事，并气愤地责怪端木蕻良惹出了祸，却要她来收拾……她那副愁眉不展焦虑的样子给我留下了极深刻的印象。靳以是北方人的性格，耿直又好帮助人，他耐心地听完了萧红的陈诉，十分同情，于是便陪伴萧红到镇公所或者是什么其他机构办理有关事宜，事情总算了结。

据靳以自述，萧红气愤地跑到楼上对他说："你看，他惹了祸要我来收拾，自己关起门躲起来了，怎么办呢？不依不饶地大街上闹，这可怎么办呢？"靳以陪同萧红到镇公所回话，又到医院验伤，最后赔钱了事。见到这些琐碎而麻烦事情都由萧红一个人奔走，作为男人的端木只是一直把门关得紧紧的，靳以很为她抱不平，这真如萧红所说："好像打人的是我不是他！"

大学教授打了泼妇，教授夫人出面收摊，立即成了小镇的新闻。梅志也有所耳闻。一天，邻居复旦会计系主任就此事嘲笑道："张太太，你们文学家可真行呀，丈夫打了人，叫老婆去跑镇公所，听说他老婆也是文学家，真贤惠啊！"梅志一听就知道是在说萧红，起初还不相信，质疑对方是否"搞错了"，不想那主任却说："哪会搞错，现在哪个不知，哪个不晓呵。"梅志心想萧红又遇到极不如意的事情了。后来，她在码头遇见等船的靳以谈起萧红，梅志从中了解到了更多细节。说起萧红、端木的生活情形，靳以情绪激动，面红耳赤，以致有些愤怒，梅志听后，也觉得没有理由说靳以不应该责备端木蕻良。

靳以对端木的愤怒，还不仅止如骆宾基在《萧红小传》所说的那样："一当他的肩头该抗负什么的时候，他就移到了萧红的肩上"；他更愤怒于端木对萧红在创作上的不够尊重。在《悼萧红》里，靳以叙述了一个令他难忘的场景。

一天晚上，萧红见靳以走进来，便放下手中的笔。为了不干扰已经睡觉的

第十章 避难重庆

端木,靳以低声问她在写什么。萧红略带羞涩地把原稿纸掩上,低声回答在写回忆鲁迅先生的文章。两人的轻声对话到底引起了端木的好奇,一边揉着眼睛一骨碌爬起来,一边以略带轻蔑的语气对萧红说:"你又写这样的文章,我看看,我看看……"而他真的看了一点之后,便鄙夷地笑了起来:"这也值得写,这有什么好写?"萧红十分难堪,听到端木的笑声更觉自尊受到了伤害,于是有些气愤地说:"你管我做什么,你写得好你去写你的,我也害不着你的事,你何必这样笑呢?"端木没有再说什么,但是他那在萧红、靳以听来带有轻蔑意味的嘲笑却没有停止。靳以颇感不平但又不好说什么,只好默默离开。后来,他读到萧红那篇文章,觉得的确琐碎了些。但他认为端木不该说,尤其是在他这样一个外人面前。况且,联想到端木蕻良当时正在写《新都花絮》之类,就觉得他更不配说萧红琐碎。亲身经历了这些,靳以对萧红和端木之间的生活,有了属于自己的理解:

> 当她和 D(端木)同居的时候,在人生的路上,怕已经走得很疲乏了,她需要休息,需要一点安宁的生活,没有想到她会遇见这样一个自私的人。他自视甚高,抹却一切人的存在,虽在文章中也还显得有茫昧的理想,可是完全过着为自己打算的生活。而萧红从他那里所得到的呢,是精神上的折磨。他看不起她,他好像更把女子看成男子的附庸。她怎么能安宁呢,怎么能使疾病脱离她的身体呢?

事实上,萧红和端木在黄桷树镇开始"正式"的夫妻生活后,几乎疏远了所有朋友。靳以是极少数与她有过接触的人之一,他的感受自然应该受到萧红传记作者的重视。靳以的叙述里或许同样带有对端木的偏见和情绪,但毫无疑问仍然具有很大程度的可信性。然而,端木蕻良在1980年6月25日接受《萧红评传》作者葛浩文访问时,认为当时虽然和靳以住上下楼,但"根本不往来",尽管他们是南开同学、复旦同事,还一起合编《文摘》。端木还指出自己和萧红的私生活靳以并不了解,"因此他那篇文章是不正确的"。而靳以夫人陶肃琼回忆说,那时他们和端木蕻良虽是近邻,但靳以和端木"似乎交往不多",倒是萧红时而会一个人上楼坐坐,大多是和靳以交谈,靳以曾经在哈尔滨生活过,萧红也算是半个老乡。

当然,端木蕻良亦只是强调和靳以之间没有什么交往,这也许是事实。但由此就认为靳以对他和萧红的私生活全无了解就有些武断了。他还是那个在萧红姐姐般庇护下幸福的大孩子，萧红内心的苦闷他无心过问也就不甚了解，或许，萧红也不愿意在这个"大孩子"面前说什么。端木哪里知道打了人家的女佣之后会引出那么多麻烦，就因为有那几乎无所不能的"姐姐"来处理一切。靳以说端木"自私"或许就指这一点。至于说嘲笑萧红的写作，端木感到有些委屈，只怪自己在最亲近的人面前太过随便，也太粗心，不拘小节，结果伤害了对方还不自知，其实并没有嘲笑的本意。1991年，他还专门写了一篇散文《谈"笑"》，说自己由于多年疾病缠身，总愿意听些高兴的事儿，有朋友寄来一本自己翻译成白话的古笑话集，从此便落下个爱笑的毛病，有时当着客人面也会莫名其妙地笑起来，常常失态，自己都觉得尴尬，但又无从医治，不知如何是好。孔海立认为端木此文，似在为自己当年的行为进行辩解，"至少是表达了一点儿'不好意思'"。

搬来复旦大学后，端木的学生姚锛、李满红、赵蔚青等常常前来拜访。姚锛和李满红都爱写诗，一来就与端木谈诗，很有劲头。这些学生一来二往相熟之后，再来"就和到自己家一样，有什么都倾筐地说出来，赶上吃饭，就留下来吃饭，赶上包饺子，就自己动手来包"。萧红了解到李满红擅长舞剑，就请他表演，没几天李带剑前来，把萧红他们看得眼花缭乱，拍手叫好。满红开玩笑说："将来再流亡时，我给你们两位当保镖！"

很多学生都读过萧红的作品，对她十分仰慕，常请她参加一些活动。一天晚上，抗战文艺习作会的同学邀请文学院的几位教授，还有萧红、方令孺两位女作家参加作品讨论会，研讨《阿Q正传》和《狂人日记》。一位曾读过《生死场》的东北女生后来回忆，萧红当晚"外表朴素而文静，沉默寡言，头上梳着刘海发型，坐在我们中间并不引人注意"，"由于她也是东北人，我和她无形中成了很亲密的朋友，因为我们共有有家归不得而流亡的经历和苦痛。我曾读过萧红的作品，她的作品给了我不少的启发和勇气。现在我们坐在一起，我们这一群人又把她像姐姐一样的爱慕"。两人从此结下深厚的友谊，几乎天天见面，有时萧红邀她一起寄信，或过江到北碚买东西。女生见她时常干咳、身体虚弱无力，每天除了写作还要做家务，很心疼，想帮帮她，但被萧红婉拒，认为学生要读书，有自己更要紧的事。这位女生也许是萧红此时能作倾心之聊的少数对象之一，可能就是前文梅志所说的那位女同学。

第十章 避难重庆

此时，端木蕻良和萧红在经济上应该不算拮据，家里雇请了四川保姆。萧红的家务负担重，可能与她和端木都是东北人，吃不惯四川的麻辣饮食，多数还得亲自买菜下厨做饭有关。加之一些琐事也不是保姆所能处理得了的，而端木对此又绝不过问，因而还是需要花费心神去处理。而她的身体一天天衰弱下去，支应这些显得劳累也就是很自然的了。陶肃琼回忆，自从"佣人事件"之后，她开始注意萧红，发现她常常一个人应付一些家庭琐事，跑进跑出，跑东跑西的，看起来她是家里的顶梁柱。和很多教授夫人相比，她并不是最漂亮的，可是却有一种知识女性的特殊风度。她的身体似乎很单薄，穿着的衣料亦不讲究，然而式样和颜色搭配却很独特，别具一格，很有吸引力。

授课、编刊物、创作，端木蕻良在重庆确实非常繁忙、辛苦，公允地讲，难以顾及家务也可以理解。何况，他本身就有东北大少爷的做派，对家庭琐屑自然不屑一顾。仅就创作而言，1939年，端木蕻良除了短篇小说外，年初应香港戴望舒之邀动笔撰写长篇小说《大江》，2月1日在《星岛日报》副刊《星座》上开始连载。为了活跃版面，戴望舒来信索要端木亲笔题写的小说篇名，萧红看信后提笔顺手在毛边纸上写下"大江"二字，端木见了觉得不错，就直接将萧红的题字寄给了戴望舒。因而，《星座》上出现的"大江"二字实为萧红所题。端木晚年坦承萧红的毛笔字"没我写得好，但为了留个纪念，她就为我题了刊头，其实我认为她的字很好的"。

这种边写边连载的方式对事务繁多的端木来说压力很大，连载到第七章时，终于病倒。眼看连载中断，端木想写信告诉戴望舒在报上登载启事说明"作者生病暂停"。萧红要端木不要停止连载，生病期间由她接着写，虽然明知萧红与自己的风格不一样，但想到报纸方面来信说千万别停，就只好让萧红代续。这部近14万字的小说，最终于11月24日写完，萧红所代写的部分，一看就是《呼兰河传》的风格，与端木迥然相异。为了纪念两人的共同劳动，出单行本时端木仍然保留了萧红这部分文字。这同样是这对夫妇作家间的一段趣话。《大江》还在连载中，香港《大公报》杨刚也来信约写长篇，端木又开始了《新都花絮》的写作，12月上海杂志公司出版了其短篇小说集《风陵渡》。

11月，萧红和端木应邀参加苏联大使馆在枇杷山举行的十月革命纪念节的庆祝活动。二人到重庆后住在一家旅馆里，萧红与前来看望的曹靖华有过深谈，述说了自己的人生道路。曹靖华听后不禁很有感触地说："认识了你，我才认识了生活，以后不要再过这种生活了……"萧红和端木一起回访时，曹靖华注意到端木的《大江》原稿上有萧红的字迹，便很诧异地问她"为什么像是你的字呢？"萧红说那是她替端木抄写的，曹很坦率地说："你不能给他抄稿子，他怎么能让你给抄呢？不能再这样。"这件事记载在骆宾基的《萧红小传》里，备受萧红传记作者重视，但是端木对此予以否认，对来访者说："我们从来没有互抄过稿子，因为我们抄稿子时都随抄随改。"真相如何很难确定，端木的话也不无道理，《大江》有萧红代写的文字，原稿上有她的字迹似乎也不奇怪，或许曹靖华所看到的就是那部分文字。但是，不容置疑的是，端木在重庆期间能够在创作上取得重大收获，显然与萧红的支持、庇护和一定程度的牺牲分不开。

　　从歌乐山到黄桷树镇，疏远了与朋友们的交往，1939年萧红和端木埋首写作，各自在创作生涯中掀起了一个小小的高潮。然而，这难得的书斋生活随即又被如影随形的战争打破。萧红面临着人生的又一次重大抉择。

　　武汉沦陷后，重庆随即由后方变成了前线。不久，日军便开始对重庆实施战略轰炸，目的是震撼作为中国战时的首都，打击中国政府的抗战意志，执行轰炸任务的是陆军部队。1939年5月，重庆雾季一过，天气转好，日军改以海军实施轰炸。5月3日、4日，日军轰炸机从武汉起飞，连轴轰炸重庆市中心，大量使用燃烧弹。重庆市中心大火整整烧了两天，商业街被烧成了一片废墟，致使2000多人死亡，十万人无家可归，外国使馆亦受波及，史称"五三、五四大轰炸"。当时，萧红住在歌乐山上，躲过一劫，十多天后下山来到市区看见瓦砾堆中仍在冒烟，空气里飘荡着尸体腐烂和被烧焦的混合气味，人们仍在灰烬中寻找遇难者的遗体，有的在清理残垣断壁。此后萧红也在城区亲自躲过几次警报，亲历日军对平民的轰炸。日军对重庆平民区的轰炸所造成的惨相，激起她的无比愤慨，于6月9日完成散文《轰炸前后》，7月11日在《文摘》战时旬刊发表时，改题为《放火者》。搬到黄桷树镇后，稍稍安宁了一段时间。然而，到了12月份，日军又加紧了对北碚的轰炸，据说他们探测到北碚有国军的一个军火库。成群的飞机白天轰炸，晚上有时飞来并不投弹只是肆意盘旋骚扰，弄得人人胆战心惊，不胜其烦。北碚的防空力量很弱，据当时目击者称，日军飞机俯冲投弹的时候，几乎贴着屋檐，巨大的轰鸣声震耳欲聋，透过驾驶舱的玻璃窗，驾驶员那凶狠的嘴脸隐约可见，足见其猖狂。

　　萧红实在受不了这种整天担惊受怕、不堪其扰的日子，与端木商量离开重

第十章 避难重庆

庆,另寻安身之处以便安心写作。她始终认为一个作家只有写出了好作品才是对抗战的最大支持,别的都不重要。当时,二人在目的地桂林和香港的选择上有些踌躇。端木想去桂林,那里已有不少朋友,如艾青等,香港朋友少,海外的情况又不了解。萧红担心桂林会一如武汉、重庆,奔波到那里待不了多久,一旦遭空袭又得转移他处,身体实在吃不消,还不如直接去香港,能待更长时间,可以安心写出作品来。另再,去香港的一个有利条件是,端木有两部长篇小说在那里连载,收入不太成问题,萧红自己也有文章在香港发表,去了之后可以比较快地进入当地文化圈和写作状态中。端木觉得萧红的想法不无道理,但同时也考虑到此时内地抗战正火热之时前往香港,是否会引起别人的非议。在到底去哪里上,端木和萧红还征求了正在重庆乡下养病的《新华日报》副总编华岗的意见。华岗分析说桂林不久也免不了遭袭,还不如去香港,认为香港的文艺阵地也很需要人才,不是没有事情干,只是经济方面要有保证,他提醒香港的生活消费比起内地要高很多。萧红说端木和自己都有文章在当地报纸发表,估计生活不成问题,华岗于是放心地说:"那你们就去香港。"

就这样决定去香港。虽然1939年底端木刚刚拿到复旦大学全职教授的聘书。端木把和萧红远赴香港的打算告知了当时可能在香港的孙寒冰,对方亦表示支持。孙寒冰说复旦大学在香港办有大时代书店,到香港后可住在书店楼上,还希望他们帮忙编辑《大时代文艺丛书》。去香港的理想途径就是坐飞机,只是机票非常难买。正常订票需要提前一个月。不过,端木知道航空公司每个航班都有一些预留的机票,为当时的大人物和中央银行等机关准备。1940年1月14日,端木和萧红来到城里,托在中国银行工作的朋友袁东衣购买去香港的机票。不想当晚便被告知第二天有一张,17日有两张,是给中国银行预留的机动舱位,二人于是订下17日的机票。第二天,萧红在临江门遇见张梅林,告诉他自己和端木即将飞赴香港,并要他"别告诉别人"。订下17日的机票,萧红和端木的一切计划都打乱了,匆匆返回黄桷树镇收拾了些东西,端木尔后打电话托二哥的同学王开基夫妇帮助处理家里的稿子、书信、辞退保姆等杂事。

第十一章 客逝香港

香江文事

1940年1月17日,萧红和端木蕻良抵达香港。

虽是隆冬季节,香江却和煦如春,一派祥和悠游,完全没有北中国在战争笼罩下的荒寒与惶恐。骤然从战争的阴影里飞出,萧红为终于找到一个可以安心写作的地方而欣喜,太多的写作计划被战争搅扰,现在可以抓紧时间一一实现。她有难以遏抑的兴奋,只是目睹、耳闻都在提醒她仍然身处异乡。香江是如此之南,呼兰河却是那么北。

初到香港,二人租住在九龙尖沙咀金巴利道诺士佛台3号孙寒冰处。房间面南,前厅有一个直通的大阳台,阳光明媚、空气清新,家具现成,起居方便。房东是一位能说几句国语普通话的年轻小姐,家人都到西沙群岛做生意去了。刚刚安顿下来,戴望舒闻讯突然造访,萧红和端木此前与他素未谋面,见面后诗人自报家门:"我是戴望舒。"因萧红、端木在重庆期间就与之有书信往还、文事合作,更因诗文而彼此神交已久,首次晤面便一见如故。饭后,戴望舒与端木、萧红约好,次日一早接他们到自己的"林泉居"看看。

戴望舒

"林泉居"位于薄扶林道香港大学网球场对面的山坡上,是一幢背山临海的三层小楼,四周林木环绕,旁有小溪,远处还有一线飞瀑。端木不禁想起唐贺知章"生人不相识,偶坐为林泉"的诗句,所谓"林泉居"果然名不虚传。戴望舒向他们介绍,四邻多是与笔杆打交道的

第十一章 客逝香港

作家、教授。戴望舒和夫人穆丽娟、女儿朵朵住在二楼，十分宽敞，他和太太热情邀请萧红、端木搬来同住。二人也觉得搬到这里很合适，但是来香港后端木腿关节风湿病发作，连平地行走都多有不便，"林泉居"在山坡上，上下需要穿过一段小路，就更不方便了。加之，二人刚刚租下房子，马上又搬家亦不太好，萧红于是说过一段时间再说。不久，孙寒冰获悉大时代书店隔壁有空房，建议端木、萧红搬去租住，这样更便于端木蕻良编辑《大时代文艺丛书》。经过一段时间相处，萧红很不喜欢房东小姐，听孙寒冰这样一说马上同意，于是，她和端木到港不久就搬到九龙尖沙咀乐道8号2楼一间不足20平方米的小房。对面是《经济杂志》主编许幸初的办公室，许在办公室的时候不多，端木和萧红不仅可以使用里边的电话，而且还常在那里接待朋友，就像自家的客厅，十分方便。萧红还请了一位计时保姆前来打扫卫生，刚开始，两人的生活虽不太富裕，但很快就投入到各自的写作中，倒也充实、有序。

端木、萧红来港，立即引起香港文化圈的注意，他们参加了一系列文化活动。

1月30日，在叶灵凤主持的《立报》副刊《言林》的"文化情报"栏载有："端木蕻良、萧红，昨日由内地来，暂寓九龙某处。"可能因为掌握信息相对迟滞，报上的日期明显有误。"文协"香港分会于2月5日，在大东酒店举行全体会员聚餐会，对萧红、端木来港表示热烈欢迎。当晚的聚会由林焕平主持，出席的作家有40多人。席间，萧红报告了重庆文艺创作环境的恶劣，以及文化食粮严重供给不足的情形，希望留港文化人能够利用目前相对安定的时局抓紧时间创作，写出好作品供应前方；端木介绍了重庆文坛的一般情形，特别指出重庆文化界人士团结一致、刻苦忍耐的精神。3月初，全港好几间著名女校联合成立"纪念三八劳军游艺会"筹备委员会。受该委员会之邀，萧红和廖仲恺之女廖梦醒等作为妇女领袖参加了他们于3月3日晚7时在坚道养中女子中学举行的座谈会，讨论题目是：《女学生与三八妇女节》。4月，萧红、端木以"中华全国文艺界抗敌协会"会员身份，登记成为"文协"香港分会会员；在14日的换届选举大会上，端木蕻良被推举为5名候补理事之一，和施蛰存一起负责"文艺研究班"的工作。萧红和端木在香港文化圈迅速打开交际局面，结识了许多新朋友。

广州失陷后，岭南大学迁至香港复课，学生课余除积极参加社会活动外，对文艺问题也很有兴趣，1940年5月4日正式组成岭南大学艺文社，推动校内的文艺活动。艺文社除编辑《艺文专刊》发表创作外，还积极举行文艺座谈会，邀请当时在港的知名作家主持。11日，萧红、端木应邀主持他们的第一次座谈会。身穿旗袍的萧红和西装革履的端木坐在一张长椅上与两旁的学生侃侃而谈，认真而从容。萧红发表了比较长的演讲，表达她那一以贯之、不趋时潮的文学观念：

> 在抗战的今日，我们应该努力，互相批判地写作。我们的文艺作品，应该比之普通人的常识更为深刻。抗战也有缺点，但我们要用文学把它的缺点纠正。文学除了纠正现实之外，还要改进现实。
>
> 作家未到过战场可以写作品吗？可以的。在后方的现实，只要我们能深入地反映也同样有价值，因为抗战影响了全中国每一个角落。譬如香港吧，香港不是有很多人在做救国工作吗？他们的工作也是与抗战有关的。
>
> 对于自己生活的阶层较为熟悉，你也可以写的。
>
> 我们要看清楚目前，但不要不注意过去。

演讲后，有学生就文学创作中是否能使用方言的问题提问萧红。也许出于对战时文艺政治功利性的强调，她对此持有保留意见，回答说："大概说来，文学不可用方言，但有时在对话里可以用。有时为了一个小地方的人们的宣传，也不妨用。"端木蕻良在演讲中也表达了新鲜、深刻的见解，强调不能把抗战文艺与过去的文艺传统割裂，还就文艺创作中的公式化、软性文艺以及诗歌创作等问题，回答了学生们的提问。

次日，端木、萧红又出现在为纪念著名音乐家黄自逝世两周年，由"文协"香港分会和中国文化协进会联合举办的"黄自纪念音乐欣赏会"现场。5月底，传来孙寒冰27日在北碚复旦大学校园里被日军炸死、贾开基负重伤的消息，全港文化人都无比震惊、心痛。想到孙寒冰生前对自己和萧红的帮助，端木蕻良沉痛写下《悼寒冰》一文，以寄他和萧红对亡友的哀思。

乍到香港，萧红虽然和端木一起频频参加各种文艺活动，结识新朋友。然而，她到底不同于端木，以前很好的朋友早就都疏远了，在这样的异乡更是音信杳无，心里始终萦绕着一种难以言说的失落和寂寞，甚至产生返回大陆的念

第十一章　客逝香港

头。1940年春天，在给白朗的信中写道：

> 不知为什么，莉，我的心情永久是如此的抑郁，这里的一切景物都是多么恬静和幽美，有山，有树，有漫山遍野的鲜花和婉啭的鸟语，更有澎湃泛白的海潮，面对着碧澄海水，常会使人神醉的，这一切，不都正是我往日所梦想的写作的佳境吗？然而呵，如今我却只感到寂寞！在这里我没有交往，因为没有推心置腹的朋友。因此，常常使我想到你，莉，我将尽可能在冬天回去……

萧红骨子里就不是那种惯于场面应酬、左右逢源的交际女性，她需要的是能够推心置腹的朋友。然而，想在香港这商业气息浓郁，文化近乎荒漠的国际大都市里，寻找到"推心置腹"的朋友自然会让她无比失落，寂寞于是生出，即便表面上一直享有来港知名女作家的荣光。接连不断的酬酢，萧红甚至感到空虚而浮躁。她极力沉潜，生怕辜负香港这份难得的安宁，生怕辜负这没有生死惶恐、生死焦虑的时光。她努力让自己尽早进入写作状态，只有写作才能让她感到充实，才能驱遣寂寞。4月份，萧红完成了短篇小说《后花园》，10日至25日分12次连载于《大公报》副刊《文艺》及《学生界》。环境的安宁、心境的寂寞，加之身处这样的异乡，难以掩抑的乡愁弥漫于字里行间，乡不可返的游子或许只有在这乡情缱绻的文字里，才能获得心灵的慰藉和安宁。完成一次关于故乡写作，也是在心灵深处完成一次精神返乡。《后花园》与稍后创作的《呼兰河传》有明显的关联性。"后花园"是《呼兰河传》中最为重要的场景，小说里的冯二成子亦是《呼兰河传》第七章冯歪嘴子的前身。《后花园》的写作，显然是萧红聊慰乡愁的短暂精神返乡，在精神的"后花园"里稍作停留。在稍后更为沉潜的返乡书写中，萧红把这个小时候非常熟悉的人物和故事又纳入了对呼兰河的整体感怀。事实上，自《后花园》肇始，萧红便开始了她那漫长而凄美的精神返乡之旅。香港的环境和心境，催生出她一生中最为动人的文字。端木蕻良亦生怕辜负韶光拼命写作，创作量大得惊人。

然而，沉入地写作对于萧红来说，也是一种奢侈。病痛不仅是身体的折磨，更是精神的折磨。她太想不断地写下去，可是写不了几天，就得病一段时间。南中国的湿热不利于肺病，她和端木并不知道肺病宜于在干燥的气候环境里静养，等到两人都觉察到各自的病南来后日渐加重，才明白气候起了重要作用，然而重庆已经不是说回就能回去的了。湿热对端木的风湿病也十分不利，南来后频繁发作。病痛是萧红、端木在与友人通信时，不时流露出离港之念的原因之一。对萧红来说，宿命般的根源似乎早已埋下，命运垂青于她许多"可能"，但也处处设置了"不可能"。想拼命写作，却被命运之手不时拽住以修养病痛，这或许也加重了她的虚无与寂寞。

虚无和寂寞的生成，还在于昔日好友那不负责任的流言。

萧红一生中不时作出一些在旁人看来有些费解的选择，正如朋友们始终不能认同她离开萧军后选择与端木结婚，而对她和端木选择去香港更是议论纷纷。靳以对端木、萧红的消失心生义愤，见到梅志后谈起来几乎破口大骂，说不告诉朋友们倒也罢了，怎么连雇请的佣人都不辞退？走得这样神秘、匆忙，究竟为什么？连我这个老朋友都不告诉？连我都不相信？靳以显然是为端木、萧红与自己的生分而伤心。梅志从其"愤怒"中更感到他在为萧红担心，因为靳以在她面前不停自言自语道："怎么会想到去香港哩？！"绿川英子亦把他们的离开看作"谜样的香港飞行"。谈起他们，朋友们便不禁在百思不得其解中有一连串的追问和想象。梅志认为这多半是端木的主意，萧红不过再一次发挥了她那牺牲自己、屈就别人的精神罢了，由此亦让她看到萧红那"跳不出她自己感到桎梏的小圈子的软弱"。如果说与端木结婚而遭到友情封锁，对于萧红无论怎么说，还只是属于个人的选择不关涉其他的话，那么，这次令朋友们不能理解的远赴香港，则让人在质疑、追问中有了别种理解和揣测。胡风就追问："她（萧红）为什么要离开当时抗日的大后方？她为什么要离开这儿许多熟悉的朋友和人民群众，而要到一个她不熟悉的、陌生的、言语不通的地方去？我不知道，我想也没有人能知道他们的目的和打算吧？"在他的疑问里，明显流露出端木、萧红此举大有在抗战中退缩，为了一己走避苦难的意味，近乎一种政治立场的选择。既然作为亲密的朋友胡风都有这种想法，可见抱持这种看法在背后议论的人亦不在少数。这印证了离开重庆前，在桂林、香港两地的选择上，端木蕻良所表示出的忧虑。虽然，端木后来一再解释当时来不及与朋友们告别，实在是一来由于行程太过匆忙，二来也不敢高调传说自己和萧红的赴港打算，怕国民党出面阻拦不让走；但是人们实在很难站在别人的立场上看问题，往往把也许很简单的动机看得非常复杂。

萧红死后不久，张梅林在《忆萧红》里透露了她向自己解释的赴港动机：

第十一章 客逝香港

"她的飞港颇引起一些熟人的谈论,后来她来信说明飞港原因,不外想安静地写点比较长些的作品。抗战以后她是只写了点散文之类的。其次,也是为了避开讨厌的警报吧。"事实上,萧红的动机就是这么简单。联想到她那一以贯之的作为作家创作出优秀作品就是对抗战有所贡献的观点,以及后来在香港时期,其诸多巅峰之作的问世,可以看出萧红对张梅林的解释并非言不由衷、自我辩护。而"皖南事变"后,香港真的成了许多文化人的走避之所,包括胡风在内的许多倾共文化人,在中共地下组织的帮助下纷纷从重庆、桂林、昆明等地逃亡香港。由此可见,萧红、端木飞港之举显然有着先见之明。

6、7月间,萧红、端木从上海的朋友处了解到,胡风曾在给许广平的信中对他们的赴港,明显带有倾向性地说是"秘密飞港,行止诡秘";尔后,端木亦从艾青处得到了进一步的印证。胡风致信艾青说汪精卫去了香港,端木也去了香港,并在香港安了一个"香寓"。了解到这些,萧红、端木非常气愤。端木才华横溢,生性不无孤傲之气,对胡风这些流言或许并不太往心里去。但是,萧红与胡风素来交谊深厚,她又极其看重朋友,听说这些尤其受伤,对人与人之间的关系,不免生出些虚无。寂寞中萧红找不到推心置腹的聊谈对象,便常常致信华岗。从现有的资料来看,华岗是萧红在香港期间书信往还最频的朋友。这又是一份令她格外珍重的友谊。

华岗(1903—1972),又名延年、西园,浙江龙游人。1925年8月加入中国共产党后,开始从事职业革命活动,1932年9月在赴任中共满洲特委书记途中被捕,1937年10月经组织营救出狱,任中共湖北省委宣传部部长,并于次年1月在汉口创办《新华日报》,任总编辑。端木蕻良离开武汉后,大约在汉口等船票期间,萧红在进步文艺界人士的一些聚会上与华岗相识。萧红抵达重庆不久,《新华日报》亦于当年10月迁到重庆继续出刊,两人在渝期间亦有往来。萧红对华岗十分敬重、信赖,不时向他谈起自己的创作感想和计划。因遭王明排挤,华岗于

华 岗

1939年春天离开《新华日报》，由于身体状况不断恶化，经组织安排，暂住大田湾乡下养病。离开重庆前，萧红、端木为了征询他的意见，专程从北碚前往探望。

在香港，心境寂寞的萧红想到了华岗这位令她敬重的友人，于6月24日提笔给他写了第一封信。萧红非常关心华岗的现状，信中说"到底是隔得太远了，不然我会到大田湾去看你一次的"；而谈到自己，则非常坦诚地说："我们虽然住在香港，香港是比重庆舒服得多，房子吃的都不坏，但是天天想着回重庆，住在外边，尤其是我，好像是离不开自己的故土的。香港的朋友不多，生活又贵。所好的是文章到底写出来了，只为了写文章还打算再住一个时期。"联系即将开展的鲁迅诞辰纪念活动，萧红在华岗这个哲学家面前，不禁就中国人纯粹东方式的情感表达生出一通议论，讥讽国民性里的不坦诚和虚伪。她还告诉华岗自己身体不大好，"写几天文章，就要病几天"，"大概是自己体内的精神不对，或者是外边的气候不对"。信尾问候的"沈先生"和"沈夫人"是华岗当时在国民政府交通部做一般职员的妹夫和妹妹，沈山婴是他们的孩子，给华岗的信要通过他们中转。心思细腻的萧红考虑到重庆一直遭受疯狂的轰炸，沈家极有可能搬家，因而把信直接寄到了交通部。由此可见，她是多么努力想与华岗取得联系，因为当时来香港得到了他的支持，现在自己在离、留举棋不定之际，更想听听友人的意见。

大田湾养病期间，华岗完成《中国民族解放运动史》前2卷（共40万字）后，辗转托人拿到上海鸡鸣出版社。得萧红信，他在7月1日的回信中，出于对萧红的了解和信任，托她设法询问该书的出版情况。而对萧红在香港居、留的犹疑，他基于国际战局的发展走向，得出"香江亦非安居之地"的结论。6日收信后，萧红在次日的回信中，首先分析说民族史之所以尚未印出是因为听说上海纸贵，出版商都在观望，等纸张降价再开印。看了华岗对香港形势的分析，萧红更其强化了离港之念，甚至设计好路线，先去上海，转宁波，再回到内地，只是"不知沪上风云如何，正在考虑"。因怕朋友担心，于是对华岗说"离港时必专函奉告，勿念"。在7月7日的回信中，萧红更主要倾诉了听说胡风在致许广平信中所说的那些话之后，十分受伤的心情：

我想他大概不是存心侮陷。但是这话说出来，对人家是否有好处呢？绝对的没有，而且有害的。中国人就是这样随便说话，不管这话轻重，说

第十一章　客逝香港

出来是否有害于人。假若因此害了人,他不负责任,他说他是随便说说呀!中国人这种随便,这种自由自在的随便,是损人而不利己的。我以为是大不好的。

针对华岗 7 月 1 日的信,端木于 9 日亦有回复。不同于萧红对胡风"损人不利己"的知解,端木认为胡风之所以有此流言,是因为自己未向其所主持的刊物投稿之故;并认为,胡风因此便要陷人至此,让他感到"世事真有令人大惑不能解者"。信中还谈到,近几天香港"风云大紧、人心惶惶",并说自己虽然并不愿意从俗也惶惶不可终日,但要与香港共存亡亦大不必,所以对华岗来信中"斟酌情况,预为准备"的建议深表认同。从端木蕻良的回信可以看出,他和萧红打算离开香港去昆明,但获悉此路不通,转而预备去桂林,只是一切尚不能定。

香港局势到底又好了起来,萧红、端木觉得又可以再住一段时间。得萧红 7 日信,华岗很是为之担心,又于 20 日连忙写信为之详细分析去留以及离港之后的理想去向。萧红收信非常感动,28 日回信时首先向老友报告平安,继而感慨道:"远在万里之外,故人仍为故人计,·是铭心感切的。"来信中,华岗对萧红所受的流言伤害进行了一番劝慰,并表示愿意代她向胡风解释。然而,这不禁又引出萧红的一番"牢骚":

关于胡之乱语,他自己不去撤消,似乎别人去谏一点意,他也要不以为然的,那就是他不是糊涂人,不是糊涂人说出来的话,还会不正确的吗?他自己一定是以为很正确。假若有人去解释,我怕连那去解释的人也要受到他心灵上的反感,那还是随他去吧!

想当年胡兄也受到过人家的侮陷,那时是还活着的周先生把那侮陷者给击退了,现在事情也不过三五年,他就出来用同样的手法对待他的同伙了,呜呼哀哉!

世界是可怕的,但是以前还没有自身经历过,也不过从周先生的文章上看过,现在却不了,是实实在在来到自己的身上了。当我晓得了这事时,我坐立不安的度过了两个钟头,那心情是很痛苦的。过后一想,才觉得可笑,未免太小孩子气了,开初而是因为我不能相信、纳闷、奇怪,想不明白。这样说似乎是后来想明白了的样子,可也并没有想明白,因为我也不想这些了。若是越想越不可解,岂不想出毛病来了吗?你想要替我解释,我是衷心的感激,但请不要了。

在对待胡风"侮陷"这件事上,萧红表现出一种男子气概的倔强、大度与达观,对胡风的动机也有比较宽厚的知解,明显不同于端木。一旦说出了"牢骚",她心里也好受多了,觉得好像不是写信而是与华岗对坐闲聊。此时,长篇小说《马伯乐》第一部刚刚完稿,萧红向华岗透露了另一个长篇计划,想写一对革命者因为革命牺牲了恋爱的故事。

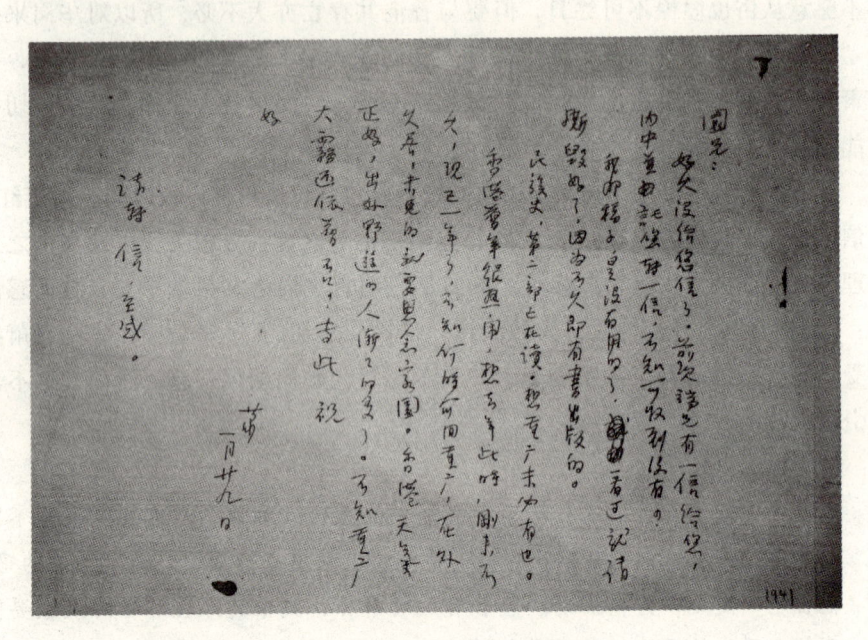

萧红致华岗信复印件之一(程乾波摄)

从萧红、端木与华岗的通信可以看出,他们当时的离港之念,更主要基于人们对香港未来局势的预测。在张梅林的文章里,这一点得到了十分明确的印证,他也提到:"在1940年下半年,正是国际问题专家们拼命讨论'日本南进乎,北进乎'的时候,因之香港的空气是疟疾式的。每次空气紧张,萧红即来信说正在购飞机票回重庆,希望能给先找便房子。但紧张空气一过,她又延宕下来,以长篇《马伯乐》未完成和有病为理由。"

第十一章 客逝香港

鲁迅先生诞生于1881年9月25日，阴历八月初三，1940年正好虚岁60，实足59。按照中国人的传统庆生习惯，逢九算大生日，应该庆贺。鉴于民国政府已经废止阴历，上海文艺界人士征得许广平同意，定在阳历8月3日举办纪念活动，随后在众多媒体上发布消息，向各地发出函约，力图发动战时全国各地文化人举行一次普遍而隆重的纪念活动。早在6月24日致华岗信中，萧红就提及鲁迅60生诞的纪念，打算做一篇文章，并询问华岗是否有文章，如果有请寄往《文艺阵地》。因为，"上海方面要扩大纪念。很欢迎大家多把放在心里的理论和感情发挥出来"。上海方面的倡议发出后，重庆、桂林、昆明、成都、延安、香港等地积极响应，纷纷积极筹办纪念活动。香港方面，"文协"香港分会倡议"国难方殷，正宜发扬鲁迅精神"，联合"中华全国漫画作家协会香港分会"、"青年记者协会香港分会"、"华人政府文员协会"、"乐余联谊社"、"中华全国木刻协会香港分会"等文化、社会团体积极筹备香港近年来规模最大的纪念活动。《文艺阵地》第4卷第12期刊载的《关于鲁迅先生六十生诞纪念》一文报道："香港方面，自接得上海函约后，亦已由端木蕻良、杨刚及全国文艺界抗敌协会香港分会，进行推动，届时拟举行一盛大之群众纪念仪式。"

7月，萧红的《回忆鲁迅先生》一书由重庆生活书店出版。这也是她献给鲁迅先生60生诞纪念的一份厚礼。作为纪念活动的积极推动者和筹备者之一，端木蕻良在忙于组织协调的同时，还发表了《论鲁迅》《略论民族魂鲁迅——为鲁迅先生六十诞辰而作》等论文以作纪念。筹备过程中，戴望舒亦出尽了心力，冯亦代回忆，"因为办理登记、接洽会场等等须与官府打交道的巨细事情都是望舒承办的"。

8月3日下午3时，纪念会在加路连山的孔圣堂如期举行。会上，萧红报告了鲁迅先生生平事迹，内容"大部系根据先生自传，并参证先生对人所讲述者，加以个人之批评"。晚上，在孔圣堂接着举行了内容相当丰富的晚会。在一首纪念鲁迅先生的合唱歌曲中，晚会拉开序幕，大家一起唱道："欢呼今天8月3日革命人道主义诞生……"除了张一麐的演讲、长虹歌咏团的合唱、徐迟的鲁迅诗歌朗诵，当晚还有三个戏剧节目：田汉编剧的话剧《阿Q正传》，由艺术家李景波导演，并饰演阿Q；话剧《过客》系鲁迅原作，由冯亦代导演；哑剧《民族魂鲁迅》由萧红编剧，经冯亦代、丁聪、徐迟等改编，鲁迅先生由银行职员张宗祜扮演，画家张正宇为其化妆。

冯亦代负责"文协"香港分会的"戏剧研究组"，关于哑剧《民族魂鲁迅》

的创作动机,他在《哑剧的试演——〈民族魂鲁迅〉》一文中说得十分清楚:

> 香港文协在筹备庆祝鲁迅先生六十岁诞辰时,就立意用一种最庄严的戏剧形式,将先生一生的奋斗史表现出来。哑剧的形式在中国似乎尚未见采用,但在西方演剧史上特别是宗教演剧方面,它却有过它的地位的。它以沉默、严肃、表情动作的直接简单取胜,最适宜于表现伟大端庄、垂为模范的人物。以它来再现鲁迅先生,似乎能于传达先生的崇高以外,更予观众一种膜拜性的吸引力,使先生生活史的楷模性,更能凝定在我们后辈人的生活样式里面。因此,便决定把它实现了。

有了这个想法,"文协"香港分会戏剧组觉得萧红是最合适的编剧人选。在香港的文化人中,只有她最熟悉鲁迅先生的生活。萧红接下这个任务,也感到有些为难,正如后来她在剧本《附录》中所说:"鲁迅先生的一生,所涉之广,想用一个戏剧的形式来描写是很困难的一件事,尤其用不能讲话的哑剧。"然而,她还是花费了几个昼夜的工夫,完成了一个严密、周详的剧本,取名《民族魂鲁迅》。她的处理态度是"用鲁迅先生的冷静、沉定,来和他周遭世界的鬼崇跳器作个对比"。剧本创作过程中,萧红或许参考了端木蕻良的一些意见,甚至在其帮助下完成。但曹革成认为此剧由端木蕻良执笔、最后定名,萧红只是作了些局部修改,似乎难有说服力,根据源于端木蕻良在晚年回忆中常常将用哑剧这种形式表现鲁迅先生归为自己的主意。相比之下,冯亦代的说法似乎更令人信服。

对于此剧,香港学者卢玮銮教授20世纪80年代撰文评价道:"整个剧本,处理手法,就是现在看来,仍是很新,但嫌过于繁富,牵涉的事与人物也过多。"限于"文协"香港分会并不宽裕的经济情况,加之人手短缺、时间仓促,无法将此剧完整搬上舞台,于是临时由冯亦代、丁聪、徐迟等人参照萧红原作,写成了另一个一幕四场的剧本,排练后在纪念会中上演。据端木蕻良晚年回忆,扮演鲁迅的虽不是正式演员,但是化妆后非常之像,哑剧演出非常成功。徐迟亦回忆说:"修改后演出了。演出成功,我记得萧红闪着满意的泪花向我们表示高兴。我们得到了安慰。"稍后,为纪念鲁迅先生逝世四周年,萧红原作的哑剧剧本《民族魂鲁迅》自10月20日至31日在香港《大公报》副刊连载,作者署名萧红,并注明"剧情为演出方便,如有更改,须征求原作者同意"。

第十一章 客逝香港

巅峰之作

　　7月间，萧红曾写信拜托上海的朋友帮忙询问民族史的出版情况，不久即有来信告知该书已经出版。收到华岗8月13日信后，萧红想等上海方面给她寄来民族史样书后再作回复，但是等了又等，样书迟迟不到，只好写信再去查问，并让对方直接给华岗邮去一本。样书终究没有等到，28日萧红提笔回信祝贺民族史出版，同时告诉华岗自己的心情好多了，此前那些牢骚，在看过他的信后早已消尽，目前正在写作中，进度很快，等他下一信来，"怕是就写完了"，只是惜乎"不在一地，不能够拿到桌子共看，真是扫兴"。此时的萧红处于写作的亢奋状态，希望有朋友一起分享创作的快乐。

　　这部即将完稿的作品，应该就是《马伯乐》第一部。卢玮銮教授从《马伯乐》的出版日期和出版的大致周期推断，该书应该完成于1940年8、9月间。而且，排比萧红的创作情况，此期亦没有他作问世。1941年1月，《马伯乐》第一部由大时代书局初版，5个月后再版。这是萧红到香港后在创作上的第一个重大收获。她以自己几年来颠沛流离的生活经历作为线索，塑造了马伯乐这样一个抗战时期的经典男性形象，是短篇小说《逃难》主人公何南生的具体化和丰富化。这个时常挂着"到那时可怎么办呢"和"他妈的中国人"这两句口头禅的善良男人，实在是"上层难民"形象的传神

《马伯乐》初版封面（章海宁摄）

写照。他们原有的舒适而伪善的生活被战争打破，陷于无边的焦虑和愤懑；但他们又不能直面现实，只有牢骚满腹的怨愤和疲于奔命的逃避；战争放大了他们的虚伪，言行错位中凸显了马伯乐们是如此可笑。

　　《马伯乐》是一部迥异于萧红原有创作风格的杰作，显示出她那敏锐的洞察

力，并且在大时代里作出了属于自己的宏阔思考。她在小说里发挥出令人赞叹的冷幽默才能——那似乎是东北人与生俱来的禀赋。出现在抗战文学背景之下的《马伯乐》自然是一个异数，虽然此前也有《华威先生》等一些表现暴露与讽刺的抗战作品，但此作寄旨遥深，显然与之并不相类，体现出萧红令人钦佩的创造力。可惜的是，人们或许囿于对萧红创作风格的固有认知，长期以来对这部杰作重视不够。然而，马伯乐已经成为中国现代文学史上的一个经典形象，与人们耳熟能详的众多文学形象相比毫不逊色。

《马伯乐》第一部完成后，那个因革命遗憾了恋爱的故事似乎并没有写出。鲁迅先生六十诞辰纪念活动结束后，萧红自此几乎不再参加香港文艺界的大型公开活动，潜心写作《呼兰河传》。1940年9月1日，《呼兰河传》开始在《星岛日报》副刊《星座》上连载。这部长篇小说的写作，萧红早在与萧军、端木共住小金龙巷期间就已经开始，在重庆可能完成了部分文字。几年来辗转流徙的生活难以给她一个安宁的写作环境，现在，终于有了完整写完它的机会。此后4个月，边写边连载，萧红沉浸在对故土和儿时生活的无限感怀与怔怔思念中，故乡在万千关山之外，精神却在那里徘徊、流连不已。这应该是她一生中最为充实、愉快的四个月。

今天的呼兰河（程乾波摄）

1940年10月，胡愈之从桂林前往新加坡就任由陈嘉庚主办的《南洋商报》

第十一章　客逝香港

总编辑，途经香港逗留了一段时间，协助"文协"香港分会开展一些工作。在此期间，经胡愈之介绍，端木、萧红与在港的东北民主运动负责人周鲸文相识。

周鲸文（1908—1985），号维鲁，辽宁锦县人。东北军将领张作相外甥，曾就读于北京汇文中学、日本早稻田大学、美国密歇根大学、英国伦敦大学。1931年回国在哈尔滨主办《晨光晚报》，1938年初来到香港创办《时代批评》半月刊。张作相两次与张作霖拜为盟兄弟，"皇姑屯事件"后尽心辅佐张学良，深得敬重，张学良称其为"老叔"、"辅帅"。可能因为这层关系，周鲸文与张学良关系密切，而且是香港东北同乡会负责人，除《时代批评》杂志外，还经营时代书店以及其他商务，财力充裕。周鲸文曾说萧红住过的城市他都住过，只是此前一直无缘相识。一天下午，端木、萧红前来周鲸文位于雪厂街10号交易所大楼里的办事处拜访，三人因既是同乡又都从事文艺活动便一见如故，十分亲近。从此，端木、萧红与周鲸文常相往来，有时一起喝茶，有时二人到周家做客。在周鲸文眼里，"端木身体很弱，中国文人的气质很重，说话慢腾腾的，但很聪明。萧红面貌清秀，性格爽朗"。他此前听人说萧红性格孤僻，一经交往，倒始终没有这种感觉。

结识周鲸文，可以说是萧红、端木在1940年的重大收获。二人本年的创作更是各自收获颇丰，端木有大量作品问世，势头丝毫不曾稍减，12月6日在致华岗信中说"除了身体不太好之外，还想写长篇"，并惬意预期1941年"又是一个笔杆年"。1940年底，萧红终于完成了一生的巅峰之作：《呼兰河传》。这部长篇小说于12月20日完稿，27日连载完毕，并在文前注明："本书由作者保留一切权益。"这种说明在报刊上十分罕见，此时，萧红自然想不到日后真的就为这本书的版权产生了纠纷。登载这样的说明，或许源于萧红在《呼兰河传》脱稿之际，对这部心血之作的无比看重。

《呼兰河传》初版封面（章海宁摄）

今天看来，《呼兰河传》无疑是中国20世纪最伟大的长篇小说之一，2000年被香港《亚洲周刊》评选为20世纪中文小说100强之9，前8名分别是：《呐喊》（鲁迅）、《边城》（沈从文）、《骆驼祥子》（老舍）、《传奇》（张爱玲）、《围城》（钱钟书）、《子夜》（茅盾）、《台北人》（白先勇）、《家》（巴金）。在时间的长河里，多少名噪一时的作品旋即湮没无闻，但《生死场》和《呼兰河传》却常读常新。萧红以其任性的笔触构筑了两个开放性意象，召唤不同时代的读者与之对话。某种意义上，无论鲁迅为《生死场》作序，还是茅盾为《呼兰河传》作序，他们在对萧红的创作进行揄扬和高度评价的同时，事实上，也都以一种先入为主的成见局囿了后人对萧红的认知。萧红以其天纵之才，不觉中在自己的创作里，本能蕴涵了人类普适性的价值和情感取向。而这也并非偶然，却是她那一以贯之的写作理念的彰显。萧红并不仅仅属于她所在的时代。

《马伯乐》给了中国现代文学一个典型形象，那是一个时时处处在逃避的龌龊男人；《呼兰河传》却给了中国现代文学一抹凄迷的气质，一种卓异的风格和品格，如此幽雅、任性、伤感，令人魅惑。那是一个无乡女子渴望回家的絮絮倾诉。29岁的萧红由此成为中国文学史上一个如此独特的存在，这个名字因其文字而不朽。了解她、认知她，亦成为研习中国现代文学者或深或浅的情结，呼兰河已然是人们的又一处精神故乡。萧红，这流落异乡的呼兰河的女儿，以其对故土的想象性触摸，刺激了太多后人对呼兰河、对后花园的想象，不断传说她那坎坷、传奇而短促的一生。1940，之于中国现代文学是一个极具意义的年份，《呼兰河传》就最终诞生于这一年的最后几天。

《呼兰河传》搁笔后，萧红内心洋溢着喜悦和淋漓表达之后的无边快意，对这部作品太满意，觉得自己写出了一直以来最想表达的东西。圣诞节前夕，一个人拎着一盒圣诞糕赶到周鲸文家提前祝贺圣诞。走了一段山路加之升登楼梯，居然累得呼吸局促，进屋坐了好一会儿才渐渐平静、舒展。周鲸文十分诧异于萧红的身体竟然如此衰弱。而他和夫人更诧异于端木为什么不陪她前来，居然让女人独自跋涉这么远的路途。由此，周氏夫妇开始注意观察端木、萧红之间的关系，得到的印象是端木不太关心萧红。之所以如此，他们解释为："端木虽系男人，还像小孩子，没有大丈夫气，萧红虽系女人，性情坚强，倒有男人气质。"因此，周氏夫妇的结论是："端木与萧红的结合，也许操主动权的是萧红。但这也不是说端木不聪明，他也有一套软中带硬的手法。"自从结识，端木与周

第十一章　客逝香港

氏夫妇来往频繁，但周鲸文夫妇在精神上却同情萧红。

周鲸文在《忆萧红》一文中对端木、萧红关系的分析显然非常中肯、公允。在内地，二萧周围的朋友对端木多有恶感，大抵因为萧军先入为主之故。但此时在香港周鲸文并不知道萧军是何许人也，一切交往全然初始，应该没有预存偏见的可能。体察端木、萧红二人间的关系，既然周鲸文也留有如此印象，得出如此结论，那么，端木蕻良身上就实在应该有一些值得省思的地方。将端木、萧红的夫妻生活描述得十分不堪，固然不真实，但是，亦绝不是一如钟耀群、曹革成等端木蕻良的亲属所描绘的那般亲密、恩爱。当然，即便不恩爱、不和谐，也不一定全然是端木的原因，但是作为端木后任妻子和具有血亲关系的侄子的叙述，出于特殊的亲缘关系所带来的偏见，亦十分昭然。

《呼兰河传》完稿后，萧红又马上进入《马伯乐》续篇的写作。早在动手创作《马伯乐》第一部之初，端木蕻良曾以《西游记》《堂·吉诃德》等名著为例，在结构上给了萧红一些建议，认为这两部作品不论再续写多长都可以，甚至中间截去一段亦不成问题，萧红擅长写散文式小说，采用类似结构可能比较合适。萧红对此亦表示认同，《马伯乐》就大致采用了这种结构方式，一旦有时间续写，接续十分方便。

1941年元旦，萧红、端木收到许地山夫妇自制的贺年卡，一晃来香港一年了。旧历年一天天逼近，萧红在阅读新出版的《中国民族解放运动史》第2卷之余，想到了仍然远在重庆乡下的华岗，由想念故人不禁引动家园之思。1月29日，在致华岗信中写道：

> 香港旧年很热闹，想去年此时，刚来不久，现已一年了，不知何时可回重庆，在外久居，未免的就要思念家园。香港天气正好，出外野游的人渐渐的多了，不知重庆大雾还依旧否？

游子倦旅，萧红想家了。沉浸在创作的亢奋中，她的心情十分愉快。自2月1日起，《马伯乐》续篇又开始在《时代批评》上连载。即时写作、即时发表，让她焕发出巨大的创作激情和动力，也给她带来巨大的满足与快乐，每天的生活都是那么激情而充实。2月中旬，她和端木又搬了一次家，但似乎仍然住在乐道8号2楼，大约只是换了房间。安定之后，萧红在2月14日给华岗写了一封情绪欢快的信，说香江不似重庆那样大雾，气候很好，加上居住渐久，一切熟习，心里安定了很多，希望华岗能够来港旅行、畅谈，关于他的民族史，萧红夸赞道："写得实在好，中国无有第二人也。"

艾格尼丝·史沫特莱（Agnes Smedley, 1892—1950），美国著名新闻记者、作家，1929 年前来中国，以对中国革命的报道闻名于世。1940 年 9 月，史沫特莱到香港养病，住在与乐道只有一个街区之隔的半岛酒店。由于同情中国人民，积极参与中国抗日的宣传报道，史沫特莱被日本人列在政治死敌的黑名单上，香港警方也禁止她讲话、写文章，或参加社会活动。到香港后，在好友香港政府医务总监夫人希尔达·塞尔温·克拉克的安排下，史沫特莱住进全港最大的公立医院：皇后玛丽医院（英文名：Queen Mary Hospital, 简称玛丽医院）。经过精心治疗，出院后被邀请前往香港大主教 Bishop Hall（中文名：何明华）的乡间别墅林荫台疗养。史沫特莱的这些英国朋友都在"从事各种各样帮助中国军人和平民的救济工作"，被人不怀好意地称为"红色希尔达"或"粉色主教"。

史沫特莱在解放区

1941 年 1 月，震惊全国的"皖南事变"使国共关系再度陷于紧张。重庆、桂林、昆明等地倾共文化人大批南下香港。一直比较低调的史沫特莱也偶尔参加一些公开活动。2 月 17 日，"文协"香港分会等文化团体，在思豪酒店举办茶会欢迎史沫特莱、宋之的、夏衍、范长江等人来港。茶会由萧红主持，史沫特莱发表了演讲。萧红、史沫特莱彼此并不陌生，30 年代她们在鲁迅先生家里就已相识；萧红在武汉时还就她的自传体小说《大地的女儿》发表过读书笔记，那是她一生中最喜欢的书之一。

大约 3 月初，史沫特莱突然前来乐道 8 号看望。她不能想象萧红和端木蕻良这两位知名的作家居住条件竟然如此简陋，了解到二人的稿费收入仅使他们"置身于苦力阶级的同一经济水平"。见萧红的身体状况非常糟糕，史沫特莱执意邀请她到林荫台别墅与自己同住，力图让病中的萧红在那幽雅、安宁的自然

第十一章　客逝香港

环境里得以修养。两人共度了不到一个月的时光，可能到底丢不下不会料理生活的端木，萧红不久便回到乐道。与萧红在香港交往的经历，史沫特莱后来写入著名的《中国的战歌》一书，并忆及萧红与之同住期间，完成了"一本战争小说"。这大约是指萧红完成于1941年3月26日的《北中国》。该作与重庆期间所写的《旷野的呼唤》，情节上有类似之处，但要精致、细腻得多，笔调同样染有浓烈的家园情怀。浓郁的怀乡情绪似乎始终氤氲在萧红此期的文字间。

史沫特莱认为"在中国和香港，甚至最迟钝的人都知道，日本人正打算进攻这块殖民地"，只是他们的准备"尚未就绪"。但是，港英当局估计一旦发生战争，他们的部队能坚持战斗三个月，因而乐观地预期，到那时英国海军就能从新加坡前来支援。史沫特莱认为香港很快就会落入日军之手，而新加坡"坚不可摧"。于是在共处的日子里，她建议萧红、端木尽早离开香港，前往新加坡，那里回旋余地大，对萧红养病亦比较有利，还亲自安排新加坡的朋友来港与他们见面，以便建立撤退联系。对于史沫特莱劝其撤退新加坡的建议，出于多方面的考虑，萧红有些犹豫，离乡去国越来越远，心理上似乎也不容易接受，到一个全然陌生的地方也不是说去就去的，况且她的身体状况越来越差。

另再，也许人们当时对香港局势的普遍乐观影响了萧红和端木对史沫特莱建议的最终采纳，当萧红想说服茅盾夫妇同往新加坡时，茅盾便不以为然。

1938年底，萧红产后与池田幸子同住期间，大约通过鹿地亘获悉在香港的茅盾即将远赴新疆，也很想与之同往。当时，《文艺阵地》登载端木蕻良来信说："萧红人甚健，现与池田同住，将来也许同沈先生去新疆。"后来，萧红远赴新疆的打算到底没有成行，但她和端木到香港后埋首创作，成绩颇丰，倒引起一些老朋友的关注。1940年3月，远在新疆的茅盾致上海锡金信提到："端木已赴港，为某书店办文学丛刊"，"红姑娘创作甚努力，闻有长篇在《星岛日报》副刊排日登载"。1941年3月，茅盾离开重庆第二次来到香港，着手创作长篇小说《腐蚀》。

从林荫台回来，听说茅盾来港，萧红便立即与史沫特莱一道前往拜访，她想鼓动茅盾夫妇一同前往新加坡。因工作关系茅盾不能离开，也不想离开，婉拒了萧红的好意。他以为萧红怕陷于万一发生战争的香港，还为之多方宽解，但稍后意识到萧红之所以有离港之想，是因为眼下生活和心境的寂寞。今天看来，茅盾当时对萧红离港意图的揣度，有些主观臆断。萧红的离港之想，显然是听信了史沫特莱对战争发展走向的分析，事实上她的分析非常正确。也许是因为听了茅盾关于战局走向的宽慰性解释，萧红、端木最终打消了离港前往新加坡的念头。然而，令人遗憾的是，她最终真的就死在了陷落于战争的香港。这或许又是一种宿命。

　　回到乐道，萧红与史沫特莱仍然保持着密切来往。4月中旬，周鲸文倡议"人权运动"，轰动一时，得到各界人士的大力支持。萧红除了自己积极参与外，还把史沫特莱介绍给他。周鲸文的倡议得到了史沫特莱的赞赏，表示回到美国后也找名流议员支持这个运动，还特别介绍何明华主教与之相识。

　　因与共产党有联系，在港英当局，史沫特莱是个不受欢迎的人，因为与之关系密切，萧红、茅盾都受到过警告。春末，史沫特莱和美国另一位在港作家艾米丽·哈恩一起在玛丽医院又住了三周。大约在此期间，她把已然显露种种病象的萧红介绍到玛丽医院检查、就诊。这次诊治主要针对萧红妇科方面的一些宿疾，医生认为她那严重的头痛源于严重的妇科病。史沫特莱后来回忆道："我设法让她住进了玛丽皇后医院，并且不断以余钱接济她，直到香港沦陷。"虽然，美国驻香港总领事早已将史沫特莱列入香港一旦遭到进攻，将以应急飞机送往中国的一批人之列，但她考虑到再回中国迁延多年的宿疾始终难以治愈，而随时处于浩劫将临的紧急状态，会让她完全不能写作，更何况此时的中国反动气焰正高。因而，她最终决定返回美国。

　　5月，史沫特莱返回美国前给端木蕻良留下10篇小说，希望译成中文后发表。端木在随后创刊的《时代文学》上连续发表了3篇。史沫特莱也带走了萧红和端木的一些作品，准备在美国发表，萧红还托她将一册《生死场》代送给辛克莱。萧红早年读过他的《屠场》《石炭王》等作品，印象深刻，与史沫特莱结识之后，她没想到与这少时崇拜的美国作家竟如此之近。6月，萧红便收到辛克莱回赠的书和表示感谢的电报回信：

厄普顿·辛克莱

加利福尼亚州帕沙第纳邮局

1941年6月4日

萧红小姐

中国香港

亲爱的红小姐：
　　我收到了由艾格尼丝·史沫特莱带给我的你的漂亮礼物和问候。我很

第十一章　客逝香港

赏识你的礼物，并对你送给我的礼物表示谢意。

我打算送给你我的一本书，你会对这部小说感兴趣的。同时随信寄去我最近写的几本小册子。

您忠诚的朋友
V. 辛克莱

史沫特莱回国后还与主编《亚细亚》月刊的斯诺前妻海伦·福斯特取得联系，将萧红、端木介绍给她。不久，海伦·福斯特来信向他们约稿，并在《亚细亚》9月号上发表了她与别人合译的萧红小说《马房之夜》。

萧红给史沫特莱留下了极为深刻的印象，某种意义上她由此形成对中国女性的全新观感。后来，她在《中国的战歌》一书中激情写道："一种在许多方面远比美国女性先进的中国女性正在炽热的战争铁砧上锻炼成型。一个这样的女人曾和我在霍尔主教乡间住宅共同生活过一个时期。她的名字叫萧红，她的命运有典型意义。"

1941年初，国内逃难到香港的文化人越来越多，发表文章的刊物却非常有限。端木、萧红向周鲸文表达了想在香港创办文学刊物的设想，周对此十分支持。在香港办刊需到华民政务司申请，交一笔保证金，并要有书店发行。周鲸文与端木商议，刊物名称就叫《时代文学》，一切费用由其支付，并由时代书店发行。《时代文学》原定于4月1日正式出版，因运作过程中遭遇一些组稿上的意外困难，结果推至6月1日才问世，名义上由周鲸文和端木蕻良共同主编，实则由端木一个人负责，其约请的撰稿名家阵容庞大、壮观，显示出宽阔的视野与胸怀。萧红感叹华岗的文章太好，曾在信中对他说在《时代文学》上开辟一专门栏目刊载其文章也是应该的。可见，她也在努力为端木拉稿，力图帮他办好刊物。

周鲸文还想创办《时代妇女》杂志，请萧红担任主编。萧红考虑到责任重大怕身体吃不消回绝了。周表示只需要她挂名即可，组稿、审稿、编校等事务可另找别人办理，她还是没有答应。一来，她太过认真，做不了挂名的事情；二来，她始终视创作为人生第一要义，丝毫都不想旁顾。端木蕻良使出浑身解数编辑《时代文学》，刊物立时有声有色，成绩斐然。香港学者刘以鬯先生认为，《时代文学》虽然只出了6期，但内容充实、编排新颖，"是香港文学发展过程中的一份重要文艺刊物"。在编辑这一"巨型文学月刊"的过程中，端木蕻良展现出自身多方面的卓越才能，包括刘以鬯先生所称道的"写作方面的智巧"、"编辑工作方面的能力"、"绘画方面的造诣"。

1941年7月1日，《时代文学》第2期上发表了萧红的短篇小说《小城三月》。这个著名的短篇是萧红继《呼兰河传》之后又一巅峰之作，发表时文末注明"1941年，夏重抄"，或许早已完成草稿，在6月间重新整理、抄出，亦未可知。

一如《呼兰河传》，萧红在《小城三月》中娓娓叙述了故乡呼兰小城中的人情风俗，特别是对北中国春天来临之时，乡野风物的描写极为细腻、精到。这显然是身处遥远异乡的萧红对梦中故乡的精微触摸和深情回忆，纤细的笔触流露出淡淡的喜悦。除了故乡风物之外，萧红第一次在作品中正面描写了父亲、继母、叔叔、伯父、姨母还有堂兄妹之间温馨和煦、其乐融融的家庭生活，洋溢着喜悦欢快的情绪。她笔下此前那个严厉、固执，自己与之誓不两立的父亲，那个刻薄、冷漠、伪善的继母不见了，取而代之的是父亲开明而温和，支持继母在小城第一个穿高跟鞋；继母温和、宽容，家庭氛围令人陶醉。堂兄妹们在一起开家庭音乐会、打网球、讲英语或俄语。

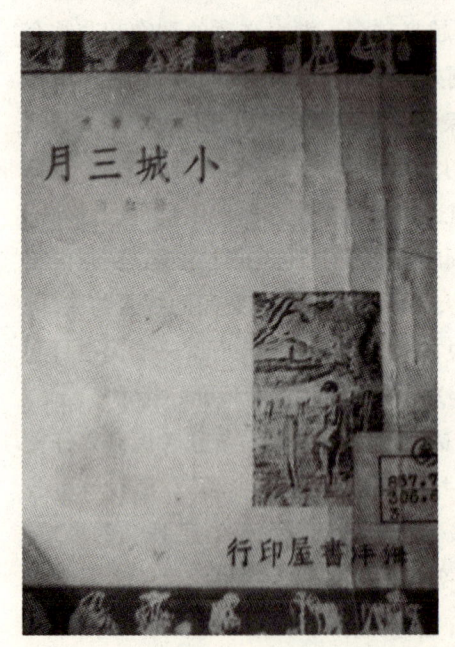

短篇小说集《小城三月》初版封面
（章海宁摄）

《小城三月》松弛地叙述了翠姨的故事。翠姨的原型是萧红继母的继母所带来的女儿，梁氏叫她"开子姐"，也就是萧红的开姨。萧红把这层关系在小说里交代得非常清楚，且翠姨和现实中的开姨都英年早逝，开姨死于肺结核。而"我"和翠姨的关系非常亲密，这自然是现实中萧红与开姨关系的投射。既然与继母没有血缘关系的姐姐都如此和煦、亲密，可见萧红与继母之间自然也拥有非常人所能想象的亲近。翠姨和堂哥之间那场朦胧而含蓄的爱恋虽是一个悲剧，但字里行间的感伤极其淡远，读者更多为小说中所流露出的喜悦和家庭成员间的平和、温馨而心生无限想象。《小城三月》毫无疑问充分流露出萧红那身处异

第十一章　客逝香港

乡的寂寞和对故乡、对故家的无限留恋。一向个性好强的萧红，此刻毫无保留地显出其灵魂深处那无限柔情的一面。连年的战争，无边的异乡流亡，苦难的经历，还有人生阅历的丰富，让此前那个任性的孩子已然成熟，在内心深处与自己此前深恶痛绝、势不两立的家族彻底和解，因而才有如此温情弥漫的文字。回家，是萧红此时最大的愿望。太想见见父亲、继母，还有众多兄弟姐妹；太想重开一次那样的家庭音乐聚会，吸引来伯父、继母还有一向严厉的父亲；太想再次感受"被杨花给装满了"的小城三月；想看看呼兰河"河冰发了，冰块顶着冰块，苦闷地又奔放地向下流"……

《小城三月》优美、精致，喜悦中亦流露出淡如轻烟的感伤，发表时萧红用毛笔题写了小说文题，端木蕻良更是为之费尽心思，亲自绘制了精美的题头画和插画。遵从萧红的创意，小说题头画了一架马车在大雪中飞奔；插画则画了小说主人公翠姨手持网球拍在河边沉思，隔河的远景是一座小山，近旁有一只啤酒桶。端木蕻良精美的画作与萧红精致、细腻的文字，以及整篇小说氤氲而出的唯美、伤感的格调相得益彰。刘以鬯先生甚至认为，端木蕻良为《小城三月》绘制的插图以及为鲁迅先生绘制的指画头像，"都显示他是一位天资颇高的艺术家"。

从1940年1月到1941年6月，萧红以惊人的速度完成了一生中最为成熟的巅峰之作。在她不到十年的创作历程里，这段时间可以说是她人生中最为华美的篇章。正如卢玮銮教授所言，她"仿佛早已预知时日无多，要拼尽气力，发出最后又是最灿烂的光芒"。

辗 转 病 榻

肺结核病在不发作的时候没有太多症候，而在当时的医疗条件下，除了静养没有更有效的方法。萧红此前喜欢抽烟、喝酒，常常咳嗽自是难免，虽然端木和她自己也怀疑已感染肺结核，但并未引起足够重视，连年战争、辗转流徙，即便想治疗事实上也没有可能。史沫特莱回国后，萧红自觉身上诸多不适仍然还是一些伴随多年的痼疾，加之住院费用高昂，她便随即出院了，虽然史沫特莱一再安慰她自己回国后将设法为之筹款养病。萧红急于出院，还因为惦记着《马伯乐》要接着写下去；而端木为了创办《时代文学》那么忙，她想帮帮他。在联系全国各地作家组稿方面，比起端木，她有更为广泛的交际，许多与老朋友的约稿信需要她来写。

　　然而，7月间萧红身上的一些疾病越发沉重，常常失眠、咳嗽加剧，为治疗痔疮，她再次回到玛丽医院。针对严重的咳嗽，医生仔细检查肺部，确诊她已经患上肺结核，不过肺部患处已经钙化，病情并不算严重。既然患有肺病就得治疗，医生主张要想彻底治愈，就得把钙化的结核放开，到医院两三次后，端木、萧红最终同意了医生的主张。针对这种肺结核病的新式疗法是打空气针，原理是将新鲜的空气一次次注入肺部将钙化的结核慢慢"吹开"。萧红对充氧疗法非常不适应，此前虽觉有病但走动如常人，能照常写作，打了空气针后，便彻底病倒，愈益虚弱，无法站立，只能卧床，非住院不可，而且全身各处的病灶都显露了出来，便秘、发喘、咳嗽，头痛加剧、脸色晦暗、声音沙哑。她所在的三等病房，设在医院四楼的前方走廊上，光线充足，三面临海，可以充分呼吸新鲜空气，是医院对肺结核病人的有意安排，在没有针对性药物的情况下，只能靠呼吸新鲜空气和安静卧养。这是典型的要求有闲、有钱的"富贵病"。萧红很不喜欢这种敞开式的病房，觉得如同露宿。

　　端木极度忙于《时代文学》的编务以及在其上连载的长篇小说《大时代》的写作。而他的腿其时亦风湿瘫痪症发作，行动十分不便，多数时候由助理编辑袁大顿陪着到医院探访。每天面对浩瀚的大海，极目长空，萧红心情颇为愉快，只是长时间勤于写作，一旦停下来什么都不做，实在闲适得有些难以适应，寂寞中将一本《圣经》读完了。见端木、袁大顿来，萧红总是嚷着太寂寞，要他们下次多带些新书来，医生不容许她过于用脑，端木、袁大顿只得给她带些画报。萧红笑着说："你们都把我当成儿童了。"为了治病，她不得不在这无边的寂寞中打发一天天，痛惜韶光流逝，想到还有很多作品要写。

　　一天夜里，台风大作，玛丽医院突然打来电话告知萧红病危。端木心想，前几天过海看望还好好的，怎么突然病危？虽然难以置信，但也顾及不了那么多，于是拖着一条病腿冒险说服老艄公从九龙渡海到香港。赶到医院，萧红正在安睡，端木找护士询问究竟，却被告知打错了电话。他听后非常生气，心想这种事情也能弄错？同时心头掠过不祥之兆。见端木连夜赶来，萧红也很诧异，转念想到如此风雨之夕，端木对自己的安危如此牵念，心里也有一种难以言说的幸福。

　　著名舞蹈家戴爱莲亦因肺病住进玛丽医院，病房恰在萧红隔壁，动过手术

第十一章　客逝香港

后，宋庆龄常来看望。端木将宋庆龄每次来隔壁探望的消息告诉萧红，她每每抑制不住冲动想见见这位令其景仰的伟大女性，只是考虑到自己身患肺病，易于传染，而孙夫人事务繁忙，就把这念头打消了。戴爱莲倒是过来看望过萧红，后来回忆说，萧红"虽然身体虚弱，但头脑清醒，精神乐观"，"给我留下深刻的印象"。其后某天，她告诉前来看望的蒋光慈夫人吴似鸿萧红就在隔壁，并问她是否愿意过去看看。

在《萧红印象记》中，吴似鸿后来回忆，当她走进萧红病房，看见"她似乎睡着了，一双大红皮拖鞋安放在床边的地板上，房中只有她一个人，并没有见到去探望她的友人，寂寞的空气充满着全室。幸喜那房子是靠花园的，光线非常充足，但缺少人间的暖气，虽然是在南方的秋季。我站在门口，迟疑着不想走前，因为第一，她并不认识我；第二，如果我和她曾经相识，互相有了友情，那么我会等她醒来，和她亲切地谈几句，安慰她一番，但是我和她不过是一对生疏者，所以我终究退出了房门"。吴似鸿还透露，这之前就见过萧红。当年在上海读完《生死场》后，她就觉得萧红的笔调不同于一般女子，很想见见，后来见到了在拉都路上正在买菜的萧红，尔后，又在作家白薇家里碰见。其时，萧红正在和白薇说话，边说边打手势，"脸上无温情，也见不到笑容，神情分着你我，好像与外界保持了相当的距离"。鉴于萧红身上"有一股寒冷的气质"，吴似鸿也就错过了与她的正式相识。待萧红告辞后，白薇对她说："她很关心我，当我一个钱也没有的时候，她就送钱来给我用"，又说："多少人爱她啊！许多人都追求她，发疯似的追求她！"在香港的商务印书馆里，吴似鸿也见过萧红一次，这次在医院里见到，已是第四次。多年后，吴似鸿为四次见到萧红都没有和她说上一句话而深深遗憾。

养治期间，一旦身体状况有所好转，萧红便又开始了一些文事活动。8月4日，她和端木蕻良应邀去香港大学讲学。当天下午，二人接到许地山病逝的消息，不胜骇异伤感，端木拟写了挽联："未许落华生大地，徒教灵雨洒空山"。"九一八"是东北流亡者永难消抹的心灵伤痛，一晃十年了。萧红、端木各自拿起笔以自己的方式，纪念这个对他们来说极其特殊的日子。9月1日，《时代文学》发表了《给流亡异地的东北同胞书》，署名萧红。可能鉴于萧红在病中，端木将她1938年在武汉发表的《寄东北流亡者》稍加删改，又拿出来重新发表，前文说过，此文疑似出自端木之手。月中，报纸上公开发表了由端木、萧红、周鲸文、于毅夫等374人签名的《旅港东北人士"九一八"十周年宣言》，传达了将抗战进行到底，渴望早日解放家乡、回归故里的心声。因思念四年来音信杳无的弟弟，加之自己辗转床榻，不胜忧闷，"九一八"前夕，萧红抱病撰写了《九一八致弟弟书》，抒发内心。与当时一般出于纪念"九一八"政治动机明显的文章迥然不同，此文虽是公开信，但是一样亲情缱绻，读之令人为之动容。萧红抒发了与弟弟分手后的种种心情，以及两次失之交臂的遗憾，还有如今音信杳无的无边挂念。虽然也有"中国有你们，中国是不会亡的"之类"宏大情感"的流露，但更多表达了与张秀珂之间的姐弟情深，真挚动人，富有感染力。这篇抒发个人忧闷与无限亲情的公开信，发表于9月20日的香港《大公报》副刊《文艺》和9月26日桂林版《大公报》，可能是萧红一生最后完成的作品，是她作为作家留下的"绝笔"。

10月底，袁大顿来医院探望时告知，此前健康时所完成的《马伯乐》部分积稿，到11月1日出版的《时代批评》第4卷第82期就全部刊完了，并问续稿该怎么办？萧红听后，神情一怔，继而不无感伤地说："大顿，这我可不能写了，你就在刊物上说我有病，算完了吧。我很可惜，还没有给那忧伤的马伯乐一个光明的交代。"见萧红神情戚戚，袁大顿也有些难过，此时的萧红太羡慕年轻人的健康与活力，看见面前的袁大顿，感慨良多地对他说："年青人要多用功……年青人有着生命的欢欣，身体壮实的爱好，美的欣慕，打扮的留恋，智识的吸取；我们要使他们能发掘生命的幽微隐秘，寻出被拘囚被捶楚得体无完肤的人类的真理！"

《马伯乐》续编只写到马伯乐一家流浪到汉口，一共9章，他们的下一个目的地自然是重庆。这部未竟杰作的最后一句话是："于是全汉口的人都在幻想着重庆。"不久，在11月16日出版的《时代批评》第83期上登出启事："启，萧红女士的长篇《马伯乐》因患肺病，未能续写，自本期起，暂停刊载。于此，我祈祝作者早日健元，并请读者宥谅！"

萧红到底耐不住在医院长期养治的寂寞，不断孩子般吵着要回家。端木与朋友们商量，觉得养病也要照顾病人情绪，最终在11月初将她从医院接了回来，专门请了一个女佣照顾起居。萧红回家后，茅盾、巴人、杨刚、骆宾基、胡风等朋友时常来探望。端木蕻良忙于编务难以分身，包括招待客人在内的许多事情都由袁大顿代为处理。在萧红神智不安、需要休息时，他也权作挡驾

"门人"。

出院前，在玛丽医院电梯里，萧红与作家萨空了夫人金秉英意外相识。当天，金秉英和两位女友来玛丽医院探望住院的朋友，当她们走进电梯，适值护士推进一个坐着的病人。金秉英打量那坐在轮椅上的女性虽然脸色苍白，可那一双传神的大眼睛，却让人觉得另有一种风韵，似乎很面熟，一时又想不起到底是谁，只是刹那间好感顿生，很想和她说说话，同时感到对方也在打量自己。电梯停好后，两位女友抢先走了出去，金秉英想让病人的车子先推出去。这时坐在轮椅上的病人却忽然问道："你是北京人？"

"嗯，你也是北京人？"金秉英有些诧异。

对方回答说："不，我是东北人。"

而当金秉英问她何以知道自己是北京人时，对方回答说一听便知，还说自己的一些朋友在大街上一听见有人说北京话，便禁不住跟听一会儿，乡音太难得，乡情是永恒的牵念。基于乡音，两人便在这样的异乡相识，一见如故，在医院大厅临分手互通姓名和交换地址。金秉英这才知道这坐着的病人名叫萧红，立时觉得这名字和本人一样美丽。匆忙间，萧红告诉她，自己即将出院。

过了两天，萧红差女佣给金秉英送去一张便条。金秉英了解到萧红已于昨天出院，目前尚不能出门，约自己前去闲谈，便欣然前往。金秉英和萨空了住在汉口道，距离乐道并不远，在女佣带领下，到达之后一推门进去，萧红便笑着说："我担心你不在家，你若在家，我想你是会来的"，并告诉金秉英家里没有别人，两人可以尽情畅聊。此后，金秉英几乎每天下午都前来聊谈一两个小时，如果一天不去，萧红必差佣人来找。聊谈中，金秉英见萧红精神很好，自己的兴致亦很高。更重要的是，她发现两人竟有那么多相似之处：一样的爽朗，爱说爱笑，甚至都爱穿红颜色的衣服……

多年以后，金秉英仍然清晰记得，萧红当时说等到病好了要和她这个北京人比试烙葱油饼，自信身体一定会好起来，然后两人同往青岛看海，整天坐在海边礁石上聊天，只是她们两个女人，不要家属。萧红转念又设想说："也可以带两个男朋友去，替我们提提皮箱，跑跑腿……"

胡风于1941年5月间在周恩来的安排下转移到香港。听说萧红在家养病，便前来看望。虽然听说了胡风在背后传说一些关于自己和端木飞港的流言，多有不快，但毕竟是老朋友，何况萧红也理解他并非存心构陷，因而一旦见面仍然分外亲切。胡风见躺在床上的萧红比过去更瘦、更苍白，精神倒还好，两人愉快地聊了些故人近况。时过境迁,对于萧军,萧红亦能坦然面对,十分兴奋地对他说:"我们办一个大型杂志吧?把老朋友都找来写稿子,把萧军也找来。"说到这里,胡风发现站在一旁的端木有些尴尬不乐。萧红似乎没有看见,接着说:"如果萧军知道我病着,我去信要他来,只要他能来,他一定会来看我,帮助我的。"胡风自然能理解萧红久病中这份怀旧的心情,但也明显感受到其内心那份几乎可以触摸的寂寞与孤独,临别,劝她好好养病,以后一定会见到那些念念不忘的老朋友。

柳亚子(1887—1958),苏州吴江人,南社著名诗人。1940年底从上海来香港,次年1月与宋庆龄、何香凝、彭泽民等联名发表宣言,谴责国民党制造"皖南事变",后又拒绝出席国民党中央全会。在港期间,柳亚子广泛接触众多左翼进步文化人士。1941年10月19日,200多人出席了由"文协"香港分会等文化团体在德辅道西的"福建商会义学"校址举办的纪念鲁迅逝世五周年晚会。会上,端木蕻良告诉柳亚子,其七律《鲁迅先生逝世五周年》和《图南集丙辑》组诗将在11月出版的《时代文学》上刊出。感念与端木蕻良相识不久,竟能拿出如此多的版面发表自己的诗作,柳亚子表示一定要前往端木寓中拜访。

柳亚子

柳亚子来乐道,适值萧红刚刚出院回家。他此前并不认识萧红,只闻其名,此次两人终有机会在病榻前正式相识。柳亚子后来撰文述及当时见面情形:"(萧红)虽偃卧病榻,不能强起,而握手殷勤,有如夙昔相稔者。"两人一见如故,从此建立忘年交谊,柳亚子此后有空便前来与之娓娓清谈,不以为累。萧红还倚靠枕头上欣然在柳亚子递过来的诗册子上题写诗句,并感叹不知何时才

第十一章 客逝香港

能病愈，到那时可以与老先生一起看电影，更可以酣饮小楼，享受无穷快乐。

11月18日，端木蕻良回访柳宅，述及当年东北沦陷，自己回昌图探母的一路见闻。柳亚子听后深有所感，当即挥毫写下《端木蕻良过存，述东北痛史甚详，感赋一首》。写就这首七律后，老先生回想起前几天在端木寓中，见他殷勤侍奉萧红于病榻之前，感叹苦难中夫妻间的恩爱，一时诗兴大发，又挥毫写下七律《再赠蕻良一首，并呈萧红女士》：

> 谔谔曹郎莫万哗！温馨更爱女郎花。
> 文坛驰骋联双璧，病榻殷勤伺一茶。
> 长白山头期杀贼，黑龙江畔漫思家。
> 云扬风起非无日，玉体还应惜鬓华。

此诗后来收入《柳亚子文集·磨剑室诗词集》，作者在"曹郎"下有注："蕻良原姓"；而在"病榻"一句下有注云："月中余再顾萧红女士于病榻，感其挚爱之情，不能弭忘也。"

家里到底不是医院，难以呼吸到新鲜空气，没有充足的阳光照射，不久，萧红病情迅速恶化。头一天，当金秉英听萧红说"明年我一定会好了"，只觉得那是理所当然，然而次日下午再去，却发现她忽然卧倒在床，精神萎靡。一问才知道伤风了，萧红当时还自信"吃点药就会好"，金秉英亦信以为真，然而不曾料到的是，竟从此卧床不起。再次探望，萧红睡着了，她在床边注视了一会儿，返身而出。没料到，这竟是她见萧红的最后一面。关于病情日渐沉重的萧红，袁大顿七年后亦回忆说：

> 由于在家医疗的不便，萧红的病一天比一天更糟了。白天她睡得也很不宁，卧榻常常要南移又要北转，端木和我就像给她摆动摇篮一样地去把她的床摆东又摆西。她喉头的痰越来越多了，我替她买痰盂、买药品一天有时得跑上几趟，她是很自信的，她要常常知道自己病态的变化。有一次，她要我替她到屈臣氏药房买一支试体温的摄氏水银管，因为不在行，给买了一支华氏的回来，于是她笑了（在这时她的笑是难得见的），笑后，却温顺地给我解释了一套体温管的使用法。萧红真挚的心魂的大门，在苦难临

头时也为人打开的。

萧红的病情牵动着周围的朋友，他们考虑到萧红不愿意住院，可能因为经济上的拮据。两人写作的收入虽不充裕，但是足用，平时的生活过得去，一旦有病，住院、医药费等开销自然就不是他们的日常收入支应得了的，于是柳亚子夫妇、于毅夫夫妇、周鲸文夫妇多为萧红的病况分忧。周鲸文的经济条件比起其他人要好很多，在这件事上，大家对他有所倚重。一天柳亚子约他喝茶，特意谈到萧红住院治病的开销，希望他能多资助，周鲸文当即表现出义不容辞的慷慨，令柳亚子很是感动，题赠七律一首。其后觉得重任在身的周鲸文，特地赶到乐道与端木、萧红商谈继续治疗的方案。大家还是一致主张住进玛丽医院为佳，医生好，设备齐全，且比养和等私立医院的开销要小。周鲸文向萧红、端木保证一切医疗开支，完全由他负责。决定之后，萧红于11月中旬再次住进玛丽医院。

住院之初，一切都比较顺利，端木亦常去医院看望，随时向周鲸文报告情况，周鲸文以及其他朋友安心不少。但萧红待在医院依然整天晒太阳、呼吸新鲜空气，对这种名副其实的"富贵病"的治疗，需要病人耐心配合。虽然没有了经济上的压力，但是萧红极为怜惜时间，急切希望迅速好起来，觉得自己有很多事情要做，整天待在医院里不见用药，等于白白浪费时间。一旦住进传染病病房，朋友们不便探望，看书医生又不让，一个人在医院里孤寂难耐。此前三个多月的住院经验，早已让萧红对医院无比厌烦，如果不是病情不断恶化，朋友们的殷勤劝说，她自然不愿意再住进来。住院几天，病情稍有缓解，她又向端木吵着出院。已然进入冬季，病房依旧设在阳台上，整天吹着海风，萧红受凉后不停咳嗽。她向护士要求打止咳针，大约是三等病房的缘故，护士态度比较差，回复说院方有规定，药品是由医生来开而非病人要求。萧红尔后对医生表示，自己咳嗽得很厉害，医生却回答说："咳嗽不要紧，你不要心急，……肺病还有不咳嗽的吗？"

面对冷漠的护士小姐和官气十足的医生，萧红备感身体和精神上的虐待，不禁又回想起9年前在哈尔滨住院生产的噩梦般经历，那已然成为她的创伤性记忆，彻骨的人情荒寒让她在医院里一天都不想待下去，恨不得马上离开。每次端木来医院，她不断缠着要求回家。端木蕻良无计可施，只是好言劝慰希望她安心治疗，恳求说有大老板支持，你就安心多住一段时间吧。夜里，萧红想

第十一章 客逝香港

到周围人都听医生的，没有人真正体会自己的感受。被疾病折磨得已然十分脆弱的萧红，甚至想到这样毫不作为地治疗下去，自己会最终死在这里。第二天，适值于毅夫前来看望，萧红便把住院后的内心苦楚向他倾诉了一遍。萧红强烈的离院回家的愿望打动了于毅夫，想到照顾病人情绪非常重要，于是连出院手续都没有办理，动了恻隐之心的于毅夫就把萧红接了回来，时间大约是11月下旬。

接端木电话告知萧红已被于毅夫接了回来，周鲸文诧异之余很不以为然。他自然能够体会萧红所诉之苦，但家里毕竟不是养病之所，为疾病计，还得住院，因而对于毅夫不免心生埋怨。第二天，周鲸文和夫人一道前来乐道看望。走进萧红、端木的房间，里边空荡荡只有一张书桌、一张大床、一个烧水取暖的小火炉。几样东西摆放得横七竖八、凌乱不堪，书桌上更是杂乱无章地堆放着书籍、文稿，萧红就躺在房中间那张破旧的大床上。自理能力本来就差的端木，现在因为编务和萧红的病，更无心收拾屋子。见此情形，周鲸文感到一阵酸楚，心想，这就是中国文化人的生活，萧红和端木作为已然成名的作家尚且如此，其他以卖文为生的人就更是可想而知。萧红见周氏夫妇来访，精神稍稍振作，但那种筋疲力尽的倦意，却始终写在脸上，脸庞瘦削不堪，只有两只大眼睛时常流露光芒。周鲸文夫妇对萧红安慰了一番，劝她还是住回玛丽医院。萧红表示首肯的同时又似正经似开玩笑地说："周先生，你正提倡人权运动，请不要忘记我这份人权。"听萧红这样说，周鲸文感到萧红是个不太容易听进别人建议的刚毅女子，此前虽然就批评过毅夫不该任性地把她接出来，现在更在心里埋怨他只是感情用事，把事情弄复杂了。不过，见萧红、端木都十分认同自己的建议，周鲸文稍感慰藉，坦诚地请萧红放心。临离开，送了些钱给端木，交代他负责让萧红再住回医院。此后，周鲸文忙于自己的一些事情，再难顾及萧红住院的事，他认为由端木负责办理应该可以放心。

有了前次在医院的遭遇，萧红说什么也不愿再回去。端木很感无奈，只好由她在家里静养。其间，柳亚子向萧红介绍了李国基、黄大维等在港名中医，他们虽也开过汤药，但都还是主张以静养为主。11月30日，柳亚子与爱泼斯坦同去九龙医院看望了生病的女儿柳无垢后，一个人拿着一束秋菊又来乐道看望。见老诗人来，萧红连忙倚枕而坐，将桌上花瓶里的残枝败叶让人清理掉，插上柳亚子带来的鲜花，房间顿时有股清淡菊香。谈到兴致高处，柳亚子又拿出诗册请萧红题诗。拿笔在手，萧红一时感慨万千，想到自己浪迹天涯，眼下病重辗转病榻，心酸不已，转念想到自己又何其幸运，得到鲁迅、柳亚子二位长辈的器重与垂爱，不禁暖意盈怀。于是只写下"天涯孤女有人怜"一句，便不能自持，泪流满面，合上诗册交给一旁为之伤感动容的老诗人。柳亚子一时诗兴难遏，沉吟道：

> 轻扬炉烟静不哗，胆瓶为我斥群花。
> 誓求良药三年艾，依旧清谈一饼茶。
> 风雪龙城愁失地，江湖鸥梦倘宜家。
> 天涯孤女休垂涕，珍重春韶鬓未华。

倾　城

12月6日，袁大顿辞别端木、萧红回东莞结婚。他是"文协"香港分会"文艺通讯部"的青年骨干，在萧红生病住院的近半年里，在协助端木蕻良编辑《时代文学》同时，也为萧红做了很多护理工作。带着萧红的祝福离去，他原想不过数日就能再见，不想，一别竟然咫尺天涯，已成永诀。

12月8日早晨8点，人们刚刚起床，九龙上空凄厉的警报声骤然大作。连日来，香港政府本来就在进行一遍又一遍的防空演习，下达一道又一道的疏散命令。港英当局似在和市民一遍遍上演"狼来了"的游戏。今天，"狼"真的来了。当天是夏威夷时间12月7日，日军在偷袭珍珠港，重创美国海军基地的同时空袭港九地区，轮番轰炸位于九龙的启德机场，企图切断香港与外界的航空联系。日军地面部队第38师团亦分两路沿青山道和广九铁路南进袭击新界和九龙半岛。战争已然爆发，然而在大英帝国不可侵犯的傲慢气氛中，香港市民几乎没有人肯相信日本会真的袭击香港，就是一些研究国际问题的专家亦不相信日本会发动太平洋战争。警报发出，全港市民以为又是防空演习。萨空了在当天日记中记载，连住在他隔壁的范长江也说："据报告是演习"；但是未到9点，"港九交通，政府已有新命，由香港可以自由过九龙，由龙过港，军人而外须先到亚士厘道西人青年会旁门领通行证"。及至9点，"西人青年会已挤得水泄不通"。不久，从九龙过来的车带来了启德机场、深水埗英军兵营被炸的消息，人群立时骚动起来，争着登上私人汽轮、舢板渡海前往香港逃命。

凄厉的警报、此起彼伏的轰炸、防空的炮火，四近玻璃的碎裂、屋外人们

第十一章　客逝香港

仓皇的惊叫……这些表征战争的声音将萧红再次带入大城将倾的情境中。十年来，数次经历这样的情境，似乎也没有什么好大惊小怪的。然而，此时的萧红陷于无边的恐惧，她预感自己会随着这座城一起倾覆。这次不同于九年前她大腹便便地被困于东兴顺旅馆，听着日军在枪炮声中占领哈尔滨；不同于四年前和萧军、鹿地夫妇一起倾听闸北的炮声，感受上海的即将沦陷；更不同于三年前同样大腹便便地待在汉口"文协"，倾听武昌大轰炸；亦不同于两年前在重庆歌乐山，倾听"五三、五四大轰炸"。眼下，她疲惫而虚弱，呼吸困难，不能动弹，充满对死亡的恐惧。这战争的声音是那样尖利、刺耳，让她难以经受得起，紧紧捂住双耳，紧紧依偎在端木怀里，不许他离开顷刻。意识到战争爆发，端木立时觉得有很多事情急于去做，想到应该把前天斯诺夫人给萧红汇来的200港元稿酬取出来，应该到银行取出存款，应该储存食物……然而，眼下最要紧的是让萧红得到安抚，祛除恐惧，让她有安全感。

8点多，端木蕻良接到骆宾基打来的辞行电话。骆是为着在港几个月来端木对自己的照顾表示感谢，战争爆发他想突围返回内地。端木正需要一个帮手，考虑到骆宾基单身一人，行动方便，就请他暂时不要走，留下帮忙照顾萧红。骆宾基知道萧红卧病在床，听端木一说就爽快答应了，说马上赶过来。放下电话，端木心里踏实了很多，毕竟危难中有人来帮助自己。端木将骆宾基即将到来的消息告诉萧红，骆宾基是弟弟秀珂的朋友，萧红听后亦感安慰，茫然中，像是在等待弟弟的即将到来。

骆宾基（1917—1994），原名张璞君，吉林珲春人。1936年流亡上海时结识张秀珂，此后，在桂林期间发表了一些作品。"皖南事变"后，经广州去澳门，后于9月28日抵达香港。一周后适逢中秋节，身无分文的骆宾基，听说主持《时代文学》的端木蕻良是东北同乡，便试着打电话希望端木能够假以援手。端木此前看过骆宾基的《边陲线上》，对其略有耳闻，于是赶到旅馆看望。了解到骆宾基当掉行李买票来港，端木十分同情其遭遇，决定给予帮助，征得周鲸文同意，将他安顿在《时代批评》社的宿舍里。尔后，端木分别给时代书店经理林泉和《时代批

骆宾基

评》社年轻的编辑张慕辛写信，托他们对骆给予照顾。这样，骆宾基和林泉、张慕辛、董秋水三人在《时代批评》社宿舍里一起吃住。解决吃住问题后，端木问他有无文章，想帮他发表作品，好以稿酬维持生活。骆宾基拿出此前创作的长篇小说《人与土地》。端木于是在《时代文学》11月号上发布启事，称病停掉仅仅连载三期的长篇小说《大时代》，开始登载《人与土地》第一章。骆宾基后来搬到九龙，住在太子道底的森马实道，张慕辛、林泉过去看望，发现他和凤子等几个作家住在一起。萧红从玛丽医院回来不久，骆宾基曾前来看望，因见萧红精神不佳，说话无力，没有多谈便告辞了。第二次来时，萧红的精神有所好转，情绪也比较好，谈话稍稍深入。

骆宾基本身就对端木心存感激，又是张秀珂的朋友，萧红同样一如姐姐，现在战争爆发，想到萧红的病况，既然端木有求于自己，留下来帮忙对他而言似乎也是比较自然的事情，但是考虑到当时的战争情形，各人自顾不暇，骆宾基答应留下，应是非常难得。慷慨应允后，他很快就赶了过来。

其间，过于恐惧的萧红要端木给柳亚子写封便信约其前来聊谈，就像一个心里恐惧的孩子，始终希望得到长者的慰安。女佣将便信送了过去，说早晨的飞机声、机枪扫射声、轰炸声，是"真打仗"，不是"假演习"，萧红十分恐惧，希望能前来给以安慰。柳亚子夫妇及女儿其时仍以为早晨的一切是演习，便回信说是"真演习"，让萧红安心修养。稍后，有在报馆工作的朋友来，他们一家才知道太平洋战争真的在众人睡梦中爆发了。上午9点，柳亚子冒着空袭赶到乐道看望萧红，告诉她真实的战争消息。在萧红床前，柳亚子问她好些没有，萧红一把抓住他的手，眼里流露出极度恐惧，不断说："我害怕！"

"你怕什么呢？"柳亚子劝慰道："不要怕。"

"我怕……我就要死，听见飞机的声音就心悸得很。"萧红颤声黯然说道。

柳亚子强装镇定，劝萧红安心养病，不要害怕，但她实在难以平静，已然控制不住自己的恐惧心理，总害怕会马上死去。柳亚子见状，觉得一味安抚对她没有什么益处，于是索性说道："这时候谁敢说能活下去呢？"老诗人一时情绪激动，起身继续说道："这正是发扬民族正义的时候，谁都要死，人总是要死的。为了发扬我们民族的浩然正气，这时候就要把死看得很平常……"一旁的骆宾基听后，也很为老先生大无畏的精神所感染。柳亚子家里同样有很多事情亟待处理，萧红不让他回去，执意要他留下来多陪一会儿。等到外边的嘈杂声渐

第十一章　客逝香港

弱，萧红在端木、柳亚子的安抚下渐渐有了睡意，老先生这才"悄然别去"。端木送柳亚子出门，嘱骆宾基陪着萧红不要走开。然而，他们一离开床沿，萧红便在浅睡中梦呓般说道："不要离开我，我怕，我要活……"不久，极度恐怖中的萧红疲倦思睡，紧紧握住骆宾基的手慢慢睡去。骆宾基感到面前这命途多舛的姐姐，极其害怕在炮火中被人抛弃。

端木在外处理了一些事情，回来想和骆宾基一起带萧红到东莞找袁大顿。只是，原以为袁回去结婚马上会回来，没有留下地址，正在懊悔中，得知日军行动非常迅速，东莞已经沦陷，甚至九龙的一些街区都已能看见日军的铁丝网。意识到被困九龙，端木蕻良一筹莫展之际，于毅夫赶了过来。除了与端木、萧红是朋友、同乡关系之外，于毅夫还是奉中共地下党组织之命，负责与他们联系的领导人，不过这层关系是隐秘的，当时并不为旁人所知。知道有中共地下党组织的关照，萧红的恐惧有所消释，心里有了倚靠，三人一起共商对策。于毅夫告诉端木、萧红，自己的夫人和孩子已在香港得到妥善安置，他是专门来帮助他们转移的，九龙即将沦陷，必须迅速渡海到香港。商定当夜渡海后，随即由骆宾基照顾萧红，端木开始收拾东西，于毅夫出去联系渡海船只。

当晚，端木蕻良、于毅夫、骆宾基用床单做了一副临时担架，将萧红抬上人力车，抵达港口换乘小划子渡海到香港，再坐车赶到《时代批评》宿舍，却扑了个空，林泉、张慕辛都不知去向。原来，张学良胞弟张学铭一般住在山上别墅里，为了下山有个落脚休息之处，在思豪酒店长期包租了一套房间，酒店老板夫妇亦是东北人，林、张二人与之十分相熟，战争爆发，市面上供应混乱，他们便通过老板娘的关系，住进张学铭的包间。端木一行找来后，二人很爽快地把包间让出，以便萧红、端木、骆宾基得以及时安顿。

12月9日一早，柳亚子携夫人和刚出院的女儿渡海后住在香港西摩道，逃难中柳夫人受了枪伤，可谓自顾不暇。不久，端木前往看望，柳亚子托他转送萧红40美元，以备逃难之需。萧红听说柳先生也到了香港，非常兴奋，打电话对其慷慨相助表示真挚感谢，并约他到酒店来聊。电话中，萧红谈兴颇浓，不断愉快说着"我完全好人似的了"，"我的精神很好"之类的话。柳亚子听其"喋喋不休"，怕影响萧红病中静养，只好适时终止。放下电话，萧红向骆宾基感叹，如此慌乱之时，柳亚子居然还能注意到她的声音，并从声音里就能感知自己的精神，真是诗人的真挚，因为在如此时刻"谁还能注意一个友人的声音呢？"

就在萧红离开九龙当晚，中共南方局书记周恩来密电指示八路军驻香港办事处主任廖承志做好应变准备，将滞留港九的进步人士撤往东江或南洋。9日清晨，周恩来再次致电廖承志，具体部署将滞港进步人士经澳门或广州湾撤往桂林的方案。在廖承志的安排下，一场针对滞港文化界和民主人士的营救活动迅速展开，端木、萧红都在营救之列。日军势如破竹，步步进逼，香港同样危在旦夕。

9日，港九间海运通船中断。

10日，日军占领九龙的几处山头，架炮轰击香港市区，致使交通中断、粮食危机，只有小面额港币可以流通，市民争相外逃，秩序混乱。

12日，日军占领九龙，中午派人过海向港英当局劝降，遭拒后发动全面空袭炮轰，香港到处大火熊熊，不时断水、断电，烂仔横行，当街抢劫。

17日上午，日军从九龙隔海炮轰香港，除山上军事要塞外，又把炮口对准居民区持续轰炸两小时，市民死伤惨重。中午，再次派人过海劝降，遭拒。下午4时至前半夜更是炮声大作。次日一早继以持续空袭，猛炸中环街市，炮火点燃了位于西角的美孚汽油库，在海边就可以见到滚滚升起的黑烟，小部日军趁火掩护，强行登陆香港。

据骆宾基《萧红小传》记载，9日，端木在思豪酒店将萧红安顿好后，见有骆宾基照顾，不久便离开了。端木走后，《大公报》记者杨刚前来探望。杨刚走后，骆宾基听见四周趋于平静，便向萧红告辞要返回九龙抢救其《人与土地》的手稿，那是他两年来的心血。萧红内心虽然消除了战争伊始那种几乎无法克服的恐惧，但还是非常害怕身边没人陪伴。她不想骆宾基离开，躺在床上对他说："英国兵都在码头上戒严，你为什么冒险呢？"

"我要偷渡"。骆宾基回答说。

"那么你就不管你的朋友了么？"

"还有什么呢？我已经帮你安排好了。"

"你朋友的生命要紧，还是你的稿子要紧？"

"那——我的朋友和我一样，可是我的稿子比我的生命还要紧。"

"那——你就去！"

"那是自然的。"

第十一章 客逝香港

　　骆宾基看见，听完自己最后一句话，萧红把脸埋了过去。他处于难以作出决断的两难：面前可怜的"姐姐"实在太需要自己的慰安，留下来，即便什么也不做，也能给她带来些许安全感；而那部书稿却凝聚着自己的太多心血。他不禁对不见踪影的端木生出了深深埋怨，拿不准这是否是他的退缩，甚至不负责任的抛弃。想到这里，骆宾基更真切地感受到躺在床上的"姐姐"的无助和可怜。萧红不想让他看清自己的表情，但他完全可以想象得出。骆宾基低垂着脑袋站在床前陷于迟疑，不知该如何取舍。萧红感到骆宾基并没有走，便对他平和地说道："对现在的苦难，我所需要的就是友情的慷慨！你不要以为我会在这个时候死去，我会好起来的，我有自信。"

　　萧红认为骆宾基之所以此时想离开自己，是因为他对自己并不了解，毕竟此前只是匆匆见过两面；对端木也不了解；对她和端木之间的关系更不了解。面对沉默的骆宾基，萧红充满了倾诉的欲望，是战争将她和骆宾基放置在这样一个纯粹的空间。自己的丈夫却不知道干什么去了，而她最可怕的揣测，就是一向胆小的端木蕻良很可能独自突围返回大陆，撇下连行走力气都没有的她自己在这无边的战争里；她更怕面前这唯一的男人也离她而去，她急于告诉他一些他并不了解的东西，渴望他了解自己、懂得自己：

　　"第一次见到你的时候，我就从你的眼光里感到了你是如何看待我的。你也曾经把我看作一个私生活很浪漫的女作家，是吧！你是不是在没和我见面之前，就站在萧军一边，丝毫不同情我？我知道与萧军分手是一个问题的结束，和端木结合又是另一个问题的开始。你不清楚真相，为什么就一定以为是他对，我不对呢？不应该这样武断。"

　　萧军，那是个多么可爱、又多么可恨的男人。沉默中的萧红陷于对往事的回忆，一下子想起很多。往事潮涌眼前，不禁想起萧军的好；想起他不讲理的粗豪；想起他面对灾难的霸气；想起和他在一起，无论多么大的困厄都不会落到自己肩上；在这连天炮火里，靠在他孔武有力的肩头，或许是一个女人最大的安宁与幸福；想起他更不会让自己担心他是否会不负责任地离弃……面对炮火，端木始终让她感到如此恐惧，无法从这个男人身上获得安全感，不得不以一种夫妻之间似乎本不该有的心态来揣度他到底干什么去了。端木的胆小、怯懦、孩子气，似乎是每个与之有过接触的人皆有的印象，萧红害怕此时他会不负责任地离弃。想到这里，女人内心弥漫着无边的哀怨，半年来的疾病折磨早已让她无法坚强。她太害怕端木这身边唯一的亲人对自己不好，然而，多少让她有些失望地感到,端木实在给不了她所想要的,疾病令她对端木常常充满不信任的想象。情绪凄迷,萧红又想到了父亲,此时好想得到父亲的庇护,多年来一直都在与他争斗,此刻却好想回到他身边,此刻脑海里浮现的父亲,开明、温和,让继母在呼兰第一个穿高跟鞋,让孩子们自由进校读书、在家里打网球……

沉默了一会儿,萧红若有所思地继续喃喃说道:

"我早就该与端木分开了,但那时我还不想回家,现在,我已然惨败,丢盔弃甲,我要与我的父亲和解。我的身体倒下了,想不到我会有今天!"

端木到底去了哪里?其间他或许回来过,不过没多久又走了。一天,萧红告诉骆宾基:"端木准备和别人一起突围,从今天起就不来了,已经对我说过告别的话。我要回家,我要回到呼兰,你要送我到上海,把我送到许广平先生那里,就已经给了我极大的恩惠,我不会忘记你的。有一天,我定会健健康康地走出房间,我还有《呼兰河传》第二部要写……"

在思豪酒店,萧红、骆宾基就这样在聊谈中度过一天天,端木似乎一直不见踪影。越来越失望的萧红难以掩抑内心的哀怨。当骆宾基问到端木时,萧红淡然回答:"他么?各人有各人的打算,谁知道像他这样的人在追求什么?我们不能共患难。"连日来的倾诉,让萧红意识到自己与以往大不一样,以往即便再苦,也不愿向任何人诉说。炮火声中的厮守,不觉让她对骆宾基格外亲近,不禁感叹道:"我为什么要向别人诉苦呢!有苦,就自己用手掩盖起来,一个人不能生活得太可怜,要生活得美,但对自己的人就例外。"

骆宾基对萧红为什么能和端木这样的人在一起共同生活三四年表示不解,觉得那不是太痛苦了么?萧红心想,更大的心灵苦难,萧军早已让她细细领受了,这又算得了什么。骆宾基的话引出她的无限感伤:"筋骨若是痛得厉害了,皮肤流点血也就麻木不觉了。"

骆宾基也向萧红倾诉了所经历的无数艰辛,谈到与冯雪峰的相识及其未竟之作《卢代之死》,还有去其义乌家乡的感受。据丁言昭《萧红传》载,萧红听后非常振奋,表示等到病好之后,邀几个朋友和骆宾基一起共同完成这部表现红军长征的小说。这就是萧红临死前念念不忘的"那半部《红楼》"。二人还交流了各自对于文艺的见解,骆宾基赞叹《战争与和平》是"艺术的高峰",萧红却认为艺术上有佳作,却并没有所谓高峰,说"一个有出息的作家,在创作上

第十一章　客逝香港

应该走自己的路。有的人认为小说就一定写得像托尔斯泰、巴尔扎克和契诃夫的作品那样。我不信这一套，其实有各式各样的生活，各式各样的作家，也有各式各样的小说"。

其间，端木回到酒店，给萧红带了两个苹果。萧红并没有表露什么，只是问他"你不是准备突围吗？"端木回答："小包都打起来了，等着消息呢！"见萧红一切如常，他为萧红洗刷了痰盂之后，不久又有事离开了。骆宾基在《萧红小传》中首先透露住进思豪酒店后，端木在不在场，尔后，该书在历次修订中又不断强化，最终在《修订版自序》中明确指出："从此之后，直到逝世为止，萧红再也没有什么所谓可称'终身伴侣'的人在身旁了。而与病者同生死共患难的护理责任就转移到作为友人的作者的肩上再也不得脱身了。"骆宾基的离弃之说，让端木几十年来一直遭人深深诟病。对此，端木似乎从不做辩解，亦没有说明这段时间他到底做了些什么。端木蕻良自然不是一如诟病者所想象的那般不负责任，然而，他与萧红共守艰危之心，一开始亦非端木亲属们后来所美化的那样坚定。在思豪酒店这大约七八天的不在场，端木到底做了什么，始终难以得到圆满解释。萧红所说的他准备和别人一起突围，或许确有其事。后来，香港学者刘以鬯曾专就这一问题请教周鲸文，得到的答案也印证了这一点：

问：骆宾基在《萧红小传》中，说日军攻陷香港后，正在病中的萧红曾经对友人说这样的话："端木是预备和他们突围的，他从今天起，就不来了，他已经和我说了告别的话……"此外，萧红还表示不能跟他共患难。依你看来，端木蕻良这种打算有充分理由支持吗？

答：端木初时，有突围的打算。后来，因萧红的病日渐加重，改变了主意。

而当问到"留港期间端木蕻良与萧红的感情好不好"时，周鲸文亦据实相告："我总觉得两人心里有些隔阂。"由此可见，萧红的恐惧一定程度上还是基于端木蕻良的原因，在当时的情形下无法从他身上获得安全感。周鲸文觉得端木"有些大孩子气，偶尔会撒一下娇"。骆宾基因此对端木怀有恶感可以理解，但在日后的写作中，他明显放大了这种情感倾向。

12月18日夜，日军和守土英军隔海展开激烈炮战。整个思豪酒店已经没有多少人，连续不断的炮击，人们大多躲进了酒店地下室。萧红、骆宾基仍然待在位于酒店五楼的病房里。因有骆宾基相伴，躺在病床上的萧红心理上祛除了最初对于战争的恐惧。四近炮弹落点的巨大轰炸声，让她意识到这又即将是个倾城之夜。个人生命，在这样的轰炸里显得如此微不足道，隆隆炮声中萧红内心反倒生成一份坦然与安宁。整个一层楼几乎只有她和骆宾基两人，炮声间歇是一种带有宗教感的静穆与宁静。生与死几近咫尺，两人彼此倾听来自对方心灵的声音。萧红向骆宾基讲述了她的一个没有写出的小说腹稿。那仍是故乡故事，平淡的情节一经萧红之口在这种情境中讲出，让两个异乡人都沉浸其中，在战争的罪恶大音中神游呼兰。倾诉与倾听让二人如同置身现实的战争之外，每有炮弹在附近落下，萧红便暂停讲述，睁大眼睛凝视天花板，侦听炮弹的落点。故事就这样断断续续地讲着，萧红为骆宾基倾听时着迷的神色而无比宽慰，他那面对炮火如处世外的风度，令她感到面前的"弟弟""也是在观念里生活的人"。故事终究没有讲完，一颗炮弹落在酒店六楼，巨大的轰炸声令人有身碎骨裂之感，屋子里弥漫着浓烈的硫磺气味，萧红因此呛咳不已，死生之隔竟是如此之近。"起避底楼"后，萧红也就停止了故事的讲述。这个未竟的故事，骆宾基后来写成了小说《红玻璃的故事》，在1943年1月15日出版的《人世间》第1卷第3期上发表时，署名：萧红遗述骆宾基撰，文风、笔触酷肖萧红，实为罕事。诚然，基于生死的相互理解自然真切。

端木蕻良大约在19日晨再次回到思豪酒店，或许更早亦未可知。曹革成在《我的婶婶萧红》一书里记载，头晚思豪酒店中弹，骆宾基"起避底楼"后，只剩下端木和萧红两人在房间。端木在床边将萧红搂住，待炮声稍稍停歇，便又开始商量转移他处，这里再住下去已非常危险。19日一早，端木花钱雇请民工将萧红抬往后山别墅，上山途中亦不断遭遇炮击，民工欲丢下担架逃命，危难中端木以不把人抬上去不给钱相威胁。这样才好不容易将萧红搬到那幢被弃置的四壁空空的别墅。里边很多逃难的人已经各自占好了位置，端木、骆宾基寻找好地方后，铺上毯子，萧红就躺在上面。屋子里水电全无，人又多，实在无法住下去，加之地势高迥，很容易成为日军的轰炸目标，傍晚时分炮弹落点越来越近，不久，暂时的栖身之处也中弹了。端木留下骆宾基照顾萧红，独自下山另想办法。

下山后，于毅夫告知端木，昨天下午廖承志在告罗士打酒店分批会见滞港

第十一章　客逝香港

的文化界和民主人士，传达撤退方案，确定分组负责人，分发必要的撤退经费，端木和萧红的撤退由他来安排。随即，于毅夫、端木在骆宾基的帮助下，将萧红从山上抬了下来。然后，于毅夫带上太太和两个孩子一并转移到周鲸文家。周家住在联合道7号，位于一个小山坡上，斜对面是保良局，正对面是英军高射炮阵地，保良局前的广场是英军炮兵阵地。战事发生后，周鲸文才发现自己家正处在火线网上。萧红、端木他们搬来之前，周家已有多家亲戚、朋友搬了过来，加上自家的七八口人，别墅里已住了二十多人。屋子里到处都是人，好在汽车被香港政府战时征用，腾出了一大间车库，作为防空洞，一有警报，近三十口人便挤到车库里，只是无法通风，时间一长窒息得难受。稍稍休息了一会儿，几个人便开始商量如何安置住处。于毅夫说自己一家可以挤到一个亲戚家，就是萧红的住处有些棘手。周鲸文说家里三楼已经中了两弹不能再住人，二楼虽未中弹但随时都有被击中的可能，警报一响，或炮火一攻，大家就得挤进车库躲避，一天不知要跑多少次，萧红不能行走每次都要人抬，会不胜其烦。车库倒是安全，但已被杨姓朋友一家老小十几口住满，且里边十分潮湿，空气不畅，不利于萧红的病。况且，周、杨两家都有七八岁的孩子，萧红患有严重的肺病，两家大人也不能不为孩子着想。商量的结果，最终决定将萧红送到告罗士打酒店，由端木照顾，临行，周鲸文交给端木港币500元。

随后三天，日军不断登陆香港，进入黄泥甬道，离周家不远，附近居民纷纷往岛内迁移。周鲸文把全家迁到位于中环的交易所内。不久，日军占领了告罗士打酒店，改名半岛酒店，作为指挥部。端木和骆宾基在日军进驻之前又将萧红转移了出来，曾在何镜吾家落过脚，最后安置在中环一家裁缝铺里。这里条件极差，是一间白天也要开灯的黑屋子，同时也不安全，端木只好离开萧红、骆宾基，再次去找周鲸文商量下一步的转移之所。

24日上午，在去周家的路上，端木在香港酒店前碰见作家萨空了，两人同去周鲸文所在交易所。萨空了后来回忆说："端木夫人萧红女士，据端木说正住在那附近，我们知道她的肺病在九龙时已很严重，现在又遇到战争，东迁西搬，饮食都成问题，真为她着急。"

在商量萧红下一步该迁往何处的过程中，周鲸文忽然想起自己在时代书店后面的斯丹利街另租有两层房子，一层作为书店同仁的宿舍，一层作为书库。时代书店是专为发行《时代批评》而设，骆宾基刚来香港时在端木的帮助下应该就住在这里。周鲸文建议将萧红安置在书库里，里面存书已不多，既安静又宽敞，且书店同人与端木、骆宾基都是熟人，彼此间也好照应。书库与萧红所在的裁缝铺在同一条街，相距不过二三百米，萧红于是又在斯丹利街时代书店的书库里安顿下来。

当天下午到晚上，日军对香港肆意狂轰滥炸，到处硝烟弥漫，热浪滚滚。人们在战争中度过这难忘的"平安夜"。圣诞节下午三四点钟，港督宣布投降，竖起白旗。躺在病床上的萧红，再次见证了一座城市的倾覆。1932年哈尔滨的大水烙印在她的记忆里，9年后香港的炮火同样成了她的生命记忆。占领香港后，日军派出特务大肆搜捕抗日人士。傍晚，周鲸文换上广东流行的工人短装，垂头丧气地离开他的"抗日工作大本营"，准备撤离香港，临行前，来到时代书店宿舍看望萧红和同人。书店同人见他如此打扮，已然心中有数，相约回到大陆再相见。周鲸文来到书库，见萧红蜷伏在一张小床上，似在沉沉昏睡，示意旁人别惊醒她，尔后，心情沉重地离去。

战争，这头猛兽终以港英政府的屈辱停止了疯狂的喘息。枪炮声渐渐零落，圣诞节的香港仍在黑暗中。1941年的圣诞节无疑要写进香港的历史，萨空了在日记里写道："往年的今天在香港，我们一定看得见全港若狂的狂欢，今夜却是全港漆黑，只有旺角油池还燃烧着火苗，表示着这世界未全被黑暗所笼罩。"两年后，张爱玲在上海以香港的倾覆为背景，想象了一个意味深长的爱情故事，名字就叫《倾城之恋》，一经发表立时红遍上海滩。香港倾覆之时，她只是香港大学的一个普通学生，不知道她是否听过8月4日萧红在港大的那场讲演。中国现代文学史上的两位传奇女作家就这样在倾覆的香港擦肩而过。对这座城市的倾覆，萧红最后以年轻的生命完成了她的终极体验，上天没有给予她时间，言说这份体验；而此时的张爱玲只是以一双好奇的眼睛，打量着眼前突然发生的一切，以不无新奇的心情跑警报，参加伤病救护，这份体验成就了她日后的文学想象。

伤　逝

28日，日军举行"入城仪式"，宣布临时货币政策，发行军票，正式接管香港。繁华的街市一时店铺纷纷关门歇业，大街上到处是临时赌场。人们在无所事事中打发时光，烂仔横行。占领军将搜捕到的英美人士关进多家作为临时集中营的酒店，另外，出动大批特务搜捕中共干部、民主人士和文化界进步人士。

第十一章　客逝香港

待在家里或许最安全，中共地下党营救人员找到一些著名文化人士，要他们不要出门，粮食、蔬菜由组织派人送上门，以减少被捕风险。于毅夫找到端木蕻良，代表组织给了萧红一笔虽然数目少但很可贵的医疗费。并告诉端木，因要帮助其他人撤离，端木和萧红的撤退，组织安排由王福时负责，撤退的费用也交给了端木，一旦萧红能够行动，就立即与之联系，由其护送离港。了解到有强大的组织力量做后盾，萧红心里踏实多了，只是这些天来，病情不断恶化，感到胸闷、喉头肿大，呼吸困难，需要赶快找医生治疗，遏制病情。端木开始上街打听是否有医院在战后开始接纳病人。

其间，柳亚子告诉端木不久将与何香凝女士一道离港。听说何女士身体状况很不好，萧红立即拿出自己的鱼肝油要端木送去。1942年1月9日，茅盾、叶以群和邹韬奋、胡绳等人分两批在东江游击队交通员的安排下离港。15日，柳亚子、何香凝等亦秘密离港。营救行动一直在有条不紊地进行，萧红、端木在港的同事、朋友越来越少。端木蕻良意识到，随着朋友们的大批撤离，自己四处求助的机会越来越少，没有什么指望，只得靠自己一点点面对。而在大街上抛头露面的时间越长，意味着暴露身份的可能性越大。沦陷之初，人们多装扮成烂仔模样，以免引起日军注意，后来发现他们对穿戴整齐的人特别客气，于是大家又多改为西装革履地上街。

端木蕻良天天西装革履地上街寻找开门接纳病人的医院。一天，他发现位于跑马地全港最好的私立医院养和医院已经开门营业。养和医院成立于1926年，前身为养和疗养院。著名外科医生李树芬出任院长，李树培出任副院长。端木蕻良晚年在接受葛浩文的访谈时说："医院最好的大夫叫李树魁，只有他还在开业。我接触的是他的弟弟李树培，现在大概不在了。"他所指的不知是否就是李树芬、李树培，一时难以坐实。不过，李树芬出任养和医院院长直至1966年去世，尔后由李树培接任，直至2005年去世。端木晚年估计当年他所接触的李树培之所以接纳萧红，"就是要骗钱"，说可以"介绍一个房间，但不要美金、港币，只要军票"。端木随后连忙兑换军票，筹措萧红开始一周所需的住院费和护理费。

1942年1月12日，萧红终于住进养和医院。见有端木在身边照顾，骆宾基坦率地对萧红、端木说实在疲惫不堪，必须找个僻静的地方，安安静静地大睡一觉。萧红一听非常敏感，连忙叫端木回避一下，要单独和骆宾基谈谈，说明让他护送自己回上海的打算没有变，同意他回时代书店宿舍休息一夜，但前提是绝对不能离开香港擅自回九龙。因为明天医生会诊，可能要手术，萧红希望他陪在身边。骆宾基答应了，傍晚时分离开了医院。

第二天上午，医生会诊的结果是，萧红是由气管结瘤引起呼吸不畅和憋气，必须立即手术摘除结瘤，否则有封喉的危险。面对李树培的治疗方案，端木蕻良坚决不同意，他太了解结核病人手术后刀口不易愈合，二哥当年因患脊椎结核在协和医院手术，结果在医院一躺就是八年。眼下，萧红虽然不能下床但还能动弹，一旦开刀，伤口难以愈合，香港如此混乱，缺医少药，后果将不堪设想。端木想以二哥的例子说服医生，放弃手术方案，"但李树培说，是听我的，还是听你的？"端木回答自然听医生的，然而，面对医生递过来的手术单，他迟疑不愿签字。辗转病榻半年多的萧红，早已对此前医院里那种近乎不作为的治疗方式不满，求医心切的她想尽早摆脱病床早点好起来，简单以为一旦手术就可以迅速解除病痛，以她那好强的性格，自然极其不愿意在如此困难的时候拖累别人。萧红催促端木别婆婆妈妈，见其迟疑不决，她自己拿起笔在手术单上签上名字。此时，端木亦无可奈何，医生不再顾及他的意见，萧红随即被推进手术室。

骆宾基赶到医院，手术已经结束。一切似乎进行得很顺利，手术室的大门被推开，端木抢先一步迎了进去，看见萧红平静地躺在手术台上，脸色还好，但手术盘里并没有割下的结瘤组织，便感到可能上当了。回到病房，看见萧红喉部渗血不多，又觉得手术做得利落，水平不错。萧红很快就苏醒了，说明麻醉的技术也不错。萧红醒后，端木俯下身子想听她说点什么。不想，她吃力地睁开眼睛看着端木，用沙哑的嗓音说："开刀的时候，我听医生说没有瘤……"紧接着，她不断边呻吟边喊"我胸疼，是不是我的胸？"端木知道，最不愿看到的结果到底还是摆在了眼前：手术显然是出自医生的误诊，开完刀后并没有发现肿瘤。

端木蕻良非常茫然，不知道下一步该怎么做。黄昏时分，端木、骆宾基围坐在萧红病床一侧的酒精蒸汽炉旁，一筹莫展。躺了一天的萧红靠坐在活椅式病床上。基于误诊的手术对她无疑是巨大的打击。极度虚弱，缠着纱布的伤口让她更加真切地感到死亡的迫近，她再也难有自信会好起来。在这样的异乡黄昏，她忽然有了极其强烈的说话欲望，好像有许多事情要对端木交代：

人类的精神只有两种，一种是向上的发展，追求他的最高峰；一种是

第十一章 客逝香港

向下的，卑劣和自私……作家在世界上追求什么呢？若是没有大的善良，大的慷慨，譬如说，端木我说这话你听着，若是你在街上碰见一个孤苦无告的讨饭的，袋里若是还有多余的铜板，就掷给他两个，不要想，给他又有什么用呢？他向你伸手了，就给他。你不要管有用没有用，你管他有用没有用做什么？凡事对自己并不受多大损失，对人若有些好处的就该去做。我们的生活不是这世界上的获得者，我们要给予。

此刻的萧红或许又想起在上海时那每晚在窗前拉琴等着自己丢给几个铜板的乞丐祖孙俩。病房里十分安静，停顿了一会儿，她接着说："我本来还想写些东西，可是我知道我要离开你们了，留着那半部《红楼》给别人写去了……"听到这些，端木蕻良和骆宾基都有些难以自持，噙着眼泪。萧红继续絮絮说道："你们难过什么呢？人，谁有不死的呢？总有死的那一天，你们能活到八十岁么？生活得这样，身体又这样虚，死算什么呢！我很坦然的。"骆宾基哭出声来，萧红看着床前这个在最后日子里一直陪在身边的"弟弟"，顿生爱怜，安慰说："不要哭，你要好好地生活，我也是舍不得离开你们呀！"

过了好一会儿，萧红的大眼睛里不觉噙满泪水，低声哽咽："这样死，我不甘心……"

端木蕻良再也难以遏抑情感，站在床边动情失声哀哭，大声说："我们一定挽救你！"尔后，把骆宾基喊出去，商量下一步该怎么办。端木的真情流露，令骆宾基亦很是为之动容，此前对他的怨愤和不满顷刻消失，两个男人握手拥抱，表示要努力营救病床上的可怜女人。

据端木蕻良回忆，到最后，养和医院表示已经尽力，束手无策，而与他们交涉没有用处，没有时间，也没有精力。第二天，他便开始为萧红联系转院。令人欣慰的是，玛丽医院也开始收治病人了。端木找了过去，因与院方已经相熟，他们很快答应接收萧红。联系好医院，端木看到了"挽救"萧红的希望，接着他又开始为筹措住院费用而奔忙；而更为艰巨的任务，是如何把萧红送到玛丽医院。两家医院相距四十多里，地势不平，端木个人靠双腿丈量，需要四五个小时，当时所有的汽车全部被军管，医院连救护车都没有。端木蕻良冒着暴露身份的危险，求助于一个名叫小椋的日本《朝日新闻》社记者，在其帮助下调出了一辆红十字急救车，最终于1月18日中午，将萧红转至玛丽医院。下午2时,萧红在玛丽医院手术室安装了喉口呼吸铜管。因没有气流经过声带,她已经不能说话。夜里,萧红平静地躺在位于六楼的病室里,盖着医院的白羊毛毯。19日夜里12时,萧红见一直照料床前的骆宾基醒来,眼里立即流露出关切的神情,好像在问:"你睡得好么?"继而面带微笑,向他打手势要一支笔。得纸笔后,骆宾基见她在拍纸簿上写下:"我将与蓝天碧水永处……"骆宾基对她说:"你不要这样想……"还未说完,萧红挥手示意不要打断自己的思路,只见她接着写道:"留得那半部《红楼》给别人写了。"稍停片刻,又写:"半生尽遭白眼冷遇,……身先死,不甘,不甘。"然后,掷笔微笑。凌晨3时,示意服药,并吃苹果半个。虽然不能说话,但神色十分恬静,再次要纸笔写下:"这是你最后和我吃的一个苹果了!"

1月21日早晨,因喉口的呼吸铜管被痰液堵住,有气流经过声带,萧红愉快地和端木、骆宾基交谈了一会儿,她脸色红润,胃口较佳,还吃了半个牛肉罐头。吃完后,愉快地说:"我完全好了似的,从来没有吃得这样多。宾基,坐下来抽支烟吧!没有火么?"

骆宾基嘴里说不想抽烟,实际上因为实在找不到火柴,此前他在楼上楼下找了一圈。萧红明白他的心思,说:"我给你想法。"端木听后连忙制止说:"这些事你就不要操心,你养你的病好啦!"萧红按下床头召唤护士的电铃,然后对骆宾基说:"等一会儿,护士就来了。"骆宾基告诉她,实际上整个医院都没有人了。见萧红状况有了巨大好转,他心里轻松不少。到底难以抵御烟瘾的刺激,骆宾基走出医院大门想在路边小摊买盒火柴。不觉中走进香港市区,想到自战争爆发就没有回过九龙,现在可以借机回去一趟,他急于想取出那部在桐油灯下写了两年的长篇小说《人与土地》的手稿。

然而,令骆宾基没有想到的是,他走后,日军突然闯入玛丽医院,宣布从此军管,病人一律赶出。萧红被转至一家法国医院。直到晚年,端木蕻良仍念念不忘法国医生当年的友善,但是,法国医院不久亦被军管。萧红随即又被送至法国医生在圣士提反教会女校设立的临时救护站。端木就萧红的情况询问医生是否还有希望,对方表示很难说,如果在正常情况下,毫无疑问是有希望的,但以目前的情况真是一点办法也没有,只能维持现状。萧红喉咙里痰液增多,端木蕻良不时帮她将铜管里的痰液吸出,不然,她的脸就会憋得通红。面对医生对躺在病床上的萧红也束手无策,端木蕻良备感绝望。

1月22日早晨6时,萧红陷于深度昏迷,在临时救护站里,医生无计可施,

第十一章 客逝香港

示意端木准备后事。黎明时分，没有找回手稿，心情沮丧的骆宾基从九龙赶回玛丽医院，发现已被日军军管，经过盘查搜身进入医院来到六楼，发现病房全空了无一人。焦虑、沮丧与茫然中，骆宾基赶紧回到时代书店宿舍。一打听，端木果然来找过他，并留下便条告以萧红病危，嘱归后就此等待。不久，端木果然赶了过来，告诉他萧红已经不省人事，还缺少一笔火葬费。骆宾基向书店经理借了20元交给端木。不料，两人在赶回圣士提反女校的路上碰到烂仔，连钱带身上的衣服全被抢走了。上午9时，骆宾基看见萧红仰脸躺着，脸色惨白，合着眼睛，头发披散地垂在脑后，但牙齿仍有光泽，嘴唇还红润，不久，逐渐转黄，脸色亦逐渐灰暗，喉管开刀处有泡沫涌出。

1942年1月22日上午11时，萧红在圣士提反女校的临时救护站弃世，享年31岁。

斯人已逝。

端木蕻良力求尽自己所能给萧红在这个世界上最后的尊严，然而，在满街弃尸的香港做到这一点亦非易事。他请来一位摄影师为萧红留下最后的容颜，并将她的一缕头发剪下藏入怀中。1月23日一早，端木便守候在萧红遗体旁，等待与前来收尸的人交涉。因使用墓地有着非常严格的限制，尸体如果无人认领，日军控制下的政府即派人收集在一起，倾倒在西营盘高街陶淑运动场集体埋葬。马超栋先生当时任日军占领下的香港政府卫生督察，负责处理港岛地区的尸体收集和埋殓。当他来到圣士提反女校挪运存放于殓尸房里的尸体时，端木蕻良与之沟通，请求协助安葬亡妻萧红。碰巧马先生也是极其喜爱萧红著作的读者，听了端木的诉说，十分同情这位由遥远北国流落南方、客死异乡的年轻女作家，破格予以优待，没有将萧红遗体随意混入乱尸堆中。经其指点，端木蕻良再次找到日本记者小椋，在其帮助下，在日军控制的政府办理了萧红的遗体认领手续、死亡证、火葬证。办理过程中，对方见端木能用英文与之交流，态度比较客气。

昏迷之前，意识到不久于人世的萧红曾拿笔写下"鲁迅"、"大海"。示意端木暂时将她埋在一个面朝大海的地方，以后再迁至鲁迅墓旁。为了满足萧红的愿望，亦便于后人凭吊，端木选择浅水湾作为埋葬地点，日军接待者可能刚来香港不熟悉地形，竟然答应了。他自然不知道浅水湾是风景区不能埋人，而且还是日军的军事封锁区，随时提防英美军队可能在此海域登陆突袭。办妥手续，端木蕻良伤痛之余也获得了些许安慰。当时，所有被占领当局埋葬的尸体都不分男女、不穿衣服，搬上汽车后运出埋葬，为了表示对萧红的尊重，马先生取得临时救护站的一块毛毡，裹住她的遗体，并将其放置在特别的车厢里，与其他尸体分开，最后运到东区日本人专用的火殓场火化。

25日黄昏，端木蕻良来到火殓场领出萧红骨灰，分装在两个从古董店买来的素色古董罐内。死人太多，骨灰盒供不应求，端木蕻良来之前只好敲开古董店大门，高价购买了两个瓷罐聊作骨灰盒。端木想到分两处埋葬，以便有更大可能保住萧红的部分骨灰。傍晚时分，端木和骆宾基带着事先写好的"萧红之墓"的木牌，捧着骨灰罐步行前往浅水湾，途经几天前加拿大一团参战士兵全部战死之处，仍血腥扑鼻。到达后，端木看见有个花池，四周有水泥的围栏，面向大海，便选定作为埋葬萧红骨灰之处。尔后，用手指刨开泥土将骨灰罐放了进去，插上"萧红之墓"的木牌。从浅水湾回来，端木带着另一罐骨灰住进了香港大学中文系主任马鉴教授家里。带着骨灰住进别人家，在中国本来是非常犯忌讳的事情，但马先生"深谙儒佛学"，并不介意，安排房间让端木休息。16年后，马先生曾撰文回忆："不久，他（端木）又告诉我萧红女士死了，草草地埋在浅水湾头。我当时亦爱莫能助，只有作同性的安慰而已。"26日傍晚，在香港大学一名学生的帮助下，端木将萧红另一罐骨灰埋葬在圣士提反女校校内一个东北向的小山坡上。

香港浅水湾（王连喜摄于2008年）

第十一章　客逝香港

1948年郭沫若在香港浅水湾萧红墓前为进步青年讲述萧红生平事迹（王连喜提供）

1948年郭沫若和进步青年瞻仰萧红浅水湾墓地（王连喜提供）

　　1月底，端木蕻良、骆宾基在王福时的陪同下，乘坐日本"白银丸"离开香港前往澳门，尔后经澳门辗转返回桂林。在桂林，经骆宾基介绍，端木蕻良与作家孙陵相识。两人就在孙陵位于桂林市区榕荫路的房子里住了大约两个月。据孙陵回忆，一天两人发生激烈争吵。骆宾基吵吵嚷嚷着非揍端木不可，还说萧红是被他气死的，甚至拿出萧红临死前与其笔谈时写下的"我恨端木"的小纸条，以及痛骂端木的信，并告诉孙陵："萧红遗嘱将《生死场》的版权送给萧军，《呼兰河传》送给骆宾基，《商市街》送给弟弟，什么也没有留给端木蕻良……"由此引出端、骆二人关于《呼兰河传》的"版权之争"。关于这件事众说纷纭，甚至传说二人到桂林上海杂志公司分公司理论，最终骆宾基胜诉；而骆宾基事后又否定了孙陵的回忆，说自己与端木的冲突与版权无关。但是，无论孰是孰非，萧红如地下有知，面对男人们，她不知该作何感想，其悲剧正如其临终所言："我一生最大的痛苦和不幸却是因为我是个女人。"

　　关于《呼兰河传》的"版权之争"，端木蕻良的解释是，在养和医院做完手术之后，萧红曾与其商量拿出一些报酬，表达对骆宾基战时长时间冒死相陪的感激。一开始，她想把《生死场》的版税送给骆宾基，但是仔细一算，因《生死场》出版时间较早,在十年合同期内,版税所剩不多,转而想到将《呼兰河传》的版税送给他,而不是版权。端木的解释显然更合乎情理,很可能骆宾基当时情绪性地把"版税"误以为了"版权"。然而,两人由此反目,端木蕻良立刻请人另寻住处。

萧红就这样寂寞地"与蓝天碧水永处"。不久,来了她的老朋友。1942年11月20日,戴望舒在叶灵凤陪同下来墓前凭吊,诗人在墓畔沉吟良久,口占小诗一首:

> 走六小时寂寞的长途,
> 到你头边放一束红山茶。
> 我等待着长夜漫漫,
> 你却卧听海涛闲话。

1957年,正当国内知识分子惶惶不可终日之时,浅水湾的旅游开发亦彻底惊扰了萧红生前那"与蓝天碧水永处"的梦。8月4日,在香港、广州文艺界人士的共同努力下,萧红原葬于浅水湾的骨灰迁回广州,15日安葬于广州银河公墓。而葬于圣士提反女校的部分骨灰至今未能找到。

1957年8月4日,香港人士奉送萧红骨灰回大陆之际,
在九龙红磡永别亭留影(张抗提供)

第十一章 客逝香港

1957年8月4日，香港人士在九龙红磡永别亭将萧红骨灰奉送给中国广州文联代表
（张抗提供）

1957年迁葬于广州银河公墓的萧红墓（何意摄）

1982年8月，"萧红故居"挂牌，黑龙江省省长亲题匾额。

骆宾基（中）1981年来哈尔滨参加萧红国际学术研讨会，右立者王连喜（张抗提供）

1981年，萧军在萧红故居前（张抗提供）

端木蕻良（前右）在萧红故居，后立者张抗（王连喜提供）

第十一章 客逝香港

1992年建于呼兰县西岗公园的萧红青丝冢（程乾波摄）

1992年11月，黑龙江省呼兰县举行萧红纪念碑和青丝冢落成典礼。

2008年9月2日早晨初稿　哈尔滨

2008年10月2日凌晨二稿　哈尔滨

2009年1月6日凌晨三稿　哈尔滨

主要参考文献

萧红：《萧红全集》（上、中、下），哈尔滨出版社1998年版。
骆宾基：《萧红小传》，黑龙江人民出版社1981年版。
[美] 葛浩文：《萧红评传》，北方文艺出版社1985年版。
[美] 史沫特莱：《中国的战歌》，作家出版社1986年版。
萧军：《鲁迅给萧军萧红信简注释录》，黑龙江人民出版社1981年版。
萧军：《萧红书简辑存注释录》，黑龙江人民出版社1981年版。
萧军：《从临汾到延安》，山西人民出版社1983年版。
丁言昭：《萧红传》，江苏文艺出版社1993年版。
肖凤：《悲情女作家萧红》，文化艺术出版社2004年版。
季红真：《萧红传》，北京十月文艺出版社2000年版。
孔海立：《忧郁的东北人——端木蕻良》，上海书店出版社1999年版。
王观泉编：《怀念萧红》，黑龙江人民出版社1981年版。
季红真编：《萧萧落红》，人民文学出版社2001年版。
张毓茂：《萧军传》，重庆出版社1992年版。
曹革成：《我的婶婶萧红》，时代文艺出版社2005年版。
曹革成主编：《端木蕻良和萧红在香港》，白山出版社2000年版。
钟耀群：《端木与萧红》，中国文联出版公司1998年版。
铁峰：《萧红文学之路》，哈尔滨出版社1991年版。
梅志：《胡风传》，北京十月文艺出版社1998年版。
周良沛：《丁玲传》，北京十月文艺出版社1993年版。
孙茂山主编：《萧红身世考》，哈尔滨出版社2003年版。
孙延林主编：《萧红研究》（第一、二、三辑），哈尔滨出版社1993年版。

后 记

  萧红是我的情结，我想她也可能是大多研习中国现当代文学者或深或浅的心理情结。

  萧红弃世已六十多年，而距离她的诞辰将近一百年。死时只有31岁的她，但在我的想象中，一直是个命途多舛的姐姐。这种想象如此真切，每次接触到关于她的资料，心底便弥漫起淡淡的伤感，涌动着强烈的表达冲动。香港中文大学资深萧红研究者卢玮銮教授，基于女性的立场，出于对萧红的细腻感知，写下了一段很能引我共鸣的话："愈看得多写萧红的文章，特别是与她有过亲密关系的人写的东西，就愈感到萧红可怜——她在那个时代，烽火漫天，居无定处，爱国、爱人都是一件很困难的事，而她又是爱得极切的人，正因如此，她受伤也愈深。命中注定，她爱上的男人，都最懂伤她。我常常想，论文写不出萧红，还是写个爱情小说来得贴切。"

  多年来，我一直想在进入关于萧红的论述之前，写一部她的传记，想以此传达对她的理解和对其生命历程进行细致触摸之后的感受。我想在自己的叙述里，最大限度地将她还原成大时代里的一个普通女性，一个命运坎坷的天才女作家，一个任性的姐姐，而与革命、进步、左翼并没有太多关涉。总之，我要写一部全然关于萧红自己的传记，在想象中，隔了漫长的时空我要与她做一次精神的对话，对其精神苦难感同身受。

  这是我的理想，也是我庄严的举意。

  2005年的隆冬，我第一次来到哈尔滨。那天夜里，一下火车便觉得自己已然进入这个留有太多萧红印记的城市，心理上是如此亲切，以至于在出租车上便迫不及待地向中年司机打听商市街、东兴顺旅馆、欧罗巴旅馆，不想对方一脸茫然，萧红这个名字在他是陌生的。我有无边的失望，觉得这座城市可能在渐渐把她遗忘，那些建筑还在，但那些哈尔滨往事却在渐成淡漠的传说。那一夜，我真切地感受到了哈尔滨的冷。

我的生命中或许注定与萧红存有一个约会。2006年正式定居哈尔滨之后，我便借来大量关于她的资料，开始力图实现心中那个庄严的写作计划，那个富有激情的举意。经过一年多的准备，2007年8月20日，正式动笔之前，在一个学生的带领下，我来到呼兰萧红故居，想亲眼看看她的"家"。不巧的是，故居因为装修已于头一天关门了，向工作人员说了很多好话，才让我们进去看看，不过所有的展品都已经收起来了，只剩下几间空荡荡的屋子和空荡荡的后花园。能够亲眼看看，我就已经非常满足，在我的内心，老实说萧红的"家"是我并不愿意去的地方。看看这空荡荡的屋子倒是恰到好处。

　　"从异乡又奔向异乡，这愿望多么渺茫，而况送着我的是海上的波浪，迎接着我的是乡村的风霜。"萧红在诗里对自己的大半生经历有过极为精辟的概括。"从异乡到异乡"成了我的题目。两天后，关于她的叙述正式开始。一年多几乎没有什么娱乐的日子，却给了我十分愉快的体验。我觉得自己的叙述平稳而从容，2008年9月2日终于告竣。文字无论好坏，我都非常满足，"萧红百年"在即，在心底我终于完成了对于她的"一个人的纪念"。

　　在这部四十多万字的传记即将与读者见面的时刻，我的内心平静而喜悦，时时感到自己何其幸运、幸福，最想表达的还是无尽的感恩。

　　本书在写作过程中得到了省委宣传部衣俊卿部长和黑龙江大学张政文校长的关注和支持，特此表示感谢。上级领导对萧红研究的支持令人极为振奋。

　　传记写作自然不是小说创作，资料来源都需要有根据，所以在本书出版之际，我最想感谢的就是此前对萧红作出各种叙述的作者们，同时也向他们表达我的敬意。在书稿正文之后，我特地对本书的参考文献做了附录，只是限于本书的体例，为了尽量保持阅读的连贯性，有些引述和转述没有直接作注，而有些地方我在文中做了明确的提示。如有不周，我恳请原文献作者谅解。

　　感谢中国社会科学出版社资深编审郭沂纹女士，她对本书稿的认同和赏识是这本书能够顺利与读者见面的前提，她的不断努力令我深深感动。半年来虽联络不多，但关于萧红我们之间存有一份动人的默契。这是一次令我极其难忘的愉快合作。

　　感谢萧红嫡亲侄子黑龙江省少儿出版社资深编审张抗先生、呼兰萧红故居副馆长王连喜先生、黑龙江《生活报》首席记者章海宁先生为本书提供了大量珍贵图片，其中很多是第一次面世。这些图片为我们全面、深入地了解萧红提供了全新的可能。

感谢我的学生们，在写作中过程中，他们以对《萧红传》的关注给了我极大的动力。我们一起谈论萧红是一年来最为愉快的体验。

　　感谢我的朋友们以对本书的厚爱表达着对我的支持，其实我深知里边问题很多，远远没有达到他们所认为的那样好。

　　最后，我要感谢我的家人对这本书的付出。

2009年1月9日上午　作者于哈尔滨